纪念商务印书馆成立一百一十五年

115

纪念商务印书馆成立一百一十五年

张菊生先生七十生日纪念论文集

胡 适　蔡元培　王云五　编辑

2012年·北京

图书在版编目(CIP)数据

张菊生先生七十生日纪念论文集/胡适等著.—北京：
商务印书馆，2012
ISBN 978 - 7 - 100 - 08765 - 0

I.①张… II.①胡… III.①杂著—中国—现代—选集　IV.①Z429.6

中国版本图书馆 CIP 数据核字(2011)第 236069 号

所有权利保留。
未经许可，不得以任何方式使用。

张菊生先生七十生日纪念论文集
胡适　蔡元培　王云五　编辑

商　务　印　书　馆　出　版
(北京王府井大街36号　邮政编码 100710)
商　务　印　书　馆　发　行
北京瑞古冠中印刷厂印刷
ISBN 978 - 7 - 100 - 08765 - 0

2012 年 1 月第 1 版	开本 787×960　1/16
2012 年 1 月北京第 1 次印刷	印张 34½　插页 2

定价：89.00 元

征集张菊生先生七十生日纪念论文启

本启于二十五年六月间分发于张先生的朋友几十位,承他们一一复函赞同;但因限期很短,有许多位已经担任撰文的,届时都不及交稿。所以先把已收到的论文二十二篇先行刊印。并把征文启附后,以代序文。

敬启者:我们最敬爱的朋友张菊生先生今年七十岁了;张先生向来极端反对庆寿,我们也不愿提倡世俗庆寿的仪式,不过我们觉得像张先生这样的人,在过去几十年间不断为社会努力,为学术努力,我们应该有一种敬礼的表示。

张先生是富于新思想的旧学家,也是能实践新道德的老绅士。他兼有学者和事业家的特长。他早年就敝屣虚荣,致力文化事业,服劳士所不能服的劳,不计成败,不顾毁誉。三十余年如一日;所以能把一个小印刷店提到全国第一个出版家的地位。他在学术方面本有很广博的兴趣、很渊深的造诣。涵芬楼所印古籍,皆是他所提倡指示。退休以后,十年之中,他用全力校勘全史,其搜罗之勤,功力之细密,皆见于他的百衲本廿四史跋文及校勘记。这一件伟大的工作,在他七十岁生日之前后,大致可以完成;这也是中国学术史上最可纪念的一件事。

我们现在提议一个简单而富有意义的祝寿方法,就是征集几十篇有价值的论文,刊行一本纪念册,献给这一位学者与学术界功臣,作为他七十岁生日的一点寿礼。我们知道

先生对于张先生缔交有素,此举定荷
赞同;故将所拟征集论文办法另纸开奉,敬求
赐撰宏文,共成此举;并乞
早日惠覆,幸甚幸甚。敬颂
著祺。

胡　适
蔡元培
王云五

目　次

总　类

中国学术史上汉宋两派之长短得失 …………… 张君劢　1
历代藏经考略 ………………………………… 叶恭绰　21

哲　学

《周易》三陈九卦释义 ………………………… 蒋维乔　56
《老子》这部书对于道家的关系 ……………… 唐　钺　65
述陆贾的思想 ………………………………… 胡　适　88
多元认识论重述 ……………………………… 张东荪　98

社会科学

唐代经济景况的变动 ………………………… 陶希圣　132
中国战时应采的财政政策 …………………… 张天泽　144
走私之背景及对抗方策 ……………………… 马寅初　169
过去立宪运动的回顾及此次制宪的意义 …… 吴经熊　190
己未词科录外录 ……………………………… 孟　森　223
近代书院学校制度变迁考 …………………… 谢国桢　246

语文学

甲骨金文中所见的殷代农稼情况……………… 吴其昌 279

自然科学

十二辰考 …………………………………… 傅运森 315
译刊科学书籍考略 ………………………… 周昌寿 346

艺　术

关于鉴别书画的问题 ……………………… 马　衡 396
南阳汉画像石刻之历史的及风格的考察 ……… 滕　固 406

文　学

汪龙庄先生致汤文端七札之记录与说明 ……… 蔡元培 431

历　史

廿五史篇目表 ……………………………… 黄炎培 446
西魏赐姓源流考 …………………………… 朱希祖 448
中国文化之回顾与前瞻 …………………… 韦　悫 498
编纂中国文化史之研究 …………………… 王云五 511

中国学术史上汉宋两派之长短得失

张君劢

第一　汉宋两派之争执

吾国学术史上汉宋之争，不始于宋，不始于明，而始于清初。盖宋明两朝之理学，以独往独来之气概，自辟径蹊，不独不与汉学家度长挈短；自谓其所得，有超于汉人之上者。此争端之所以不起也。明清之交，顾亭林辈反对王学之空谭心性，以阳明之学，比晋王夷甫之清谭。自是而后，有由王学而返于朱学者，是为程朱派；更有舍理学而专以《六经》为研究之对象者，是为汉学派。汉学自清初迄于清之中叶为极盛之日，"家家许郑，人人贾马"。戴东原除从事于考证之学之外，并及于攻击程朱，于是理学之复活运动又起矣。此运动中之中心人物，则唐鉴曾国藩辈是也。

唐鉴之言曰：

今夫经也者，圣人之至文也；圣人之至文，圣人之至道也；圣人之至道，人人之至道也；得人人之至道以求经而经传；经传而圣人之道亦传。孟子之后，传圣人之道以存经者，朱子一人而已。其他则大氐解说辞意者也，综核度数者也。乃或以辞意之别于今，度数之合乎古，遂至矜耀，以为得所未得，而反厌薄传圣人之道以存经者,是其所以自处亦太轻矣。秦人有敬其老师而慢其师者,或问之曰"老师衣紫,师衣褐",或曰:"然则非敬其老师也,敬紫也。"今之遵汉经师而诋朱子者,是亦敬紫之类也,又乌足与校哉?

曾文正之言曰:

> 近世乾嘉之间,诸儒务为浩博,惠定宇戴东原之流,钩研诂训,本河间献王实事求是之旨,薄宋贤为空疏。夫所谓事者,非物乎?是者非理乎?实事求是,非即朱子所称即物穷理者乎?名目自高,诋毁日月,亦变而蔽也。

同时,有方东树作《汉学商兑》一书,举汉学家诋毁宋儒之言,一一从而驳之,以反攻之法为理学张目。此理学复活运动,虽尝发端,然因其中坚人物,参与对抗太平天国之战事,未及开花结实,而先夭折矣。

汉宋双方之主张,可归纳为下列各端:

甲 道之所在之异

汉学家以为求孔孟之道不离乎古经。

例证 戴东原之言曰:"后之论汉儒者,辄曰'故训之学云尔,未与于理精而义明。'则试诘以求理义于古经之外乎?若犹存乎古经中也,则凿空者得乎?呜呼!经之至者道也,所以明道者词也,所以成词者,未有能外于小学文字者也。由文字以通乎语言,由语言以通乎古圣贤之心志,譬之适堂奥之必循其阶,而不可以躐等者。"

宋学家以为义理根于心,不必求诸古经。

例证 陆象山之言曰:"尧舜曾读何书?"又曰:"《六经》皆我注脚。"

其稍温和者，则有主张道学问遵德性并重之朱子，其言曰："大抵子思以来，教人之法，惟以遵德性道学问两事为用力之要。今子静所说专是遵德性事，而熹平日所论，却是道学问上多了。"《答项平甫书》

乙 道与佛教之关系

汉学家之自贵其学，谓其不为佛说所染，其责宋学也，谓其杂以佛家思想。

例证　阮元之序《汉学渊源记》曰："两汉经学，所以当遵行者，为其去圣贤最近，而二氏之说，尚未起也。"

戴震曰："宋以前孔孟之书，尽失其解，儒者杂袭老释之言以解之；于是有读儒书而流入老释者，有好老释而溺其中，既而触于儒书，乐其道之得助，因凭借儒书以谈老释者，对同己则证其心宗，对异己则寄托其说于《六经》。"

宋学家中，虽有习静与觉悟之说，然其目的，在乎立己立人，故去释氏甚远。

例证　王阳明之序《象山集》曰：《象山文集》所载，未尝不教其徒读书穷理；而自谓理会文字颇与人异者，则其意实欲体之于身。其亟所称述以诲人者：曰居处恭、执事敬、与人忠；曰克己复礼；曰万物皆备于我，反身而诚，乐莫大焉；曰学问之道无他，求其放心而已；曰先立乎其大者，而小者不能夺。是数言者，孔孟之言也，恶在其为空虚者乎？独其易简觉悟之说，颇为当时所疑。然易简之说，出于《系辞》；觉悟之说，虽有同于释氏，然释氏之说，亦自有同于吾儒，而不害其为异者，惟在于几微毫忽之间而已。

丙 心性为虚为实之争

汉学家以六艺之文,百王之典为实,其于心性之探索,则目为空谭;反之,宋学家则谓所事切于身心者,方得谓之为实。

例证 顾亭林之言曰:"昔之清谭谭老庄,今之清谭谭孔孟,未得其精而遗其粗,未究其本而先辞其末;不习六艺之文,不考百王之典,不综当代之务。举夫论学论政之大端,一切不问,而曰一贯,曰无言,以明心见性之空言,代修己治人之实学;股肱惰而万事荒,爪牙亡而四国乱,神州荡覆,宗社丘墟!"

戴东原曰:"以理为学,以道为统,以心为宗,探之茫茫,索之冥冥,不如反而求之《六经》。"

朱晦庵曰:"圣贤说性命,皆是就事实上说,言尽性便是尽得三纲五常之道,言养性,便是养得此道,而不害至微之理,至著之事,一以贯之,非虚语也。"

陆象山曰:"宇宙间自有实理,所贵乎学者,为能明此理耳;此理苟明,则自有实行实事。"又曰:"千虚不博一实;吾生平学问无他,只是一实。"

丁 方法之争

汉学家既以为求圣人之道,不离乎古经,所以解经者,不离乎文字,故其下手之法,在乎训诂小学;至于宋学家则以为义理自义理,不应求诸训诂文字与典章制度之中。

例证 钱大昕曰:"训诂者,义理之所从出,非别有诸理出乎训诂之外也。"又曰:"训诂之外,别有义理,非吾儒之学也。"

戴震曰:"后世儒者,废训诂而谭义理,则试诘以求义理于古经之外乎?若犹在古经中也,则凿空者得乎?经之至者道也,所以明道者词也,所以成词者,未有能外于小学文字者也。"

方东树曰:"汉学诸人释经解字,谓本之古义者,大率祖述汉儒之误,傅会左验,坚执穿凿,以为确不可易,如以'箕子'为'荄滋'、'枯杨'为'姑杨'、'蕃庶'为'蕃遮'数百千条,迂晦难通。""何义门云:但通其训诂,而不辨义理,汉儒之说诗,皆高子也,信乎朱子有言,解经者一在以其左证之异同而证之,一在以其义理之是非而衷之,二者相须不可缺,庶几得之。今汉学者,全舍义理而求之左验,以专门训诂,为尽得圣贤之传,所以蔽也。"

方东树又曰:"至谓古圣贤义理,即存乎典章制度,则训诂以经典所载曰钦,曰明,曰安,曰恭,曰让,曰慎,曰诚,曰忠,曰恕,曰仁,曰孝,曰义,曰信,曰慈,曰俭,曰惩忿窒欲,曰迁善改过,曰贱利重义,曰杀身成仁,反而言之,曰骄泰,曰奢肆,曰苟妄,曰自欺,曰逸谄,曰贪鄙。凡诸义理,皆关修齐治平之大,实不必存乎典章制度,岂皆为异端邪说欤?"

汉宋两派争执之中心问题,不外如上所举。吾人以今日之眼光评之,汉学家所研究者为文字,为名物,谓为近于西方之文字学、考古学可也;宋学家自心性之微处,以求人之所以行己立身,与夫治国平天下之道,其所研究有属于形上学,有属于心理,有属于伦理,简而言之,可称为哲学。一方既为文字学,他方则为哲学,在今日言之,不特不能以甲方打倒乙方,且两方之间,虽欲冲突而不可得。何也?为文字学者,考文字之解释,古书之真伪,与夫名物之由来,何能与以形上学以伦理为对象之哲学发生冲突乎?虽然,双方之争执,起于吾国之古代典籍。一以欲求圣人之道,舍古经莫由,故当从文字训诂下手。一则以为求圣人之道,虽不离乎典籍,然所以判断典籍中之难题者,不能不以心中之义理为断;可知心中之义理,自为判断一切之最后标准。如是言之,所谓汉宋两派之争，不起于其研究之对象，不起于两种学问之本身，而起于古代典籍之是否代表全部义理，与夫所以了解古代典籍者，应由文字入手，抑另有所以判断之标准在也与否之问题也。

吾人先将理学之性质解释一番，俾世人晓然理学之所以成立，自有其自强之根据，非汉学家所得而任意推翻。所谓理学之根据有二：一曰思想系统，二曰概念。凡所以成为一科之学者，自有其思想，自有其系统，科学然，哲学然，乃至吾国之理学亦无不然。有天道焉，如所谓太极、无极、理气是。有人道焉，如心、性、情、欲是。自濂溪而后，此学自成一种统系，且确有超出古经之外者。若穷其由来，亦惟曰思想力实为之，与古经之出于古先哲人之心思者一。若必取后人之思力从而否认之，则后人之学将无能出乎前人之上者，此断乎其不可通者也。凡所以成学者，既有其系统，而其为之单位者曰概念，由概念之连贯，而其系统以成。譬之朱子辈之言理，必举孟子心之所同然之言以解释之，而戴东原举木中纹理，或文理密察之言以解释之。一以为理在心，故引孟子之言以说明之；一以为理在外，故以木石为之证验。凡此解释之不同，初不关乎文字，不关乎小学，盖由哲学立场之不同，而理之概念因之以异；即其他概念之异同，亦以此根本立场之异为之根。戴氏虽以文字训诂为护符，实则其所以自成一家言者如《孟子字义疏证》初非字义之疏证，乃其自创之哲学学说也。读者诚明此二义，可知理学之所以为理学，自有其最坚强之根据，非古经与小学所得而范围之。自今日学术之性质言之，一为文字典籍之考证，一为义理之探求，双方各有其范围，各有其方法，彼此间正不必有所诋诽也。

第二　宋代学术之评价

　　以上所言乃就清代学者所以排濂、洛、关、闽与为阳明之学者而言之也。吾人更进而穷之,则有应考察者三事:第一所谓宋学云云,如濂、洛、关、闽之理学家,是否不讲考据与训诂之学乎?所谓宋学云云,但以濂、洛、关、闽为代表之说法,对于宋代学术之评判是否公允乎?江藩氏有言:"经术　坏于东西晋之清谈,再坏于南北宋之道学。"宋学家对于古经所负之责任,果如是重大乎?此三问题,吾人处今日应以无偏无党之精神,加以研究者也。

　　江藩氏之言曰:"宋初承唐之弊而邪说诡言,乱经非圣,殆有甚焉,如欧阳修之《诗》,孙明复之《春秋》,王安石之《新义》是矣。至于濂、洛、关、闽之学,不究礼乐之源,独标性命之旨,义疏诸书,束诸高阁,视如糟粕,弃等介毫,盖率履则有余,考镜则不足也。"

　　同时,清代汉学家所主持之《四库全书总目》亦有言曰:"洛、闽继起,道学大昌,摆落汉唐,独研义理,凡经师旧说,俱排以为不足信。"

　　此江氏与《四库全书总目》之言,自吾人今日观之,不可谓为持平。盖一时代之精神,汉代学者,以守家法为务,此汉代之精神也;宋代学者,读古人书,求发前人之所未发,此宋代之精神也。当清人以汉代为宗之日,自然以恢复汉人成法为唯一能事;然就学术之进步言之,则发前人所未发之举,安得而一概抹杀?朱子尝序《吕氏家塾读诗记》曰:

　　　　唐初诸儒作为疏义,因为踵陋,百千万言,而不能有以出乎二氏_{指毛、郑而言}之区域。至于本朝,刘侍读,欧阳公,王承相,苏、黄与河南程氏、横渠张氏，始用己意，有所发明，虽其浅深得失，有不能同，然自是之后，三百五篇之微词奥意，乃可得而寻绎，盖不待讲于齐、鲁、韩氏之传，而学者已知《诗》之不专于毛、郑矣。

魏安行序孙明复之《春秋尊王发微》曰：

《六经》皆先圣笔削，而志独在于《春秋》者，赏善罚恶尊天子而已矣。奈何传注愈多，而圣人之意愈不明？平阳孙明复先生，奥学远识，屏置百家，自得褒贬之意，立为训传，名曰《尊王发微》，其词简，其义明。

自清代言之，以宋人之摆落汉唐为非；自宋代言之，则以不出前人范围为陋，而以始用己意有所发明，屏置百家，自得褒贬之意为高。可知一时代有一时代之风气，安可以甲代为定是，乙代为定非乎？

吾人姑让一步言之，治经者不应有所发明，应以守古人成法为务，应从训诂考证为下手法门，则朱子于此，可以比美清代汉学家而一无愧色！陈东塾于其《读书记》中，列举朱子尊重汉学之说，兹引二三条为之证：

朱子《论语训蒙口义》序云："本之注疏以通其训诂，参之释文以正其音读，然后会之于诸老先生之说，以发其精微。"

《学校贡举私议》云："其治纲也，必专家法。天下之理，固不能外于人之一心；然圣贤之言，则有渊奥尔雅而不可以臆断者，其制度各物，行事本末，又非今日之见闻所能及也；故治经者，必因先儒已成之说而推之。借曰未必尽是，亦当究其所以得失之故，而后可以反求诸心，而正其谬。此汉之诸儒，所以专门名家，各守师说，而不敢轻有变焉者也。"

惟朱子之立论如此，陈东塾乃曰："朱子自读注疏，教人读注疏,而讥深不读注疏者。……近时读注疏者乃反訾朱子,皆未知朱子之学也。"此可谓持平之论矣。

清代汉学家阎若璩之《古文尚书疏证》,群推为大著也,然《古文尚书》之伪,朱子《语类》中已屡言之矣:

《尚书》孔安国传,此恐是魏晋间人所作,托安国为名,与毛公《诗传》大段不同。今观序文亦不类汉文章,如《孔丛子》亦然,皆是那一时人所为。

某尝疑孔安国书是假书,如毛公诗如此高简大段,争事汉儒训释文字,多是如此,有疑则阙,今此确尽释之,岂有千百年前人说底话,收拾于灰烬屋壁中,与口传之余,更无一字讹舛,理会不得。兼小序皆可疑,《尧典》一篇,自说尧一代为治之次序,至让于舜方止,今却说是让于舜后,方作《舜典》,亦是见一代政事之终始。却说历试诸艰,是为要受让时作也。至后诸篇皆然。况先汉文章重厚有力量,今大序格致极轻,疑是晋宋间文章;况《孔书》至东晋方出,前此诸儒,皆不曾见,可疑之甚。

然汉儒以伏生之书为今文,而谓安国之书为古文,以今考之,则今文多艰涩,而古文反易平,或者以为今文自伏生女子口授,晁错时失之,则先秦古书所引之文,皆已如此。或者以为纪录之实语难工,而润色之雅词易好,则暗诵者,不应偏得所艰,而考文者,反专得加所易,是皆有不可知者。至诸序之文,或颇与经不合,如《康诰》、《酒诰》、《梓材》之类;而安国之序,又绝不类西京文字,亦皆可疑。独诸序之本不先经,则赖安国之序而可见。故今别定此本,一以诸篇本文为经,而复合序篇于后,使览者得见圣经之旧,而不乱乎诸儒之说,又论其不可知者如此,使读者姑务沉潜反复,平其所易,而不必穿凿傅会于其所难者云。

朱子对于《诗》不信毛序,其言曰:

> 《诗序》之作,说者不同,或以为孔子,或以为子夏,或以为国史,皆无明文可考;惟《后汉书·儒林传》,以为卫宏作《毛诗》序,今传于世,则序乃宏作明矣。然郑氏又以为诸序本自合为一编,毛公始分以置诸篇之首,则是毛公之前其传已久,宏特增广而润色之耳。故近世诸儒多以序之首句为毛公所分,而其推说云云者,为后人所益,理或有之。但今考其首句,则已有不得诗人之本意,而肆为妄说者矣,况沿袭云云之误哉。然计其初,犹必自谓出于臆度之私,非经本文,故且自为一篇,列附经后;有以尚有齐鲁韩氏之说并传于世,故读者亦有以知其出于后人之手,不尽信也。及至毛公引以入经,乃不缀篇后,而超冠篇端,不为注而直作经字,不为疑词而遂为决词。其后三家之传又绝,而毛说孤行,则其抵牾之迹,无复可见。故此序者,遂若诗人先所命题,而诗文反为因序而作,于是读者转相尊信,无敢拟议,至于有所不通,则必为之委曲迁就,穿凿而附合之,宁使经之本文缭戾破碎,不成文理,而终不忍明以小序为出于汉儒也:愚之病此久矣。

此亦可谓疑古精神之至显者矣!奈何汉学家于清儒则扬之,于宋人则抑之,何其尺度因人而施之不同至于如是乎?

况乎就朱子所注《四书》,其尊重汉儒之注,随在可见。陈东塾《评论语集注》云:"朱子集注,多本于何氏《集解》,然不称某氏曰者,多所删改故也。……"读朱注者,皆不读《集解》,遂不知朱注所自出矣。友人姜忠奎近作《中庸郑朱会笺》,比较两家之注,谓朱注多与郑注合,且言郑朱非两不相容之军垒;可知江氏所谓"义疏诸书,束置高阁"之语,断不适用于朱子矣。

吾人由此可以定宋人对于古经埋没所应负之责任矣。清儒之所深恶,则为汉儒所注古经之湮没,江藩有言:"《易》用辅嗣而废康成,《书》去马郑,而信伪孔,《穀梁》退糜氏而进范宁,《论语》则主平叔。"此三十余字,江氏对于孔冲远、朱子奢之定谳也。旋又继之以词曰:

> 宋初承唐之弊,而邪说诡言,乱经非圣,殆有甚焉!

汉儒各经所以寝微之故,试略为之考订,则宋人对于各经之态度可知矣。《易》之为书,王弼始有新解;王氏学说之所以流行,《四库总目》论之曰:

> 《易》本卜筮之书,故末流浸流于谶纬,王弼承其极弊而攻之,遂能排击汉儒,自标新学。

可知康成之《易》之所以废,属于晋人之事,与宋儒无涉。至宋时,况有《周易郑康成注》,出之王应麟之手,早于惠栋《郑氏周易》者约有五六百年之久。《书》之《伪孔传》,始于晋而盛于唐,独有朱子始起而疑之。至阎若璩严今古文之辨,而《古文尚书疏证》以成。可以证朱子之无负于古经。《春秋》三传之学,江藩氏尝谓"至唐赵匡啖助陆沈始废传谭经,而三传束置高阁,《春秋》之一大厄也。有宋诸儒之说《春秋》,皆啖赵之子孙而已"。窃以为所以治经者,不外求圣人之义法,与其求之于释经之传,何如直接求之于经?此亦人心之趋向有必至者,不足怪也。宋之治《春秋》,有谭经者,有求诸传者,不能一概而论,兹以叶梦得书证之。叶梦得著《春秋传》,以孙明复之《春秋尊王发微》,主于废传以从经,苏辙《春秋集解》,主于从左氏而废《公》、《穀》,故其书以参考三传为本,其自序中,先述《春秋》之性质曰:

> 夫《春秋》者史也,所以作《春秋》者经也,故可与天下通曰事,不可与天下通曰义。左氏传事不传义,是以详于史而事未

必实,以不知经故也;《公羊》、《穀梁》传义不传事,是以详于经而义未必当,以不知史故也。由乎百世之后,而出乎百世之上,孰能核事之实,而察义之当欤?

于是叶氏自答之曰:"不得于事,则考于义,不得于义,则考于事,事义更相发明。"是以叶氏书之并重三传明矣。他若胡文定之《春秋》传通例通旨,事案《左氏》,义取《公》、《穀》;刘敞之《春秋传》,吕大圭之《春秋或问》,皆参用三传之文,可知宋代初未尝废传谈经。若以合三传而一之,视为不合于汉朝治经家法,则又另为一事矣。至于所谓《论语》则主平叔,自为唐人之事,然于下文"宋初承唐之弊"一段中,竟将朱子对郑赵两家之推崇,绝无一字表而出之,可知其所以抑之者惟恐不力,其有可以表彰之者,则置不复道。至于欧阳修之《诗本义》,江藩以为不祖毛公之第一书,其言曰:

  自汉及五代未有不本毛公而为之说者,有之,自欧阳修《本义》始,于经义毫无裨益,专务新奇而已。

然欧阳文忠公之序曰:

  后之学者,因迹先世之所传而较得失,或有之矣;使徒抱焚余残脱之经,伥伥于去圣人千百年后,不见先儒中间之说,而欲特立一家之学者,果有能哉?吾未之信也。

可知欧阳文忠公亦主张穷竟先儒之说,未尝以新奇为专务也。吾人自大体观之,宋儒自义理以求通经,反之于一己之身心,故各经经其解释之后,令读者殊觉其亲切有味,乃能使千百载以前之经书,与今日之人心发生关系,其为有补于学术,复何待论?即其持论有与汉儒不相符者,亦出于发明义理之苦心,不得目为"乱经非圣"!盖不守汉儒家法,何能与"非圣"混为一谈乎?

窃以为评论宋儒之得失,当就其对于学术全部观之,乃可达于公允。若如江藩氏以汉代学说之存否,定宋人之功罪,则宋代对于吾国文化之贡献之真面全失矣。宋代为吾国思想史上战国以降第一蓬勃之时代，新学术新方法，由宋儒开其端者，不胜枚举，兹略表而列之：

第一，理学由邵、周、程、张创始于北宋，朱、陆继承于南宋。

第二，经学如伊川之《易传》，胡安定之《春秋口义》，王氏《周礼新义》，欧阳修《诗本义》，发前人所未发，为汉以来经学界开一新局面。

第三，史学如司马温公之《资治通鉴》，袁枢之《通鉴纪事本末》与郑樵之《通志》，皆为独辟蹊径之书。

第四，《说文》一书，由宋承五代之后，令徐铉氏为之校正，使千载以上之文字学典籍，益臻明备。郑樵作《通志》中之《六书略》，将象形、指事、会意、转注、谐声、假借等，更就每一类分之为小类。象形之中，一曰形兼声，二曰形兼意；指事之中，一曰事兼声，二曰事兼形，三曰事兼意，以下四类之小类，姑略之。此皆宋代所特创，前世所未闻焉。

第五，辑逸之工自宋人始，曰王应麟之《周易郑康成注》及《诗考》等。

第六，金石款识之学，有欧阳之《集古录》，有吕大临之《考古图》等。

宋代对于学术界之创造工作如是，谓为清代之汉学家开风气之先可焉。奈何为反对理学之故，乃并其全部贡献而抹煞之？此吾所大惑不解者也。

第三　汉学家在学术上之成绩

　　清代学术运动之大动机,曰反于明学之空疏而已;去理学家所讨论之心性理气,而反诸古经而已。其初期黄、顾、王、颜四家,各有其救国与治学之志趣,与后来之惠、戴初不相涉;其所以卒成惠、戴之学者,由于吾国除古经以外,无可以为实事求是之凭借者,苟当日之思想界早有如西洋哲学与科学之对立,或哲学上唯心与唯物两派之对立,则康乾以后之学术界,决不仅以返诸汉代为其全运动之惟一方针矣。奈明末清初,既以王学为空疏而求其不空疏者,除古经以外,别无他物,于是乃以求唐宋以来久已汩没之古籍之复活为惟一能事,有《尚书》今古文之争,有"凡汉皆好"之惠氏主张,有惟求其是,而不必汉代一家家法是尊之戴震,最后更有所谓今文学学派。此各家之注目处,虽有不同,然其搜汉代古籍之原形一也,求汉代当时之真解一也。如今文学家之言,谓由此运动得孔子所删定各经之真相,得孔子之真思想,则断乎其不然。何也?《古文尚书》即令伪矣,其与之对待之真者,仅为伏生之二十八篇,其果为孔子之书与否,不可知也。《春秋》之义,即令以何休之《公羊传》为准,亦仅为公羊与何休之所以解《春秋》者,其果为孔子之《春秋》与否,不可知也。《诗》即令不用毛传,而用齐、鲁、韩三家之诗,亦仅成其齐、鲁、韩三家之诗,其果为孔子所删定之诗否,不可知也。至于《礼》本存郑康成之旧注,汉代以来,未之或改,《易》去王肃而返于康成。于是吾人可以断言:清学者治学之理想,曰求返于汉初所立之十四博士所用之旧本而已,求返诸郑康成与许叔重而已。再伸言之,晋唐以来所确认之各经注疏外,复添一种今文家,或郑康成之注疏而已,其去孔子删定各经之原形如何,则不可知也。

今文学派好以伪字加诸"古文"之前,如曰"伪古文",一若彼之所得者为真本,其属于古文派者为伪。吾人今日以不偏于家法之眼光观之,自西汉以来,有久已确立之十四博士之学说,有刘歆等立之《左氏传》,《逸礼》三十九篇,与《书》十六篇,其同为当时之一种学说或本子一也;所以别者,一立于博士,而一则否,非能以真伪为二者之分界,一若先圣所遗留,一出于后人之伪造也。在刘歆责让太常博士之日,与夫东晋梅赜《古文尚书》未出之前,其为古文者,世人初未尝以伪目之。刘歆之所以责博士者曰:"今则不然,深闭固拒,而不肯试,猥以不诵绝之,欲以杜塞余道,绝灭微学。"可知西汉博士仅以不诵为拒绝之理由,未尝观之为伪焉。当东汉杜林、卫宏之日,《古文尚书》犹有存者;及乎晋豫章内史梅赜上孔传诸文《尚书》,增多二十五篇,此即孔颖达之所疏注、唐宋以后所传,而阎若璩所驳正者也。此书作伪之迹显然,故驳校亦易为力。至于其他各种,若《左传》,若《诗》,若《逸礼》,虽有今文家言,然无伪本可为攻击之资,故虽有驳之者,而不若阎若璩破敌之易。况若左氏之本属古文,《毛诗》之有郑笺,《三礼》之郑注,历唐宋未之或改者,其不易摇动更不待论矣。惟其然也,清儒之所成就者,为西汉之今文家争得一种地位,至于郑康成之威权,绝不稍受影响。盖终清世仅造成一个今古文并存而已。各经之中,除《尚书》一书而外,绝少为今文家所推翻者。清代汉学家之所成就,在经之本子犹小,而在其实事求是之工作则甚大,其驳前人之说,必胪举若干证据,求之各书而无不通者,而后信以为真。始为阎若璩之《古文尚书疏证》,与胡渭之《易图明辨》,次有惠氏惟汉是宗之主张,最后则有戴氏之方法。钱大昕称之为实事求是,不主一家,其始也发动于经,渐次及于小学、子学与史地、金石诸学。凡古书之不易读,不易通者,经清人之研究,而今日读之,则疑难涣然冰释,此则由于古书真伪考证中所得之副产物,而其重要性更过之矣。

清代如江藩氏虽自标曰汉学,然汉代人所主张是否尽合于真理,尽合于孔子之意,吾侪实未敢信。假令汉代之学说如灾异,如阴阳五行,如谶纬,使不因其后人之作伪而尽保其真面目,其有用于今日与否,未可知矣。戴震氏知其然也,于惠栋之惟汉是宗之标准弃之,而别求其必"征诸古而靡不条贯"之方法。可知吾侪今日之所当问者,不在乎汉不汉,而在乎汉人学说之适用于今日者安在?

梁任公称戴段二王等之治学,为合于科学方法,详见于其所著《清代学术概论》中,兹不烦引。吾以为自文化史上之功绩言之,汉代与汉学家之所以贡献于吾国者,不仅其文字训诂之考证,盖别有其重且大者矣。

第一,汉学家保存古籍。锺泰于其所著《中国哲学史》有言曰:"秦之遇儒至虐,故儒之处境至苦,而惟其处境至苦,乃以成其自守之坚。秦禁偶语诗书,而伏生之《尚书》即以口授而传,《诗》三百篇,亦以讽诵而得不绝。禁藏《诗》、《书》百家语,令下三十日不烧者,黥为城旦;而异日之古礼逸书,即出于壁中。盖当秦汉之交,儒者抱残守缺出入于死生之际者,不知其几何人矣。故三代古籍之存而不失,一皆儒者之力,而他家不与焉。"又曰:"不特此也,自是以来,其校定诸子者,如成哀时之刘向父子,安帝时之刘珍,顺帝时之伏无忌、黄景,即皆儒者。是不独六艺因儒者而复显,即诸子亦赖儒者而后传。汉以前儒为九流之一,汉以后儒为百家之宗。向使无儒,则中国学术之亡久矣。"此汉学家之抱残守缺,适以延吾族文化之寿命,应特别表而出之者也。

第二,汉学家之义理。陈东塾之言曰:"汉儒说经,释训诂明义理,无所偏尚,宋儒讥汉儒讲训诂而不及义理,非也。近儒尊崇汉学,发明训诂,可谓盛矣。澧以为汉儒之说,醇实精博,盖圣贤之微言大义,往往而在,不可忽也。"试举陈氏书中之若干条如下。郑氏之释天曰:"天者群神之精,日月星辰,其著位也。"其释阴阳曰:"阴阳助天地,养成万物之气也。"《白虎通》之释圣人曰:"圣人者何?圣者通也,道也,声也,道无所不通,明无所不照,闻声知情,与天地合德,日月合明,四时合序,鬼神合吉凶。"郑氏释礼曰:"礼者体也,履也,统之于心曰体,践而行之曰履。"赵岐释道字曰:"道谓阴阳大道,无形而生有形,有形舒之六合,卷之不盈握,包络天地,禀授群生者也。"汉儒之言中,亦自有其义理,不仅以治训诂为能事,惟其立言朴实,尚未达于如宋儒受佛教影响后之精微,此其所以异也。

第三,汉学家治算历之学。《汉书·刘歆传》曰:"典儒林史卜之官,考定律历,著三统历谱。"《郑玄传》云:"始见京氏《易》,《公羊春秋》,《三统历》,《九章算术》。"《郑兴传》曰:"天凤中,将门人从刘歆讲正大义注:左氏义,歆美兴才,使撰条例章句训诂及校《三统历》。"《何休传》曰:"休善历算。"可知汉之经生,同时兼治天文算学,迄于清代,此风不替,故惠栋著《交食举隅》,戴东原著《天文略》、《勾股割图记》与《历问》、《古历考》等书,钱大昕讲《九章算学》及《欧罗巴测量》、《弧三角》诸书,可谓善继汉代之志者矣。

第四,汉学家考定文字演变。汉学家既以识字为读书之法门,特注重小学。郑樵之言曰:"经术之不明,由小学之不振,小学之不振,由六书之无传,传圣人之道,惟借《六经》,《六经》之作,惟务文言,文言之本,在于六书,六书不分,何以见义?"孙星衍序《说文》曰:"唐虞三代五经文字毁于暴秦,而存于《说文》,《说文》不作,几于不知六义。"又曰:"《说文》作后,郑康成注经,晋灼注史,已多引据其文。"夫许叔重为文字学开山之祖者无论矣,徐铉之精校《说文》与夫郑樵之六学，何能不认为许氏之功臣？至于清代段玉裁继许、徐而起，著《说文解字注》，盖本戴氏严正之研究法，以施之于许氏书者也。

第五，汉学家对于典章文物之精审。汉学家对于文字形义，既一毫不轻放松，同时对于历代典章文物，必求其至确而不疑之状，礼制中之丧服也，兵车之制也，与夫古代之器皿也，其所以研究之者，类于今日科学家之必以数字为凭。盖汉学家具有数学头脑，于名物之图形与制度之数字，断不令有毫忽之差，此其所以不可及也。

汉学家研究之范围广矣，如日食、交食、历算等，在今日为数学、为天文学；若《考工记》，在今日为工程学；若明堂、宫阙，在今日为建筑学；若沟洫、兵车，在今日为水利、为军制；若音韵学、方言学，在今日为语言学。吾侪处二十世纪，所以治此诸学者，自不能悉仍汉学家之旧法，而其正确精密之心思，在千百年后之今日，犹可为吾人师法，若专以考证训诂为汉人之专长，则不免于自贬汉代之成绩矣。

结　　论

吾所欲为国人告者，汉学宋学之性质，非对立而不相容，如清儒所想像焉。若但就狭义言之，以考证为汉学家之事，以义理为宋学家之事，此两派各有其不可动摇之地位，已如前述。盖一国中之学术，以思想为源泉；古代之典籍，无一不出于其民族之思想；即其至神圣之文字，亦其民族之思力为之。故象山有"尧舜曾读何书"之语，无非表示书本之上，应以思力，应以义理，为理智之源头而已。思力之变迁无穷,学术因之而演进;其不能以古代之典籍限制后人之思想,有断然者。况乎民族之所以成为民族,有其治学方法,则不能离名（论理）与数（数学）;其待人接物不离乎伦理与政治。若此者,可谓为学理方面之义理与人生方面之义理,人生之演进无已时,斯义理之探求亦无已时,此则宋学家之所为。自其为吾族树立一种义理标准言之,在此千余年中,确能有所贡献者也。有思力矣,有义理矣,则不能不形诸文字与书本之中。诚以古今中外之国家,无不有文字,无不有书籍,无不有典章与名物,此数者,皆起于数千载之前,而文字有变迁,书籍有疑信,制度有兴替,名物有存亡,于是考证之学因之以起。其在欧洲,以之属诸文字学家;其在吾国,谓为汉学家之文字训诂与名物考据。此种工作,自为学术界之一种,然不能以此而废止理学家之思想与义理,何也？理学之基础在思索,在义理,汉学家之基础在文字。理学自成一思想系统,汉学家但求诸一名一物之间之义理,又可定生活之标准,由各时代之人,思索而后得;名物之考证,惟有求诸古纸堆中。二者之分界至明,其不必以甲打乙或以乙打甲明矣。质言之,以宋学家之工作,施诸思想,施诸义理,求吾人之宇宙观,人生观;以汉学家之工作,施诸文字,施诸名物,以求考古之正确,此两者可以同时并存之明证也。更就广义言之,则宋学汉学,彼此乃互倚而不可互离。以文字书籍之考证,名之为汉学,其为考证之学者岂独郑康成与许叔重,即欧阳文忠之《易童子问》、《诗本义》,与司马温公之疑《孟》,朱子之疑《古文尚书》,与王应麟之辑逸,亦应以考证学视之。自学术言之,当但问其问题性质之相同与否,不当因其人之生于何代而强分汉宋。此言乎宋学之工,可以归诸汉学之中也。反之,以汉学家之注疏言之,郑康成曰:"礼者,体也,履也;统之于心曰体,践而行之曰履。"此明明以身体力行之义解释礼字,安得仅视为小学之训诂乎？

郑康成又曰:"《易》有三义:易简一也,变易二也,不变三也。"此亦先藏三义于胸中,而后下此"易一名而三义"之语,此言乎汉学之工,可以归诸宋学之中也。以经之字句言之,如春王正月,大一统也,此在汉学家视之,名之曰《公羊》之家法,然实则尊王之义,君君之义,已隐伏于"王正月"三字之后,此言乎字句之不离乎义理也。即以"一"字之训诂言之,其释一字曰:"惟初太始,道立于一,造分天地,化成万物。"此"一"字之义果得之于一字本身乎?抑得之于"一"字在文字全体中之意义乎?其释"示"字曰:"天垂象,见吉凶,所以示人也,从二三垂日月星也,观乎天文以察事变,示神事也。"此"示"字果得之于示字本身乎?抑得之于"示"字在文字全体中之意义乎?此言乎文字之不离乎义理也。如是,汉宋两派之性质诚能分析明白,则两家各有其范围与方法,彼此可以各自发展,而不必互视为仇敌。若从广义言之,尤见两家应相倚而不应相离,换词言之,汉不离宋,宋不离汉。

诚如是为之,汉宋两派之互相诟谇,其可从兹已矣。不独此也,合以义理为主与以训诂为主之两派经籍注疏于一炉,可以为经学另开一新面目。更就将来之思想途径言之,以汉学家之精神,发挥之于考古学、文字学、史学,以宋学家之精神发挥之于哲学,或人生观,岂非《中庸》所谓"万物并育而不相害,道并行而不相悖",而为吾哲学界之大幸事乎?

历代藏经考略

叶恭绰

佛教经典入吾国凡一千七百余年,其汇集储存,析分经律论而合称之为藏,盖始于唐。^{依吕秋逸说}但其初止传写校录,间有雕板,亦止别出单行。其全藏之付刊,不能不推北宋开宝之蜀刻。故论佛教大藏之雕板,必以开宝为鼻祖(图一)。自时厥后,代有继兴(图十一)。然历史渺绵,卷帙沦佚,欲详知诸藏付刊之经过及其内容,盖极不易。近岁学风丕变,因研求略录之学,渐涉及于佛藏者遂多。而以信仰关系,知宝衣珠,因悉力网罗遗佚,从而发见于深山穷谷者,亦复不少。承学之士,感保存之匪易,怵他人之我先,因亦迭有纪载。如罗叔言氏之《宋元释藏刊本考》,吕秋逸氏之《佛典泛论》,屈万里氏之《明释藏雕印考》,蒋唯心氏之《金藏雕印始末考》,皆考订甚详。东邻学者如常磐大定之《大藏经雕印考》,深浦正文之《佛教圣典概论》,桥本凝胤之《宋版一切经考》等亦搜求綦备,顾欲兼综共贯,巨细靡遗,亦正非易事。盖历代诸藏,除清藏外,现存者殆无完帙。而刻印始末,求如径山藏之有详细记录且流存至今者,亦复无有(图八)。仅凭旁搜追溯,事极劳费也。今兹所考,亦仅能就耳目所及甄采而汇释之,以供究心斯事者之参考,不足以云著述。且有应先说明者三事:

(1) 所叙限于刻板之大藏。^{写本及零刊不列}

（2）所叙以汉字大藏为主。^{他种仅附述}

（3）所叙以本国刊版者为主。^{如丽藏即未列}

依此三限，益愧宏通。学力所囿，渴祈匡纠为幸。

今先就历代所刻大藏列为二表，再依次讨究之。

历代大藏经行款字数及版片情况表

朝代	相沿名称	装潢格式	每版行数	每行字数	函数卷数	刻版处所	版片存佚	附注
北宋	开宝藏	卷子	每半叶五行每版共二十五行	十五字或十四字	因其依《开元释教录》付刻,故推定应为四百八十函,五千零四十八卷,一千七十六部,编号始用千字文	益州(即今之成都)	佚	
北宋	崇宁万寿大藏	梵夹本(即摺叠式)此为梵夹本之始	每半叶六行每版共三十行	十七字	据日本桥本《宋版一切经》考为五百九十五函,六千四百三十卷,但《昭和法宝东寺目录》则云千四百三十函编号始天终虢,实五百八十函,嗣后各藏,大率依此藏编次	闽州(即今之闽侯)	佚	
辽	契丹藏	梵夹本	未详,《佛典泛论》引东文选所载塚庵丹本大藏夫费疏云:帙简部轻,函末盈千二百,纸满字密,册不满千,版式可略见一斑	无考	五百七十九帙(据王昶《金石萃编》)一五三)	南京(即今北平)	佚	

续表

北宋至南宋	毗卢大藏	梵夹本	每半叶六行每版共三十行	十七字	五百六十七函,六千一百十七卷	闽州（即今之闽侯）	佚
南宋	思溪圆觉藏	梵夹本	每半叶六行每版共三十行	十七字	五百四十八函,五千四百八十卷,一千四百二十一部,函编号始天终合	湖州（即今之吴兴）	佚
金	赵城藏	卷子本	每版二十二至二十三行	十四字至二十七字	六百八十二函,约六千九百数十卷（据蒋唯心《金藏雕印始末考》）	解州（即今山西解县）	佚
南宋	思溪资福藏	梵夹本	每半叶六行每版共三十行	十七字	五百九十九函,五千四百四十卷,函编号始天终藏目》今在北平图书馆	湖州（即今之吴兴）	佚
南宋至元	碛砂藏	梵夹本	每半叶六行每版共三十行	十七字	五百九十一函,六千三百六十二卷,一千五百三十二部,函编号始天终烦,日本昭和法宝所列《碛砂藏目》止千合字,计五百四十八函,乃端平所编之目,余盖入元后所增	平江路陈湖碛砂（即今之吴县属）	佚（函数卷数均依《新印碛砂藏编目》）

续表

元	普宁藏	梵夹本	每半叶六行每版共三十行	一七字	五百五十八函,六千一十卷,一千四百二十二部,又加二十九函,编号始天终约	杭州路余杭（即今之余杭县）	佚	函数卷数部数均依昭和法宝内《普宁藏目录》
元	弘法藏	梵夹本	每半叶五行	约十七字	七千一百八十二卷,一千六百五十四部	北平或浙西此地地点尚末有确证,弘法寺应在元大都,即今之北平	佚	行款系依据唯心《金藏》插图考,卷数部数依法宝《至元勘同》
明	南藏	梵夹本	每半叶六行每版共三十行	十七字	六百三十六函,六千三百三十一卷,一千六百二十部,函编号始天终石,后乃续史	南京（今首都）	佚	函数卷数依《大明三藏目录》及昭和法宝内《明南藏目录》
明	北藏	梵夹本	每半叶六行每版共二十五行	十七字	六百三十七函,六千三百六十一部,一千六百一十五部,又万历续入藏四十一函,四百十卷,始钜终史	北京（今北平）	佚	函数卷数部数依《大明三藏目录》

续表

明	武林藏	方册本，此为方册本之始	不详	不详	不详	杭州（今杭县）昭庆寺，按昭庆寺之说见于《佛典泛论》，然未得确据，故不敢肯定	佚	
明	径山藏	方册本	每半叶十行每版共二十行	二十字	六百七十八函，六千九百五十六卷，一千六百五十四部，函编号始天终鱼，又续刻十九函，后复有续刻十三函，未编号	始在五台后在径山	佚	函数卷数部数均据《嘉兴藏目录》及《刻藏缘起》
清	龙藏	梵夹本	每半叶五行每版共二十五行	十七字	七百一十八函，七千一百六十二卷，一千六百六十二部，函编号始天终机，应七百二十函，乾隆年撤去六函，故只七百十八函	北京（今北平）	存全数在北平柏林寺，归中央内政部管理	

历代刊刻大藏经主持机关人物及起讫年分表

（凡年号下括弧中之数目皆公元历年数）

朝代	刊治名称	何地何机关主办	主办之重要人物	始工及竣工年分	目下流传状况	附注
北宋	开宝藏	益州	宋太祖命张从信往益州雕板	开宝四年（九七一）至太宗太平兴国八年（九八三），此依桥本说，但广胜寺所存同样残叶有咸平元年奉敕雕字样，是否并非于太平兴国刻竣尚待研究	全藏久佚，只有单本流传，现所知者，番禺叶恭绰有《大方等大集经》第四十三卷及《中论》第二卷残叶，日本中村不折有《十诵尼律》第四十六，南禅寺有《佛本行集经》第十九卷 日本所存我国各版见《京都大藏会陈列目录》，下不备列	
北宋	崇宁万寿大藏	福州东禅寺	沙门冲真普昱咸晖等	元丰三年（一〇八〇）至政和二年（一一一二）南宋绍兴重修，乾道八年尚有增入，元至治泰定间复曾重修	故宫博物院图书馆北平图书馆徐积余各存有零本	
辽	契丹藏	敕令雕造	未详	约辽兴宗时（一〇三一—一〇四五）迄道宗时（一〇五一—一〇六四）	无存	

续表

北宋至南宋	毗卢大藏	本明宗鉴行崇丁蔡俊臣陈询陈靖刘渐冯楫等	政和二年（一一一二）至乾道八年（一一七二）	徐积余丁仲枯均存有残本，日本亦有存者
南宋	思溪圆觉藏	王永从弟任及眷属又沙门宗鉴净梵怀琛等	绍兴二年（一一三二）	徐积余叶遐庵各有存残本
金	赵城藏（近日沿用之名）	祖圆性湛惠深祥崇王德昊翼等	约由金皇统八年（一一四八）至大定十三年（一一七三）又元初大宗及其后听政时补雕	山西赵城县广胜寺存四千九百五十七卷，为世界初孤本
南宋	思溪资福藏	无考	淳熙二年（一一七五）（据日本南禅寺藏《华严经合论》卷一百五及一百一十三诸卷经题）见罗氏《宋元藏经雕版考》	我国现存一部，计四千余卷（亦不全），在北平松坡图书馆，乃杨守敬自日本购回之物，原存日本山城国天安寺，一部据杨守敬云存日本近江国管山寺，此外我国及日本尚有零星存本
南宋至元	碛砂藏	藏主法功忠德主清圭又沙门德璋志深慧珺明清表明志连慧志昌行一椎昙昙瑞椎吾等	宋绍定四年（一二三一）至元至治二年（一三二二）计九十一年	陕西西安开元卧龙两寺存全藏十分之八，余零本散存私家者不多

松坡图书馆所藏资福藏，均无年月地址姓名等可考，是否装溃时藏去，无从臆断

续表

元	普宁藏	杭州路余杭县南山大普宁寺释道安如一崇如贤等	自元至元六年（一二六九）迄至元二十三年（一二八六）据桥本《宋版一切经考》	兼有为旧藏一千二百余册，现售与浙王寿山，余各处零寺多少不等 目录四卷为日本增上寺藏本	
元	弘法藏	北平或浙西弘法寺	至元校刊	由至元十四年（一二七七）迄至元三十一年（一一九四）	未见	《天下同文甲集》八《赵璧大藏新增至元法宝记》"我元法域异书种种而出，帝师国师译新采旧增广其文名以至元宝宝刻在京邑流在人间"，盖即指弘法藏，故谓《至元法宝勘同录目录》即为弘法藏之目录，当不至有大差误
明	南藏	明太祖敕修	洪武五年集大德于蒋山校刊	自洪武五年（一二三七二）迄厥后版藏大报恩寺，历年续有刊补，成化年万历历年均有之	济南图书馆藏有四部，南北寺院所存零种尚多	

续表

时代	名称	主持	地点	年代	现存情况	备注
明	北藏	明成祖敕修		自永乐八年（一四一〇）迄正统五年（一四四一）版藏内库，万历十二年复续刻四百十卷	南通狼山广教寺、镇江超岸寺定慧寺均有全藏余寺院所藏尚多	
明	武林藏（为方册本之始）	未详	杭州昭庆寺	约嘉靖时，历时未久，遂废	历考纪录，未有人见过	《刻藏缘起》内载道开《募刻大藏文》"后浙之武林仰承德风更造方册历世既久其刻遂湮"云云可证径山方册之前，确有武林刻方册之事，至昭庆寺有华严疏钞板存武林昭寺之说，系根据叶祺胤《华严疏钞凡例》，但凡例仅言华严寺疏钞板存武林昭庆寺，并无昭庆寺刻藏之说，故仍不能决定也
明至清	径山藏	始于五台，继在径山寂照庵径山兴圣万寿寺，并散在嘉兴吴江金坛各地刊版	密藏幻余幻居憨山紫柏照如奇利根陆光祖冯梦桢袁了凡等	明万历七年（一五七九）发愿，万历十七年（一五八九）始刊，清康熙十六年（一六七七）正藏完成，续藏又续藏向时完成待考	北平嘉兴寺洞庭西山显庆寺有正续全部，其余南北各寺院存者尚多，但正续往往不齐	
清	龙藏	雍正敕刊	北京	由雍正十三年（一七三五）迄乾隆三年（一七三八）竣工	南北各寺院存者尚多	

依上列两表所列可得而言者，有

— 刻藏次数以宋代为最多。^{官私共六次}

— 各藏卷数以弘法藏为最多。^{七千一百八十二卷}

— 各藏版式以赵城藏为最杂。^{缘以各版凑合}

— 款式字体以契丹藏为最小。

— 刊刻时日以碛砂藏为最长。^{凡九十一年}

其中向所未知而近日始发见者为金代之赵城藏^{其详具于蒋唯心氏之《金藏雕印始末考》兹不具述}（图二）。向所罕见而近日始翻印流通者为宋元间之碛砂藏^{详见影印碛砂藏经首册}（图三）。向所知名而迄未发见原本者为辽之契丹藏与元之弘法藏及明之武林藏。^{方册本，在径山之前。}

汉字本各藏之外，用他种文字刊行者，有元代所刊藏文大藏，^{约元武宗时}蒙文大藏，^{亦元武宗时。此经于清初向元裔取得，藏于奉天（今辽宁省城）实胜寺。余有其一部分之目。}西夏文河西大藏，^{近亦散佚。北平图书馆及法国所得敦煌佛经，均有此种经。余亦藏有残本。}（图九）清代所刊满文大藏，西藏文大藏。清藏文大藏，乃康熙二十二年所刊，闻版存甘肃河州，已毁于前数年汉回交哄之役。满文大藏，乃乾隆五十五年刊成，版存北平，亦早散佚不全。（图四）

世间万事，因易于创，故刻藏亦必前有所承。刻藏缘于写藏，汇写缘于编集，编集缘于译录，译录缘于传布。宋以前无刻藏事，隋唐以前无刻经事，六朝梁以前无汇编经目事，东汉以前无译经事。

人类性习，易于沿袭。故刻经一切规制，往往相承不改。如函之标号，自开宝依周兴嗣《千字文》为序，迄于清代，以暨日本朝鲜，未之或易。取其便也。

分类之法，大体分经律论及目录传记及此土撰述。虽间有出入，亦罕差违。由开元录举要提纲，折衷至当，故以后贞元、大中祥符、天圣、景祐、至元各录，大体咸相循用也。^{元《至元法宝录》番汉对勘，体例极为精当。明清两代刻藏多奉为准绳。为中土后一大整理。今学者颇拟多译藏文经典，如能再沟藏文入通天竺新旧及番汉经典，作一度之对勘，诚不朽之业也。}又历代编藏，皆以般若居首,乃因开元录之旧,自后从无改易。

不但此也,各藏版式除开宝及径山等外,大抵皆每半叶六行行十七字。

字体皆仿欧阳询或赵孟頫,以其峻整或流丽也。

以若干卷为一册,若干册为一函,虽径山方册藏亦然。_{近日印刷技术日新,经济情况亦异。频伽覆印,首用铅字。碛砂覆印,亦改石版。且以原来数版合为一叶,碛砂更改成横阔式,有类贝叶经,皆变革之大者。日本迻印藏经,多用西洋装,亦时代关系也。西洋文化输入后,东方确受一大冲动,此其一征。}正续丽藏亦然。足征意识之流注,精神之默贯,非偶合也。至各藏刊刻历史,近经中外学者挈求,多资向导,间亦不无疏舛。遗经晚出,推究益精。兹综各家之言,择要叙列,间参己见,并附异闻。要以足资注意者为断。_{仍依年代为次}

(1)北宋刊藏始于开宝,版刻于蜀,向无异辞。乃前年范成和尚于山西晋城县青莲寺见开宝之开封官刻本三十六卷,又于河南浚县大伾山天宁寺见二卷,皆黄绵纸卷轴式,卷后有年月姓名题识。是否开宝曾刻藏二次,一在蜀,一在开封,抑开宝藏本分在两地刊刻,均无从臆断。观赵城金藏之版,其中杂有开宝版,似非由蜀地移来。又现存之开宝藏残卷皆印于崇宁大观年,其中有由中书札印者,亦不似远在蜀中。是否此十三万经版曾由蜀移至汴京,或汴京另有一版,均未可定。姑存此以备讨究。

(2)王静庵氏谓思溪前后两藏,本是一物。其说尚乏确证。_{《佛典泛论》且误将两藏认为一事。}兹加研究,思溪圆觉藏版式与思溪资福藏完全相同。皆每版三十行,行十七字。其字体之方劲亦复相类(图五)。两藏目录,吾国向少流传,北平图书馆所藏杨惺吾氏旧藏《资福藏目录》与资福藏_{现存北平松坡图书馆}同得于日本。兹与日本新近覆印之《圆觉藏目录》_{昭和五年高野山出版}相校,不但其中经目相同,且径直即是一版所印。_{字体仿苏东坡}所惜者,《资福藏目》首尾为日本人所写补,是否本来残缺故加以写补,抑资福本来无目录,日本人以其与圆觉藏相同,故即用圆觉藏目录而易其首尾,以合事实,皆未可知。可注意者,乃日本人所钞补之经目,恰为圆觉所无。其非由日本人手钞者,则完全即圆觉之旧。可知此目中之系刻板者,即系《圆觉藏目》,毫无疑义。今既未能以现存资福藏之实物一一与目录对勘,而定此目录之确实性,即未由考订两藏异同之真际。但可得而言者,两藏目录由天字起至桓公辅合之合字止,皆完全相同。《资福藏目》则自合字后至最字止,另增五十一函,圆觉刻在先。如资福即就圆觉版加以增刊,亦非不可能之事。_{碛砂端平藏亦至合字函止,且目录与圆觉同。但事实上碛砂藏系刻至烦字止,亦系后来增补。可为旁证。}故谓资福即圆觉之后身,其说颇足置信。

(3) 元之弘法藏究为何物,向是一谜。且有疑根本无是物者。今经考证,蒋唯心氏所主张元弘法藏即根据金之弘法藏所增修,而金之弘法藏即新近发现之赵城藏,其说具有依据。又赵璧《大藏新增至元法宝记》有"至元法宝刻在京邑"之语,复证之耶律楚材集中诗文,是元在燕京曾刻汉文大藏,无可怀疑。惟《至元法宝录》之经目与赵城藏不同,故元对弘法藏中间必经增易,今不妨假定《至元法宝录》之目即为弘法藏之目,而承认弘法藏之确有是物。惜尚无实物可以提证。

(4) 有人谓碛砂藏为思溪资福之后身,故一切多同,今经考证,碛砂延圣寺与湖州妙严寺本有渊源。气脉相通且相距匪遥,与圆觉资福或均有多少关系。但两藏虽版式相若,而笔画迥殊,_{一较肥近欧,一较瘦近柳。}决非一本。况碛砂募刻经过多载卷末,其非资福之旧更不待言,总之资福、碛砂、普宁三藏时代相近,刊地亦均在数百里之内,其彼此发生联属自在意中。但系各自为政,不可混合也。_{元僧管主八与碛砂普宁二藏均有关系。赵璧《大藏新增至元法宝记》云"至元法宝刻在京邑,流布人间,江南去万里而遥,传持未遍松江僧录管主八翻梓余杭。凡诸路庋经而未有者许,自装印藏教以宽"此即指普宁藏言。盖普宁寺本在余杭也。又元僧克己《序法宝标目》有云:"管主八累年发心近平江路碛砂延圣寺大藏经板未完施中统钞二百定及募缘雕刊未及一年已满千有余卷"亦可征联属之一事。管主八之历史余将别有所考。盖其人亦殊非恒泛也。}(图十)

（5）近日济南图书馆屈君万里作《明释藏雕印考》。见山东图书馆出版之国学汇编第二册。谓明南藏实因碛砂旧版而补修，历举四证。其中惟《南藏传法正宗记》卷一题云"平江路碛砂延圣寺大藏经局今依福州开元寺校定元本重新刊板流通"一节，为比较有力之证。但考之《南藏目录》，与碛砂藏相异处甚多，且明太祖自命通了佛法，又好创制显庸，复多集诸山大德于南京。未必仍沿旧版，不事新制。其碛砂旧版之《传法正宗记》以何因缘羼入南藏，无从臆断。但如全藏只此一卷有碛砂题记，恐适足为非根据碛砂旧版之反证。盖碛砂全藏固几无不有碛砂题记，不应并入南藏后竟全行削去也。且考《南藏目录》，据昭和法宝本。与碛砂目殊异处甚多。尤可怪者，《传法正宗记》南藏列在绮字函（即有碛砂题记者），其版上明有"绮一"字样，而碛砂目却将传法正宗记列入约字函，其绮函乃系《宗镜录》。除非南藏杂凑各经板，且将原编函号一律挖改，否则此疑不能解也。

（6）赵城藏经，蒋唯心氏断为金刻而元补，且谓系崔法珍在晋所刻，嗣输版入京，归于弘法，元代因蜕化为弘法藏，至崔刻多覆北宋官版云云。余不否认赵城藏即金之弘法藏及元之弘法藏即据金藏增修，但谓金藏全为崔法珍所刻，尚未敢完全肯定。盖赵城藏版式之杂为诸藏所无，此必利用旧版使然。如属覆刻，亦无须全依原式，致全藏版式转致参差。考北宋开宝蜀刻以外，既尚有开封官版藏之刊行，而祥符景祐复迭有译经及驿取经版之举。见祥符景祐二法宝录。是北宋在汴经版本甚繁伙，金得汴后，合崔版而成藏，本意中事。元藏本系补雕，亦迭见记载。蒋氏所说，言之成理。但金藏覆刻北宋官本及金藏悉由崔刻两说，未敢苟同耳。

赵子砥《燕云录》："金人既破京城，金帛子女尽为攘夺。又取图籍文书与其镂板借归。当时下鸿胪寺取经板一千七百片。"是金取北宋经板以归于燕，确有其事。宋亡吴越而取其经板，金亡宋又取之，元亡金又取之，此中有循环报复焉。

叙述既竟，有深足致慨者。则历朝所刻大藏，凡十余次。迄于今兹，全国之内惟清藏尚存原版，惟明南北藏及清藏尚存印本数十部，^{明南北藏亦多不全。}（图六）余则版片早归乌有。且如何毁失，亦从无详确之记载。印本更稀如星凤。其偶有发现，多自邻邦流入。^{碛砂赵城统为例外。}其写本及单行零刻之销沉散落者，益无论矣。人言吾国为佛教国，吾亦侈言固有文化之宏伟，此其证耶。抑历代皆有编刻大藏之举，非止表一朝之鸿业。著述日增，研究之范围日广，非加甄采，将虞放失也。今民国二十五年矣，于此尚无所闻，当局之失，学者之责欤。谨于篇末，揭橥二义。

（一）求当局对仅存之清代大藏经版之在北平柏林寺者加以充分之保护。

（二）望当局于相当时期编纂中华大藏，并依至元勘同之例就各种文字加以勘定。

最末对曾书写全藏之金粟山广惠禅院所属之海盐县所产生之文化界尊宿　张菊生先生，表其敬意。并以金粟藏写本之一摄影上张先生。（图七）

　　此文虽简陋，但采集资料承范成法师、欧阳竟无、徐森玉、王献唐、屈万里、赵万里、费范九诸先生之助，经月始就。合书志愧，并表谢忱。又此文因急于付刊，极多疏漏，他日当更补正。

中华民国二十五年九月十日

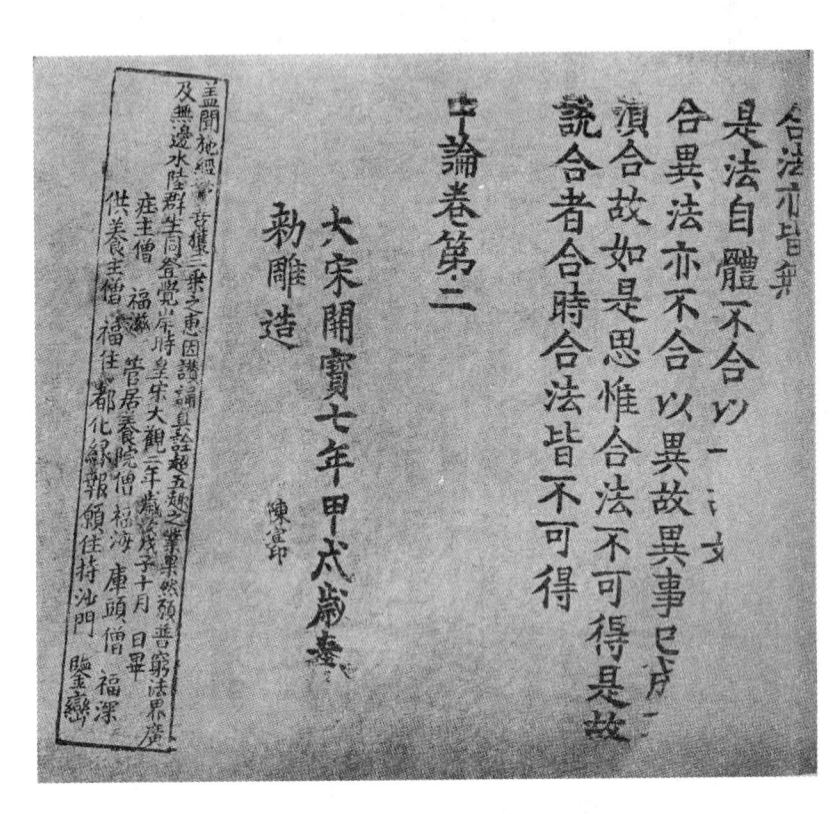

图一　宋开宝藏

图二(甲)　赵城藏一

雙峯山曹侯溪寶林傳卷第八

秦　新編入錄

達摩行教游漢土章布六葉品第三
并梁武帝禪文昭文祭文並集於十九，後此一章亦名東流小傳

尒時菩提達摩者南天竺國王第三子學通三藏尤功定業天生相承此昧是如來密意也達摩既得法已并

受法偈住于彼國六十七歲說法化導而演一乘接六部衆如是神力宿命他心廣作佛事粳于大衆時現定力即入三昧觀震旦衆生有大乘性與彼緣熟而可堪化先辭師影別於王而告之言欲住東土王乃啓留不住遂勅大目御已舶送經于三載

图二(乙)　赵城藏二

图二(丙)　赵城藏三

图二(丁)　赵城藏四

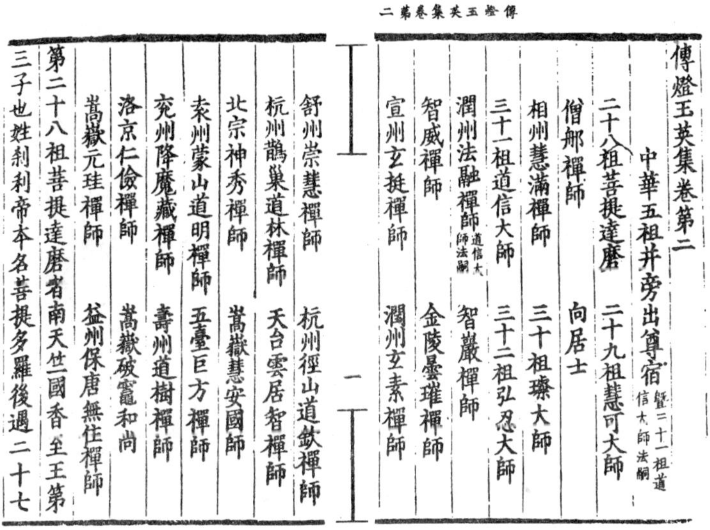

图二(戊)　赵城藏五

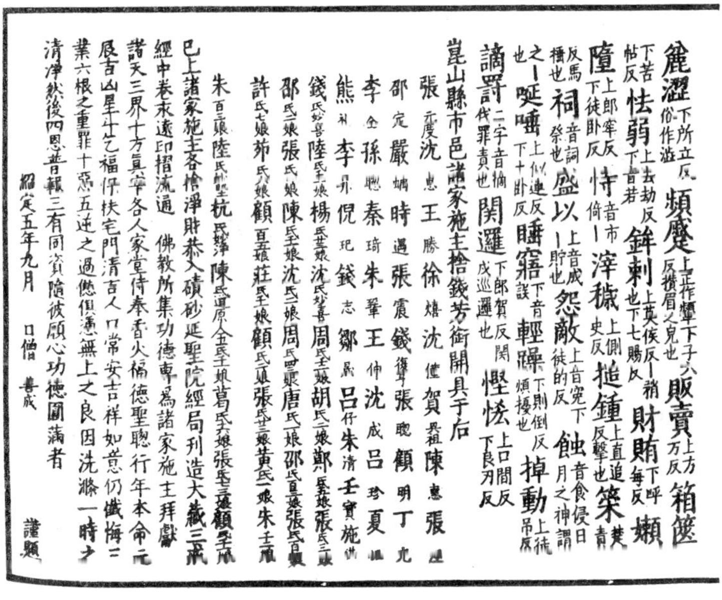

图三　碛砂藏

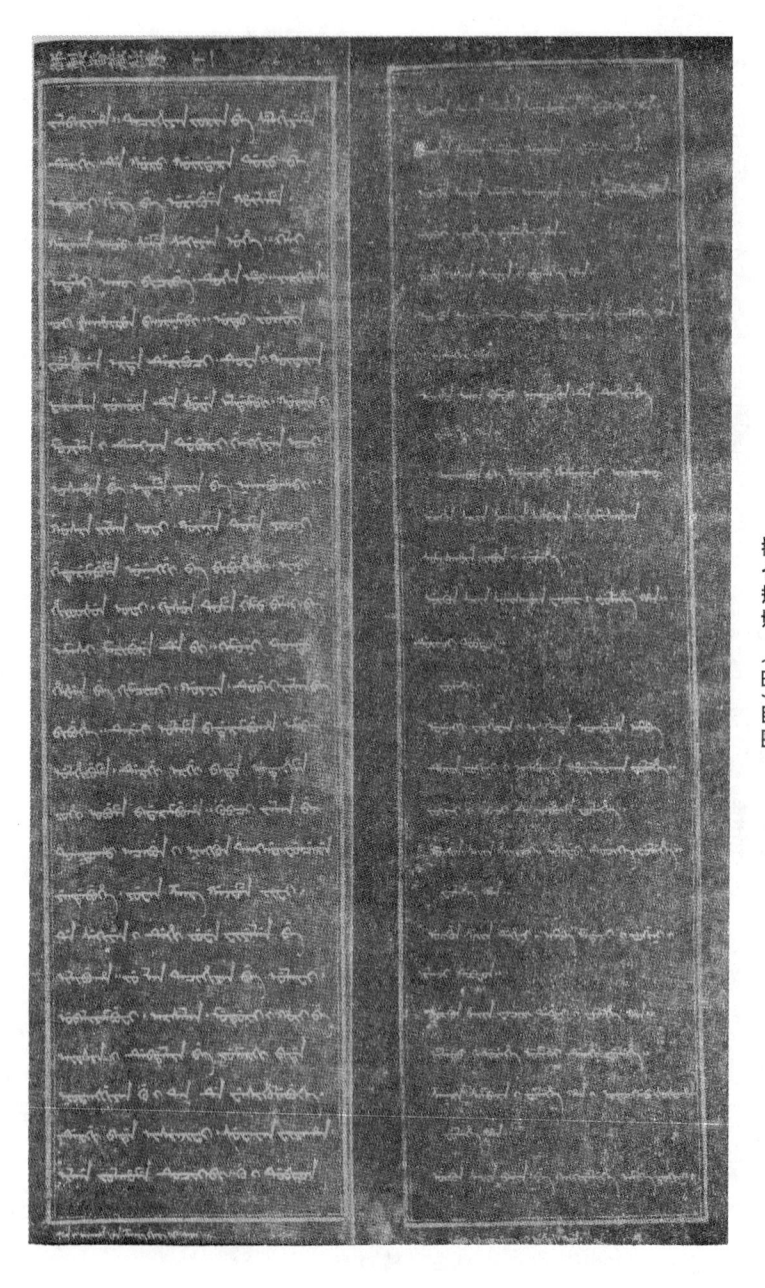

40　张菊生先生七十生日纪念论文集

图四(甲)　清满文藏

图四（乙） 清藏文藏

图四(丙) 清蒙文藏

大宋國兩浙道湖州歸安縣松亭鄉思溪居住左武大夫密州觀察使致仕王永從同妻恭人嚴氏弟忠翊郎來錫妻顧氏姪武功郎沖元妻卜氏從義郎沖和妻陳氏男迪功郎沖彥妻莫氏保義郎沖亮妻呂氏并家眷等捐捨家財命工開鏤大藏經板伍伯伍拾函永遠印造流通所冀善利恭為祝延

今上皇帝聖躬萬歲利及一切有情紹興二年四月日謹題

雕經作頭李 等李敏 印經作頭金紹

掌經沙門 覺清 幹雕經沙門 法組

對經沙門 仲諫 行堅

對經沙門 靜仁 慧覺大師道融賜紫 修敏

都對證湖州覺悟教院住傳天台教真悟大師 宗鑑

勸緣平江府大慈院住持管內僧正傳教說法大師 淨梵

都勸緣住持圓覺禪院傳法慈受禪師 懷深

图五(甲) 宋思溪圆觉藏

图五(乙)　宋思溪资福藏

图六(甲)　明南藏

图六（乙） 明永乐藏即北藏

御製大藏經序

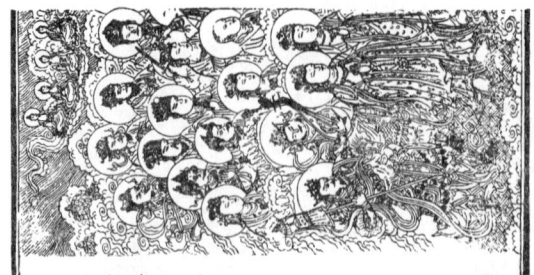

惟我
如來之道廣大悉備億兆

洪濟萬物之前不見其始推萬德之後莫測其終清淨為宗慈憫為用濟利為德化育群品

導之一切而無弗通盡化恰庶福溥無疆凡具樂善之心莫不至誠歸嚮

我
皇考太祖聖神文武欽明啟運俊德成功統天大孝皇帝體天弘道高明廣運聖武神功純仁至孝文皇帝

慈悲洪溥
皇祖仁孝皇后德合乾坤慈仁聖善

上帝之好生同大覺之濟物禮敬諸佛王臣慈澤周乎人寰大孝之誠夙夜孔懷勒勞報本之道

考城在天之福於見博采笠乾之秘典海藏之真詮浩浩乎穰穰乎繕書鋟梓刊布用廣

图六（丙）　明永乐藏

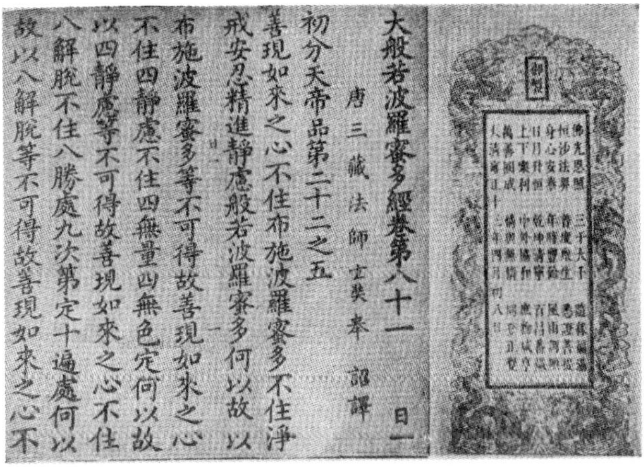

图六(丁) 清龙藏

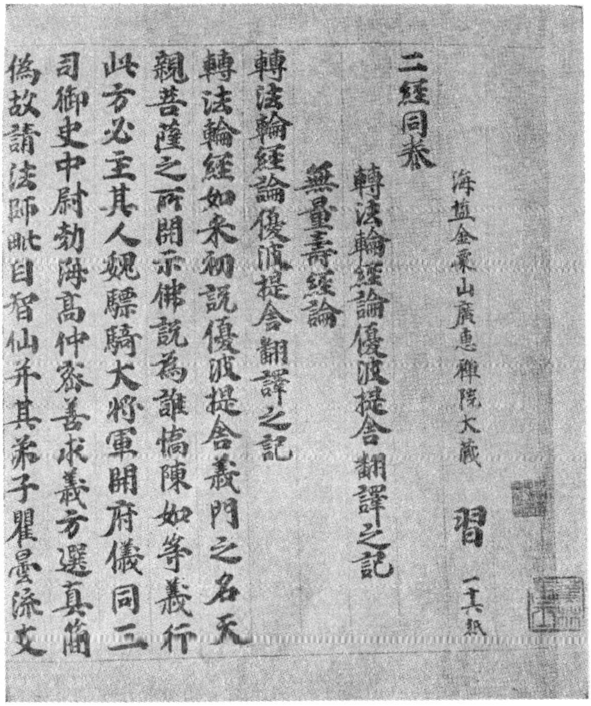

图七 宋海盐金粟藏写本

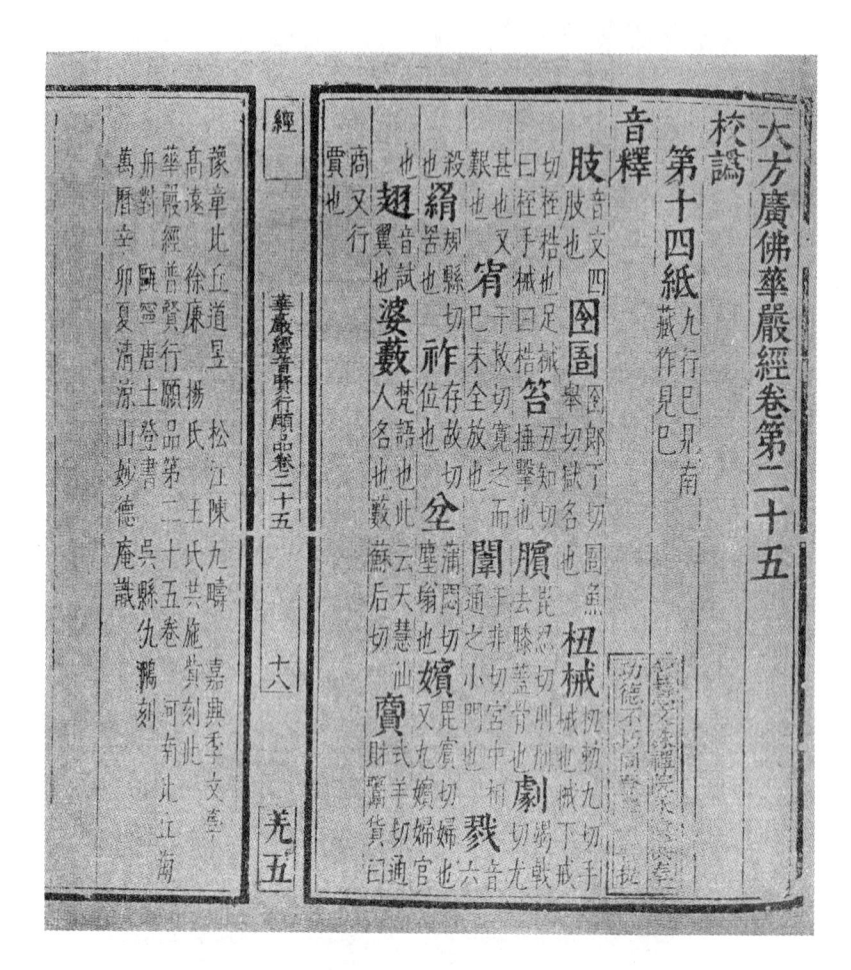

图八(甲)　明径山藏一

图八（乙）　明径山藏二

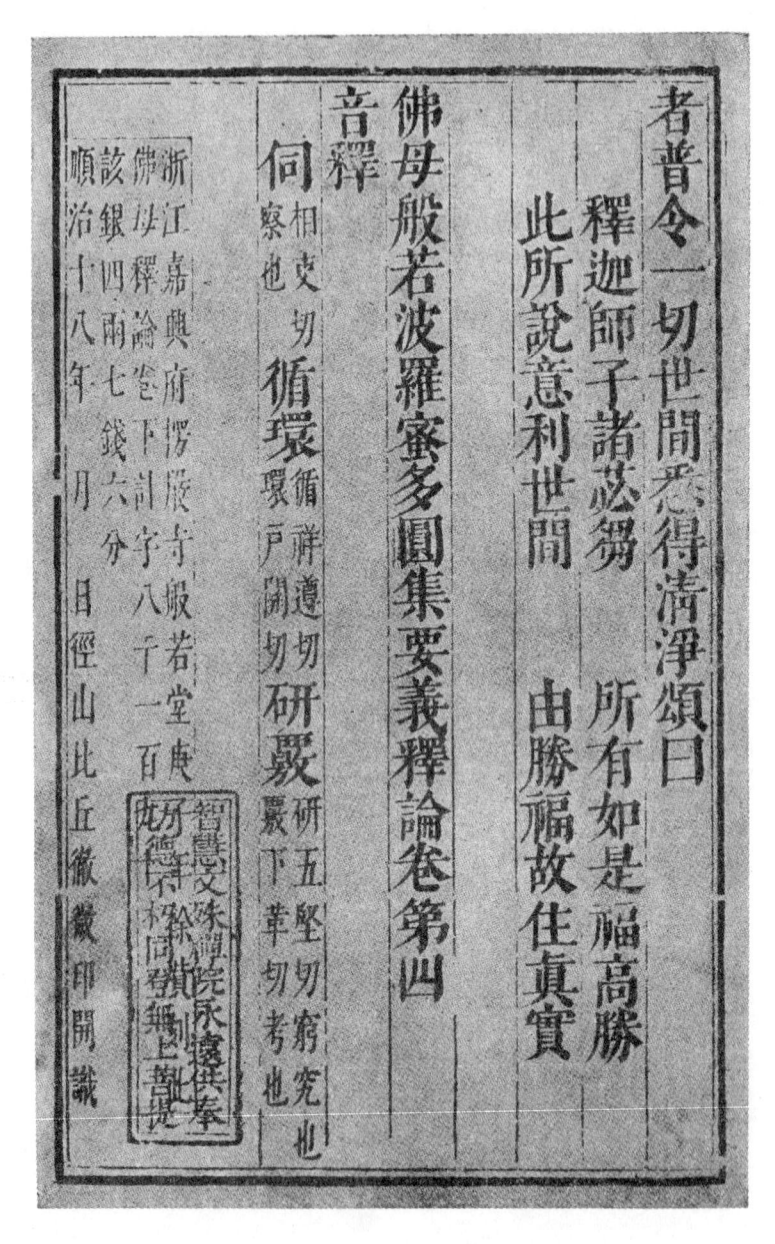

佛母般若波羅蜜多圓集要義釋論卷第四

者普令一切世間悉得清淨頌曰

釋迦師子諸苾芻　　所有如是福高勝
此所說意利世間　　由勝福故住真實

音釋

同　相支切　循環　循祥遵切環戶關切　研覈　覈下革切考也
察也

浙江嘉興府楞嚴寺般若堂庚字八千一百
佛母釋論卷下　
該銀四兩七錢六分
順治十八年月日徑山比丘徹藏印開識

智慧文殊禪院永遠供奉
所徳禪林同發無上菩提

图八(丙)　明径山藏三

图八(丁) 明径山藏四

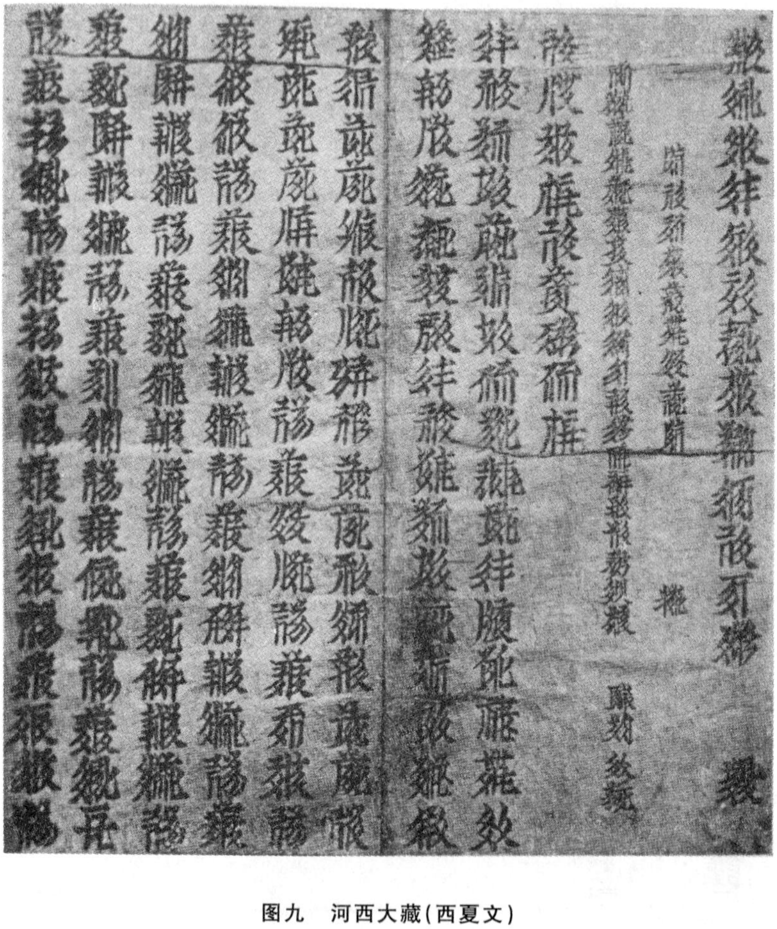

图九　河西大藏(西夏文)

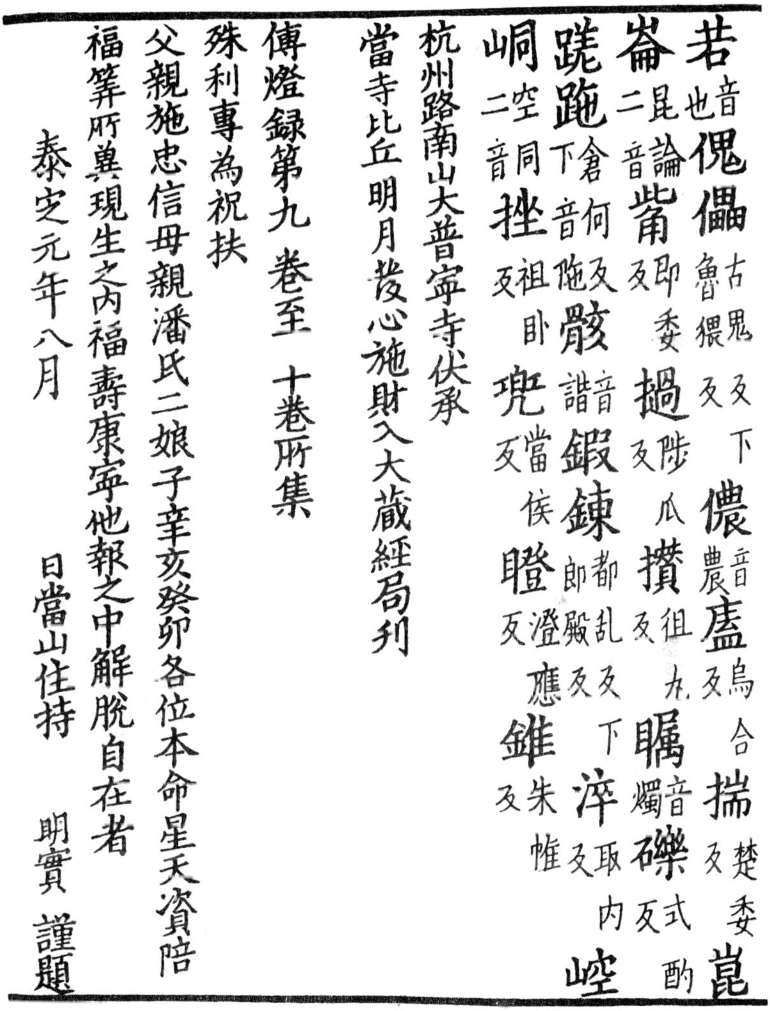

若音也傀儡古鬼及下儂音農盧烏合瑞及楚委崑
二昆論㕉及即委猥及陟瓜攢音祖燭酌礫式酌
岣二音同空挫及祖卧兜及當候瞪澄應錐朱帷
岣下音何及施譜音都骰亂及下淬取内崆
蹐跪二音同挫及祖卧兜及當候鍛鍊即澄應錐朱帷

杭州路南山大普寧寺伏承

當寺比丘明月發心施財入大藏經局刊

傳燈錄第九 卷至 十卷所集

殊利專為祝扶

父親施忠信母親潘氏二娘子辛亥癸卯各位本命星天資陪

福筭所冀現生之内福壽康寧他報之中解脫自在者

泰定元年八月

日當山住持

明實 謹題

图十　元普宁藏

图十一（甲） 崇宁万寿大藏

陀羅尼雜集卷第五

未詳撰者今附梁錄

佛說除一切恐畏毒害伏惡魔陀羅尼一首

佛說止女人患血至困陀羅尼一首

佛說除產難陀羅尼一首

佛說除災患諸惱毒陀羅尼一首

佛說多聞陀羅尼一首

佛說治瘧病陀羅尼一首

福州開元禪寺住持傳法賜紫慧邁大師了謹募衆緣恭爲

今上 皇帝祝延 聖壽文武官僚資崇祿位圓成雕造

毗盧大藏經板一副皆紹興戊辰閏八月　日謹題

甲

崔仁

图十一（乙）　开元毗卢大藏

《周易》三陈九卦释义

蒋维乔

《周易·系辞传》云："作《易》者,其有忧患乎！是故《履》,德之基也。《谦》,德之柄也。《复》,德之本也。《恒》,德之固也。《损》,德之修也。《益》,德之裕也。《困》,德之辨也。《井》,德之地也。《巽》,德之制也。《履》和而至,《谦》尊而光。《复》小而辨于物,《恒》杂而不厌。《损》先难而后易,《益》长裕而不设。《困》穷而通。《井》居其所而迁。《巽》称而隐,《履》以和行。《谦》以制礼,《复》以自知。《恒》以一德,《损》以远害。《益》以兴利,《困》以寡怨。《井》以辨义,《巽》以行权。"孔子将《履》、《谦》、《复》、《恒》、《损》、《益》、《困》、《井》、《巽》九卦,三次陈说其义,自来谓之三陈九卦。孔子于六十四卦中何故独取此九卦？且何以将此九卦反复陈说？古来注家,罕有能明其义者。今先列汉宋诸大家之说,而后申释之。

一　汉儒之释

虞翻氏之说曰：

是故《履》,德之基也。《乾》为德,《履》与《谦》,旁通《坤》,柔履刚,故德之基,《坤》为基。《谦》,德之柄也。《坤》为柄,柄，本也。凡言德，皆阳爻也。《复》，德之本也。《复》初《乾》之元，故德之本也。《恒》，德之固也。立不易方，守德之坚固。《损》，德之脩也。《益》，德之裕也。《困》，德之辨也。《井》，德之地也。《巽》，德之制也。《巽》风为号令，所以制下，故曰德之制也。《履》和而至。《谦》与《履》通。《谦》、《坤》柔和，故《履》和而至，礼之用和为贵也。《谦》尊而光。《复》小而辨于物。阳始见，故小，《乾》阳物，《坤》阴物，以《乾》居《坤》，故称别物。《恒》杂而不厌。《损》先难而后易。《损》初之上，失正，故先难，终反成益，得位于初，故后易，易其心而后语。《益》长裕而不设，谓天施地生，其益无方，凡益之道，与时偕行，故不设也。《困》穷而通，阳穷否上，变之《坤》二，成《坎》，二为通，故《困》穷而通也。《井》居其所而迁。《巽》称而隐。《履》以和行。礼之用和为贵，《谦》、《震》为行，故以和行也。《谦》以制礼，阴称礼，《谦》三以一阳制五阴，万民服，故以制礼也。《复》以自知，有不善未尝不知，故自知也。《恒》以一德，《恒》德之固，立不易方，从一而终，故一德者也。《损》以远害，《坤》为害，《泰》以初止《坤》上，故远害，《乾》为远。《益》以兴利。《困》以寡怨。《坤》为怨否，弑父与君，《乾》来上，折《坤》二，故寡怨，《坎》水性通，故不怨也。《井》以辨义。《坤》为义，以《乾》别《坤》，故辨义也。《巽》以行权。

　　细绎虞氏之释，不过就卦爻之消息，随文阐明其义，而于孔子所以特举九卦反复陈说，则一语未曾道及。汉儒郑氏荀氏之说，已残缺不完，亦多类此。不列举以免繁冗。

二　王弼之释

王弼氏之说曰：

　　是故《履》，德之基也。基，所蹈也。《谦》，德之柄也。《复》，德之本也。夫动本于静，语始于默。《复》者，各反其所始，故为德之本也。《恒》，德之固也。固，不倾移也。《损》，德之脩也。《益》，德之裕也。能益物者，其德宽大也。《困》，德之辨也。困而益明。《井》，德之地也。所处不移，象居得其所也。《巽》，德之制也。《巽》所以申命明制也。《履》和而至。和而不至，从物者也；和而能至，故可履也。《谦》尊而光，《复》小而辨于物。微而辨之，不远复也。《恒》杂而不厌。杂而不厌，是以能恒。《损》先难而后易。刻损以脩身，故先难也；身脩而无患，故后易也。《益》长裕而不设。有所兴为，以益于物，故曰长裕，因物兴务不虚也。《困》穷而通。处穷而不屈其道也。《井》居其所而迁。改邑不改井，井所居不移，而能迁其所施也。《巽》称而隐，称扬命令，而百姓不知其所由也。《履》以和行，《谦》以制礼。《复》以自知，求诸己也。《恒》以一德，以一为德也。《损》以远害，止于脩身，故可以远害而已。《益》以兴利。《困》以寡怨。困而不滥，无怨于物。《井》以辨义。施而无私，义之方也。《巽》以行权，权反经而合通。必合乎巽顺，而后可以行权也。

王氏之学，一扫汉人象数之说，而专言理。然亦不过依文释义，而于三陈九卦之所以然，亦未能道及。

三　宋儒之释

宋儒说易大家，当推程颐之《易传》，朱熹之《本义》。而程子于二陈九卦，未赞一辞。朱子之说，于第一陈则云：

《履》，礼也。上天下泽，定分不易，必谨乎此，然后其德有以为基而立也。《谦》者，自卑而尊人，又为礼者之所当执持而不可失者也。九卦皆反身修德以处忧患之事也。而有序焉。基所以立，柄所以持。《复》者，心不外而善端存。《恒》者，守不变而常且久。惩忿窒欲以修身，迁善改过以长善，《困》以自验其力。《井》以不变其所。然后能《巽》顺于理，以制事变也。

于第二陈则云：

此如书之九德。礼非强世，然事皆至极。《谦》以自卑，而尊且光。复阳微而不乱于群阴，《恒》处杂而常德不厌。《损》欲先难，习熟则易。《益》但充长而不造作。《困》身困而道亨。《井》不动而及物。《巽》称物之宜，而潜德不露。

于第三陈则云：

寡怨，谓少所怨尤。辨义，谓安而能虑。

是朱子于依文释义之外，一则云，九卦皆反修德以处忧患之事也，再则云，此如书之九德。其总说九卦之意，似较向来注家为进。然于孔子所以举九卦而反复三陈之故，终未有说明。此诚千古之疑窦。岂历代经学大师，皆未之注意，抑终不得其解，姑人云亦云，聊复尔尔耶。

自汉至宋，注《易》者无虑数十家，于三陈九卦，或随文敷衍数语,或竟不置一辞。惟宋陈希夷《易龙图自序》中,偶一发之。其言曰:"且夫龙马始负图,出于羲皇之代,在太古之先。今存已合之位,或疑之,况更陈其未合之数耶!然则何以知之?答曰:于仲尼三陈九卦之义探其旨,所以知之。"然龙图之学,希夷以授穆伯长,伯长以授李挺之,挺之以授邵康节。即师师相传,何以宋儒于三陈九卦,仍不能明言其义。岂希夷之言太略耶!抑希夷仅以三陈九卦证明龙图,而于其本义则未详,意在彼不在此耶!然幸有希夷此语,而后人乃得由图象而渐通其义。清初王弘撰《周易图说述》始阐发之。书中引张仲纯之说而为之注曰:

三陈九卦之序,朱子谓皆反身修德,以处忧患之事也,而有序焉。其序以事之理。希夷谓龙图之旨,得之于此,亦不过以九卦之序而然。然其序以卦之次也。注曰:《上经》,次《履》,明用十,示人以辨上下。次《谦》,明用十五,示人以裒多益寡。次《复》,明用二十四,示气变之始。《下经》,次《恒》,明用二,示形化之始。次《损》、《益》,明用十一十二,示人以盛衰之端。次《困》、《井》,明用十七十八,示人以迁通之义。次《巽》,明用二十七,《巽》以行权,权者,圣人之大用也。因事制宜,随时变易之义备矣。

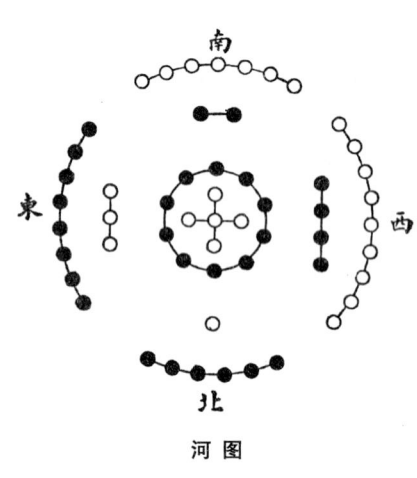

河图

王氏之说甚精,然过于简略,今为详释之。所谓卦序,即《周易序卦传》之次序也。孔子于六十四卦中,取《上经》之《履》、《谦》、《复》三卦,取《下经》之《恒》、《损》、《益》、《困》、《井》、《巽》六卦,皆依序卦之次第。《履》为《周易》卦序之第十卦,意言《河图》有十个数也。《河图》一六在北,而一上六下;二七在南,而二上七下;三八在东,而三上八下;四九在西,而四上九下;五十在中,而五上十下;故云,示人以辨上下也。次《谦》,为《周易》卦序第十五卦,意言《河图》可变为《洛书》,《洛书》之数,纵横皆为十五。如中央之五,与北方之一,南方之九,相加为十五;与东方之三,西方之七,相加亦为十五;其与四隅相对之数加之,亦为十五;是即《河图》居中之十五。故云,示人以哀多益寡也。次《复》,为《周易》卦序之第二十四,天气下降,地气上腾,气候变化,而后人生焉,物成焉。故云,用二十四,示气变之始,盖四时气变,由于二十四节候也。《上经》明大道,故孔子取此三卦,则十十,三五十五而月之盈虚,二十四节候,皆朗然矣。次《恒》,为《下经》卦序之第二卦。用二者,阴阳也,形化之始在阴阳,其于人则为夫妇。《易》云:"夫妇之道,不可以不久也。"次《损》、《益》为卦序之十一十二卦。十一者,父五母五为十,其一,子也。父母既生子,则盛而将衰矣。其所生之子,即十二卦之《益》也。分父母之精血以生子,益之大者也。次《困》、《井》,为卦序之十七十八卦。人既生矣,降而及物,物得天地形气之偏,故不能如人之生,由十得一,而为十七,是禽兽无行,而天地与之以困也。十八卦之《井》,十七卦所生之子也。《困》穷而通,《井》居其所而迁,故云;示人以迁通之义。盖吾人若不能尽人伦以

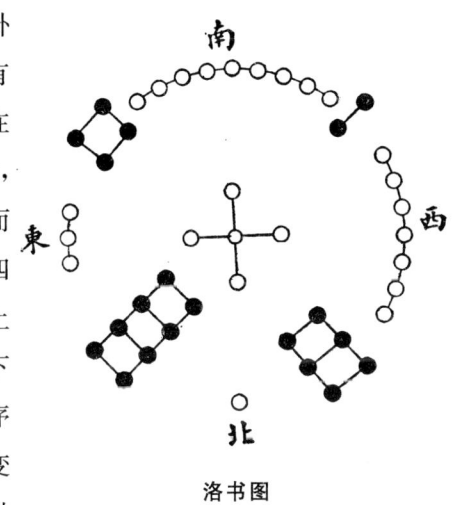

洛书图

合天道,则与禽兽无异;倘能改过迁善,则可复反于人也。次《巽》,为卦序之二十七。《上经》自《谦》至《复》历十卦,《下经》自《井》至《巽》,亦历十卦,复卦一阳,七日来复,故取二十七之《巽》卦。阳复阴消,革故鼎新,故曰行权。权者,圣人之大用也。此从王氏之说,而为详释其义。盖希夷由三陈九卦而悟龙图,后人即由龙图《序卦》以得孔子专取九卦之义。孔子云:"作易者其有忧患乎!"处忧患则必须尊德达道。三陈之第一陈,德之基、德之柄云云,皆尊德之事也。老子谓"失道而后德",德者道之降,故必先尊德而后达道。第二陈之和而至,尊而光云云,皆内心之用功;第三陈以和行,以制礼,皆外表之行为;此所谓合内外之道也。如是,则孔子于六十四卦中所以只取九卦又必反复三陈之,其义可知矣。

王氏之说,将孔子之意,发挥颇详;今再由《洛书》与先天象,补充其义曰:九卦者,盖有取乎《洛书》之九数也。孔子于六十四卦中,独取《履》、《谦》等九卦,盖密示人以先天之理也。人惟能合乎先天,方可处于忧患之世,所谓行事在后天,而心超乎先天也。《洛书》出于《河图》,前已详之。《河图》之数,自一至十,表示正数也。《洛书》之数,自一至九,表示变数也。宇宙之变化,不外象与数,动则必变,数至九之老阳而变之极,处忧患之道,必深明乎变化,故孔子于卦取九也。何谓密示人以先天耶!如《先天象图》,乾南、坤北、离东、坎西为四正卦。兑东南、震东北、巽西南、艮东北为四隅卦。其东南隅之兑☱,颠倒之可为西南隅之巽☴,一卦作两用,亦如《洛书》东南隅之四,可平分

先天图

之为二二也。其西南隅之巽☴，颠倒之可为东南隅之兑☱。一卦作两用，亦如《洛书》西南隅之二，可平分之为一一也。其西北隅之艮☶，颠倒之可为东北隅之震☳，一卦作两用，亦如《洛书》西北隅之六，可平分之为三三也。其东北隅之震☳，颠倒之可为西北隅之艮☶，一卦作两用，亦如《洛书》东北隅之八，可平分之为四四也。此《洛书》之数，所以为先天之数也。天地间变化之现象，惟风为最著，《洛书》既是先天之数，故乾天用巽风于中央，又重巽以申命。三陈九卦之中，《巽》德之制，《巽》称而稳，《巽》以行权；制之于中，隐而称之于中，行权于中，重《巽》之卦，内互《兑》二，外互《离》三，（一卦六爻，中有互卦。以二三四爻为内互、三四五爻为外互。乾一兑二离三震四巽五坎六艮七坤八，先天象之次序也。）内外卦皆为巽五，即《洛书》中央之五数也。然后取《履》之内互离者，位于东，即先天之离卦，合《洛书》之三数也。取《谦》之内互坎者，位于西，即先天之坎卦，合《洛书》之七数也。取《复》之内互坤者，位于北，即先天之坤卦，合《洛书》之一数也。取《恒》之内互乾者位于南，即先天之乾卦，合《洛书》之九数也。三七一九，先天四正之数也。取《损》之外卦艮者，位于西北，即先天之艮坤，合《洛书》之六数也。取《益》之内卦震者，位于东北，即先天之震卦，合《洛书》之八数也。取《困》之外卦兑者，位于东南，即先天之兑卦，合《洛书》之四数也。取《井》之内卦巽者，位于东南，即先天之巽卦，合《洛书》之二数也。六八四二，先天四隅之数也。如是则孔子之三陈九卦者，数取诸九卦，象取诸先天，秩然不紊。且卦变者，序卦中之事也。孔子于《上经》取三卦而三陈之，三三如九，明其用一九也。于《下经》取六卦而三陈之，三六十八，明其用二九也。三九二十七陈，并原来九卦，为三十六陈，则摄《序卦》全象之三十六宫，而社会之变化，备于此矣，此真精义入神者也。至若文义之解释,汉宋诸儒之说已详,可勿赘矣。

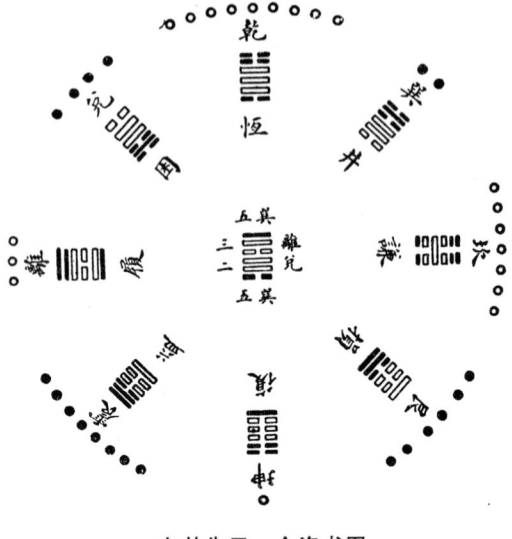

九卦先天　今洛书图

《老子》这部书对于道家的关系

唐 钺

对于《老子》这部书与道家有什么关系这个问题,据作者所知道的,有三种意见。第一种意见说道家包括《老子》的学说在内,但《老子》学说只是道家学说的小部份。这是最普通的传统的看法。第二种意见以为道家主要就是《老子》书中所含的学说,其余成份都是次要的或是晚后加入的。这个意见,从前人曾经暗示过。作者也倾向于这个见解。第三种意见说《老子》不属于道家,道家是混合各派的杂家。这个意见,近年有人主张。本篇的意思在于举出使作者抱第二种意见的理由,当然也就是举出我们不赞同第三种意见的理由。至于第一种意见的太含混,也可以由本文讨论中看出一点。但对于这第一种意见,我们这里没有工夫细说。

（甲） 《老子》这部书出世的年代

本篇的讨论,只是关于《老子》这部书。对于《老子》是什么人作的,是相传为孔子老师的老聃作的,还是太史儋作的,还是老莱子作的,还是环渊作的,还是别的姓老的人作的,还是姓别的姓的人托名老聃作的这种种问题,不必讨论。下文有时说老子,只是指

《老子》这部书的作者,不含时代的意义。但对于《老子》这部书出世的年代不能没有相当的决定。我们用不着把《老子》出世的年代定得怎么样准确,因为战国末至西汉初年才有道家,①为本篇讨论计,只要知道战国末已经有这部书就够了。

我们现在要举出使我们相信战国末已经有《老子》这部书的理由。近年把《老子》成书年代挪到最后的要推顾颉刚先生。他说:"《老子》是战国末年或是西汉初年的著作。"②我们的浅见以为《老子》这部书不是西汉初年的著作,大约是西汉以前的著作。为什么呢?

古代传下来的《老子》书中的文字,要推《韩非子》书内《解老》、《喻老》两篇为最古。③《老子》二十六章云:

> 重为轻根;静为躁君。是以君子终日行,不离辎重。虽有荣观,燕处超然;奈何万乘之主而以身轻天下。轻则失根④;躁则失君。

《喻老》篇云:

> 制在己曰"重";不离位曰"静"。重则能使轻;静则能使躁。故曰"重为轻根,静为躁君";故曰"君子终日行,不离辎重"。邦者,人君之辎重也。主父生传其邦,此离其辎重者也。故虽有代、云中之乐超然,已无赵矣。主父,万乘之主,而以身轻于天下。无势之谓轻,离位之谓躁,是以生幽而死。故曰,

---

① 道家成立于儒、墨、名、法诸家以前之说,现在已经不能再持。
② 顾氏《从吕氏春秋推测〈老子〉之成书年代》第七段,见罗根泽编著:《古史辨》,第四册第四八八页。
③ 据章炳麟说,《老子》的解说,也以这两篇为最好。见《章氏丛书》《国故论衡·原道上》篇。
④ "根"字,现行《韩非子》误作"臣";俞樾《〈老子〉平议》说,据《永乐大典》本应作"根"。

"轻则失根①，躁则失君"，主父之谓也。

细看《喻老》此文，就知道各本"虽有荣观，燕处超然；奈何万乘之主而以身轻于天下"，是后人将《喻老》的文羼入正文，而又经传写误改而成的。只看"奈何万乘之主"这句话的口气，就是指特别个人，不像正文通论的语气。就这一节看，也可见《喻老》所引《老子》的文是一个很早的本子。

根据《解老》、《喻老》的本子，我们可以说《老子》是作于刘邦即帝位以前〔西纪前二〇二年以前〕。《老子》三十六章"国之利器，不可以示人"，"国"字各本一样，只有《喻老》作"邦"②。又五十四章"修之国，其德乃丰"，"国"字各本都一样，只有《解老》作"邦"③。本章上文"身"与"真"，"家"与"余"，"乡"与"长"，和下文"下"与"普"都押韵，不会偏偏这一句不押韵，所以原文一定是作"邦"。这一个"邦"字，前人以为是避讳刘邦的"邦"字而改作"国"。证以荀悦"〔高祖〕讳'邦'……'邦'之字曰'国'"的话，④这是对的。"邦之利器"的"邦"字大约也是这样改的。⑤ 这可见《老子》这部书是西汉以前的作品。

我们还可以再推上去，说《老子》这部书是秦统一中国以前的作品。《老子》书中有许多关于邦国的话。例如：

爱民治国，能无为乎？（十章）

---

① "根"字，现行《韩非子》误作"臣"；俞樾《〈老子〉平议》说，据《永乐大典》本应作"根"。

② 傅奕本这两"国"字也作"邦"。傅本出来很晚，大约是间接根据《韩非子》或其他古本校定的。

③ 同上。

④ 《汉书·高祖纪上》颜师古注引。

⑤ 和《喻老》这一段相似的文，又见于《韩非子·内储说下·六微》篇。那里说"故曰'国之利器不可以示人。'"又《庄子·胠箧》篇引《老子》此文也作"国"。这些都是西汉人的文字，或是经过西汉人改的。

> 国家昏乱有忠臣。(十八章)
>
> 邦之利器,不可以示人。(三十六章)
>
> 修之于邦,其德乃丰。(五十四章)
>
> 以正治国。(五十七章)
>
> 治大国若烹小鲜。(六十章)
>
> 大国不过欲兼畜人,小国不过欲入事人。(六十一章)
>
> 以智治国,国之贼;不以智治国,国之福。(六十五章)

这都是对战国的情形说。假如这部书在秦统一中国至陈胜起兵这个期间作的,当时没有国,不会说这些话。假如在楚汉相持的时候作的,大约也不会说这些话;因为当时的国至多也不过是游移无定的"交战团体",说不到国,更说不到治国。

这是一件。我们再看《喻老》的文字,也可以推测它是出于刘邦即帝位以前。《喻老》文中许多地方用"邦"字。如:

> 邦以存为常。
>
> 不欲自害则邦不亡,身不死。
>
> 楚邦之法……
>
> 不以其邦为收者癉也。
>
> 邦者人君之辎重也,主父生传其邦。
>
> 邦亡身死。
>
> 赏罚者邦之利器也。
>
> 及公子返晋邦……
>
> 此人遂以功食禄于宋邦。
>
> 诛大臣五,举处士六,而邦大治。

《喻老》篇首云"夫治国者以名号为罪,徐偃王是也"。上列语句也可以用"国"字,而通通用"邦";可见《喻老》作成的时候,还没有避讳"邦"字的需要。这可见《喻老》是刘邦即帝位以前作的。如果这样,那末,《老子》本书的著作应该更要前了。查由秦统一中国到汉统一中国,中间只有十九年。假定《喻老》作于这个时候,那末,《老子》本书大约是在战国末年已经有的了。假定《喻老》在秦灭六国前几年作的,那末,《老子》当然是战国末年已经有的了。假如有人说,用避讳来断定《喻老》的年代,是靠不住的,因为西汉时候避讳并不严,不见得"邦"字一概不许用。但我们并不说这个方法可以到处应用,我们以为用在《喻老》年代的研究上是可以的。一来,《老子》本文已经有改"邦"字的现象;二来,汉初老学盛行于宗室卿大夫和同他们接触的人中间,这帮人是要注重避讳的。由以上理由,我们以为《老子》这部书,无论出来怎么晚,大约总是先秦的书。①

至于由战国末年再推上去,《老子》这部书最早出于什么年代,与本篇的问题无关。但这里不妨附带说几句。我们以为《老子》大约是战国末年出现的书,它的成书在荀子学说出世以后。《老子》说:

> 失道而后德,失德而后仁,失仁而后义,失义而后礼。夫礼者忠信之薄而乱之首。(三十八章)

这里说仁、义、礼的先后,与孔子、孟子、荀子倡说的顺序恰恰相合,这是一件很可疑的事。并且,纵使说礼是忠信之薄,不希奇,因为孔子已经有"礼云礼云,玉帛云乎哉"的话;但说礼为乱首这种极端的主张,没有经过荀子隆礼的主张,大约不会有的。并且荀子礼论开头就说:

> 礼起于何也?口,人生而有欲;欲而不得,则不能无求;求

---

① 我们是假定《解老》、《喻老》不是韩非作的。万一是他作的,与本文的辨证也无妨害。《喻老》、《解老》的《老子》本子不同,无论如何,大约不会两篇都是韩非作的。

而无度量分界则不能不争；争则乱；乱则穷。先王恶其乱也，故制礼义以分之，以养人之欲，给人之求，使欲必不穷乎物，物必不屈于欲，两者相持而长，是礼之所起也。

荀子说礼可以止乱，《老子》说礼可以起乱，正是针锋相对。我们以为荀子大约还不及见《老子》这部书。不然，荀子非十二子，另外又骂惠施，驳墨子宋钘，何以对于痛斥他的根本主张的老子，只说他"有见于诎，无见于伸"《天论篇》一句话。这可见当时荀子只知道老子贵柔，还没见过《老子》这部书。荀子死的时候，虽然不能知道准确，但大约在西纪前二四五至前二三五年中间。[1]《吕氏春秋》成于秦始皇八年西纪前二三九年。这样说，编辑《吕氏春秋》的人也未必见到《老子》这部书。所以我们相信顾颉刚先生《老子》出于《吕氏春秋》以后之说很有可能。[2] 我们已经说过，《老子》大约是出于秦灭六国以前西纪前二二二年以前。把这两个推定合起来看，那末，《老子》这部书大约是出于西纪前二三九至前二二一年这十八九年中间。《国策》、《庄子》外、杂篇引《老子》书中的话这个事实，并不与我们这个假定冲突，因为《庄子》外、杂篇的不少部份和《国策》都是战国末年以后编成的，很容易夹杂《老子》的话在内。

近来对于《老子》成书的年代有许多不同的说法。有的保守传统的说法，相信《老子》是孔子时代的书。其余的把时代挪后，但挪后的程度不等。我们这里不能细细讨论这个问题，而且也不必。因为我们已经说过为本篇讨论计，只要知道战国末年已经有《老

---

[1] 梁启超《要籍解题及其读法》（第六七至七七页）以为死于西纪前二三五年。钱穆《先秦诸子系年考辨》（《诸子生卒年世约数》内）以为大约死于西纪前二四五年。

[2] 顾氏此说，见 66 页所引文中。此说虽经胡适先生驳覆，但把顾此文与梁启超钱穆诸先生论《老子》年代的文字（也见《古史辨》第四册）合看，就知道《老子》这部书的破绽实在太多了。把这些破绽一个一个地弥缝，固然做得到，但一部五千余字的书，有这么多破绽，要保持它的原来地位，断然不容易。而况好些破绽是弥缝也无效的呢。

子》这部书就够了。我们相信经过上文的讨论,对于这一点似乎不必再怀疑了。

我们说《老子》这部书是战国末年已经有的,并不是说当时的《老子》的书与后来的传本每字每句相同。最古的传本,《解老》、《喻老》两篇所引的,据现有《韩非子》的本子看,已经有不同。如四十六章文,《解老》作:

> 祸莫大于可欲;祸莫大于不知足;咎莫憯于欲利。(《四部丛刊》本)

《喻老》作:

> 罪莫大于可欲;祸莫大于不知足;咎莫憯于欲得。(《四部丛刊》本)

《喻老》的本子,似乎比《解老》的本子更近原本。此外《老子》全书的传本以及古书上所引《老子》的文字差不多没有两种完全一样的。这种异同,从前人已经比较过,这里用不着再说。我们要说的是:这种字句的不同,并不能使我们相信今本《老子》不是先秦的《老子》。因为今本《老子》所表示的各个意思,差不多个个都是古书所引的《老子》的文字中已有的,不过文字稍有不同,语句稍有多少罢了。例如,把《庄子·天下》篇所引《老子》的文,比起今本来,有多的,有少的。但那里所引的《老子》的见解,是今本里都有的。再以《韩非子》所引的看看,就知道就是今本里最激烈的轻诋仁、义、礼的话,以及最演进的关于道的观念,先秦本也都有了;其余守柔、无为、摄生、天道等等观念也都有了。所以我们相信今本《老子》大致就是战国末年本的《老子》。所以,在下文讨论《老子》书的时候,我们就引今本《老子》的话作根据。

（乙）《老子》这部书与道家的关系

先秦书中没有道家这个名号。道家是秦汉间才成立的学派，近来已经成了研究这个问题的人几乎全场一致的公论，我们用不着再讨论这个问题。我们的问题是这个后起的道家与《老子》这部书有什么样的关系。有人因为《史记·太史公自序》，载司马谈说过道家"因阴阳之大顺，采儒墨之善，撮名法之要"一句话，就说汉初所谓道家就是杂家，与《老子》这部书没有特别关系。[①] 我们以为道家主要是推演《老子》书中的思想，并不是混合学派的杂家。

各学派的分别，只能看它的主要思想。假如丢开主要思想，就很难分学派，也许不如痛痛快快地不讲学派。丢开主要思想讲学派，往往可以把同一个人归在两派内。例如，同一个惠施，胡适先生以为是"墨者"[②]，郭鼎堂先生以为是"杨朱的嫡派"[③]。就主要的思想论，道家实是推演《老子》这部书所含的思想。道家采取儒、墨、名、法的优点，并不使它成了杂家。凡出在其他学派之后的学派，多少都受这些其他学派的影响；自己承认吸收或不承认而暗暗吸收没有多大的分别。

在未讨论《老子》这部书与道家的关系之先，我们要先把黄老这个名词弄得明白。夏曾佑论"黄老之疑义"说：黄老或者是指黄

---

① 以道家为混合学派，可以把胡适先生作代表。请看他《说儒》第六段（《国立中央研究院历史语言研究所集刊》第四本第三份）和冯友兰《中国哲学史》第八章（商务二十三年版二一一页）注。注云："胡适之先生谓此道家〔司马谈所指的〕乃谓汉初之道家，即《汉书·艺文志》所谓杂家，非谓《老》、《庄》。"
② 见他的《中国哲学史》第一册和《说儒》第六段。
③ 见他的《先秦天道观之进展》第四章第六二页。

帝、老子，或者是指黄生与老子。①今查《史记·陈丞相世家》云："陈丞相少时本好黄帝老子之术。"《史记·孝武纪》及《封禅书》都说"窦太后治黄老言"；《前汉书·外戚传上》云："窦太后好黄帝老子言。"是黄老指黄帝老子，没有什么疑义。夏氏又说：

> 黄老之名何从而起？吾意此名必起于文景之际。其时必有以黄帝老子之书合而成一学说者。学既盛行，谓之黄老。日久习惯，成为名辞。乃于古人之单治老子术者，亦举谓之黄老。

夏氏说汉初把单治老子之术者也叫做黄老。这个话很对。《史记》说窦太后所好所治，或说"黄老言"，"黄老之术"，或只说"《老子》言"，"《老子》书"；《汉书》也这样^{其见夏氏所引}。《汉书·外戚传上》并且说"窦太后好《老子》言。景帝及诸窦不得不读《老子》书。"又《史记·儒林传》说："窦太后……召辕固生问《老子》书。固曰：'此是家人言耳！'"《汉书·儒林传》也述这句话。司马贞《史记索隐》的解释不很明了，似乎以为"家人言"是说平易如家中人之言。颜师古《汉书注》云，"家人，言僮隶之属"。夏曾佑取颜说，这是对的。因为辕固生是骂《老子》书，所以窦太后答话也骂儒书。何以说《老子》书是奴隶之言，因为书中有许多柔弱卑屈的话头。这可见当时所谓黄老主要是《老子》书中所含的学说了。

虽则这样，黄老这个名词在当时人看是没有错误的。因为《老子》书中已经包括有"黄帝"之说。《汉书·艺文志》"道家"载黄帝的书四种。其中有《黄帝君臣》十篇，下注云"起六国时，与《老子》相似也"。这可见刘歆知道这部"黄帝"的书是六国人作的，并且它

---

① 见夏氏《中国历史》第二篇第一章第六十一节。(此书经商务印书馆归入《大学丛书》，改称《中国古代史》。)

的学说与《老子》相似。并且,《吕氏春秋》所引"黄帝"的话,"旨趣完全与《老子》相合",这是顾颉刚先生已经看到的。① 这样看来,《老子》书中包有"黄帝"之说了。

《说苑·敬慎》篇载有《金人铭》,中有"强梁者不得其死"、"天道无亲,常与善人"等语。据涵芬楼影印《汉魏丛书》本。王应麟《困学纪闻·诸子部》说《皇览》记《阴谋黄帝金人器铭》。他以为这就是《艺文志》"道家"《黄帝铭》六篇之一。如果这样,是《老子》曾引"黄帝"之言。但《说苑》这铭,似乎是西汉人凑合成的,恐怕不是六国时的文字。又《列子·天瑞》篇以为《老子》第六章是"黄帝书"。但《列子》这部书很多胡说,如《杨朱》篇以为"名者实之宾也"是老子的话,其实是抄《庄子·逍遥游》许由的话。所以这两事都不能作为《老子》引"黄帝书"的证据。但《老子》书中含有"黄帝"之说,由上节所说,已经可以推定了。

现在我们可以开始讨论《老子》这部书与道家的关系。

(一)近人疑心道家与《老子》无关,主要是由司马谈的话而起。因此我们也可以先把司马谈的话细看一下。《史记·太史公自序》述司马谈论六家的要指说:"夫阴阳、儒、墨、名、法、道德:此务为治者也。"下文又称道家。是道家就是讲"道德"的学派。《史记·老庄申韩列传》说"老子乃著书上下篇,言'道德'之意五千余言……"传末又说韩非"惨礉少恩,皆原于'道德'之意,而老子深远矣"。是司马迁的意思以为讲"道德"是出于《老子》五千余言。道家是讲"道德"的,道家就是《老子》之术了。

(二)司马谈说道家之术:

　　与时迁移,应物变化;立俗施事,无所不宜。

---

① 见上引文中,《古史辨》第四册第四六五至四六六页。

又说：

> 道家无为，又曰无不为。……其术以虚无为本，以因循为用。……虚者道之常也。因者君之纲也。……乃合大道，混混冥冥。光耀天下，复反无名。……

司马迁在《老庄申韩列传》末说"老子所贵道，虚无因应，变化于无为"。所以，司马迁所认为老子之说，正是司马谈所认为道家之说。并且他们两个所说的话完全是《老子》书中的意思。所以道家主要是《老子》之术，没有什么疑义。班固《汉书·司马迁传赞》，说迁"论大道则先黄老而后六经"，王鸣盛以为系误谈为迁。① 《史记》托始于黄帝，大约也是司马谈的意思。司马谈是道家，也就是治黄老之术的。

（三）《史记·陈丞相世家》说"陈丞相少时本好黄帝、老子之术"。又载陈自述云："我多阴谋，是道家之所禁。吾世即废，亦已矣。终不能复起。以吾多阴祸也。"这固然未必真是陈平的话，大约是后人的传说。但所谓多阴祸，是指《老子》所说"天网恢恢，疏而不漏"的观念。陈平好老子之术，而又称引_{或被认为称引}与《老子》同意的道家之言。这也可以指示道家就是老学。《后汉书·方术列传上》载折像"好黄老言，感'多藏厚亡'之义"，他说"盈满之咎，道家所忌"。章怀太子注引《老子》"多藏必厚亡"和"持而盈之，不如其已；金玉满堂，莫之能守"的话。陈平说道家所禁，折像说道家所忌，语气一例。

（四）《史记·礼书》载：

> 孝文即位，有司议欲定仪礼。孝文好道家之学，以为繁礼饰貌，无益于治，躬化谓何耳。故罢去之。

---

① 《十七史商榷》卷六"司马氏父子异尚"条。

繁礼无益于治之说认为根据道家，就是《老子》书中"礼者忠信之薄而乱之首"的意思。是汉初认《老子》之说做道家。文帝脩黄老之言，不甚好儒术，《风俗通·正失》篇也说过。他用《老子》之术成功，苏辙《汉文帝论》说得很清楚。这可见道家是《老子》的学说。

（五）《史记·齐悼惠王世家》述齐相召平说："嗟乎！道家之言，'当断不断，必受其乱。'"这个话的格式有韵的格言和宗旨应世的诀窍都像《老子》，或者是《老子》的佚文，或者是"黄帝书"里头的话。所以召平所谓道家，虽然未必指《老子》的学说，总是指《老子》这一派的思想。

（六）《史记·老子传》说：

> 世之学老子者则绌儒学〔《索隐》"绌"音"黜"，"黜"，退而后之也〕；儒学亦绌老子。

《史记·孝武纪》、《封禅书》、《申公传》都把窦太后治黄老言或好《老子》言和不好儒术，连起来说。《风俗通》见上引也把文帝修黄老之言和不好儒术两件事连起来说。是汉初的人不入于儒，则入于老。而《史记·礼书》说文帝好"道家之学"。就汉初儒、道两家对抗的关系说，也可以推测文帝所好的道家之学就是《老子》之学了。或许有人说，学老子者绌儒学，而道家则采儒家之善，这岂不是指明道家不是学《老子》者吗？但司马谈已经说过，道家采儒家，在他"列君臣父子之礼，序夫妇长幼之别"，而当时儒者诵习六艺经传，正是司马谈所谓"博而寡要，劳而少功"的人，当然道家不喜欢这一种儒术了。

（七）还有一件事可以看到《老子》与道家的关系的，就是老学盛行之时或稍后，道家这个名词才出现。王鸣盛说：

> 汉初黄老之学极盛。君如文景，宫闱如窦太后，宗室如刘德，将相如曹参、陈平，名臣如张良、汲黯、郑当时、直不疑、班

嗣,处士如盖公、邓章、王生、黄子、杨王孙、安丘望之等皆宗之。东方朔戒子以"首阳为拙,柱下为工",是亦宗黄老者。①

王氏所举还有遗漏,姑且随它。今按张良为黄老之学,不见于《史记》。王氏说"良受黄石公书",因此以为良是治黄老之术的。但《史记》本传明言黄石公所授书乃太公兵法,不能因此证良治黄老之术。②张良实是老学之徒,王氏的见解没错,但说得不清楚罢了。黄石公故意折辱张良,至于张良"欲殴之";到了张良长跪进履之后,才说"孺子可教";这正是教张良以《老子》守雌持下之术。这件事的意义,苏轼已经说到。他在《留侯论》里说:

夫老人者,以为子房才有余,而忧其度量之不足,故深折其少年刚锐之气,使之忍小忿而就大谋。何则?非有平生之素,卒然相遇于草野之间,而命之以仆妾之役,油然而不怪者:此固秦皇之所不能惊,而项籍之所不能怒也。观夫高帝之所以胜,与项籍之所以败者,在能忍与不能忍之间而已矣。项籍惟不能忍,是以百战百胜,而轻用其锋。高祖忍之,养其全锋,而待其毙:此子房教之也。当淮阴破齐而欲自王,高祖发怒,见于词色。由此观之,犹有刚强不忍之气。非子房,其谁全之。

苏氏所谓能忍,正是《老子》"天下之至柔驰骋天下之至坚"这个道理的应用。张良教刘邦,还不止苏氏所说这一件事。刘邦"入秦宫,宫室、帷帐、狗马、重宝、妇女以千数,意欲留居之",樊哙谏刘邦,不听。张良再说,才走。这就是《老子》"将欲夺之,必固与之"

---

① 见本书第 75 页注①引,王氏注出处,未录。
② 见本书第 75 页注①引,按《汉书·艺文志》"道家"载《太公》二百三十七篇,《谋》八十一篇,《言》七十一篇,《兵》八十五篇,下文《兵权谋》下原注云"省《太公》",是以《太公兵法》为道家。王氏也许根据这一点。但太公为道家之说不可信。

的法子。他因为自己是布衣，得封万户侯，就要"弃人间事从赤松子游"，也是《老子》"功成不居"及"知足不辱"的意思。但张良是用《老子》之术，也可以从司马迁的《自序》看出来。那里说：

> 运筹帷幄之中，制胜于无形，子房计谋其事，无智名，无勇功；图难于易，为大于细。作《留侯世家》第二十五。

我们再看《老子》六十三章六十四章中说：

> 为无为，事无事，味无味。……图难于其易，为大于其细。……其安易持，其未兆易谋。……为之于未有，治之于未乱……

这不是司马迁以为张良应用《老子》之术助刘邦取天下吗？

我们以为不特刘邦的谋臣张良、陈平是用《老子》之术者，刘邦自己也是操《老子》之术者，不过他不用于治身，只用于取天下罢了。王鸣盛说：

> 汉始终惟利是视，顽钝无耻。其言曰："吾与项羽俱北面受命怀王，约为兄弟。"羽少汉王十五岁。如其言，则汉王为兄，项王弟矣。鸿门之会，自知力弱，将为羽所灭，即亲赴军门谢罪，其言至卑屈。让项王上坐，己乃居范增之下为末坐。①

这是一件自甘卑屈的事情。就在这事以前，为救急计，自己出主意要拜张良的朋友项伯做哥哥，这又是一件自甘卑屈的事。项羽说要烹他的父亲，他能毅忍到说"分我一杯羹"。这是第三件自甘卑屈的事。项羽要战，用伏弩射中他，他避走不战，这是第四件自甘卑屈的事。《史记·郦生传》说刘邦"时时问邑中贤士豪俊"，是他很留意人才。但他的骑士述他的行为说：

---

① 《十七史商榷》卷二"汉惟利是视"条。王注未引。按《史记·项羽本纪》云："项王项伯东向坐，亚父南向坐……沛公北向坐。"故王氏说汉王末坐。

> 沛公不好儒。诸客冠儒冠来者,沛公辄解其冠,溲溺其中。与人言,常大骂;未可以儒生说也。①

"大骂"指骂儒生,故下云"未可以儒生说"。刘邦那样注重人才,就是马上经营天下的时候用不着诗书,也不至于这样变态地厌恶儒生。我以为这大约是因为刘邦也是信奉《老子》之术的人。《史记·老子传》说:"世之学老子者则绌儒学。"大约是刘邦用老子之术,所以加倍地不喜欢儒生。

无论张良刘邦是不是老子之徒,秦楚之际,老学已经盛行确是事实。所以盛行的原因,大约如下:战国末年至秦,儒学渐渐得势;李斯是荀卿的学生,就是治儒学的。儒学所以得势,因为它鼓吹取天下和治民之术。因此一般反对儒家的人也鼓吹另一种取天下治民之术,要抢它的买卖。这种技术就是《老子》书中所说的清虚卑弱的方法。但在战国末年,经了阴阳家的宇宙观和名家的理论发生以后,单讲应用的技术,是不能毅建设学派的。而这个时期的学者渐渐讲包罗万象的"道",如荀子就已经说"万物为道一偏,一物为万物一偏"的话《天论篇》。所以这一般人就在柔弱的技术上加了一种关于道体和道生万物的哲学。本来是从柔弱想到道,现在倒过来说道就是柔弱的。所以《老子》的根本思想,可以说是"反者道之动,弱者道之用。天下万物生于有,有生于无"四十几句话。《汉书·艺文志》说:"道家者流……秉要执本,清虚以自守,卑弱以自持,此君人南面之术也。"正是此术。但这不特是君临天下之术,也是取天下之术。刘邦就是用此术成功的。

据上文所说,老学盛行,而道家就在此时成立。并且当时没有别的一部书,把道与老学——卑弱之术——的关系说到这样深切

---

① 见《史记·郦生传》。

的。可见《老子》这部书实是道家成立的首要动力。

（八）我们再看《淮南子·原道训》说道的地方，许多是根据《老子》的，就可见《老子》与"道"这个观念有不可离的关系了。《原道训》根据《老子》之处如次：

夫道者……包裹天地，禀受无形。源流泉滂，冲而徐盈；混混汩汩，浊而徐清。

弱而能强，柔而能刚。

无为为之而合于道，无言言之而通乎德。

夫太上之道，生万物而不有，成化像而弗宰。

忽兮恍兮，不可为象兮；恍兮忽兮，用不屈兮。

是故天下之事，不可为也；因其自然而推之。

是以处上而民弗重，居前而众弗害。

以其无争于万物也，故莫能与之争。

万物固以自然，圣人又何事焉。

是故达于道者反于清静，究于物者终于无为。

故漠然无为而无不为也，澹然无治而无不治也。

故贵者必以贱为号，而高者必以下为基。

行柔而强，用弱而强。

积于柔则刚，积于弱则强。

故兵强则灭，木强则折。

是故柔弱者生之干也，而坚强者死之徒也。

是故圣人守清道而抱雌节，因循应变，常后而不先。

天下之物，莫柔弱于水……

故老聃之言曰："天下至柔，驰骋天下之至坚。出于无有，入于无间，吾是以知无为之有益。"

是故清静者德之至也，而柔弱者道之要也。

> 是故视之不见其形,听之不闻其声,循之不得其身。
>
> 是故有生于无,实出于虚。
>
> 其全也纯兮若朴,其散也混兮若浊;浊而徐清,冲而徐盈。
>
> 故天下神器,不可为也;为者败之,执者失之。

这些是字面和意思都与《老子》相似的;至于意思和《老子》相似的还不止这么多。这可见汉初人所谓道就是《老子》之道;当时的道家不会与《老子》的学说没有关系的。

有人说,照《汉书·艺文志》,《淮南子》是杂家。杂家与《老子》有关系,并不就是道家与《老子》有关系。但主张《老子》与道家无关的人不是同时主张道家即杂家吗?

可是我们不愿意用这种反诘的辩证法。我们以为《淮南子》不是杂家。理由如次:

(1)《淮南子》书中多数议论都是从道的观念出发。并且到处见到《老子》的道论,不必说《道应训》那样几乎全引《老子》。并且书中第一篇开宗明义就是《原道训》,而且所说的就是《老子》之道。可见它的中心思想是《老子》的思想。

(2)《淮南子·要略》说他自己的书是:

> 推事而立制,度形而施宜。原道之心……以统天下,理万物,应变化,通殊类,非循一迹之路,守一隅之指,拘系牵连于物而不与世推移也。

这与司马谈所说的"与时推移,应物变化,立俗施事,无所不宜"的道家是一体的。

(3)《要略》篇历叙各家学术,而于当时盛行的黄老,一字不提。这正因为《淮南子》以为它自己是代表黄老的。

所以《淮南子》并不是杂家。它采取阴阳、儒、墨诸家,也是继承《老子》的思想,这看到下文就可以更明白了。《淮南子》所以归入杂家,大约因为《外篇》是杂家,刘歆就联带把《内篇》也随同归在一起。现在所谓《淮南子》,即《艺文志》的《淮南内》二十一篇。《志》内"杂家"载"《淮南内》二十一篇^{王安},《淮南外》三十三篇。"颜师古注云:"《内篇》论道,《外篇》杂说。"可见只有《外篇》才真正是杂家,《内篇》是道家。

有一件事可以附带说的,就是《淮南》内篇自称为《刘氏之书》^{《要略》篇},这是很可以注意的。这似乎指示汉家是用道家之术,即用《老子》之术的。我们已经说过,刘邦以《老子》之术取天下,曹参汉文帝又用《老子》之术治民,与《淮南子》这个称呼恰相符合。后来光武也要用柔道理天下,大约也是刘氏的家学渊源。

(九)道家采取儒、墨、名、法之长,也是继承《老子》的态度,并不是脱离《老子》的影响。《老子》只有五千余言,当然没有篇幅可以细细讲到各家的好处。因为书的简短,所以多是消极地攻击别家的短处。但积极采取处也未尝没有。今将《老子》书中这两方面的意思简单地说一下:

消极攻击方面,如

  大道废,有仁义。(十八章)

  绝仁弃义,民复孝慈;绝圣弃智,民利百倍。(十九章)

  礼者忠信之薄而乱之首也。(三十八章)

右攻击儒家。

  不尚贤,使民不争。(三章)^{这是反对墨①子的尚贤}

  圣人无常心,以百姓之心为心。善者吾善之,不善者吾亦善之。(四十九章)^{这似乎是反对墨子的"尚同"}

---

① 章炳麟说《老子》不尚贤,与墨子尚贤实质相同(见《国故论衡·原道中》)。这说不可信。尚贤是墨家的新名词。讲不尚贤,当然是反对墨家。

右攻击墨家。

　　道常无名。……始制有名；名亦既有，夫亦将知止。（三十二章）

右批评名家。^{司马谈说名家"专决于名而失人情，"故云"亦将知止"。}

　　法令滋章，盗贼多有。（五十七章）

　　民不畏死，奈何以死惧之。（七十四章）

右攻击法家。

　　天下多忌讳，而民弥贫。（五十七章）

右攻击阴阳家。^{司马谈说"阴阳之术，大祥而众忌讳"。}

积极采取方面，如

　　为而不恃，功成而不居。（二章）^{这像孔子的"巍巍乎舜禹之有天下也，而不与焉"之说。}

　　爱民治国，能无为乎？（十章）^{这像孔子的舜无为而治之说。}

　　圣人……行不言之教。（二章）^{这像孔子的"天何言哉"一段话的意思。}

右取儒家。

　　夫慈，故能勇。（六十七章）^{墨家主兼爱而多赴汤蹈火之士。}

　　俭，故能广。（六十七章）^{这像墨家节用之说。}

　　以道佐人主者不以兵强天下，其事好还。……（三十章并三十一章）^{这像墨家非攻之说。}

右取墨家。

　　名可名，非常名。无名，天地之始；有名，万物之母。（一章）^{按公孙龙辩者之徒主张"白狗黑"、"犬可以为羊"，已经看到"名可名，非常名"的道理。}

右取名家。（至少间接地）

　　鱼不可脱于渊；邦之利器不可以示人。（三十六章）^{按《韩非子·喻老》云："势重者人君之渊也……赏罚者邦之利器也。"如其说，则此乃法家之术。}

右取法家。

　　万物负阴而抱阳，冲气以为和。（四十二章）^{这大约是取阴阳家之说。}

右取阴阳家。

假如上文的解释，大体是对的，那么，《老子》书中已经表现采取儒墨等家的长处的倾向。所以道家采取诸家之说，并不成为杂家，只是继承《老子》"虚无因应"的技术。这样说，道家"因阴阳之大顺，采儒墨之善，撮名法之要"，也是《老子》之术的应用，并不能证明道家与《老子》无关。

（十）先秦书籍，讲道的当然也有，但没有像《老子》这样以道为中心思想的。这一层，钱穆先生已经说得很透切。兹节录钱氏之说于后。他说：

> 今按《老子》"道"字有一主要之涵义，即道乃万有之始，虽天、地、上帝，从来认为万物之所从出者，《老子》亦谓其由道所生，此乃《老子》学说至堪注意之处也。如云：道冲，而用之或不盈，渊兮似万物之宗……吾不知谁之子，象帝之先。（四章）
>
> 容乃公，公乃王，王乃天，天乃道，道乃久。（十六章）
>
> 孔德之容，惟道是从。道之为物，惟恍惟惚。惚兮恍兮，其中有象。恍兮惚兮，其中有物。（二十一章）
>
> 有物混成，先天地生。寂兮寥兮，独立不改。周行而不殆，可以为天下母。吾不知其名，字之曰道，强为之名曰大。（二十八章）
>
> 人法地，地法天，天法道，道法自然。（二十八章）
>
> 大道泛兮，其可左右，万物恃之而生。（三十四章）
>
> 道生一，一生二，二生三，三生万物。万物负阴而抱阳，冲气以为和。（四十二章）
>
> 道生之，德畜之，物形之，势成之。（五十一章）
>
> 上引七章，可见《老子》书中道字之观念，实《老子》一书中

心思想之所寄也。①

道是《老子》一书的中心思想,同时没有别的先秦书像《老子》那样以道为中心思想,那么,说秦汉间才见端的道家,也是以道为中心思想的,与《老子》这部书没有关系,这件事有点太怪太不像了。司马谈说"道家无为,又曰无不为",又说"虚者道之常也"。今按以"无为无不为"为道,出于《老子》。那里说:

> 道常无为而无不为。(三十七章)

> 为道日损,损之又损,以至于无为,无为而无不为矣。(四十八章)

以虚无为道,也出于《老子》。《老子》说:

> 视之不见名曰夷;听之不闻名曰希;搏之不得名曰微:此三者不可致诘,故混而为一。其上不皦,其下不昧,绳绳不可名,复归于无物,是谓无状之状,无象之象,是谓忽恍。迎之不见其首,随之不见其后,执古之道以御今之有。能知古始,是谓道纪。(十四章)

> 道之为物,惟恍惟忽。(二十一章)

道是恍忽,恍忽是无物,是以无物为道也。《老子》又说:

> 天下万物生于有,有生于无。(四十章)

> 道生一,一生二,二生三,三生万物。(四十二章)

合两章看,是一、二、三即有也,道即无也,是以无为道也。今按《庄子》《齐物论》只说"自无适有,以至于三"。《老子》以"无"为道,因此说自道生一,以至于三。以虚无为道,是《老子》特创的思想。今道家的道也以虚无为常,可见道家所谓道,简直就是《老子》之道了。这

---

① 见钱氏《关于〈老子〉成书年代之一种考察》,《燕京学报》第八期,又见《古史辨》第四册。

个根本思想,并不是混合折衷儒、墨、名、法得来的。所以道家就是"老家"。

据以上的理由,我们相信道家不是混合学派,是以《老子》书中贵清虚卑弱之说为中心主张的学派;它的采摭儒、墨、名、法诸家所长,只是这个中心思想的应用罢了。

《汉书·艺文志》把《老子》这部书归入道家,是西汉末年的刘歆认《老子》与道家有关系。并且《艺文志》对于道家的考语,说道家的好处,就说"秉要执本,清虚以自守,卑弱以自持,此君人南面之术也";说它的坏处,就说"及放者为之,则欲绝去礼、学,兼弃仁、义":这等于只是批评《老子》书中的话。就是其中"道家者流盖出于史官"的话,也是根据老子为周史的传说。是刘歆认道家只是《老子》之术。但刘歆的看法,不都是靠得住的。所以我们上文虽是也得到与这个看法相同的结论,但不用他这个话做辨证。

《艺文志》许多地方有问题,如杂家是否要另立一家,大可商量;因为其中有些书应该归入别家,如我们上文已说的"《淮南内》二十一篇"就是。或者有人因为司马谈说道家"采儒、墨之善,撮名、法之要",刘歆说杂家"兼儒、墨,合名、法",就以为道家就是杂家。但刘歆的杂家一类,根本就难成立;似乎用不着研究他对于杂家的评语。如上文所论,道家是奉《老子》书中清虚卑弱的学说为中心主张的学派,不是杂家。

道家主要是出于《老子》,我们已经说过是从前已经暗示过了的。但关于道家成立年代的旧说近来已经推翻;对于道家与《老子》有关的旧说,加以怀疑,也是应该的。所以我们不怕辞费,把这个问题从新讨论一下。在未见到更强的反面的理由以前,我们认为道家不是混合学派,是尊奉《老子》书中的思想和应世技术的一帮人。在得到这个结论之外,我们同时提出一些理由,以为《老子》

成书,不能晚至秦统一中国以后,大约也不能早至荀子学说出世以前。

最后,汉初的道家,当然和《庄子》这部书也有相当的关系;但当时这种关系是很浅的,远不及和《老子》那样密切,看陈平召平所引的道家之说,和司马谈刘歆对于道家的说明和批评就知道。道家与《庄子》的关系,是另外一个问题,只好以后再论了。

二十五,九,二十。

述陆贾的思想

胡 适

这是民国十九年三月里写的一篇旧稿。那时我住在张菊生先生的对门,时时问他借书,有时候还借到他自己用朱笔细校的史书。我那时初读唐晏校刻的陆贾《新语》,写了一篇跋,也曾送给菊生先生,请他指教。今年一班朋友发起印行一本庆祝菊生先生七十岁大寿的论文集,我本想写一篇"古书中的方言",两度在太平洋船上起稿,都没有写成。现在收稿的期限太近了,我只好检出这篇旧稿寄去凑热闹,心里着实感觉惭愧。我所以挑出这篇,不仅仅是因为这是我和菊生先生做邻居时候写的,是因为陆贾的"圣人不空出,贤者不虚生"的人生观最近于他处世的积极精神,也最配用来做给他祝寿的颂辞。

二十五,十二,十五夜

十年的秦帝国只留得一篇李斯焚书议代表那第一帝国的思想。当李斯腰斩东市之日,革命军已起来一年多了,刘邦项羽都已成了革命军的领袖了。在刘邦的军中有一个南方辩士陆贾,可以算是楚汉时代的一个思想家。

陆贾是楚人,跟着汉高祖革命,因为他有口才,故常常被派出去当代表;后来天下既平定,他出使南越,代表汉朝去封赵佗为南越王,他的辩才居然能使赵佗称臣奉约。二十年后,孝文帝元年

述陆贾的思想　89

(前一七九)他又奉使到南越,也很有成绩。《史记》说他以寿终,死时约当前一七〇年。

陆贾在汉高祖面前时时称说《诗书》,高祖骂道:"乃公居马上而得之,安事《诗书》?"陆贾回答道:"居马上得之,宁可以马上治之乎?"高祖是个聪明人,懂得这话有道理,便对他说:"试为我著秦所以失天下,吾所以得之者何,及古成败之国。"陆贾便著了十二篇,每奏一篇,高祖总说好,其书便叫做《新语》。

《新语》今本有十二篇,《四库全书提要》颇疑此书是后人所依托,不是陆贾的原本。《提要》举了三条证据:

(1)《汉书·司马迁传》说司马迁取《战国策》、《楚汉春秋》陆贾《新语》作《史记》,而今本《新语》之文悉不见于《史记》。

(2)王充《论衡·本性》篇引陆贾曰:"天地生人也,以礼义之性;人能察己所以受命则顺,顺谓之道。"今本亦无其文。

(3)《穀梁传》至汉武帝时始出,而《道基》篇末乃引"《穀梁传》曰",时代尤相抵牾。

《提要》所疑三点都不能成立。《汉书·艺文志》有陆贾的书二十七篇,王充所引未必出于《新语》,是第二点不够证明《新语》之为伪书。近人唐晏《龙溪精舍丛书本《新语》跋》指出《道基》篇末所引《穀梁传》"仁者以治亲,义者以利尊,万世不乱"之语为今本《穀梁传》所无,可见他所据的《穀梁传》未必是汉武帝时代所出的,是第三点不够证明《新语》之晚出。最荒谬的是《提要》的第一条疑点。《提要》说《汉书·司马迁传》称迁取陆贾《新语》作《史记》,我检《汉书》迁传原文,并未提及陆贾,也未提及《新语》。原文只说"司马迁据《左氏》、《国语》,采《世本》、《战国策》,述《汉纪引作述》《楚汉春秋》,接其后事,讫于天汉"。四库馆臣一时误记,又不检查原书,遂据误记之文以定《新语》出于伪托,岂非大谬?我从前也颇疑此书,近年重读唐氏校刻本,《新语》没有好本子。唐氏此本用明人刻子汇本参校范氏天一阁本,改正第六篇"齐夫用人若彼"以下二百二十八字的错简,移在第五篇"邑土单于强"之下,这两篇才可读了。故唐校本是《新语》的最好本子。觉得此书不是伪作之书,其思想近于荀卿韩非,而鉴于秦帝国的急进政策的恶影响,故改向和缓的一路,遂兼采无为的治道论。此书仍是一种"杂家"之言,虽时时称引儒书,而仍不免带点左倾的色彩,故最应该放在《吕氏春秋》和淮南王书之间,决不是后人所能伪造的。

《吕氏春秋》的第一句话便是:始生之者,天也。养成之者,人也。能养天之所生而勿撄之,谓之天子。陆贾《新语》开卷第一句话便是:天生万物,以地养之,圣人成之。功德参合而道术生焉。(一) 人功和天地参合,助成天地所生,才有道术可言。故《新语》第一篇先说天道,次说地道,然后极力演说"圣人成之"的一个主意。天道是:张日月,列星辰,序四时,调阴阳,布气治性,次置五行,春生夏长,秋收冬藏。……地道是:封五岳,画四渎,规洿泽,通水泉,树物养类,苞植万根,暴形养精,以立群生。……但最重要的是"圣人成之"。陆贾似乎受了韩非的历史见解的影响;韩非分古史为上古之世,中古之世,近古之世;《五蠹篇》陆贾也分古史为"先圣""中圣""后圣"三时期。他说:

　　于是先圣乃仰观天文,俯察地理,图画乾坤,以定人道。民始开悟,知有父子之亲,君臣之谊,夫妇之别,长幼之序。于是百官立,王道乃生。

　　民人食肉饮血,衣皮毛。至于神农,以为行虫走兽难以养民,乃求可食之物,尝百草木之实,察酸苦之味,教民食五谷。

　　天下人民野居穴处,未有室屋,则与禽兽同域。于是黄帝乃伐木构材,筑作宫室,上栋下宇,以避风雨。

　　民知室居食谷而未知功力。于是后稷乃列封疆,画畔界,以分土地之所宜;辟土植谷,以用养民;种桑麻,致丝枲,以蔽形体。

当斯之时,四渎未通,洪水为害。禹乃决江疏河,通之四渎,致之于海,大小相引,高下相受,百川顺流,各归其所,然后人民得去高险,处平土。

川谷交错,风化未通,九州隔绝,未有舟车之用,以济深致远。于是奚仲乃挠曲为轮,因直为辕,驾马服牛,浮舟杖檝,以代人力;铄金镂木,分苞烧殖_埴,以备器械。

于是民知轻重,好利恶难,避劳就逸。于是皋陶乃立狱制罪,悬赏设罚,异是非,明好恶,检奸邪,消佚乱。

这都是"先圣"的制作。

民知畏法而无礼义,于是中圣乃设辟雍庠序之教,以正上下之仪,明父子之礼,君臣之义,使强不凌弱,众不暴寡,弃贪鄙之心,兴清洁之行。

礼义教育是"中圣"的制作。

礼义不行,纲纪不立,后世衰废;于是后圣乃定五经,明六艺,承天统地,穷事察微,原情立本,以绪人伦;宗诸天地,口修篇章,垂诸来世,被诸鸟兽(?),以匡衰乱。

天人合策,原道悉备,智者达其心,百工穷其巧,乃调之以管弦丝竹之音,设钟鼓歌舞之乐,以节奢侈,正风俗,通文雅。后世淫邪,增之以郑卫之音。民弃本趋末,技巧横出,用意各殊,则加雕文刻镂,傅致胶漆,丹青玄黄琦玮之色,以穷耳目之好,极工匠之巧。

夫驴蠃骆驼犀象,玳瑁琥珀珊瑚翠羽珠玉,山生水藏,择地而居,洁清明朗,润泽而濡,磨而不磷,涅而不缁,天气所生,神灵所治,幽闲清净,与神浮沉,莫之_{疑当作不}效力为用,尽情为器。

故曰"圣人成之",所以能统物通变,治性情,显仁义也。(一)美术音乐雕刻工业都是后世的制作。

这一长段的历史进化论,很可以使我们想到《周易·系辞传》中论古圣人观象制器的一段,文字也很有因袭的痕迹。《系辞传》的一段注重在"制器尚象",却也有"易穷则变,变则通,通则久"的观念,已含有文化演进的思想。庄子韩非以后,历史演变的思想更流行了,故韩非说古史已不取"观象"之说,只说"圣人不期循古,不法常可,论世之事,因为之备"而已。陆贾此论,更为详细清楚,可算是古人的文化起原论中最有条理的作品。看他把教育放在中世,而美术工业放在后圣之世,而统统认为"统物通变,治性情,显仁义"的事业。这种很平允的文化史观,确是很难能而可贵的。_{陆贾晚年颇能享受一种美术的生活,大概他是一个有审美天才的人,故能欣赏美术音乐在文化史上的地位。}

陆贾的历史见解有点像荀卿,又有点像韩非,大概是调和这两个人之间。如说:

> 善言古者,合之于今;能述远者,考之于近。_{参看《荀子·性恶》篇"善言古者,必有节于今;善言天者,必有征于人。"}……世俗以为自古而传之者为重,以今之作者为轻。澹于所见,甘于所闻。……道近不必出于久远,取其致要而有成。《春秋》上不及五帝,下不至三王,述齐桓晋文之小善,鲁之十二公,至今之为政,足以知成败之效,何必于三王?故古人之所行者,亦与今世同。立事者不离道德,调弦者不失官商。……周公与尧舜合符瑞,二世与桀纣同祸殃。文王生于东夷(?),大禹出于西羌,世殊而地绝,法合而度同。……万世不异法,古今同纪纲。(二)

这一段全是荀卿"法后王"之说,含有古今虽久而同理之意。因为古今同理,故不必远法上古,但"取其致要而有成"而已。但陆贾又说:

> 故制事者因其则,服药者因其良。书不必起仲尼之门,药不必出扁鹊之方。合之者善,可以为法,因世而权行。(二)

这里便超出荀卿思想之外,已有韩非的意味了。荀卿与韩非同一不法先王,而根本大不相同。荀卿信古今同理,故法后王即等于法先王。韩非、李斯都信古今时势不同,故先王之法不可得而法。古代学者不曾深切了解历史演变之理,往往不能辨别这两说的根本不同,所以《吕氏春秋·察今》篇明说时代已变换了,故不能法先王之法,但忽然又插入一句"古今一也"的旧说。所以陆贾已很详细的叙说文化演变的程序了,终不能完全丢掉"万世不异法,古今同纪纲"的荀卿思想。此种矛盾的理论多由于思想不曾有彻底的自觉。如果万世真不异法,何必又说"因世而权行"呢?

陆贾生当革命之世,人人唾骂秦皇李斯的急进政策,故他也不赞成这种政治。他说:

> 秦始皇帝设为车裂之诛以敛奸邪,筑长城于戎境以备胡;……蒙恬讨乱于外,李斯治法于内;事逾烦,天下逾乱,法逾滋而奸逾炽,兵马益设而敌人逾多。
>
> 秦非不欲为治,然失之者,乃举措暴众而用刑太极故也。(四)

所以他主张用柔道治国,主张无为而治。他说:

> 故怀刚者久而缺,恃柔者久而长。(三)

又说:

> 柔懦者制刚强。(三)

又说:

> 道莫大于无为,行莫大于谨敬。何以言之?昔虞舜治天下,弹五弦之琴,歌南风之诗,寂若无治国之意,漠若无忧民之心,然天下治。……故无为也,乃无〔不〕为也。(四)

无为而治本是先秦思想家公认的一个政治理想。陆贾的无为政治是：

　　虚无寂寞，通动无量，故制事因短，而动益长。以圆制规，以矩立方。（一）

说的详细点，便是：

　　夫形(刑?)重者则身劳，事众者则心烦。心烦者则刑罚纵横而无所立。身劳者则百端回邪而无所就。

　　是以君子之为治也，块然若无事，寂然若无声，官府若无吏，亭落若无民。闾里不讼于巷，老幼不愁于庭；近者无所议，远者无所听；邮亭无夜行之吏，乡间无夜召之征。……于是赏善罚恶而润色之，兴辟雍庠序而教诲之。然后贤愚异议，廉鄙异科，长幼异节，上下有差，强弱相扶，大小相怀，尊卑相承，雁行相随；不言而信，不怒而威。岂恃坚甲利兵，深刑刻法，朝夕切切而后行哉？（八）

　　这种无为的，柔道的治道论，固然是先秦思想的混合产物，却也是当时一种应时救急的良方。凡无为的治道论大都是对于现时政治表示不满意的一种消极的抗议。好像是说："你们不配有为，不如歇歇罢；少做少错，多做多错，老百姓受不了啦，还是大家休息休息罢！"陆贾生当秦帝国大有为之后，又眼见汉家一班无赖的皇帝，屠狗卖缯的功臣，都不是配有为的人，他的无为哲学似乎不是无所为而发的罢？他对那位开国皇帝说："您骑在马上得了天下，难道还可以骑在马上统治天下吗？"所以他盼望那些马上的好汉都下马来歇歇，好让大乱之后的老百姓们也歇歇了。夷三族、具五刑的玩意儿是不好天天玩的。还是歇歇的好。

　　陆贾不是消极无为的人，他的人生观是主张积极进取的。他说：

　　君子广思而博听，进退循法，动作合度，闻见欲众而采择欲谨,学问欲□□□□欲敦。……语之以晋楚之富而志不回,谈之以乔松之寿而行不易。^{"晋楚之富"、"乔松之寿"皆是当时成语。前者见于《孟子》;后者见于《史记·李斯传》。}……上决是非于天文,其次定狐疑于世务。废兴有所据,转移有所守。……夫舜禹因盛而治世,孔子承衰而作功。圣人不空出,贤者不虚生。……久而不弊,劳而不废。(十二)

这是何等积极的人生观!所以他很沉痛的批评当时人的消极生活:

> 人不能怀仁行义,分别纤微,忖度天地,乃苦身劳形,入深山,求神仙,弃二亲,捐骨肉,绝五谷,废诗书,背天地之宝,求不死之道,非所以通世防非者也。(六)

又说:

> 夫播^{弃也}布革,乱毛发,登高山,食木实;亲之无优游之容,听之无仁义之辞;忽忽若狂痴,推之不往,引之不来;当世不蒙其功,后代不见其才;君倾而不扶,国危而不持;寂寞而无邻,寥廓而独寐:可谓避世,非谓怀道者也。(六)

陆贾所讥评,很可以供我们作中国思想史的材料。古代思想里本不少消极的思想,本不少出世的人生观。左派的思想家,如老子杨朱,思想虽然透辟,而生活的态度却趋向消极,故左派的思想的末流容易走上颓废出世的路上去。不过当时国际的竞争激烈,志行坚强的人还不甘颓废,故孔子栖栖皇皇,知其不可而为之,故墨子摩顶放踵以利天下,遗风所被,还能维持一个积极有为的人世界。但战国晚期,颓废的人生观和出世求神仙的生活都成了时髦的风尚了。燕昭王和齐威宣王都曾奖励求神仙的事。^{见《史记》二八}《吕氏春秋》说:

> 当今之世,求有道之士,则于四海之内,山谷之中,僻远幽闲之所。《谨听》篇

又说：

> 单豹好术，离俗弃尘，不食谷实，不衣茧絮温，身处山林岩堀，以全其身。《必己》篇

这都是中国思想逐渐走入中古时期的征象。陆贾所讥评，正是这种出世的人生观。他是主张"圣人不空出，贤者不虚生"的，故他很严厉的批评这种懒惰不长进的人生观。他在政治上虽然稍稍倾向无为，但他的人生哲学却要人努力救世，"劳而不废"；正如孔子有时也梦想无为而治，他的实际生活却是"知其不可而为之"。

陆贾的思想很可以代表我所谓左倾的中派的遗风：思想尽管透辟，而生活仍要积极，这便是左倾的中派。他又批评当时的另一种风尚，也有史料的价值。他说：

> 夫世人不学诗书，行仁义……乃论不验之语，学不然之事，图天地之形，说灾异之变，乖先王之法，异圣人之意，惑学者之心，移众人之志；指天画地，是非世事，动人以邪变，惊人以奇怪，听之者若神，观之者如异。……事不生于法度，道不本于天地，可言而不可行也，可听而不可传也，可□玩而不可大用也。（九）

这里形容的是当时谈阴阳灾异图谶的方士儒生。陆贾这样排斥迷信派，还不失为左倾的中派思想家。

陆贾的积极的人生观，到了吕后专政的时期，_{前一九四｜前一八〇}也就无所用之。《史记》说：孝惠帝时，吕太后用事，欲王诸吕，畏大臣有口者。陆生自度不能争之，乃病免家居。以好畤田地善，往家焉。有五男，乃出所使越得橐中装，卖千金，分其子，子二百金，令为生产。_{汉制，每一金直千贯。}陆生常安车驷马，从歌舞鼓琴瑟侍者十人，宝剑直百金。谓其子曰："与汝约：过汝，汝给吾人马酒食，极欲十日而更。所死家得宝剑车骑侍从者。一岁中往来过他客，率不过再三过。数见不

鲜,无久溷汝为也。"《史记》九七,参用《汉书》四三。

这是他自己韬晦的方法。然而他后来替陈平划策,交欢周勃,遂诛诸吕,迎立文帝,使那第二帝国危而复安,这还够得上他的"贤者不虚生"的人生哲学。

多元认识论重述

张东荪

本文曾载《东方杂志》第三十三卷第十九号,乃系病后所写,匆匆完篇;不甚洽意。嗣后自阅觉应增加者尚有多处,惟以课忙致搁置未果。王云五先生发起为张菊生先生寿诞征文。苦无以应。因将此文复检查一过。凡有未足者悉为一一增入。以视原有者约多三分之一。虽不为新作,然亦非敢将旧稿充数,想菊生先生必能有以谅我也。

民国二十五年十月三十日识于北平西郊吉永庄王氏圊中新筑。

一

我在五年以前,作了一篇文章,题目是"条理范畴与设准"。在这篇文章中,我提出一个认识论上的主张。我自信这个主张是前人所未言。因为中国哲学向来不注重知识问题。在中国,以前自是没有像我这样的主张本不待言。然即在外国,以我所知,亦没有和我一样的议论。我虽不敢说是创见,然至少我可以自白确有些是我自己想出来的。不过我所创造的地方不在于其中那一点是由我作古,而在于把那些相关的各点综合在一起便成了一个从前未有过的整个儿东西。换言之,即我此说之所以为新不在其中的任何一部分而只在于各部分间的配置与综合。因为综合是新的,所以其所得的结果亦可说是新的。

我这篇文章后来改名为"认识论上的多元论",列入我与门人王光祥所共编的《认识论》中。后来又承友人张中楹译为英文。友人中遂有许多人注意了,因此就有几篇批评的文章。我又把这些文章汇集起来,交给门人詹文浒,由他再编成一个单行本。定名为"多元认识论及其批评",在世界书局出版二十五年五月出版。本文是重述,所以凡在那本书中的叙述法一概更换。希望凡只看见本篇而未看见那本书的人务必再要取那本书来看一看。我的主张大体上并无变更。不过因为西方学者著论往往有"重述"(restated)之例,现在即仿效之,以成此篇。但亦有些地方是比以前稍加补充。所以仍希望已经看见过我前作的人能在本篇中获得进一步的了解。

本篇的叙述法是以比较为骨干,就中尤以与康德相比为主要部分,有时因康德而兼及其他。

二

我此说在大体上可以说是"修正的康德主义"(revised Kantianism)。所以大部分与康德相同,尤其是在趋势上是采同一的方向。先说第一点,关于趋向的罢。

我于此处是跟着康德的方向来走。就是把认识论来"居首"(primacy)。因为传统的哲学是以形而上学居首,必先有形而上学然后方有知识论,道德论以及宇宙论等。自英国的洛克把知识问题提出了以后,康德乃把旧的形而上学〔即所谓独断的形而上学〕打死了,却又从新由他的认识论另指示一个新的形而上学之可能的途径。可以说由洛克到康德,把这个"居首"问题确定了。所谓居首就是"在先"的意义。详言之,就是以研究知识为第一步工作。这个工作不必有所等待。其他工作却必须等待这个工作作完。可以说这是预备工作。不经过这个预备工作决不能贸然进入于哲学本部的研究。凡读过康德的书的人们都能知此义,故不再细谈。

我在以前的那篇文章内曾提出一个名词,曰"方法论上的认识论主义"。于此所谓方法亦就是指居首而言。即以认识论居首为方法。但这样的方法却发生很重大的结果。就是势必致于以认识论代替了形而上学。这一点在哲学史上可以说是康德的最大功绩。

不过康德虽以认识论代替了形而上学,然而后来却在认识论上开了一个后门,于是形而上学便又可以在一个新的领域中成立了。只须看他后来又作两个《批判》便可证明。所以苟把康德的三个《批判》合观起来,我们可以说他并不完全是把认识论来代替形而上学,乃只是把认识论作为形而上学的"序论"或"前奏曲"。在这一点我的主张便不甚相同。康德在其《纯理解性批判》中所采的态度自然是以知识的限界而把超越的形而上学推翻。但在后两个《批判》中却又从另一方面开了一条活路。所以我以为康德对于认识论与形而上学的关系依然取传统的见解:即形而上学是在认识论以外。我于此处却不然。我把形而上学中的本体论根本上完全取消。而仅留有宇宙论。不过这个宇宙论却就隐隐约约宿于认识论中。这就是说,我们研究人类的知识即大致上可以窥探宇宙的结构。因为宇宙的结构虽非完全呈现于知识中,然至少二者有若干的相应。所以我们即根据在知识中所呈现的宇宙结构可加以推论而扩大之，便成为一个宇宙论。因此我的认识论同时乃就是一部分的宇宙论。换言之，即同时就是一部分的哲学。再详言之，即依我此说，认识论不是替哲学开先路，乃是认识论中即含有哲学^{形而上学}。这是我与康德不同的所在。这个不同乃是根据于学说内容。因为康德的认识论中预留了新的形而上学可以发生的地位，而我此说则是自足的，没有余地留给别的，读者看了下文自可知道。

三

康德所以预留形而上学的余地于认识论之尾乃系由于承受洛克以来对于感觉的见解。须知康德最注重的是"统一"与"综合"。他把判断认为是一种综合作用，而把"知"又即认为是判断。因此他不得不假定有"材料"以供统一之用。照我们看来，他这样依然是离不了把"心"分为二：即一方面是取自外来的材料；而他方面是一种综合这些材料的"能力"。这个能力与材料的对立便是洛克以来的传统说法。于是又不能不首先假定这个材料是无条理的，是杂乱无章的。因为把"综合"完全归于能力一方面了。则在材料一方面本身上便不能再有综合与统一。所以材料不能有条理，即不得不是杂乱的。犹如我们看见一幅图画，当其但见红的绿的黑的白的时候，这便是所谓"杂多"（manifold）。等到你辨别红的是花，绿的是叶，白的是背地时候，这乃是综合作用的"审辨"（understanding）施其能力于其上。于是由材料与能力的对立又转成杂乱与统一的对立。并且因为杂乱是外来的，而统一是主观的。又再转成为"外与"(given)与"内赋"(innate)的对立。凡此都可以说是在不知不觉中承受了洛克的传统。我们现在若借用怀特海的话，便可说这是一种"两橛论"(Bifurcation theory)。

我的主张则以为首先应该抛弃这个两橛论的成见。近代心理学已早证明感觉不是独立自存的了。詹姆士对于这一点论述尤为精辟。不但他是如此，即现代全局派(Gestalt School)亦有更进一步的证明。例如柯勒(Köhler)即打破刺激对于感觉的恒率。所以在心理学上，以感觉为材料而构成知觉之说，到今天已几无人再承认了。不过这样的论调却是由心理学而出发。我们研究认识论固然亦当取材于心理学。然而认识论却不必为心理学所限制，所决定。所以我虽亦是反对这样的两橛论，而却不限于根据挽近心理学。我以为研究认识论应得首先决定一件事：即所谓"认识论的观点"。什么是叫做认识论的观点？这依然是根据我所谓的"方法论上的认识论主义"。详言之，即是以认识论作为一种独立的研究；而在这个研究上以认识为起点即出发点而不以其为终点。何以言之？即不先从心理学入手，亦不先从形而上学入手，更不先从名学入手，而直接从本身入手。把所谓"认识"即认为是唯一材料，是"起码的事实"而不是其他科学所得的结论。这样的态度我名之曰认识论的观点。但须知这样的观点并不是完全排斥心理学名学与形而上学，只不过以为不宜以这些科学为出发点而已；至于有借助于这些科学之处仍不妨尽量采取之。

我之所以反对材料与能力的对立与杂多与统一的对立即因为我认为这样乃是采取心理学的观点，而不是认识论的观点。倘使取认识论的观点，则我们只须率直承认"认识"这个事实就行了。至于这个事实是怎样一回事则须待分析后方可明白。不必在尚未十分细研究以前而遽然对于这个"基本事实"而又假定其以前的状态如何。所以两橛论是犯了假定太多之弊。这是我与康德不同的地方,其影响与意义却足以牵动我的多元论与康德学说之全部。

四

康德因为把综合看得重,所以主张有三个层次。第一个是在直观上的综合,即所谓空间与时间之格式。第二个是概念上的,即所谓范畴。第三个是所谓"理念"(Idea)。康德于此颇具匠心。就是由一个综合作用由直观起一直统一起来而至最高的想像为止。可见他是在杂多的材料以外,主张有一个层次推进的综合能力。而所谓"统觉"的根据就是在此。我的意见却不如此。直言之,即康德对于认识的能力虽亦有多元论的痕迹,而其多元是层次的。我之所谓多元却是平列的,因为我只是分析这个所谓认识的根本事实,在这个事实中发见其各各不同的成分。因为不是层次级升的,所以即用不着主张有个统觉。

既不要统觉则当然就牵涉到"自我"的问题了,须知自我问题是在心理学上居多,而在认识论上却可以不必去讨论。因为认识论上只须承认有所谓"主观"就够了。但主观却不就是自我。所以我们可以承认主观而同时主张废弃自我。其故似可借用康德所分别的两个名词,即 transcendent 与 transcendental,以说明之。前者译为"越绝的",后者译为"超验的"。前者是说在经验以外,永不入经验的范围,而我们居然却又能知之。康德认为这是不可能的事。至于后者不过是说在经验中有非经验的要素,而这些非经验的成分依然必须潜存于经验中,不可分离。我们拿些二者的分别来讲自我与主观,则可见自我是越绝的,而主观是超验的。即一个永远在经验外,而另一个却依然在经验中。因此我们便可以主张自我是无必要的。而况我们苟对于自我加以研究,必发见自我乃是"后来构造成的"(later construction 此乃斯太司 Stace 的用语)。詹姆斯所谓"经验的我"(empirical self)即是指此而言。所以在原始,只是所谓主观,而这个主观却不能变为对象。一旦主观变为对象了,方有所谓"自我之觉得"。这乃是后起的。因社交的关系和身体的关系等等而造成。因此我们在认识论上可以不必讨论这个自我问题。纵使讨论了而亦未必能得多少帮助。因为如果主张自我就是主观,以为主观是自我的显现,这便是把自我置在主观的背后。这样主张本是常人的想法。但上述的心理学的想法则与之相反。即不把自我为根本,而以为由主观所造成。须知这两种说法——一个主张自我为根故有主观,一个主张自我是后起的与造成的。——本是很难判分那一个为真理那一个非真理,我们在认识论上似乎采取心理学上的说法比较常人的想法来得便利些。所能比较的不过这个便利与否而已。实无真理可言。这乃是一种不得已的办法,学问上这样的不得已办法正多,我们亦大可不必因此而短气。

五

以心理学来讲认识论,我名这样态度为"心理学的进路"(psychological approach)。另外一种是以名学为进路的。我以为认识论可以取材于心理学而却不可由心理学以进入。同样,认识论不能离开名学,但却亦不可纯由名学为出发点。上述的自我问题便是一例,用以证明认识论与心理学的关系。现在请讲认识论与名学的关系。

康德在其第一《批判》中的超验分析一编上所讲的"范畴"即是属于名学范围。不过康德的伟大处却在于先讲"超验的感性"。所以他不是以名学来认识论,乃是以认识论来讲名学。我以为就名学来说,在名学范围内,以认识论来讲名学似不可。但在认识论范围内,当然不能以名学来讲认识论;若牵涉到名学问题,依然仍以认识论的立场去讲之为宜。这便是我与康德采同一态度的理由。

不过关于他所讲的范畴,我却未能同意。第一须知康德的十二范畴是根据十二种判断的名学格式而成的。现在不避冗长,将其列于下表:

判断格式及其例	范畴与其名称
量 单称——此甲为乙	单一性(一)
量 特称——有甲为乙	多数性(多)
量 全称——凡甲为乙	总体性(全)
性 肯定——甲为乙	实在性(正)
性 否定——甲非乙	否定性(负)
性 无限——甲为非乙	限制性(界)
关系 断言——甲为乙	本质性(体)
关系 假定——若丙为丁则甲为乙	因果性(因果)
关系 选定——甲或为乙或为丙	相互性(关系)
样态 概然——甲将为乙	可能性(可能)
样态 确然——甲为乙	现实性(现实)
样态 必然——甲不能不为乙	必然性(必然)

我们于此便可见康德是因为有了十二个范畴,然后再配以十二个判断的格式。这实是十分牵强的。德国学者往往大欢喜整齐。例如黑格儿于每一个高低概念之下必再分为三个低级概念。

正是受了康德的影响。须知这样爱好整齐却必致有失于真际。所以我们不必以判断的格式来讲范畴。然则范畴究竟是什么呢？

　　康德把范畴与普通概念置有分别。他以为普通概念是由事物的属性抽出来而成的，至于范畴则是对于事物作解释时所用的条件。这一层我亦是如此主张。康德主张在直观上有先验的空间与时间二纯方式，遂又以为在审辨上亦有此类先验的。不过我以为此类范畴之有先验性似乎与在直观上的不尽相同。所以于此所谓"先验的"必与在空间时间之直观上的"先验的"其意义总须有些不同。我于是把"在先的"（a priori）一语分为多种。有些是在直观上的；有些是在名学上的；有些是在方法上的。决不可把这些混为一谈。康德的缺点即在于对此未分别清楚。须知直观上必须有先验的，而这个先验的乃是一种格式名学上亦必须有先在的，而这个先在的乃是一种基本原则方法上自亦须有先在的，而这个先在的则只是些假定的标准。各各的内容既不相同如此，则其为"在先的"之性质自亦不会绝对相同。倘我们用"先验性"（priority）一语来表明之，则必见：方法上的先在的不是真正有何先验性。乃依然是经验的。

　　须知康德所谓范畴就是我所谓"设准"。但通常又把范畴即认为是"概念"。因此一班人对于"概念"（concept）与"设准"（postulate）亦不置分别。而以为设准不是概念中比较上最抽象最根本的而已。例如"白"之下固然有"深白"、"灰白"等，然其上则有"色"。但"色"之上仍有"性质"。何以见得"性质"是设准，是范畴，而"色"必为概念呢？由"白"、"黑"抽象而成"色"之概念；由"色"与其他"硬"、"软"、"方"、"圆"等等更抽象而成"性质"之概念。性质不过更抽象更高级的概念而已。其与"色"之概念只能有程度高低之分，而并无性质上之不同。此说已成挽近的通说了。但我则以为只见其一未见其二。我固然承认设准与概念并无十分大的不同,不过却有些区别,不仅是程度上的差异。至少我们可以说:设准本来就是概念,但却于其为概念以外尚另具一种性质。原来没有人主张设准不就是概念,不过只主张他比普通概念却多具有另外的意义。例如普通概念"桌子"与"电子",却就与所谓概念而兼设准的"因果"不同。"因果"当然是一个概念,不过却另有一种功用。就是不必于事前,先证明凡事必有因果,而我们尽可用因果以观察事物。当我们这样用因果以观察事物的时候,于此所谓因果不是一个结论,乃只是一种假定,换言之,即只是一种暂用的工具或尺度而已。所以和普通概念,如桌子与电子,便不相同了。因为桌子决不能拿来作为假定与工具之用。正由于桌子是把各种性质总括而成的一个东西,不是一些东西的条件。由此可见:概念与设准的不同就在于设准本身虽亦是概念,但却另有"工具的"(instrumental)与"方法上的"(methodological)之性质。于是便变为"条件"(condition)而不复是"东西"(entity)了。在这一点上唯用论者讲得很对。比康德要进步得多。我就是采取他们的主张。就中席勒(F. C. S. Schiller)尤为明显。他把这些设准名之为"方法上的假设"(methodological assumption)又名之曰"方法上的拟构"(methodological fiction)。其说详见于其新著 *Logic for Use* 第八章。至于"拟构"一层却系出于德人樊亨格(H. Vaihinger)。此人本系研究康德的专家。其说当然是由康德推出来的。所以唯用论者此种主张依然是导源于康德,不过他们却能青出于蓝,不可不算进步。席勒以外,便是路维士(C. I. Lewis)。他的贡献似乎是在于他以为这些都是社会的,文化的,与民族精神的,而与文化思想的进步相俱以变化,却不是人类普遍的。关于这一点,我是非常同意的。所以这些设准,例如因果等,不是纯粹在经验以先的,乃只是在方法上不妨先如此假定一番而已。其性质和归纳法上所用的"臆说"（hypothesis）颇相近。所以不同者只是臆说是一种说明或解释或理论，而设准则是条件，或方法。总之，关于这一点我们不能不把康德所说加以改正。因为他把这些设准即认为"名学方式"（logical forms），实是一个大错误。读者请看下段自会明白。现在要声明一句：即于此所谓设准是我自己的定名。普通对于这一类概念则向来名之为"范畴"。乃是继承亚里斯多德的遗绪。即康德亦然。我则以为范畴一语不及设准（是英文 postulate）来得轻松。且容易把"假定"（presumption）之意含蓄在内。所以我把他们凡称为"范畴"的却一律改为"设准"，希望读者注意，便可免去误会。

六

根据上述的话，我们便可知道人类的心理中在对事物的认识上却有一种半经验半先验的设准。因为设准是不见得完全不借助于经验，所以我们于设准以外，似乎尚可主张另有真正不借助于经验的。这就是所谓"名学之基本律令"（basic law of logic）或称之为"名学之最初观念"（primitive idea in logic）。这亦是我所起的名称。因为普通只名之为"思想律"，而无"基本"字样。我觉得在意义上似乎不充足，且容易使人误解。关于这一点，我在前作上用"相涵"（implication）来总括一切的名学方式。后来牟宗三君又提出二分法。我亦觉得二分法与相涵应得并存。现在把他的话抄录一段于下：

逻辑意义的根据在那里？于何处显之？其根据可作如下的表示：

一,二分原则之设立:人类思想中先验地有是非之分;

二,同一原则之设立:人类思想中先验地有对于自身之肯定;

三,拒中原则之设立:人类思想中先验地有或是或不是之肯定;

四,矛盾原则之设立:人类思想中先验地有不能既是又不是之否定。

由此四原则可以引出以下三个原始观念:

一,否定作用:同一原则代表"是",代表"肯定",此否定作用便代表"非",代表"否定"。

二,析取作用:析取即表示二分中所函的交替性选择性;因为有此交替性选择性,故拒中矛盾两原则始能表示。

三,函蕴关系:这是两命题间的包括关系,它可以使推断成为可能。逻辑意义必根据推断始能表示。

以上四个原则三个观念无非表示两种根本东西:(一)二分原则是根本的;(二)推断关系是根本的。同一,拒中,矛盾,否定,析取,都是解析二分原则的;函蕴关系则根据二分原则以关联一切原则使推断成为可能。逻辑意义就根据这两种根本东西而成功的。如果二分原则不能表示意义,则逻辑意义根本不能成立;如果函蕴关系不能先验成立,则逻辑意义根本不能表示。由二分原则我们可以得出真假值,并可以得出真假值之间的关系;由函蕴关系我们可以知真假值之间的关系之联带关系,可以使它们一个跟一个都能成立。

这一段话我完全同意。所谓推断关系,就是命题间的相涵关系。牟君把"是"与"不是"的二分原则加入于相涵关系中,使其本来是合在一起的却可作分别观。这一点比较上是精细的。我们应得采纳其说。但有人以为二分原则不能包括尽净,必须于"是"与"不是"以外,再容许有"不定"。然而我则以为这个三分法亦可为二分法所含摄,故二分还是比较上根本些。

就名学上讲，自是讲到此为止，不能再追问了。因为这些名学的基本律令已是最根本最原始的了，不能再向上溯。但我们若肯超出名学范围，或从心理学，或从认识论，或从形而上学，却未始不可再进一步以求其故。并且可把"名学究竟是什么"这个问题亦可连带作一个哲学的说明。我在前书中有一个附录，题为《关于逻辑之性质》，就是对于这一点略抒所见。我们须知名学所涉的范围只是限于所谓"符号的思想"(symbolic thinking)，即以符号即言语来表示的思想。此外能思想的生物，如人类，却另有所谓"前逻辑的思想"(pre-logical thinking)。我曾采用柏格森(Bergson)的说法，以为这个有符号的思想就是展开在空间上的思想，即所谓"空间化的思想"(spatialized thought)。既是名学只限于此，则可见名学的范围并不如以前一班哲学家所想的那样广大。自从符号逻辑盛行以后，这个情形更明白了。名学几乎变成了一个躜牛角尖了。愈研究逻辑愈不能解决哲学的问题。就是因为愈离哲学的问题远了。最近德国卡拿帕(Carnap)一派(英国有 A. J. Ayer 可为此派代表)即想用一种新奥康剃刀，把许多问题认为不能成立。其实这就是由于观点不同。若从名学观点以看哲学当然有些问题不无可议，但却无法禁止人们从哲学的观点以看名学。果尔则名学自身就生了问题。我愿说一句笑话。记得前人有两句剃头诗是：请看剃头者，人亦剃其头。其情形正与此仿佛。某甲可以拿名学来扫除一下哲学；某乙自亦可拿哲学来拷问一下名学。

现在且不说题外的话。须知这些名学的基本法则只可名之为"名理上的在先者"(The logical a priori)便和上述的设准是"方法上的在先者"(The methodological a priori)却不相同。康德不但忽视了这些基本原则，同时却把我所谓的设准当作了名学上的基本原则。这实在是一个大误。不但二者之为物不相同，且二者性质亦不相同。详言之,即这些原则之所以为先验的乃只因为在名学的意义上是在先的。却并不是说直接得之于直观,而不加思考。所以这种先验的是和直观上的先验的又不相同。我在前作上曾名此一类的东西为"范畴",现在我觉得这个名称不妥,所以取消了。

七

现在就要接着讨论"直观上的先验者"(The a priori in intuition)。这一点可谓完全是康德的真贡献。他所说的就是空间与时间。但后来学者却没有人以为空间时间是在直观上的了。我以为他们实是忽视了康德的真义。原来空间时间可作各方面来研究。例如下列各说:

(甲)把空时当作关系(space and time as relations);

(乙)把空时当作属性(space and time as properties);

(丙)把空时当作凭籍(space and time as mediums);

(丁)把空时当作架构(space and time as structures);

(戊)把空时当作范畴或概念(space and time as categories or concepts)。

在这些说法中各有各的观点。姑举一例,如以空时当作架构,便是从宇宙论的立场来说的。至于康德,他是专从认识论上来说。他只是把空间时间当作格式(space and time as forms)。须知把空间时间当作格式并不含有不许空间时间亦同时是架构之意在内。亦许你从另一方面来看,而说空间时间同时又是架构这并无十分大冲突。不过在宇宙架构上的空间时间却决不能和在认识上主观格式的空间时间即为同一物。康德所讲的空间时间既只是当作格式的空间时间，则必定亦只是主观上的空间时间。主观上的亦就是认识上的。所以就这一点来讲，当作格式的空间时间未必就与那个当作架构的空间时间完全相同。因为当作架构的空间可不限于"三量向"（Three dimensions）。而在认识上的空间却不能有第四量向。架构的时间亦可不限于过去现在未来一条线。而主观的时间却不能有另外的时间方向。所以我们还是应得维持康德的原义，以为把空时当作格式且在直观上的主观方面，仍是一件不可避免的事。我因此主张康德此说仍有价值。后世学者对此忽视不免是一个错误。

然而康德被人误解却亦有其应得之咎。就是因为他以为直观上必须有这个先验的格式^{空时}乃所以使数学变成可能的了。乃是主张数学之所以可能^{即能成立}全靠这个空时格式。近世学者所以反对康德即由于此。因为近代数学已经证明无须依靠这个"纯粹直观"；原来数学只是一套逻辑的把戏而已。此种进步的思想自当接受。但我以为数学之可能性是否基于空时的先验格式是一件事；直观上是否有所谓空时的先验格式又是一件事。二者未可并成一谈。详言之，即我们决不能因为主张数学的可能性不在于纯粹直观，而即亦必主张直观上决不会有这样的纯粹格式。须知康德是使数学^{尤其是几何}之可能性基于纯粹直观，而并不是把纯粹直观去倚靠数学。所以数学虽不基于这样的直观，而这个空时格式必仍如故。我个人的意见则以为数学的可能性确乎是不必建筑在这个纯粹直观之上。但单就直观而论，却不能说其中决没有先验的格式。于是我们在此便应得另求一个证明。

其实这个证明亦甚简单。就是在认识上每一个所见必定是一个"这"（this）同时又必是一个"什么"（what）。所谓"这"就是"殊特"（particular）；而所谓"什么"乃是"共相"（universal）。二者必是同时俱有,缺一不可。但这个"殊"与"共"所以可能,却又不得不归于空间与时间。换言之,即殊共与空时直可算是一件事。亚里桑逗(S. Alexander)告诉我们说倘使没有"重复"即便没有共相。因为如此便使共相为不可能了。而须知重复却必有待于空时。我以为康德把空时认作直观上先验格式就是因为直接所见的并非空时,而空时却又为必要的。康德以"普遍性"与"必要性"来说明范畴_{即上文所谓设准},已经由后来学者证明其不尽然了。但倘使以普遍性_{即遍透性}与必要性_{即不可缺性}来专限于说明这个先验格式的空时却是很对。英国的斯太司以为空时都是后来的构造,在初起只是有些所谓"张延"(extension-spread)与"连延"(duration-spread)。其实即无异乎承认即在最初的认识作用亦不能绝对没有空时的苗芽。且这种说法只是从心理学来看,还不能真正算是以认识论出身为立场。所以我对于此说不愿多论。不过以为康德的空时论依然是颠扑不破的。

八

空时的格式以外,尚有主客的分别。这个主观与客观的对立在每一个认识中是很自然而然生出来的。以比喻言之,就好像一个细胞的分裂。所以每一个认识就是一个"含有两极的整体"(bi-polar whole)我在前作中引用杜里舒的话,我以为他在这一点可算见得最透。不过我愿在此添加一个声明:即这个主客的关系可以作两种看法。第一种看法是以为先有一个主观,独立自存;又另外有一个客观,不倚靠主观而自存。于是两者发生关系。第二种看法则不如此。乃是以为只在一个关系中分为主客两极。"主"、

"客"、"关系"三者凝成一体,不可分开。我以为第二种看法比第一种来得好些。因为第一种势必无端先假定一个自如的客观,又必须设立一个超越的自我。这样便增加了许多的麻烦。所以不如第二种为可取。

我说主客的分别之发生是很自然的。这"自然的"一语即可为其为先验的之注脚。因为有认识即自然有主客的对分,这其间并无什么理由可说。这"无理由可问"亦就是先验的之意。若果我们再欲求其理由,问其所以,则我们除了答道:这是先验的。别无可以为答。可见主客的对立是先验地如此,不是后来由经验而造成。我们今天既然要问知识中有若干先验的成分,则断不容不把主客关系列举出来作为其中的一种。心理学往往把主客的分别认为是后起的,其实这不免有些误会。我们知道凡一个经验无不立刻判分为一个"经验者"与一个"所经验"。至于外界的观念与自我的觉得都是基于此。但心理学者却误把外界的观念与客观的初型混而为一,又把自我的觉得与主观的存在并作一件事。老实说,主观与客观亦只是所谓格式,并不是具体的东西。以格式言,主客便与"能"、"所"相通。所以斯太司主张物我之分起于能动与被动之分。这句话虽不见得完全对,但我亦愿借来表明主客只是格式,而不是物体。现在我们从认识论上讲,当然可以不用那些心理学上的观点。但我们即在认识论上亦不能不承认主客亦和空时一样,同为先验的格式。

我在前作上曾把这三类<small>即主客,空时,与逻辑之基本律</small>,置于一个总名之下,曰范畴。后来我觉得我于此所谓范畴,却与向来所谓范畴之意太不相同了。必致惹起人们的误会。于是我现在毅然将此总名废除。即不复再用范畴一名。而直使此三类各各独立,自成一组。要而言之,却各各都是先验的。

关于主客一层，若与康德所说相比较，则必见我的主张亦未尝不导源于他。他总是以为每一认知必有一个"我想"(I think)相伴。倘使没有，便致知识于不可能。他名此为"纯粹的统觉"(pure apperception)。因为他把认识作用即等于综合作用。凡综合必有一个能综合（即综合者）与一个所综合。不过他用"我想"一辞似乎太把主观看重了。须知主观是离不了客观的。正好像黑字是离不了白纸一样。最近林德珊(A. D. Lindsay)解释综合，说得很好。他以为我们所见所受不是一些杂多，乃一个不十分完全的整体，我们即于其上起综合作用，但这个综合作用亦就是分析作用。换言之，即随分析随综合。综合与分析之不可分正犹主观与客观之不可分。我们不能不说康德亦曾稍稍见到此，只可惜他说得没有像我今天那样透辟罢了。

九

康德因为对于认知的能力(cagnitive faculty)特别注意去研究，故对于认识的材料反有些忽略。他对于感觉只说到杂多为止。关于杂多，在上段已略提起，虽不是说绝对无条理宿于其内。然至少当其呈现，是必有待主观的综合能力去加以配合统摄。所以我觉得康德关于感觉的研究在其第一《批判》上甚为缺少。后来学者关于这一点却有很多的贡献。我们今天当以后来进步的思想以补康德之不足。

康德所以不再追问感觉究竟是什么，其故据我看仍是受了洛克以来经验派的影响。因为经验派是以经验为最后的，凡事推之于经验即不能再溯其根底，而经验又必以"所与"为最后。则当然对于感觉除承认其为最后的最根本的以外，无法再问究竟是个什么东西。因为说明感觉仍须诉诸感觉，足证此种追问并不能有所得。这乃是经验派的立场。但我以为康德不应陷于此误。康德的立场并不是纯粹的经验派。我现在亦可以讨论这个感觉问题，正因为我亦不是完全固守经验派的范围。

我在前作上曾说明感觉是一种"不存在"的东西。这就是说感觉既不属于"心的"（mental）又不属于"物的"（physical）。不属于心一层是因为其由外而授与，非心所能左右，对于心却有强迫力。即唯心论者的柏克莱（Berkeley）亦承认之。至于说不属于物并不是说感觉在外界无相应者。乃只是说虽有外物 X 与之相应，然此物与感觉却非同一。所以感觉是个上不在天，下不在田的中间东西。这个中间东西其本身是没有"存在的"（existent）。因此名之曰"不存在者"（the non-existent）。就无异乎说在外界的架构上寻不着这个东西，而在内界的心理上亦追不出其来源。他只是悬空在夹层中的东西。由外界来说，他不在于外，反不如说他在内；换言之，即不是外物的代表，却反是个"遮障"。由内界说，他又不在于内，反不如说他在外。因为他不能随心所左右。所以他在外界与内界皆无地位。因此遂有人主张感觉是不心不物，而是属于生理的。此说比较上可通，但我们若不采取科学以讲哲学，而先自哲学本身来说，则似乎不必推论如此之远。所以我暂时放弃此说，而只说到感觉是在夹层中的"不存在者"为止。若照旧式的讲法，所谓不存在者即是"幻相"（illusion）。于此所谓"幻"是指其不存在而言，所谓"相"则就是英文 appearance 之意。关于这一点似乎康德亦曾稍稍见到。他不但把 Erscheinung 与 phenomena 两个同义的字各赋以特别意义；并且又把 Erscheinung 与 schein 立有区别。后来注释他的书的人们又有争论，以为前者不尽属于主观。凡此都非本篇的主题,故不详论。总之,就康德的立场承认感觉只是一种非心非物又非实有的"相"是讲得通的。

一〇

以上所说是关于感觉之本质。现在将更进而要说明"感觉内容"(sense-content)单就其本身却不供给我们以对于外物的知识。我们必须把感觉内容之单独一个个的而与感觉互相间的变化作分别观。这就是说单就一个感觉内容而言,他决不使我们推知另有一个外物在其背后。所以我们能推知感觉尚有背后,尚有所谓刺激,在外界以激起感觉,乃只是由于感觉有了变化。可以下列之图表明之:

图中 M 为主观。S 为感觉,而 P 为外界事物。S 至 S‴ 为感觉系列,虽在实际上可以说与 P 至 P‴ 的外物系列相应,然而主观的所对却只是感觉。所以就每一个感觉单独来说,必是由感觉 S 不能知道外物 P;由感觉 S′ 不能知道外物 P′;其下类此。但感觉 S 变为感觉 S′ 的时候却可以因为感觉 S′ 与外物 P 不相应,遂知道感觉 S 的背后是外物 P,而

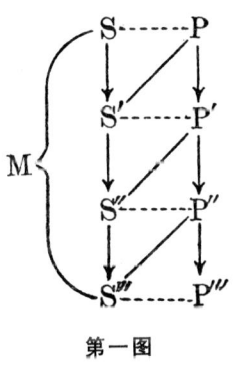

第一图

感觉 S′ 的背后不是外物 P。须知这样的知道乃只是"推知"(reference)。所以哀廷顿(Eddington)主张一切我们关于物理界的知识都是推知。这实在是至理名言。

并且我们更应的知道有些关于外界事物的知识,是把感觉背后的刺激加以编制与解释的。即并非那些刺激的本来面目。直言

之，即只是在内界造成了以后而投射到外界去，以为是如实存在于外界的。而究其实乃只是一个"造成者"(construction)。"造成者"一观念是由英人斯太司发挥出来的。而其始却导源于罗素。我觉得这一点亦是挽近认识论上的一个进步。例如普通物件，即桌子、椅子、墨、笔、书之类，就都是这些"造成者"。不仅此，即"他心"(the other mind)之存在亦不外乎一种造成者。所谓"他人有心，余忖度之"是也。造成者之说明可表示之为下列图。

图中 M 为主观；S 至 S‴为感觉系列；P 至 P‴为相应的外在刺激；至于 N 即是所谓造成者。我们把由感觉而造成的这些造成者投射出去，投到外物的背后。如图中的 N′，其虚线矢形即表示这个投出。我们以为桌子椅子等是如实存在于外界的，其实乃

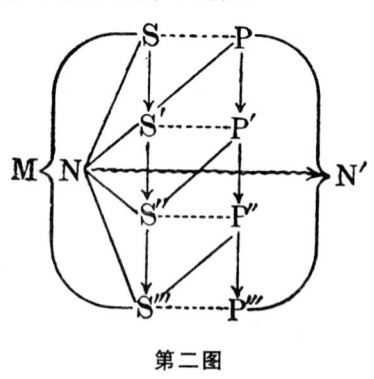

第二图

只是由我们从感觉而造成的。关于这一点请暂缓讨论。而先提出一个比较重要的问题：即感觉 S 的背后之 P 是什么？须知这个 P 并不是一个"东西"(entity)，所以我在这一点上确不是唯物论。我尝名此为"外在架构"。现在即须讨论这个外在架构的问题。我在前作上曾用"相关变化者"(the correlated)来说明之。英人卫斯登(J. Wisdom, Problems of Mind and matter)则用"外在的根由"(external source)说明之。他以为表面上的感觉所见与其背后的外在根由必有"大体上的相应"(formal similarity)。不然，我们何以不会把白的看作黑的，把高的看作低的。他此说并无新意，依然是采取罗素的主张。罗素的说法却比较正确，原文见《物之分析》(Analysis of Matter, p. 227)兹不详引。但须知这个外在的根由

只是一种"架构"（structure），而决不可即认为"物质"（matter）。卫斯登名其说曰"温和的物质论"（moderate materialism），我以为这是错误的。至多只能仿照卡拿帕一派称为"物理论"（physicalism），因为物理并非物质。换言之，即在外的只是空的一套结构，而并不能推定其必有实质。所以可说是只为空架而并不是实物。我愿拟一个新名词，曰"伏构"（sub-structure）。就是说他必须伏在感觉后，因感觉的变化，我们才可知道他有异状。这个架构是不可否认的。所以我的多元认识论在这一点又确乎不是唯心论。我承认这个伏构在外，故非唯心，但不主张他是物质，故又非唯物。就是说这个外在根由的本性是什么，非认识论所研究。换言之，即可以不限定是物质未尝不可，是我以外的"大心"。不过这便入本体论的范围，今限于认识论，自不便多讲。可见认识论上的非唯心论却可与本体论上的唯心论相通。现在只讲到不可否认这个外在根由的存在为止，下段再讨论其究竟是什么。

一一

我在前作上名此种外在根由为"条理"。须知这个外在根由与感觉（可名为感相 sensa）都是"所与"（given）。不过种类不同罢了。因此我又名感相为"显现的所与"（apparent given），而名这个外在根由为"潜伏的所与"（subsistent given）。须知感相本身是不存在者，故可称之为显现的；而外在根由则是比较硬性的，不过伏在背后罢了。所以此二者都与上文所述的先验格式不同。先验格式与半先验的设准都是属于工具性质的一种尺度。而所与却是迎面而来的，乃是属于知识的"内容"。

至于论到这个外在根由是什么,我以为最浅近的可以说他决不是物体或物件或东西,而只是些架构而已。我们可以取罗素之说名之曰"mathematical property"(of the external something)。这就是说只有从数学上所知的性质可算是这一类东西。我曾名之曰"条理",或曾称之为"自然条理"(natural order)。不过这些自然条理不是很显明地如实存在,独立自成在那儿。凡以为外界有个如实自存的条理,这便是错误。反之,凡以为一切惟心所造,而无所凭借于外界,这亦是同样的错误。须知自然条理是有的,但他却很稀松,很暗昧,很活动。有时他却可左右我们,但我们有时却亦可把他变了颜色。现在请以下列之图作为比喻以明之:

图中的四个点(如甲)即比喻为自然条理。我们根据这四个点可以画成一个圆形(如乙);又可以画成一个方形(如丙)。又可以画成一个X形(如丁)。

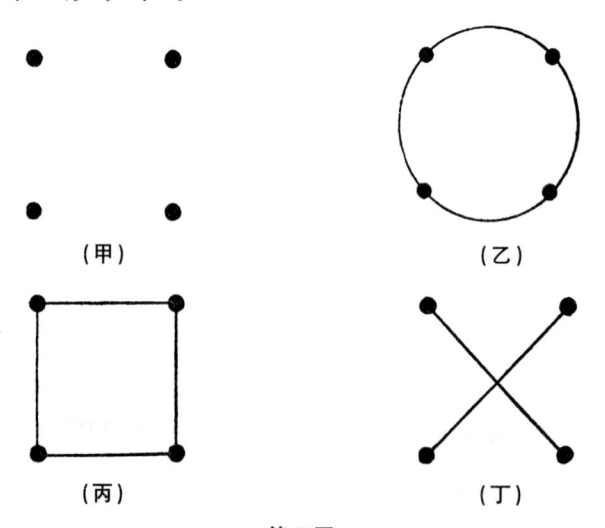

第三图

这个方形圆形等都是比喻那些所谓"拟构"(fiction 用樊亨格的术语)。但这些拟构不是完全灵幻的,乃必须有若干"支点"(即上图的四个点)。并且就四个点而言,亦只能造成方形圆形与 X 形,而决不能造三角形与直线形。所以我在前作上提出"有限变化之原理"以明拟构的背后必有相当的根据。一班普通人最大的误会就在于把拟构当作实物。如第二图上的 N,须知这个 N 就是造成的,但因为把他投出到外界去,便误认为外在的实物了。(如图中之 N′)。其实真正的所与只是 P 而不是 N。并且 P 只是若干根据点,并非成片段的东西。第三图的四个点即比喻为 P。所以自然条理在认识上只是一种"因子"(factor)。而决不能像一张固定的完全图画,由我们的认识在临摹下来。把外在的条理认为是"刚性的"^{即已打成一片},这乃是泛客观主义的新实在论之大错误。

但主观主义的唯心论把这些疏疏落落的外在根据亦认为无有,这亦是同样错误。不过普通人易犯实在论的错误,所以我们对此尤得特别警戒。

关于四个点能造成方圆各形一层,我曾提出"可塑性"一名辞以表示此中情形。于可塑性以外,我又提出原子性,连续性,创变性三种。须知这三种只是自然条理中的最基本者。可名之曰"基本条理"(basic order)。我在前作中没有把基本一层发挥得透,致使许多批评者发生误会。于此所谓基本亦就是"最后"之意。就是说一切自然条理只能潜伏于拟构^{即可塑者}之中,所以十分困难把自然条理与我们所构造者相分开。于不得已之中只有假定这三种是比较上最不夹杂拟构的。换言之,即是比较上最表示自然条理之真相的。这乃是推至最后的说法,不得已而为之,并不是说自然条理就是这三种。有人认此说法无必要;又有人仍把他们拉到内界里来;凡此都与我的本义不相侔,或许是误会了我的原义亦未可知。

一 二

以上所讨论的已经大体完备了。我们的认识，就此看来，实是一个最复杂的东西。其中有幻影似的感相；有疏落松散的外在根由；有直观上的先验格式；有方法上先假设的设准；自然而然分成的主客；有推论上的先验名理基本律；更有由习惯与行为而造成的所谓"经验的概念"。凡此都是就一个人心为本位而言。（所谓一个人心即斯太司所谓 solitary mind）。至于集合各个人心而成一个共同世界却未尝不可即依此说明之。我以为共同世界之所由成有几点是其根据。第一，必是各人的心中有个共同点。即所谓"人同此心，心同此理"。于此所谓"理"若指构造而言，便即可通。此康德所谓 consciousness überhanpt 是也。第二，必是各人知觉上的空时有可以转换坐标之可能性。于是在甲的坐标系中可以转换到乙的坐标系。这样的转换便构成了一个共同的空时结构。第三，必是因为社交的关系，各人得着经验上的教训，然后由学习而适应，以成一个普通观念。由这三点遂有所谓共同世界。须知这个共同世界大有伸缩性_{即可塑性}，而决不是固定的。并且共同世界只是各人的自己世界之简单化与普遍化，由抽象而成。依然只存在于各人心中，并不是如实自存于外界。

论到此，请一说康德的"物其自身"。这便是我与康德不相同处。他所谓物其自身决不是我所说的自然条理。因为物其自身乃是物之本来面目。在康德以为凡被认识即变为现象。所谓本相即等于说其物在不被认识时的相。其实，物若不被认识即不能说其相若何。所以根本上物其自身是不可知的。但既不可知又何以必须以为其存在呢？这乃是因为没有物其自身即等于主张没有物。没有物又安能有现象呢？这是康德的苦哀,所以他必须假定物其自身之存在。康德虽是现象论却仍留有素朴实在论的根底。我则以为可以不要这个物其自身。至于主张有所谓自然条理却又与这个物其自身无涉。因为我所主张的自然条理依然在认识以内,不是超越在背后的。只是透露于感觉中,夹杂在感相内,而并不是藏在其背后独自存在,不为人知。既不是事物,当然不能说到其自身了。所以倘欲把他误会为事物便大错而特错。康德的物其自身至少有此嫌疑。因此我说我所谓自然条理不是他的物其自身。

复次再讲到所谓"拟构"。这就是我们普通所谓概念。康德称之为"经验的概念",斯太司则名之为"造成者"。我以为拟构与造成者二名都很好。须知我们日常生活大部分是在这些东西上。这些东西亦就是第三图中的方圆等形。虽是我们所造成,却在实在界亦有相当的根据。不过这些造成者范围来得很广大。决不与其背后者完全符应。我在前作中说这些概念的功用,以为不可不取唯用论。不过我的唯用论与英美派不同。我以为唯用论亦可导源于康德。所以我取康德的立场,把效用的标准只限于用在说明经验的概念,而与先验格式无涉。我不相信概念（亦可称观念）能够变化外的实在界。我只相信概念的引导作用能够改变我们应付外界的态度。所以我的唯用论只主张到变化自己对付环境的态度为止。不能更进一步以为外界是大理石,可由我们随便雕刻,而没有固有的纹理。诚然大理石可以加以雕刻,但我以为却必须明白其中有固有的纹理,倘不依其纹理而雕刻之,必致不能成功。这便是我所以不能不承认另有个伏构的缘故。因此我主张唯用论的妙处在能说明知识之限制（即界限）,即知识为功效实用所限制,这是无可奈何的事。但决不可以功效实用来说明知识之性质。因为知识另有其本性,不能用功效实用来解释之。要之,功效实用只是限制知识,不是扩充知识与解释知识;只是证实知识,不是产生知识与说明知识。这便是我的唯用论与他们不相同的所在了。

一三

以上所说似大体已毕,现在再换一个叙述法更可比较明白。

即我主张在吾人认识对象的时候上我们确有四个层次,或称为四个世界,如下:

(甲)是所谓伏构的世界(level or world of sub-structures)

(乙)是所谓感相的世界(level or world of sense or shadows)

(丙)是所谓造成者的世界(level or world of constructions)

(丁)是所谓解释的世界(level or world of interpretations)

须知这四个层次实际上是混合在一起的。我尝用一比喻即好譬一个五彩套版的图画。其中有红,有绿,有黑,有黄。却是先印了红的,后印绿的。虽重重叠叠印上去,却相掩而不全遮。我又用一个比喻,即好譬一壶茶。壶底的渣滓是伏构,水中的茶叶的是造成者,而水则是所谓解释。解释最多,造成者亦依解释而生影响。至于伏构则是稀稀散散,疏疏落落,甚为寡少。所以他的左右力虽十分强硬而却不广大。再换一个比喻,则自然条理好像是藏在肉内的骨骼,我们摸着见着的只是肉。在这四个层中,前二层已经说得很多了,我不想再述。关于后二层似乎尚有详说的必要。但四层必须联在一起说明之方易于明白。先说伏构世界的可塑性罢。我以为唯用论在此有一个误解。他们以为外界好大理石可以随我们任雕琢什么就是什么。其实照我的主张可塑性不在外界的本身。如第三图的四个点,乃是不可变更的。换言之,即单就四个点而言,他本身是固定的与硬性的。所以可塑性不在四个点的本身,而只在于由四个点所造的各形,即造成方形以后,你以为不便利,你又可把他再造为圆形,无论方形与圆形,却都是你所造成的,而不是四个点所固有的。专就四个点所固有的而论,那是固定的。所以我主张外界确有自然的条理。我在上文所说的三种条理,原子性,连续性等就是说这些乃是伏构之固有的性质(intrinsic nature),除此以外,我们就不易知道了。至于可塑性只是在于造成者。所以哀廷顿说人类把他的足迹印在这个未知的宝藏上,而拚命去发掘,其结果所得的只是自己的足迹。我觉哀廷顿此言真是妙语。人类真是个怪物。自己造成了许多东西,自己又用理论去解释他,又有时去破坏他。闹来闹去,依然在自己所造者中翻筋斗。就好像鱼在水中一样。鱼离了水便不能活。人亦离了传说,信仰普通观念等造成者与解释便活不下去。所以宗教的用处在于使人安然活下去^{此选更生语}。其实不但宗教为然,一切常识与文化乃至科学哲学莫不如此。都是其作用在于自己骗自己。须知这个骗乃是真骗。不但被骗者实际上生效力,并且亦可以说即是"不骗"。正好像催眠术者指白水为酒,被催眠的人吃了就会醉倒一样。这样的情形与一切常识、文化、学理之对于人类的作用只有程度的差别,没有性质的不同。其原因乃是因为外界的真正条理太疏落了,我们可以造成各种不同的东西,我们亦就此困在所造成者之中,即在其中生活了。至于感相,他本身并不能为外界的代表者,至多不过有一些"暗示"而已。所以德国的新康德派把感觉在知识中的地位看得十分轻;以为至多不过是一个"引得"(index)罢了。其实此说甚是。感觉在知识中的地位是不十分重要,但经过这个"引得"却可略略推知其背后的外在根由,所以在知识中亦决不可缺少。

康德说,"概念而无直观则空,直观而无审识则盲",就是指此。在我所谓四个层次中,既是四个层次互相叠合,则感相一层便在绝对不可缺少之列了。至于造成者一层,上文虽已略说明,然不妨再说得明显些。例如普通物件,无一而非造成者。造成以后投射到外界去,信以为如实存在,因为在行为上觉得这样反而便利。所以没有反证以证明其为在内界造成的投射者。既如此便利,便信以为真了。不仅日常生活上的普通物件为然,即如"他人"(the fellow-man)"客我"(the me or social self)以及"历史"(history)等等都是造成者。我们大部分生活即在于此中,天天以这些为对象,为伴侣。柏拉图有一个比喻,就是说人类是困在地穴中,只有一个背阳的小孔向外,从此孔而外窥则只见许多阴影。老实说,这些造成者即不啻是阴影。最后,说到解释的世界,我们可以大别之为五类:即科学的解释,哲学的解释,审美的解释,道德的解释与宗教的解释。至于常识的解释不是纯粹的,乃是杂有初级的科学与幼稚的道德以及类乎宗教的在内。所以我不把他独立列为一项。道德的解释与宗教的解释可以无须说明。至于审美有人以为是直接经验,便不宜称之为解释。殊不知美感是一种直感,乃是一种浸染与领会。即不是直见对象为止,乃是心游于对象之中。所以英文称之为 contemplation。当然亦就是解释之一种了。现在所要讨论的只是科学的解释与哲学的解释。我愿借此以说明科学与哲学之性质。一班人往往以为科学与哲学互相排外的,即科学在哲学以外,哲学又在科学以外。其实这是一个错误的观念。科学之中就有哲学。而哲学亦是就其过去来说,几乎本身即等于科学。可见二者不是互相排外的,乃是互相合摄的。二者在题目上材料上绝对没有不同。凡哲学的题目无一不可由科学来讲,凡科学上的题目亦无一不可由哲学来讲。只是讲法不同,而不是题材不同,有人以为哲学没有其固有的题材便不免于将来自行消灭,这乃真是浅薄之谭了。所以我以为哲学与科学之分别只在于"态度",而不关于材料与方法。哲学的态度,即由哲学的观点以从事于研究宇宙间万物的态度,乃是研究一个对象而同时联及其周围的全体。科学的态度,即取科学观点以从事于研究事物的态度则是研究一个对象务必把他孤立起来,切断一切关系。前者的态度我借用怀特海(Whitehead)的话为 to think heterogeneously;后者的态度则是 to think homogeneously。即一为夹杂地去想,一为单纯地去想。乃是想法不同,即想的态度不同。除此不同之外另无区别。

一　四

上段所言的四个层次是就内容来说,因为内容与方式是分不开的。但为说话便利计,却可以单独来说方式。于是以前所说的空时格式,主客对立,名理的基本律等等便是方式一方面的东西了。所以我们不仅这四个层次,乃在其中尚含有各种的方式。现在把这些方式与这些层次统在一起来说,则可述之如下:

(甲)自然条理甚为疏落暗昧。其存在只可推知,不过在其本身上却有左右我们的力量,并且是硬性的。

(乙)感相虽亦有强迫性,但其自身并不是如实存在的。

(丙)直观上先验格式的空时是直现于认识上,是主观的,因为外界的空时不必与之相对应。

(丁)名学上推论的基本原则其来源是无法再推,只可承认为先验的。

(戊)主客的对立亦是自然而然的。可归之于先验一类中。

（己）概念中有一类，不是事物而是事物之条理。这一类东西我名之曰设准。是半经验半先验的。

（庚）此外大部分的概念是关于普通事物。则都是造成者。可以改变，所以其可塑性甚高。但我们却大部分是在此中讨生活。佛教谓为"迷"与"执"，未尝不是有见于此。这一类的概念都是"实用的"（pragmatic）。他对于我们都有示唆作用，使我们对于外物可有各种应付的态度。

（辛）概念中尚有一类，其性质只是解释。例如宗教上的"神"，道德上的"公正"科学上的"隳性"（inertia）哲学上的"本体"（substance）等等。这一类的概念与上一条的那些概念是分不开的。所以形成我们的可塑性世界。

总之，我的多元认识论有一个要点：就是各方式各层次必须互相倚靠在一起，互相叠合在一起，却同时又必是互不相生。例如伏构必见于感相间之变化，而却不为感相所产生。空时的方式离不了直观的经验，但却又不是从这个经验中抽出来成功的。名理的基本律亦是离不开概念与直观，但其发生却又不是从他们而出。我在旧作上曾提出一个意思，即说认识是一个和合的产物。我现在更换一句话来说明之，即我此说可称为知识作用之多重因子说（multiple factors of knowlege）。以上是总结。现在尚有余义，请一述之。第一是关于哲学的性质；第二是关于共同世界的造成再加一些补充。

因为哲学本身是一种解释，所以哲学不是如实地存在于那里的真理。我们固然可以把哲学当作真理来看，然而其重要的地方仍在于"哲学之功用"（the function of philosophy）。换言之我们可以用哲学之功用来说明哲学之性质。我在这一点上却充分赞成马克思（Karl Marx）的说法。就是他对于哲学的观念与以前历来的不相同。据美国的赫克(Sidney Hook)解说,以为现代所讨论的问题如空间时间等只是属于名学,而不属于真正的哲学。真正的哲学只是道德哲学,政治哲学,法律哲学,社会哲学等关于人生的一方面的。我虽极端不赞成把哲学只限于人生哲学,但我亦以为一切形而上学的归束却是人生哲学。马克思说:哲学的任务在于变更世界。这句话从我的立场来说,亦可讲得通。就是一切社会制度与文化都是人造的,用以自己安慰自己,使其在世上能生活下去。这些造成的东西其背后有一个理论就是所谓哲学人生哲学政治哲学社会哲学。这一类的哲学其功用不在于说明外界的真相,而只在于能指导人生。因此一切关于宇宙的哲学都是人生哲学的"假扮"(disguised fashion)。所以一切形而上学必须归根到人生问题而后止。而人生问题上却无所谓真与假,合理与不合理。在此没有名学上的问题,而只有价值上的判断。于是最后依然只是诉诸行为的实际,因为静观与默思是哲学所由成,迨一种哲学既成后,在社会上人生上自然生出一种功用来了。我此说并未尝减少哲学的价值,因为哲学本身就只是上文所谓的解释。而解释之作用只在于影响我们应付外界的态度,使态度有种种变化;而决不能变化外界。所以人生哲学可以变更人生的态度。外界本是松散疏落的,无所谓改变与否。所改变的只是一些我们自己造的。马克思所说的"变更世界"一句话倘说的是人类的生活与环境即文化全体,则与我此说未尝不相合。至于卡拿帕一派所说的形而上学中一切命题都是表示愿望,不能证实,因而不足为真正的命题,亦可用我的立场来修正之。我承认形而上学上一切主张所表出的命题确是都不能证实。须知"证实"(verification)一辞是指最后可以推至于经验。当然物理学化学上的命题总可多少推到实验上为止。我们说形而上学的命题不可证实即等于说形而上学的命题与物理化学上的命题不同。这原无可异议。不过若说不能证实的命题即不能算为命题,这句话是不对的。老实说,形而上学的命题亦不是完全不能证实,不过其证实确异乎物理化学的命题之证实罢了。须知形而上学的命题既是表示愿望,当然关乎人生,则推至最后必定是依然取决于人生与文化。所以人生哲学社会哲学就是形而上学的尾闾,从这个尾闾上就可以证实形而上学。可见形而上学的命题依然是真正的命题。因为形而上学的功用是在于"人文"上。照我此说,几乎可以把"哲学究竟是什么"一问题重新作一个明确的回答。即哲学乃是一种批判与分析以及比较的研究。其所批判与分析比较的材料就是各种文化中所潜存的基本概念,所以哲学本身就应得只是哲学史。哲学史所表现的就是人类文化以及民族文化中各种基本概念之由来与发展。因为我相信每一种文化必有其基本概念。这种文化就赖有这个基本概念而始成立。如能握住了其基本概念,便可对于这个文化有相当的了解。所以哲学的任务在于说明文化^{即各种文化之相异的基型,及人类文化之相同的基型}而不在于创造文化。不过往往因说明以往的遂亦可暗示于将来的,此即马克思所谓变更世界之说是也。我因此以为哲学史就是哲学,并且除此以外都是不真正了解哲学的本性。

最后说到共同世界之造成,我在上文已经说明了,本可不再说。无如最近看见《哲学评论》第七卷一期内有张遂五君《经验与秩序》一文似乎与我的所见很不同,所以又引起我的话来了。他似乎主张一个感觉类必有共同的感觉。我则以为讨论知识传达的问题必须先分别两个字的意义。一个是英文的 communicable,另一个是英文的 transferable。前者是因"共同"而"通",后者因"移换"而"通"。例如以中国的银元运到外国去用,这是前者;若拿中国银元换了外国钱在外国使用,乃是后者。我主张每一个感觉内容,对于本人都是私有的,决不能与他人共同,但却可与他人的相通,其通乃是由于移换。就是我的感觉 A 可以换为你的感觉 B。在内容上 A 与 B 尽管不同,但我与你却可说话。我知道你的感觉 B 就是我的感觉 A,就好像一元美金等于中国三元三角一样。一本书定价一美金时,我付了三元三角,就可拿了走。须知彼此共同的所谓共同世界就是建筑在这个"可移换性"(transferability)上。不仅同一的感觉类之间可以因移换而得交通,即异种的感觉类亦可因此而相通。例如斗牛。牛与人是两个不同的感觉类,但人却可操纵牛而使之斗。倘使人与牛之间不相通,则不能如此,所以我们不必以为感觉类相同而遂谓其感觉现象必有相同。须知即感觉类不同,其感觉现象亦可因移换而得通。于此又须知各个主观之间其感觉只能相"通",而决不能相"同"。这乃我与张君不同之处因附述于篇末。

唐代经济景况的变动

陶希圣

一　初唐之凋弊

隋代的社会经济有一特点,是国家的仓库充盈,一般的农民及中小地主的贫苦。李密《移郡县书》说得很明白的。他说:

> 科税繁猥,不知纪极。猛火屡烧,漏卮难满。头会箕敛,逆折十年之租;杼轴其空,日损千金之费。父母不保其赤子,夫妻相弃于匡床。万户则城郭空虚,千里则烟火断灭。①

隋代政府一方面重征平民,一方面又搜括大族豪宗荫庇的户口,大族豪宗痛感危亡。李密所说"西蜀王孙之室,翻同原宪之贫;东海糜竺之家,俄成邓通之鬼",就是指此而言。于是豪宗大族,奴隶②平民,一时蜂起。他们大抵取开仓聚众的方法。③贫穷与兵乱相乘以后,到处都是饥荒流亡的现象。李渊初为唐王时（西元六一七,隋恭帝义宁元年）的令文有这样的几句话:

---

① 《旧唐书》五十三《李密传》。
② 《旧唐书》五十九《丘和传》:初原州奴贼数万人,围扶风郡。
③ 拙著《中国社会现象拾零》(新生命版)二四九页"唐代社会之一斑"一文内"仓与民众"一段参看。

比年寇盗,郡县饥荒。百姓流亡,十不存一。贸易妻子,奔波道路。虽加周恤,无救倒悬。①

十年之后（西元六二七,太宗贞观元年）景况未见好转。贞观初年还是霜旱为灾,米谷踊贵,"一匹绢才得一斗米"②。还是"凋弊以后,人稀土广"③。"州里萧条,十不存一。"④"乱离甫弭,户口单弱。"⑤贞观三四年,几度丰收,景况便好的多了。⑥ 但是贞观六年,魏征还是说:

今自伊洛之东,暨乎海岱,萑苻巨泽,茫茫千里。人烟断绝,鸡犬不闻。道路萧条,进退艰阻。⑦

贞观十一年,岑文本还是说:

既承丧乱之后,又接凋弊之余。户口减损尚多,田畴垦辟犹少。覆焘之恩著矣,而疮痍未复。德教之风被矣,而资产屡空。⑧

有名的马周上书也说:"今百姓承丧乱之后,比于隋时才十分之一,而供徭役,道路相继。兄去弟还,首尾不绝。春秋冬夏,略无休时。"⑨这样看来,史家盛夸的贞观之盛,也就有限的很了。不过这时候,国家的蓄积,渐见充裕。马周说的好:

往者贞观之初,率土荒俭,一匹绢才得一斗粟,而天下怡然;百姓知陛下忧怜之,故人人自安,曾无怨讟言。自五六年

---

① 《册府元龟》四八六"迁徙"。
② 《贞观政要》卷一,"论政体"第二。
③ 《唐会要》四六,贞观二年颜师古《论封建表》。
④ 《旧唐书》一八五《陈君宾传》,贞观二年太宗的诏。
⑤ 《唐会要》三〇,贞观三年民部尚书戴胄《谏太宗修洛阳宫》。
⑥ 《新唐书·食货志》说贞观四年,"米斗四五钱,外户不闭者数月,马牛被野,人行数千里不赍粮"。
⑦ 《贞观政要》卷二"直谏";《旧唐书》七一《魏征传》。
⑧ 《旧唐书》七〇《岑文本传》。
⑨ 《唐会要》八三"租税上";《贞观政要》六"奢纵"。《旧唐书》七四《马周传》。

来，频岁丰稔，一匹绢得粟十余石：百姓皆以为陛下不忧怜之，咸有怨言。自古以来，国之兴亡，不由蓄积多少，唯在百姓苦乐。

由此可知贞观之盛，也只有从国家财政收入上可以看出。说到人民的贫苦，并不因为丰收而改变过来。只有剑南（四川）一带，一向还是富足。李渊初为唐王时的令说蜀汉"闾里富于猗陶，菽粟同于水火"。直至武后初，陈子昂上表还是盛称"蜀为西南一都会，国家之宝库，天下珍宝聚出其中，又人富粟多，顺江而下可以兼济中国"①。

二　盛唐之繁荣

史家更常夸耀盛唐。盛唐之盛，也只有从国家蓄积与富商豪室的盛兴这两点来看取。现在分开来说。

（一）户口的增加

国家的财政收入，以户与口为来源。户口的多少，可以作财政收入多少的推测的根据。倘使我们把"户口"当作"生齿"来解释，那便错了。户口与生齿自然是有关系的。生齿稀少的地方，不会有繁庶的户口。生齿繁庶的地方，户口是可以加多的。不过户口的加多，不单由于生齿的加多，还得靠政府的权力去从豪家大族的荫庇及占蔽下面搜括出来。如果政府无力搜括，那怕生齿再多，政府所领的户口是不会加多的。反之，政府有搜检户口的权力，户口

---

① 《旧唐书》一九〇中《陈子昂传》。

唐代经济景况的变动　　135

才能见增加。

贞观初,户不及三百万。① 自此以后到天宝年间户口的数目,列表如下：

年　代	户　数	口　数	附　注
永徽三年(652)	3,800,000		据《旧唐书》,《唐会要》,《通典》。
神龙元年(705)	6,150,000	37,140,000	据《通鉴》,《册府元龟》户数作 6,150,170。《唐会要》作 6,150,141。
开元十四年(726)	7,069,565	41,419,712	据《旧唐书》,《册府元龟》户数作 6,156,140。
开元二十年(732)	7,861,236	45,431,265	据《唐会要》
开元二十二年(734)	8,018,710	46,285,161	据《唐六典》,《册府元龟》户数作 8,008,710。
开元二十八年(740)	8,412,871	48,143,690	据《通鉴》,《旧唐书》三八口数作 48,443,609。
天宝元年(742)	8,348,395	45,311,272	据《通鉴》,《唐会要》户数作 8,535,763。
天宝十三载(754)	9,619,254	52,880,488	据《旧唐书》。
天宝十四载(755)	8,914,709	52,919,309	据《通典》。

东汉末年,一千万户。三国以后,由于流亡与占敝,户口在二四百万的样子。唐代统一国与君主权力的渐次发达,才从三百万户加到一千万户还差一点点。国家收入,在中央已经是"入河湟之赋税满右藏,东纳河北诸道租庸,充满左藏。财宝山积,不可胜计"②。在地方,也是"海内丰炽,州县财帛举巨万"③。

---

① 《新唐书》五一《食货志》。
② 《唐语林》三。
③ 《新唐书》二〇六《杨国忠传》。

（二）社会的繁荣

《通典》述开元十三年以后的繁盛景况道：

至开元十三年，封泰山。米斗至十三文，青齐谷斗至五文。自后天下无贵物。西京米斗不至二十文，面三十二文。绢一匹二百一十文。东至宋汴，西至岐州，夹路列酒肆待客，酒馔丰溢。每店皆有驴赁客乘，倏忽数十里，谓之驿驴。南诣荆襄，北至太原范阳，西至蜀川凉府，皆有店肆以供商旅，远适数千里，不持寸刃。①

这样的繁荣，无疑是都市人的眼里的繁荣。谷贱绢贱，都市里消费者自然是喜欢的。经济交通的便利与繁密，也是都市商旅的乐观的现象。

三　盛唐的危机

神龙元年（西元七〇五）宋务光已看出这个消息。他向高宗说道：

陛下近观朝市，则以为既庶且富。试践间陌，则百姓衣马牛之衣，食犬彘之食，十室而九，丁壮尽于边塞，孀孤转于沟壑。猛吏奋毒，急政破资。马困斯佚，人穷斯诈，起为奸盗，从而刑之，良可叹也。今人贫而奢不息，法设而伪不止。长吏贪冒，选举以私。稼穑之人少，商旅之人众。②

高宗死时（西元六八三）陈子昂说当时的河西陇北，"流人未返，田野尚

---

① 《通典》七"历代盛衰户口"。《新唐书》五一《食货志》节取此文。
② 《唐会要》九〇，《新唐书》一一八《宋务光传》。

芜。白骨纵横，阡陌无主。至于蓄积，尤可哀伤"①。武后时，李峤上疏说："天下编户，贫弱者众。亦有佣力客作，以济糇粮；亦有卖舍贴田，以供王役。"②神龙中，卢怀慎也说："今民力敝极；河渭广漕不给京师，公私耗损，边隅未静。"③开元初，许景先上表说道："河南河北，水涝处多；林胡小蕃，见寇郊垒；军书日至，河朔骚然。去岁豫亳两州微遭旱损，庸赋不办，以至流亡；人之困穷，已至于此。"④开元二十一年（西元七三三）张九龄起草的《处分十道朝集使敕》也明白的说道："诸处百姓贫寒者多，虽有垄亩，或无牛力。劝率相助，令其有秋。"⑤这一般农民及中小地主的破落，正与盛唐的繁盛，成尖锐的对比。朝廷的奢逸，豪商大族的蓄积，也可以说正是小民的破落换得来的。

四　安史乱后之挣扎

（一）兵乱之中的百姓困苦

富与贫的矛盾发展之际，安禄山创乱渔阳（西元七五五），遂致盛唐之盛如白驹过隙逝去。永泰二年（西元七六六）元次山起草的策问进士的问题，说得很是明悉。他说：

开元天宝之中，耕者益力。四海之内，高山绝壑，耒耜亦

---

① 《旧唐书》一九〇中《陈子昂传》。
② 《唐会要》四九，《旧唐书》九四《李峤传》。
③ 《新唐书》一二八《卢怀慎传》。
④ 《旧唐书》一九〇《许景先传》。
⑤ 《张九龄集》七，《文苑英华》四六〇，《唐大诏令集》一〇四。

满。人家粮储皆及数岁。太仓委积,陈腐不可校量。忽遇凶年,谷又耗尽。当今三河膏壤,淮泗沃野,皆荆棘已老,则耕可知。太仓空虚,雀鼠犹饿。至于百姓,朝暮不足。而诸道聚兵,百有余万。遭岁不稔,将何为谋?①

安史乱后,军事集团的战争连续不断。如李怀光朱泚乱后,贞元元年（西元七八五）陆贽起草的《改元大赦制》说社会景况道:

征师四方,转饷千里。赋军籍马,远近骚然。行赍居送,众庶劳止。或一日屡交锋刃,或连年不解甲胄。祀奠乏主,家室靡依。生死流离,怨气凝结。力役不息,田莱多荒。暴命峻于诛求,疲盯空于杼轴。转死沟壑,离去乡闾。邑里丘墟,人烟断绝。②

又如贞元十五年（西元七九九）政府兴兵讨吴少诚。韩愈作《归彭城诗》云:

天下兵又动,太平竟何时?讦谟者谁子,无乃失所宜?前年关中旱,闾井多死饥。去岁东郡水,生民为流尸。上天不虚应,祸福多有随。我欲进短策,无由至彤墀。③

稍后一点,元稹对策,有几句话说当时的社会景况道:

自祸阶漏坏,兵宿中原,生民困竭,耗其大半。农战非古,衣食罕储。念兹疲民,遂乖富贵。督耕织之业,而人无恋本之心;峻榷酤之科,而下有重敛之困。④

(二) 户口的锐减

社会下层的凋敝,自然使政府的户口减少。同时藩镇割据的

---

① 《元次山集》七。
② 《文苑英华》四二一,《唐大诏令集》五,《旧唐书》一二《德宗纪》。
③ 《昌黎集》二。
④ 《元氏长庆集》二八,《才识兼茂明于体用策》一道。

地域,户口的赋役不复归于朝廷。肃代以下的户口数目减损到可惊的程度,有如下表:

年　代	户　数	口　数	附　注
至德元年(756)	8,018,710		《唐会要》。
乾元三年(760)	1,933,174	16,990,386	《通典》,《唐会要》,《册府元龟》户数作 1,931,145。
广德二年(764)	2,993,125	16,920,386	《唐会要》,《旧唐书》,《册府元龟》户数作 2,933,025。
大历年间(766—779)	1,200,000		《唐会要》,《册府元龟》,《旧唐书》。
建中元年(780)	3,805,000		据《新唐书》,《旧唐书》及《唐会要》略异。
元和二年(807)	2,440,254		各书皆同。
元和十五年(820)	2,375,400	15,762,432	各书皆同。
长庆元年(821)	2,375,805	15,762,432	《旧唐书》。
宝历年间(825—826)	3,978,982		《唐会要》,《册府元龟》。
太和年间(827—835)	4,357,573		《唐会要》,《册府元龟》。
开成四年(839)	4,996,752		各书皆同。
会昌五年(845)	4,955,151		各书皆同。
大中九年前(—855)	2,000,000		据《孙樵集·大明宫赋》。

(三) 淮南江南的繁盛

安史之乱,淮河流域以南,不受直接的影响。中唐时代,江淮一带,还是富庶。陆贽起草的《授杜亚淮南节度使制》说:

> 淮海奥区,一方都会。兼水漕陆挽之利,有泽渔山伐之饶。俗具五方,地绵千里。①

---

① 《文苑英华》四五四。

宣州，越州，扬州，在当时都认为大藩，"天下殷厚之处"①。歙州也是富州。② 舒州在旱灾之年，还能安阜。③ 常州为江左大郡，兵食之所资，财赋之所出。④ 福、建、泉、漳、汀等州，"资货产利，与巴蜀埒富"⑤。其中苏州，尤其是"甲郡标天下"⑥。白居易说："当今国用，多出江南诸州，苏为最大。"⑦浙东是"茧税鱼盐，衣食半天下"⑧。吉州庐陵是"材竹铁石之赡殖，苞筐鞾缉之富聚。土沃多稼，散粒荆扬"⑨。临州"翳野农桑，俯津阛阓。北接江湖之脉，贾货骈肩。南冲岭峤之支，豪华接袂"⑩。这些农商之会，正是中唐以后，政府财赋所出。二百年间，支持一个时仆时起的中央权力。

（四）巴蜀的搜括

巴蜀的富，驰名中国。政府及派驻这里的军官，都以搜括为事。天宝以后，政府更有意加重搜括，便多多的分划地方区域，以便多驻军，多加赋。其实巴蜀之富，不过几州。这几州要负担政府划分的多数的州的贡赋。肃宗时，高适说道：

> 剑南虽名东西两川，其实一道。自邛、阙、黎、雅，界于南

---

① 《续世说》一二，"陈仲游……拜宣州观察使，后移越州，又徙扬州。十余年间，三总大藩，皆天下殷厚处也。"

② 《昌黎集》一九，《送陆歙州诗序》："当今赋出于天下，江南居十九。宣使之所察，歙为富州。"

③ 《毘陵集》附《独孤及行状》。

④ 同上。

⑤ 《毘陵集》九，《福州都督府新学碑铭》。

⑥ 《白氏长庆集》五四，《呈吴中诸客诗》。有名的两句是："版图十万户，兵籍五千人。"

⑦ 《白氏长庆集》五九，《苏州刺史谢上表》。

⑧ 《樊川集》，卷一八，《李讷除浙东观察使兼御史大夫制》。

⑨ 《皇甫持正集》五，《吉州庐陵县令厅壁记》。

⑩ 《全唐文》八一九，《唐抚州罗城记》。

蛮也。茂州而西,经羌中至平戎数城,界于吐蕃也。临边小郡,各举军戍,并取给于剑南。今梓、遂、果、阆等八州分为东川节度,岁月之计,西川不可得而参也。而嘉陵比为夷獠所陷,今虽小定,疮痍未平。又一年以来,耕织都废,而衣食之业皆货易于成都,则其人之不可得而役明矣。今可赋者成都、彭、蜀、汉州,又以四川残弊,当他十州之重役,其于终久,不亦至艰。又言利者,皆取之百姓应差科者。自朝至暮,案牍千重,官吏相承,惧于罪谴,或责之邻保,或威以杖罚。督促不已,逋逃益滋。欲无流亡,理不可得。比日关中米贵,而衣冠士庶颇亦出城。山南、剑南,道路相望。村坊市肆,与蜀人杂居。其升合斗储,皆求于蜀人矣。且田土疆界,盖亦有涯;赋税差科,乃无涯矣。为蜀人者不亦难哉?①

山南一道的贫苦,屡见史籍,②较富的只是西川。西川节度使如严武,如崔宁,都是搜括到极点的。③ 我们知道,中唐以后,巴蜀也是政府财政的一大支柱了。

五　晚唐之衰落

(一) 江淮的残破

江淮的残破,坏了唐朝的第一大基础。江淮的残破,却并不始于晚唐。江淮的上层社会的繁荣,正造成江淮残破的条件。

---

① 《旧唐书》一一一,《新唐书》一四三,《高适传》。
② 《旧唐书》一一七,《新唐书》一五八,《严震传》。
③ 《旧唐书》一一七,《新唐书》一二九,《严武传》。《旧唐书》一一七《崔宁传》。

在中唐时代，最繁荣的吴郡、晋陵、江东、海陵，已有依据洲岛的暴动民军。① 宣州有方清、陈庄、陈五奢的徒众，连互山洞，使"闾里制于萑蒲，守臣化为寓公"②。许杲起于淮南，循淮而东。③ 淮西的暴动队伍，破汴州，襄城，杀官军四万余人。④ 私盐徒更沿江劫掠。⑤ 浙东裘甫啸集亡命三万，分为三十二队，有意招纳江淮群众。⑥ 庞勋以七万众起徐州，掠淮南，山越也乘机爆发。⑦ 最后，黄巢的徒众掠淮南，据宣歙，略扬州。而常熟之柳超，昆山之王教，华亭之王腾，无锡之宋可复，各有多数的徒党。⑧ 自黄巢以后，高骈、杨行密、秦彦、孙儒、毕师铎的混战，把淮南、江南破坏得像玉樵山人的诗这样：

水自潺湲日自斜，尽无鸡犬有鸣鸦。千村万落如寒食，不见人烟空见花。

（二）中原及其他处所的凋弊

黄巢之乱以后，中原的景况萧条。《旧唐书·昭宗纪》有一段话说道：

初，自诸侯收长安，黄巢东出关，与（秦）宗权合。巢贼虽平而宗权之凶徒大集。西至金、商、陕、虢，南极荆襄，东过淮

---

① 《文苑英华》六六八，《与崔中书圆书》。
② 《权载之集》二五，《李铭墓志》。《旧唐书》一三二，《新唐书》一四七，《李芃传》。《旧唐书》一三一《李勉传》，《旧唐书》一五二《张万福传》。这是代宗时事。
③ 《旧唐书》一五二《张万福传》。代宗时事。
④ 《樊川集》一一，《上李相公论用兵书》。
⑤ 《文苑英华》四二九，会昌五年正月南郊赦文特提私盐徒。
⑥ 《资治通鉴》二五〇，咸通元年事。
⑦ 《旧唐书》一七二《令狐绹传》，《新唐书》一四八《康承训传》。《旧唐书》一六四《王龟传》。
⑧ 《新唐书》一八六《周宝传》。

甸,北侵徐、兖、汴、郑,幅圆数十州,五六年间民无耕织;千室之邑不存一二。岁既凶荒,皆脍人而食。丧乱之酷,未之前闻。宗权既平而朱全忠连兵十万,吞噬河南,兖、郓、青、徐之间,血战不解。唐祚以至于亡。

《旧唐书·秦宗权传》也说:

西至关内,东极青齐,南出江淮,北至卫滑,鱼烂鸟散,人烟断绝,荆榛蔽野。贼既乏食,啖人为储。军士四出,则盐尸而从。

陈州一带有专制人肉的器具。《旧五代史·梁太祖本纪》说:

陈州四面贼寨相望,驱虏编氓,杀以充食,号为"舂磨寨"。

荆襄一带,人口灭绝,存留者少。荆州一市只剩下十七家![1]

一九三六年十月四日,取北京大学法学院中国经济史研究室辑录唐代经济史料成书之余有关一般社会景况者若干条写成此文,为 菊生先生寿辰纪念。

---

[1] 《旧五代史·梁书·成汭传》,《北梦琐言》四。

中国战时应采的财政政策

张天泽

什么是"战费"？它至少有广狭不同的两个意义。广义的"战费"除了政府为了战争的直接支出以外还包括由战争所发生的一切实际损失。像煤矿铁矿森林等国家的天然富源的被毁损，领土的被占领，私人和国家财产的丧失，兵士工人的死亡，因兵役及战事的影响生产的减少，一般工人因粮食缺乏营养不足致生产能力的减退，由生活标准的降低或工作习惯的改变而发生的经济效能的损失，因残废而失去的生产能力。广义的"战费"所包括的项目，虽然极不容易计算，但是从经济的立场看来却是非常重要。至于狭义的"战费"则只指政府为从事战争的货币支出。这种支出是可以用圆分去计算的。财政学上的"战费"都是指这狭义的。我们以下谈起"战费"也是指这狭义的。

什么是"战时的费用"？战时政府支出的主要部分固然是战费，但是战费并不占支出的全部。像平时的行政教育等费^{国家的经常支去}战时还是有。反过来，很多战费倒不是战时支出，像战争停止以后的复员费用，战争发生以前购置军械和军需的开支等。所以"战时的费用"是包括（一）战争期间政府从事战争的支出（二）战争期间的"经常支出"——指在平时也须支出的部分。那么我们为什么不把二者分开来讨论呢？这是因为一来不容易在二者之间划出一条很清楚的界线。再者就我们研究的目标说,也没有分开讨论的必要。有些财政学者,为要确定某一次战争的真正费用,想法子把战费合战时的"经常费用"分开。他们常用的法子是拿战事发生的前一年的经费为标准,去计算战争期间的"经常费用",再从战争期间的总开支中扣除"经常费用",剩余的额量就算战费。我们用一个简便的法子来说明这办法。假如民国廿六年度的中央支出是十二亿元,民国廿七和廿八年度,中外发生战事,这两年中中央的支出达二百二十亿。从这数目中扣除二十四亿,所余的一百九十六亿就算战费。这个方法的缺点是(一)国家的平时支出也有逐年增加的趋势。如民国廿一年会计年度的总支出为六亿九千九百余万元,到了廿二年会计年度则增至八亿三千六百余万元,廿三年会计年度则又增到九亿四千一百多万元。所以若是取战前的一年的支出作标准,就应该按这支出的额量逐年增加些才是。但是应该增加多少呢?(二)平时支出中也有一部分是备战的经费,那么又该当把这部分计入战费。但是要详计平时备战的费用的真正额量是不可能的。(三)战事发生以后,货币的价值有下跌而物价有上涨的趋势,因而增大政府支出的数字。那么战时的"经常支出"的额量应当会比平时的大。(四)若是政府为要减少战时的支出而厉行裁员减薪,战时的"经常支出"又会因而减少了。上边所指出的几点只是说明想把战争期间的战费与经常支出分开是很难办到的。况且这样的划分对于本义所拟讨论之点也没有什么用处。战时自然需要战费,但是也不能没有经常的费用,而政府对于战时的开支是应当通盘筹措的。

现代战时费用之巨不是十八十九世纪的财政学者所能梦想得到的。科学技术的进步自然是重要原因之一。诚如美国租税学者塞利曼所说的:"战争的武器不但比以前价格特别的高,而且较不耐用。枪炮越大,它的寿命越短;飞机制造得越精,它的破坏的机会也越多;军队的卫生方法越有进步,军服的废弃越是频繁;科学的应用越完备,由陆与海而来的战争破坏越是快。"[1]另一个原因是动员人数的庞大,不但前线和后方每日须有巨量的消费,扶助入伍军人的家庭也需要巨额的款项。第三个重要原因是战事若是延长,政府还须统制各种生产事业,甚至有直接经营某类生产及其分配的必要;而对于与军需有重要关系的生产并且应当给予奖励和补助;凡此种种都需要经费。此外如战时物价的腾贵也是增加开支的原因,因为政府对于人事和物件所需的费用也随之增加。

侵略战争与自卫战争在费用上有没有什么不同?这自然一方面得看侵略者与被侵略者的地理关系和双方士兵的生活程度的悬殊。若是侵略者须劳师远征,自然于输送的费用以外,还需要特别设备的费用,像意大利的侵略亚比西尼亚就需要这大笔的费用。生活程度较高的军队也需要较巨的费用。若是交战国家的军队生活程度相差不远,动员人数相当。两国又是毗邻,那么双方对于运输和军队给养的费用自然不能相差很远。另一方面得看侵略者和被侵略者的强弱悬殊如何。若是双方的力量相差不远,则侵略方面因取攻击的行动,自然需要较大的牺牲,而对方比较是以逸待劳,自然可希望较少的牺牲。在这种情形之下,侵略者的损失当较重于被侵略者。假如双方的力量悬殊,被侵略方面的抵抗力薄弱,侵略方面就可恃其犀利的军器,较完备的设备和组织,用比较少的牺牲而得到很大的收获,对方虽然在猛烈攻击之下挣扎过,然已受到极大的损失。所以侵略战争的费用是否大于自卫战争的费用,得看交战国间的特殊情形。

---

[1] E. R. A. Seligman, *Essays in Taxation*,第二十三章。

不幸我国而和侵略我们的敌人发生战争,我方在战时所需的费用的额量和敌方所需的额量主要地要看敌我间的特殊情形。

有一个特殊的情形,能够大大减少我们战时费用的来源而同时增加敌人财政的力量的,在这儿不能不提及。这就是战事发生以后沿海富庶地带被敌人占领。目前我国的工业商业产盐区域十分之八九都在沿海地带,江河的下流。所以这些地带也就是中央政府税收由来的地方和起债的市场。沿海省份失守以后,不但能大大削减我们的收入,并且给敌人课重税和征发的良好地盘。欧战的时候,德国占领比利时的领土以后立刻在那儿课起重税来。仅一九一四年度所课的已经达九亿七千七百万马克的巨额。同时又令比利时国立银行与一九一四年十二月新设的比国总公司(Société Genérale de la Belgique)发行佛郎纸币。在发行以前令比利时人使用马克纸币。① 除比利时以外,德国军队还占领法兰西的北部,波兰和罗马尼亚等地方。他们从这些占领的地方得到巨量的物资。据云,该项物资的价值达六十亿马克。此外还在上述的地方搜获巨额的现款。② 侵略者所得到的是那么多,被侵略者所处的情形恰是相反。比利时的领土既然被敌人占领,自然它的政府再谈不到什么经常收入,所靠的自然是与国的接济。法国的政府哪,在一九一四年就是战事发生那一年的最后五个月经常收入减少百分之三八点六③,而全国经济上所受的损失恐怕还超过这个百分比。④ 若是我国沿海富庶的区域现在都被敌人占领去,中央政府财政上所受的亏失在比例上一定远超过当时法国政府所受

---

① 森武夫,《战时统制经济论》,民国廿四年商务译本,第十章。
② 同上书,第十章第五节。
③ G. Jèze and H. Truchy, *The War Finance of France*,第一九五面。
④ 同上书,第一八九面。

的,而敌人反可由占领的区域获得巨量的物资去增加他们侵略的力量。

　　据一般人的观察,中外一旦发生战争,沿海一带,尤其是大都市像上海、青岛、天津等地,因受敌人海军空军的威胁,我国军队似须放弃沿海区域,退守内地,而采取游击战术。在我国的外国商人和企业家,因为怕在这些地方发生战争,以致都市糜烂,他们蒙极大的损失,都有这样的主张。我国负责的军事家的意见如何,我们不得而知。据我们的意见,我国兵力退入内地以后,固然是比较不受敌国海军的威胁,但是敌人占据沿海地带,用作陆军和空军的根据地,再向内地进攻。海军的威胁是减少了。——但不是完全没有,敌舰从我们的江河仍然有侵入内地的机会——然而由陆与空而来的威胁倒大大增加。我们的军事地位是否较放弃沿海以前有利呢?再者,采取游击战术,也须有强有力的主力军队为后盾,才能收实在的效果。放弃沿海富庶区域以后,军队的给养困难,是否还能长久维持一个强大的主力军队呢?所以就是仅就财政的立场说,也应当坚守沿海区域,直到这些区域完全化为焦土,敌人占领以后,也不能得到巨量的物资,而我方也真正无法再守了,然后不得已退入内地,作困兽之苦斗。

一　战事发动后,中央收支的剧烈变动
——支出的激增,经常收入的锐减

　　战事发动以后,中央的支出一定急激的增加。增加的程度一来得看作战的范围和动员的人数。假如战线是起自内蒙古的边境经过沿海的区域以至于广东安南的交界,动员人数达数百万甚至千

万以上,这儿的费用自然大过限于几个地域的战争。二来得看货币价值跌落和物价飞涨的情形。三来得看战事的持久性。战事延长,费用自然增加。若是因为战事持久,而引起通货的继续膨胀,战费就会逐年增加。通货膨胀越厉害,增加也就益快。

因为上述的因素,想在事前断定战事发动以后中央支出激增的程度是极难的。想在事前确定战时费用的额量自然是不可能。欧战以前,德国已经详细研究战事发生以后,该国所需要的战费的额量,以便未雨绸缪。大战发生以后,事实证明非但战费的庞大不是德国的专家事前所能梦想得到的,只说战争开始以后的几个月间的费用已经超过他们所预计的了。① 欧战发生以前,法国的专家计算大战从发生到结束所需的费用或者会达到一百五十至二百亿金佛郎的巨额。可是他们计算出来的数字又与事实差得极远。从一九一四年的八月四日起到一九一九年的年底止,法国财部应支出的费用超过二千亿佛郎。② 战事延长下去,通货膨胀,物价更加飞涨,政府的支出随之日益增加。德国在欧战的第一年每月平均约用去十七亿马克,第二年每月平均用去二十亿马克,第三年每月三十亿马克,停战以前的五个月每月用去四十四亿马克。③ 英、法、意、美等国的战费也是一年比一年增加。这些事实足以证明想在事前确定战时费用的额量是不可能。

欧战期间,列强开支的数字虽然是我们有用的参考,仍然不能确示我们在抗战期间所需费用的额量,因为像我们在上边所说过的每个战争的费用在乎各种特殊的情形。日本的专家参考欧战期间德、英、美等国支出的数字_{德国战费平均计算起来每年为三四一亿马克,
英国十七亿五千万镑,美国一三一亿美元},并斟酌

---

① Dr. H. Pantlen, *Krieg und Finanzen*,第四十六面,Hamburg, 1935。
② G. Jèze and H. Truchy, *The War Finance of France*,第一九〇面。
③ D. H. Pantlen, *Krieg und Finanzen*,第四十六面。

日本军队的生活程度，推测该国战费每年约需二百亿日元。① 若用欧战费用的数字去批评日本专家的推测，这二百亿日元的数目决不太大。

若是我们假定日人的推测在战事发生后的头一二年内离事实不会很远。以我国士兵的生活程度比日本的低些，而在中外战争中，我们所采的是属于自卫方式，如果通货没有高度膨胀，每年一百亿左右以至于一百二十亿当够支持一个全国对外的战争。但是这个数字已经大过我们现在经常岁入或岁出的十几倍了。

中央政府的收入据财部在去年十一月所发表的报告，民国二十三年全会计年度中（自二十三年七月至二十四年六月三十日止）中央的税项收入如下：②

一	关税	三五三 一七五 七七四 九五
二	盐税	一六七 四三七 〇七七 四〇
三	统税	
	甲 卷烟统税	六八 一三三 六四九 六一
	乙 棉纱统税	一四 六三三 七二一 四六
	丙 麦粉统税	四 七八六 八六七 七一
	丁 火柴统税	八 九四八 一六七 九二
	戊 水泥统税	三 〇八六 三一三 四八
	己 薰烟统税	三 九七七 六六四 四六
	合计	一〇四 五六六 三八四 六四
四	烟酒税	一一 四八四 八四〇 〇六
五	印花税	六 九一四 四〇六 四六
六	矿税	四 二三二 二五九 三〇
七	交易所税	一三九 七六三 七一
八	银行税	一 六一三 五三九 〇六
九	国有财产收入	二 二七〇 五九五 九六
一〇	国有事业收入	六〇 五〇三 一五四 三五

---

① 见民国廿五年九月二日《申报》第三张，日本陆军部研究全国总动员计划。
② 见民国廿五年十一月二日，沪上各大报。

一一	国家行政收入	一〇 六二七 〇四九 〇六
一二	营业纯益收入	一 二八一 〇六〇 〇〇
一三	其他收入	二〇 六六六 一三三 〇七
	税项收入总计	七四四 九二二 〇四二 二〇

此外由债券借款的收入如下：

一	公债及库券	一六四 三九〇 二九二 二七
二	抵押借款及库证	
	借入总额	二二八 四四二 八九四 八二
	减归还额	一四五 四三七 五九七 四〇
	未还额	八三 〇〇五 二九七 四二
三	垫款收入	
	垫借总额	二〇七 七〇〇 〇〇〇 〇〇
	减归还额	一五二 三〇〇 〇〇〇 〇〇
	未还额	五五 四〇〇 〇〇〇 〇〇
四	美棉麦借款	二五 四〇〇 〇〇〇 〇〇
	债券借款收入总计	三二八 一九五 五八九 六九
	减归还以前年度垫款	一〇二 〇〇〇 〇〇〇 〇〇
	债券借款收入净计	二二六 一九五 五八九 六九

二十四年会计年度还没有报告。按二十三年会计年度中央的税项收入，主要部分为关、盐、统三税。战事发生以后海口完全或部分地被封锁，关税的来源有断绝的危险。我国工厂多在沿海口岸，产盐区域也多在沿海各省。这些区域化为战场，盐统二税也会锐减。万一这些省份失守，自然更没有这两种税收了。所以无论如何，按目前税收的情形言，中外战事发动以后，中央政府的收入有剧减的可能。

所以我们的结论是战事发生以后，若是通货没有高度的膨胀，我们推测中央的支出有高出平时十倍至十二三倍的可能，而中央的税项收入，至少在战事发动以后的头几个月，会大大减少。

二　论我国战时费用的三大来源
——（1）债券借款（2）租税
（3）通货膨胀（纸币）

（1）债券借款

要迅速筹得巨额的战费，非用公债决不能达到目的。日俄战争时，日本的战费，其七成五分以上仰给于公债。① 英国和美国是现代国家中租税制度最发达的，但是在欧战的时候，它们战费的最重要来源也是公债。英国的公债额量占战时经费全部的百分之七一点九。若是单论战税（即战时所多征的合新征的税收）对纯战费（从战费减去对协约和殖领的贷款以后所余之数）的比例，则战税只占纯战费的百分之二一点二。美国参战比较晚些。在欧战开始的头两年由供给英法等国巨量的军需和粮食得到巨额的利润，更增加了全国的繁荣。所以在参战的时候有雄厚负担租税的能力。并且在美国加入战争的时候，有一派的学者主张战费应当完全由战税开支。著名的《明尼苏达备忘录》(*Minnesota Memorandum* 系由明尼苏达大学之教授起草，由许多经济学者签名的）就是在这时候出现。就是当时的美国总统也主张战费的一半应该由税款供给。② 但是结果如何呢？从一九一七年四月五日至一九一九年六月三十日非公债的收入只能占全部费用的百分的三一点一六。就是把借给协约国的债款除外，战税也只战费的百分的三〇点三二。以英美租税制度的发达，尚且得靠公债去维持

---

① 森武夫：《战时统制经济论》，第五〇八面。
② Seligman, *Essays in Toxation*, 第二十四章。

战争。以我们目前的租税制度,而希望可以用租税去维持大规模的自卫战争,而希望可以得到自卫的目的,那是缘木求鱼,自求败亡。

债券借款有两种,一种是在国内募集的,另一种是在国外募集或者是向外国政府借入的。我们把二者募集的方法分开来讨论。

(甲) 内债

国内的城市尤其是大都市像上海、广州、汉口、天津既然是我们的工商金融的中心点,自然也就是重要的起债市场了。所以从战时财政的立场说,我们对于沿海沿江的大都市是不应该轻易放弃的。上面已经说过了。

现在的政策就应当着重于鼓励资金流入内地,求增加内地的繁荣,叫内地也可以成为良好的起债市场。

为要增加战时国民购买公债的能力,则国民平日的储蓄是极重要的。所以政府应当从速有系统地宣传储蓄的重要,并且推行奖励储蓄的办法。新生活的严格的普遍推行也能增加国民的常年的储蓄额量。苏维埃联邦为要完成它们的五年计划,征用国民所得的三成八分乃至四成。我们就是没实行强迫的储蓄,也应当烈烈去鼓励储蓄。因为战时起债市场的力量和这关系民族存亡的战争的结果有极密切的关系。

研究目前我国起债市场的力量是件极不容易,然而极有兴趣也很有意义的工作。如果目前中外战事爆发,中国的金融市场能消纳多少公债呢?

这自然要看全国的资力如何。可是我国的资力总数有多大目前是没有统计的数字的。虽然如此,可以代表这个资力的一个重要部分的是我国全国银行的资力。从全国银行的存款总额也可以部分地窥见全国金融市场的消纳公债能力。

目前全国银行（外商银行除外）之资力

实收资本	四〇〇,四九六,〇二七元①
公积金	七八,七二九,三八七元②
存款	三,七七九,四一七,七〇五元③
有价证券	五九三,四二八,六八九元④
发行兑换券	八六七,九八四,三七四元⑤
库存现金	四一二,五〇八,八三七元⑥

有价证券的最重要部分为政府债券。其中公司证券的数额极少。

上边所说的存款在战事发动以后可以和公债发生极重要的关系。这笔存款在民国二十三年只有二十九万万八千一百万元，到了二十四年已增加至三十七万万七千九百万元，在一年之内共计增加了七万万七千八百万元。民国二十五年还没有确实的数字发表。若是就二十一年到二十四年的增加倾向来推测，当在四十四五万万左右。

但是这个数字里并不包括外商银行的存款。国人在外商银行存款的额量我们虽然没有确实的数字，但是总也有几万万元。所以现在全国国人在银行的存款总不下五十万万左右。

购买公债不全是用银行的存款，而银行的存款因为已放的款项的关系，至少在短时期内不能全部用去购买公债。那么如果目前我国对外发生战事，这约略五十万万的存款能够暗示我们多少

---

① 见二十五年《全国银行年鉴》，第 A19 面。
② 系二十四年数额，同上书，第 A55 面。
③ 二十四年数额，同上书，第 A56 面。
④ 二十四年数额，同上书，第 A58 面。
⑤ 二十四年，同上书，第 A59 面。
⑥ 二十四年，同上书，第 A53 面。

消纳公债的力量呢？

我们试把日本的经验拿来参考一下。中日战争,日本全国银行存款总额为五千一百九十九万元,而发行一亿二千五百万元的公债。分为三期,募集的期间二年。日俄战争,银行存款总额为七亿五千一百万元左右,而举债达七亿八千三百万元,分为六期,募集期间为二年半。①

在这两次战争,日本在二年到二年半之内所募集的公债都超过银行存款的额量。为中日战争所募集的几乎达存款总额的两倍半。而当时所募集的也不见得已经是日本公债市场所能消纳的最大额量。

雷得刺尔(E. Lederer)教授把一八七〇——一八七一普法战争,法国将赔款在短时期内清偿的事实和此次欧战后清还赔款的困难的事实比较,用以说明农业国和工业国间资本存在形态与性质的不同。森武夫也引中日战争时代每年募集的战债达六千三百万元,达当时银行存款的十二成,日俄战时每年起债达三亿一千三百万元,只达当时银行存款的四成二分。他以为中日战时日本还是一个农业国家,所以可以把银行的存款立即换取公债资金,到了日俄战争的时候,日本已经半工业化,把存款化为资金也比较难些。② 森武夫的意见,颇有研究的价值。但是他决难满意地解释上边的事实。因为两次所募的债额都超过当时银行存款的总额,所以用去购买公债的资财的一部分不是银行的存款。我以为不如用银行制度的发达程度去解释。在银行制度比较发达的国家,人民资财的存入银行的部分当然比在银行制度不很发达的国家大,所以在银行制度比较发达的国家,国民负担公债的能力比较可以

---

① 森武夫:《战时统制经济论》,第十章。
② 同上书,第五四五面。

从银行存款的额量看出来。而在银行制度不很发达的国家，人民财富的极大部分既然不在银行，自然由银行的存款额量极难推测国民负担公债的能力。中日战争的时候，日本发行的公债额量为当时银行存款的二倍半，可见用去购买公债的财富大部分不是银行的存款。到了日俄战争的时候，日本的银行制度也比较发达，购买债券的款项比较多由银行的存款提出。这也可以解释当时的战债和存款的数字比较接近的原因。

以我国银行所占国民经济的位置说，我们敢断定目前银行的存款只能代表国民资财的比较很小的一部分。也许和日俄战争的时候日本的银行在日本的国民经济上所占的位置相差不远。所以若是拿当时日本所募的公债额量对于存款的比例来做根据，目前中国对外若发生了战事，如果沿海区域尚可坚守，在二年之期间内当有募得四十多万万以至五十多万万内债的可能。

（乙）外债

战事发生以后，武器军火甚至粮食常得靠外国接济。巴黎大学教授特律喜（Henri Truchy）在他所著的《法国如何筹得战费》（*How France Met her War Expenditure*）一书里第六章论借外债之必要很能显示外债在战时的重要。① 他总计欧战期间法国所借外债之额量达三九，四二三，〇〇〇，〇〇〇金佛郎，继着解释说："从外债所得的款项有双层的职能。一来，这些款项增加了，并且很实在地增加了法国的财源。当时敌人的军队侵入了法国的疆土，夺去了它最富庶的几个省份，而国内适于军役的国民又全被政府征发了，在这种情形之下法国还能否在国内的市场用课税或是借债的法子去获得战事所需要的巨款真是成为疑问。但是此外外

---

① G. Jéze and H. Truchy, *The War Finance of France* 之下半部。

债还有一层极重要的职能：就使法国能够在国内获得所需的款项，它还得有国外的支付，还得移拨资金到外国。这要怎样办呢？有了外国的借款，就有了偿付外国所供给的物品的手段。没有这些国外的供给，法国的军队就要缺乏军需和武器，而法国的人民或者早就没有食粮了。"①

在我国现阶段的国民经济，战时外来的接济虽然极重要，外国的借款就更极需要了。因为我们在常时已经是一个入超的国家。战事发生以后，国内的需要虽然大量增加，而因为战事所发生的破坏和不安我们的输出就会更大量减少。所以一方输入增加另一方则输出大量减少，造成对外贸易的更大劣势，叫我们更找不到对外的支付手段了。因为上述的对外商业劣势的增加，法币的对外汇价一定更趋低落，我们更没力量去向外国购买我们所极端需要的军械军需了。

为要应付战时极端严重的贸易情形，政府应当同时采用几种方法。最重要的就是要统制贸易和统制汇兑。对于战争不关紧要的商品应当禁止输入，以减少对外的支付。关于汇兑方面应当禁止把资本移到国外，非经政府特设机关的许可也不把外汇供给在国内的外国银行，此外对于国人持有的国外的债权也该当实行动员。

但是采取这些方法以后，入超的数额还会很大。以在外汇上跌价的国币去计算，入超的数目当更大。所以不得不靠巨额的外债以作抵偿。但是借外债并不是很容易办得到的事。通常得有下列的条件：

（1）能贷款的国家和需款的国家要能够保持直接或间接的交通关系。

（2）募集外债的国家和应募的国家须有良好的政治关系。

---

① G. Jéze and H. Truchy, *The War Finance of Franch*, 第二八六面。

（3）募集外债的国家的过去信用须良好，举债时候有物的担保，而能够偿付利息。

（4）须对方肯信用借款或信用供给军需品及其他物资。

除这些条件以外战事进展的情形也很有关系。战事对于募债国有利进展的时候，比较容易借得外债。

依这些条件看来，我们就是没有同盟国，至少也应当和一强大的海军国或是和一毗邻的陆军国密切联络，对外战争发动以后才不会受敌国完全封锁。

欧战以后，各国都因为偿债困难而赖债，这恐怕能增加以后战争的期间国际间借贷的困难。但是国际间的借贷也不尽以营利为目标，至少有一部分是因为政治的关系。甲乙二国的利益同受敌人威胁的时候，就使只有甲国直接参加战争，不见得乙国只是袖手旁观，而不给甲国以物资上的援助。

我们想增加战事发动以后向外国借款机会，目前最应当注意的是良好的信用，再者就是研究借款的担保问题。关于我国的国际借款的信用，政府已在力图恢复。近年来政府对于以前向外国借来建筑铁道的款项，已先后开始还本付息，可见出政府已有恢复我国的国际信用的决心，至于担保品问题，因为战时所需的款项的数目极巨，所以事前有详细考虑的必要。然而这个问题因为政治上的关系，不能全部公开讨论。现在只能把可以公开的部分在这里大略研究一下。

用白银和黄金移置欧美金融中心以换得信用借款

我们对某外国购买货品，若是没有别的支付手段的时候，也可以输出硬币（金银）去偿还。但是若是战时贸易巨量的入超，我们把国内和存在国外银行的硬币拿去支付，经过些时期以后必至于把白银全数用尽。那么我们对于国有的白银应该如何利用，才可得到最大的代价,而把这些贵金属至少保留一部分呢?关于这一点欧战时代的法国的经验很值得我们参考。

　　欧战延长以后,法国因为需要巨量的外来物资,对外支付的问题也就日益严重。据一九一六年九月十二日,法国财政部长的报告,在一九一五年财政部应对外国付出的额量每月平均达二五〇,〇〇〇,〇〇〇佛郎。到了他报告的时候,每月平均已达六〇〇,〇〇〇,〇〇〇佛郎。因为对外购进的货品日益增加,此后对外支付的额量每月还有继长增高的趋势。[①] 可见当时法政府所遇见的问题的严重了。因为支付发生了困难,遂至于佛郎汇价的日就低落。法国的政府除了用其他应付的方法以外对于国内存金的利用还采取一个极有智慧的政策。

　　一九一五年四月三十日英法的当局成立一种协定,法兰西银行交给英国二〇,〇〇〇,〇〇〇镑金子,用这笔硬币而向英国得到六二,〇〇〇,〇〇〇英镑的信用借款。这是说所借得的款项达金子额量的三倍强。以后每次交金借款,除一九一六年二月八日的以外[②],都大略按这一比三的比例。[③] 所不同的是在头两次借款的时候,法兰西银行同时把金子卖给英国,所以将来还款的时候,

---

　　① G. Jéze and H. Truchy, *The War Finance of French*,第二九〇面。
　　② 此次法国所卖出的金子额量为一二,〇〇〇,〇〇〇镑,所立刻得到的信用借款为一八,〇〇〇,〇〇〇镑,此后又按月给信用借款,总数达一〇,〇〇〇,〇〇〇镑。见 *The War Finance of France*,第三〇〇面。
　　③ 一九一六年四月二十五日的协定,和一九一七年正月十九日的补充协定,法国借给英国的金子为二四,〇〇〇,〇〇〇镑,换得英方的信用借款为七二,〇〇〇,〇〇〇镑。一九一六年八月二十四日的协定和一九一七年三月二十八日的补充协定,法国借与英国的金子为五〇,〇〇〇,〇〇〇镑,换得的信用借款达一五〇,〇〇〇,〇〇〇镑。最后一九一七年三月二十八日的协定,法国借出的金子为八,二二二,〇〇〇镑,换得英方的信用借款二五,〇〇〇,〇〇〇镑。见 *The War Finance of France*,第二九九—三〇〇面。

英格兰银行没有把金子交还的义务。其后的协定法方就只把金子借出，等到将来信用借款偿还以后，英格兰银行就应当再把金子交回。交还的金子的额量对偿还的款项的额量也是按着原来的比例。欧战结束以后，法国在战时所借出的金子又一批一批地流回法国。

把金子运借国外以换得信用借款的办法比起把金子运出直接支付输入的货值的办法，更能充分利用法国的金货。而伦敦在世界的金融市场上为国际清算的重要中心点，对于金子的需要自然格外的大。从法国输入的金子自然增厚了它清算和借款的能力。

由此看来，金子是可以输出国外去还债的。但是也可以输到国外的重要金融中心去成立信用的关系。而以成立信用（Opening of credit）的用法最能充分利用金子。

我们国有的贵金属主要的是白银。我们全国的白银目前还有多少，已经卖出的有多少，在没有确实统计以前我们不敢随便加以断语。但是假如目前对外发生战事，政府还得将全国民有的银器金器金条银条等尽量收买。要如何充分利用这些贵金属去购进战时的必需品，是件事前应当详细研究的问题。无论我们的白银有多少万万盎斯，金子的额量还有多少，若是战事发生以后用去作直接支付的手段，在相当短的期间内，有完全用尽的危险。所以依我们的意见，无论如何我们要尽力实行用国有的银子金子去在国外成立信用借款而不用作直接支付手段的原则。

搜求全国的宝物（包括故宫和私人拥有的珍宝字画）搬运出国，用作借款的担保

战事发生以后，政府应鼓励人民用各种珍宝字画去换公债。收买的成绩如何就得看政府鼓励宣传的方法和全国人民所被激起的爱国情绪如何。至于可得收到的珍宝字画的价值大约能有多少,现在很难断言。但是连故宫的珍宝总有得到几万万元价值的可能。① 战事发生以后这些珍宝存在国内有遗失毁灭或被敌方劫夺的危险。所以应当把可以移动的部分,分批运出国外存入欧美银行。这些珍宝的一大部分是很有文化上历史上的价值的,所以不应当变卖。但是无妨把它们用作借款的担保品。有这价值几万万元的担保品,想不难磋商得一笔相当大的借款。

也常有人主张将国内未开发之矿产作担保品。② 但是战事发生以后,若是战事对于我不利或是胜负不分的时候,这个办法决难成功,因为这些担保品将来有被敌人占领的危险,所以没人要承受。若是战事的进展于我有利,举借外债又已经比较容易,可无须采取这有损失领土和主权的危险的办法。

举借外债的时候,若是能够采用数种不同的方式,也常常能够收较大的效果。

政府直接举债

战争期间国民政府的财政部可以直接对外国政府和外国银行公司借债,也可以托外国银行公司在外国发行公债。但是除非某外国是我们的与国,或有何特殊的关系,它的政府通常是不肯借的,因为怕妨害它中立的地位。至于向中立国的公司银行借债或是托它们借债这是为国际惯例所许可的。一九一五年四月美国政府的宣告就是一个证据。该宣告谓:联邦政府自认为没有反对美国的银行与交战国家间成立契约的权利;这些契约不干联邦政府,无须由它加以可否。③ 所以在美国参战以前,英法二国都由美国

---

① "九一八"以后,华北危殆。国内外学者多关心当时存在北平故宫的珍宝。记得当时外报数次登载,故宫珍宝的估值约为四万万元。
② 例如去年经济学会年会所刊董修甲之"非常时期之理财方策"一文里之主张。
③ *The War Finance of France*,第三〇九面。

的 J. P. Morgan & Co., The National City Bank 和 The First National Bank 在美国市场发行巨额的证券。法国财政部也直接向美国的银行两次信用借款。第一次在一九一四年十一月,由 National City Bank of New York 把法国财部的库券百分之 5¾ 贴现借给一千万美元,第三次为一九一六年八月,由 Morgan & Co., National City Bank 和 Guaranty Trust Co. 三机关合借一万万美元给法国财部。订期三年,年利 7¼ 厘,法方则用美国的和中立国的有价证券达一万二千万元作担保。①

政府用第三者出面借款

有时候政府不直接出面,而由国内的大城市,银行团,大企业,机关等出面向外国银行商借款项,然后将所得的款项交给政府。这种改换面孔的办法,也常能够多借得外国的款项。美国还未参战以前法国的大城巴黎、波尔多、里昂、马赛这四个城共已借得八千六百万美元的巨款。此外法国的银行团,实业团体,铁路公司也都努力向外国借款;它们所借得的数目的总量超过城市所借得的。②

我们的公用事业团体如铁路和水利工程等事业常常有向外国团体商借巨款的事情。这种借款在战时也许会比较困难些,但是也不见得没有办得到的可能。目前很急要的是增强中央中国等银行的组织,和它们在国际上的信用位置。以便战时它们能够为国内的其他银行,银行团体或公用事业组织在国外商借款项,这间接也就是为政府借款。

关于战时对外借款,我们不能不想到平时的军备。平时能够

---

① *The War Finance of France*,第三一一面。
② 关于数字请阅 *The War Finance of France*,第三一二至三一五面。

努力于军备,购置多量之新式武器自然也能够部分地减少战时的负担。——减少对外的借款。

以中国目前的情形说,除了尽力补充最新式的战争武器以外,还应当立即募借外债在国内兴办重要的军需工业。就使得用比较优美的条件<small>如由政府担保最低的利率</small>也可以募借。因为这种工业,非但可以充实国防的力量,也可以减少战时对外的借款。

(2) 租税

我们在这里并不讨论租税在国民经济上或战时经济上的意义,也不讨论战费中公债与租税孰优孰劣,因为这些问题在一般讨论财政和租税的书中已经讨论过。E. R. A. Seligman 的 *Essays in Taxation*<small>商务有译本</small>对于这问题尤多特到之见解,甚有一读之价值。

我们所要研究的是在中国经济现状之下一旦战事发生应采取何种租税政策最能有利于战事的发展。

上边已经说过租税制度最发达的国家像英美,它们在欧战期间虽然尽力提高税率征收新税,而所得的也只能去支付战时费用的一小部分。租税的收入不但不足去维持大规模的现代战争,并且因为战时需款的急迫,租税也是缓不济急。虽是如此,租税在战时也有它极重要的位置。它或许不是战时的费用的最重要的来源,但是它是战时财政的基础。

德国在欧战期间几乎全靠公债去筹战费,战时所感受财政上的痛苦和战后国民经济的瓦解情形是一般经济学者所最常引为戒的。可见战争的期间也应该有健全的财政政策。这个政策的关键在于战时的费用怎样分配在公债和租税上。

税收的最低额量须能够支付公债的利息并且渐次付还公债的本金。这是说战时税收的额量须足以保证公债的健全基础。关于这一层的重要，我们无须讨论，经济学者 Seligman 在上边所提起的书里第二十三章中已经有很透澈的议论。我们只要征引他文中的这一段："筹办一巨额的战费，若完全利用公债，而无坚固的租税基础，也是不健全财政的表征。信用的破坏将自行表现于政府公债迭次发行的折价中，而最终将引致困难或灾殃。可是，银行可以一元的现金发行数元的信用券，政府对于战费也可以少数税收而借入多数债款，对于有关系各方面同时都有利益。……可是租税的基础务须能够支持公债的屋宇。"

我们在对外战争期间也应当尽力采取这个健全的财政政策。

上边已经说过，战事发生以后，中央的收入会立刻锐减，因为目前政府收入的最大来源为关、盐、统三税，而三者都很受对外战争的影响。这自然不是说，这三种税收一定完全断绝。

我们先论关税罢。战事发生以后我们的沿海底确有被封锁的危险，至于被封锁的程度，就得看战时的情形和中立国的态度而定。就使战争期间天津、上海、青岛等大商埠都绝对被封锁——虽然这未必是敌方所敢和所能完全做得到的。——但是我们的南部是紧接着香港九龙。假使我们战时的敌人不是英国，而我们有力量保存和九龙的交通，是否对方也能够封锁香港九龙而不引起严重的纠纷呢？但是这并不是说中外战争发动后我们还可以希望巨量的关税收入，因为战时政府的统制对外贸易也能够叫关税锐减。为要防止资金的急速流出和对外债务的急激加重，对外购买的货品只能限于战时最需要的，尤其是军器军需等。所以除非政府想向自身纳税，关税的收入也会因对外贸易的统制而大大减少。

盐税的确也有因为沿海失守而至于无着的危险。政府对于这一点应该有事前的措置。目前就应该把年产食盐的一部分运到比较安全的地带贮藏起来。到了战事发生以后,食盐得完全由政府专卖。一方面限制食盐的消费量,另一方面提高食盐的价格。此不但叫战时内地还有食盐,而国家也有利益可图。

改革我国的租税制度,也能够为战时辟新税源。从去年年底起政府开始征收所得税。虽然目前所征的只限于几种的所得,我们很希望政府能抱极大的决心,树立健全的新税收机关,拟定妥当可行的办法,切实征收。自然不是所得税不受战争的影响。反之所得税也很受战争的影响。因为地方糜烂,财富散失,人民一时失业,所得税自然也减少。不过如果能将该税普及推行,在政府统治下的领土内,还可以叫国民直接负担些战时的费用。

以下几种税,有的现在就应当设法征收如二,有的在战时应当开始征收或提高:

一、遗产税。

二、地价税。

三、战时利得税——包括一切因为战事而得到的额外收入。

四、娱乐税。指从电影院、戏院、茶楼、饭馆等所征收者。

五、奢侈税。指从使用仆役、汽车、马车、游艇等所征者。

六、提高邮递、交通、运输的价格。

七、提高印花税率。

为要增加全国人民负担的能力,目前我国的政府应当积极进行全国普遍繁荣——尤其是增加内地繁荣——的经济政策。战时,不幸而沿海失守,富庶的都市化为焦土,而政府的税收还有它重要的来源。

(3) 通货膨胀(纸币)

在经济学者的用法上"通货膨胀"有几个不同的意义。我们无须乎在这里把它们一一介绍分析。为便于讨论起见，我们只须声明我们所说的通货膨胀是指市场上通货数量的增加。在通常情形之下，通货数量的增加会叫物价下跌。通货包括硬币和纸币。在今日的我国市场，已经不使用硬币，所以通货的膨胀也只是纸币数量的增加。

政府因应军事上的需要而发行纸币，或是向特许发行之银行借款，而使银行多发纸币，自然都能引起通货的膨胀。在某种情形之下租税和公债也都能引起通货的膨胀。如企业家所纳的巨额税款是向银行借来的，会引起银行信用的扩张而招致通货的膨胀。又如投资公债者的资本是向银行借得的，或是银行自身缴纳公债也都会引起银行信用的扩张，通货的膨胀。但是在战时通货膨胀的最主要原因常是政府向中央银行或是特许发行的银行借款，而使银行增发纸币。欧战的时候法德等国的通货大都是这样膨胀的。自然在必要的时候，政府也可以直接发行纸币。

战时通货膨胀对于物价的影响不致像平时那样强烈。这是因为战时生产流通的过程比平时迅速，社会上亦因而需要较巨额的通货以资周转。若是一个国家在战争的时候还可以维持健全的经济机构，这机构因为受了战时需要增加的刺激，生产的额量也会随着增加。在这种情形之下，通货流通的额量也不得不增加。可见战事发动以后，信用的相当扩大是必要的，而在某限度之内这种扩大不能发生真正的膨胀，而叫物价下跌。

但是政府因为要应军事的需要而增加市面上的支付手段——纸币的增发——也须遵守一定的原则，采取必须的措置，才能够实收其利，而且减少将来的弊端。通货过度膨胀的通常结果是物价的飞涨，因而增加政府的开支。所以物价越飞涨通货也就不得不越膨胀。但是通货越膨胀，物价又益发飞涨，互为因果，而国家的财政已渐渐入于万劫不复的境地。

所以战时通货的发行额量也应当顾及国民经济的需要。这是政府在可能范围之内应该遵守的原则。但是为要维持战时比较健全的通货政策，统制战时生活必需品的价格，而在以军需为第一义的原则之下实行定量分配也都是应有的措施。战事发生以后，战事的胜利为整个民族的唯一目标，全国的生产应当先充军队的给养和军事的需要，然后再供给人民的需要。所以政府应当有优先权依着公平的价格在市场上收买军需。军队的给养充足以后，再以公平的价格，用定量分配法将剩余的产品卖给民众。自然所谓公平的价格一方面固然是防止物价的飞涨，另一方面也须叫生产者有利益可得，才能增加战时的生产。能切实统制食粮的价格，并且妥当施行定量分配，就能减少膨胀通货的需要。

但是高度的通货膨胀是否可以避免呢？若是战费的支出极巨，而政府除从银行借款或直接发行纸币以外，再没有抵补战时费用的亏空的办法。通货自然就高度膨胀起来。

万不得已的时候，何只采取通货高度膨胀的手段，还应当实行资财的征发（事实上，通货的膨胀已经是征发之一种）。最彻底的征发办法是实行将全国的私有财产先收为国有，然后由政府去支配，到了这地步，国家的政治和经济组织已经完全改变了。但是这已经出了财政范围之外而不是本文所拟讨论的了。

结论——我们的主张

根据上边的讨论我们所主张的战时财政政策不是没有保证的公债政策，不是决办不到的以租税去维持战费的政策，不是结果不可收拾的纸币政策,也不是含有极大危险性的征发政策。我们所主张的是以公债去支持战时的费用,以租税去支持公债的具体政策。到了山穷水尽的时候才用不得已的办法:高度膨胀通货,征发民财。

走私之背景及对抗方策

马寅初

三四十年前,吾国印刷事业,尚未发达。有之多与外人合资经营,操纵垄断,悉听外人,以致文化事业非常落伍。菊生先生有鉴及此,亦即利用某国人之经验与技术与之合办一小规模之印刷所。今日之商务印书馆即由此脱化而来。所中仅有印机数台,工人百数名,代人印刷小品物件而已。菊生先生努力经营,以全副精力灌注于事业,遂由外人手中收回股权,纯用华资,单独经营。不到二十余年规模大具。现在分馆遍设全国,已执吾国文化之牛耳。张先生之精神与毅力,至可钦佩。兹值张先生七秩大庆,适值某国浪人在华北偷私非常猖獗之际,国家经济基础不免动摇。国人应效法菊生先生抵抗外力侵入之精神与毅力,群起遏止偷私之风,以维国脉而保民族。故余特撰此文,以祝菊生先生七秩大寿,一以唤醒国人也。

走私问题,已成我国今日财政经济上之严重问题。吾人对此问题发生之基本原因及其用意,并应如何对抗,均有了解之必要。请分三点述之。

一 走私之基本原因

走私之基本原因,吾人倘能观察明白,则对抗方策亦不难于讲求。譬如医者施药,必须对症,则收效自宏。此研究走私基本原因之所以重要也。

(1) 战前英美法三国货币制度之运用

欧战以前,英美法各国习用金本位货币均已有年。各国间货币之汇兑极为安定,相互贸易发展亦极迅速,各国国内之物价亦比较平衡。如战前英国金币一镑所含金量与法国金币约二十五法郎二十二生丁所含金量相等,与美国金币4.86金元之含量亦相等。则二十五法郎二十二生丁与4.86美元之含量亦相等。如是英美法三国间之汇兑常能安定如下列之等式。

$$1 镑 = 25 法郎 22 生丁 = 4.86 美元$$

凡英人有一金镑可以汇得二十五法郎二十二生丁。法人有二十五法郎二十二生丁亦可汇得英金一镑。虽因汇票之供求关系,汇价不免于变动。然其变动之范围,常不出现金输送点。盖超过现金输送点,商人反以输送现金为有利,而不买卖汇票矣。在此交通便利之时代,现金又为体小值大之物,运费常甚低廉,现金输送点自不至离平价(Parity)甚多。故汇价之变动,亦不能甚多,通常不过百分之一的几分之几。故可称外汇甚为稳定。当此之时,英国商人苟有价值一镑之表输往法国售卖,假定运费关税等皆已扣除在外,在法国可卖二十五法郎二十五生丁,以之汇回英国仍可得金镑一个。是则两地之物价,亦可称平衡,即两国国内物价与其对外汇价一致。此处可称英国表之价格在英为一镑,在法为二十五法郎二十二生丁,即可称两国国内物价已臻于平衡者。此例原为便利说明而设。实在两国物价平衡与否之观察,应以一般物价指数(General Price Level)为准。一般物价指数者系多年标准物品价格之平均数,大抵以百分数表示者为最多。物价指数之升降,足以表示货币价值之低昂。当英法汇价近于平价(Parity)时,即假定一镑等于二十五法郎二十二生丁。所举表之价格,在英为一镑,在法为二十五法郎二十二生丁者,盖为代表两地一般物价之平衡而设。为说明上之简单明了计,仅假一物之价格表示之。下举之例亦同。兹特附带说明,读者当不致误会。英美间物价与汇价之关系,大致亦尚平衡。苟失平衡,即可借金本位制之自动调节作用,以促其平衡之恢复也。譬如当英法汇价为一镑等于二十五法郎二十二生丁时,上述英表如在法国除运费关税等开支外,仅能卖得二十四法郎二十二生丁,代表法国一般物价指数下跌,即法郎国内价值相对的较英镑国内的价值为贵。英人将此二十四法郎二十二生丁售款所得,汇回英国,不足一镑。显受损失。英货运法必将减少,而法货运英则将加多,英对法之贸易将变为入超,英国黄金必渐向法国流出。如此英国因金渐减而贵,一般物价将渐下降。法国因金渐多而贱,一般物价则稍稍上升。英镑在法之卖价,仍能回复至二十五法郎二十二生丁之水平线。反之如表价可卖二十六法郎二十二生丁时,代表法国一般物价上升,其反面为法郎价值下跌。英货运法销售,除可获得寻常之利益外,汇兑复可多得一法郎之利益。英货输法必渐加多,英国对法贸易将成出超,法国黄金渐向英国流回。英国因金多而贱,物价指数渐升。法国反之。两国物价仍能恢复其原状,与其汇价相一致而后已。此即为金本位制之自动调节作用。英美法美间亦莫不皆然。

(2) 战后之变化

欧战以后,法国为筹措战费,滥发纸币,停止兑现。金法郎遂一变而为纸法郎。其程度虽未至如德国马克俄国卢布之甚,然其跌价之程度,亦颇有可观。对英国汇兑最低曾跌至每镑须合 240 纸法郎,较原值已跌去九分之八有余。最后始安定于 125 法郎稍强之汇率,由法国政府命令钉住,即以此数为法国货币对外汇价之标准。所谓汇兑钉住(Pegging)者是也。当纸法郎汇价未钉住以前,英法汇价变动甚剧,忽而 120 法郎,忽而 140 法郎,最低甚至 240 法郎,忽又恢复至 200 法郎或 180 法郎等等。对于英法两国之贸易,最为不利。盖商人盈亏之计算,受汇价剧烈变动之影响,难于确定,营业等于投机性质,正当商人咸裹足不前也。汇价钉住以后,既以 1 镑与 125 法郎为率,使其他情形不变,此时英国价值一镑之表在法必能卖得 125 法郎,方不至亏本。假定此时法国对英汇价虽为 125 法郎,而此表价值仅 110 法郎,代表一般物价指数与汇价不一致,即法郎之内价与外价歧趣。凡英国商人以同样表送往法国出卖后,所得 110 法郎汇回本国,已不及一镑。而法国同样表国内仅值 110 法郎者,输往英国时,则可卖得一镑。汇回法国可得 125 法郎。较之原本,汇兑上反多 15 法郎。一面英国货物运法日减,而法国货物运往英国则日多。此时国际间黄金之运送,已不如前此之自由,故金本位自动调节之作用不灵。此为 1928 年之情形。英国在国际贸易上吃亏甚大,遂于 1931 年放弃金本位,膨胀通货,纸镑汇兑遂渐跌落。昔日金镑可汇 125 法郎者,今日纸镑已不能汇得如许之多。今假定为 100 法郎,与其他情形如旧。是则英国同样之表,在法国虽仅卖得 110 法郎,汇回英国犹能得一镑有余。英国对法贸易之优势,重又抬头矣。

此时法国之对抗方策，不外二端。一、将法国一般物价_{以代表价}自110法郎降至100法郎，此为紧缩法（Deflation）。凡房租工资利息等皆须压低，盖此数项皆构成物价之要素也。二、压低法郎汇价自100法郎抬至110等于一镑，亦可与英国之物价平衡（Equilibrium）。此为膨胀法（Inflation）。法国采取膨胀法，颇多困难。因法国法郎原约值金镑二十五分之一，自战后膨胀之结果，已仅值金镑约一百二十五分一。人民痛苦，已不堪言状。今日若作第二次之膨胀，人民痛苦必更不堪言，足以招致剧烈之反对，可以断言。

吾人皆知法国内阁更迭频繁，基础最不稳固，自不敢得罪人民，促其寿命。若采用紧缩法，则房租利息等必须一致的减低（Consistent Deflation）方可。若减低房租利息工资等，则靠此生活者之所得减少。国民收入减少，则国家税收亦受影响，预算陷于不平衡。此为紧缩法之一阻碍。若减低利息，则债务人负担亦应减低。因货币紧缩以后，一般物价减低，债务者负担加重。为公平计，债额亦应减低。若债额可以减低，则银行之放款亦为债之一种，亦应减让。放款减让，则银行之存款亦应减折付还。存户不将纷纷提款以便保护其利益乎。依此类推，其纷尤亦正不少。此又为采此紧缩法之一阻碍。依最近情势观之，法国如不采膨胀法，使其汇价与物价与英美平衡后，从新决定新平价（New Parity），金本位制之维持，势有不可也。

至意大利虽采紧缩政策，达到成功目的，则另有其作用。意国系独裁政治国家，但当初银行家及实业家非常倔强，政府不易控制。墨索利尼特利用紧缩政策压低一般物价，使其陷于困难境地，然后彼等始肯俯首帖耳，安然就范。此非法国可以相提并论。惟其内幕是否真正如此，则不得而知矣。

英既放弃金本位，法国又贬低币值〔法国于欧战时放弃金本位。于一九二八年贬低币值后恢复之〕，互争优势。然其对于美国则均占便宜。美国维持金本位，对货币贬值国家之贸易，均处不利地位则同。遂于1933年亦放弃金本位，贬低币值，较英国为尤甚。以其放弃后于英国，故更压低以对抗之。

（3）英美之同床异梦

英美虽同为放弃金本位，然其根本之作用则两国各异。吾人皆知英为岛国，其国民经济之维持，全赖国外贸易之发展。故英国人实靠国外贸易为生命。货币汇价如高于其他各国，即其物价相对的较他国为贵，足为其对外贸易之致命伤。故不得不多方设法以奖励出口。放弃金本位，亦为奖励出口货之一方策也。美国则不然。美国之国外贸易仅占其总贸易额百分之十，百分之九十皆为国内贸易。故美国之放弃金本位，发展国外之目的，犹在其次，最要之目的乃在恢复国内经济之繁荣也。美国当1929年经济发生恐慌实因生产过剩。物价大跌，工厂亏本倒闭，工人失业，而债务人吃亏尤甚。譬如某甲借入现金百元，经营农业，结果可获纯益米十担，每担米价十元。以之偿债，适足相抵，不至吃亏。倘现在物价跌落，米每担仅售五元，则此人欲偿百元之债，非用二十担米不可。岂非加倍损失，何能负担乎。美国农民及工商业者，负债金额，至为巨大，故物价跌落，此辈债务人无不叫苦连天。美国政党政治，颇上轨道，农民在政治舞台上亦颇占势力。政府为维护政党之生命，为维护国民之利益，皆不可不设法提高物价，以减轻债务人之负担。物价提高，工厂不致亏本，可以恢复工作，工人可以恢复职业。繁荣经济，公平贷借，均于是赖之。若推广国外贸易犹其余事。故美国之放弃金本位，膨胀通货，贬低币值，提高物价，其目的在对内者多，在对外者少。与英国放弃金本位之目的在对外与对内并重者,可谓同床而异梦。

美国放弃金本位之目的既在膨胀通货,提高物价,并为将来恢复硬币制度之准备,故又先后收买世界金融市场之黄金及白银。盖彼等认为恐慌发生后,物价之所以跌落,因金价贵故。金价之所以贵,则由金之供给不足应其需求。因金贵,故物价跌;因物价跌,故工厂倒闭,工人失业,经济恐慌,日渐深刻。救济之道,当在使金之供给加多,则物价可以回高。但金之供给受自然条件所限,非人力所能自由加多。其次之补救办法,则在引用白银,使其恢复在货币上之功用,以代替黄金一部分之工作。如是金虽缺乏,银则有余,交易筹码,无虞不足。惟白银之被各国废弃为货币材料,既有其固有缺点,如价值不安定,比较黄金体大值小,不适进步经济社会之需用等。皆其最要者。金银并用之历史,又为一重重失败之历史,非国际的一致合作不可。各国货币政策各有背景,又未必赞同美国之政策。美国有见及此,一面收买世界市场之黄金,同时亦收买白银,冀达金三银一之比率。即其现金准备中,以美元计算,黄金居四分之三,白银居四分之一。现在黄金已收买足额,白银尚差十余万万盎斯,故仍继续向世界市场进行收买。一旦达到目的,世界大量之金银均将掌握于美国手中。那时各国如觉感纸币流弊之不胜苦恼,欲恢复硬币本位,非夕助于美国不可。美国乃于此时向各国提议采用金银复本位制。问英日等国赞成否,如不恢复硬币制度则已,苟欲恢复硬币制度,如不赞成美国提议,必欲恢复金本位,黄金大权握在美国手中,足以左右世界之金市,彼等欲单独恢复金本位,势不可能矣。若问中国赞成否,中国如欲恢复银本位,大量白银亦在其手中,足以左右我国而有余,吾人亦有不能不从之势。此为美国收买黄金白银并进政策作用之推测。

（4）中国放弃银本位之原因

当美国收买白银之进程中，世界银市之银价常高出于中国国内之银价，中国白银源源流出。白银既为中国货币之本位金属，流出过多，足以动摇币制基础。中国政府不得已于二十三年十月十五日宣布征收白银出口税及平衡税，使国内外银价差额之利益悉归于政府，私人输出无利可获，借资限制。不料自征收平衡税后，中外银价差额愈大，正式输出白银虽无利可获，而私运出口者，则获利甚巨。政府虽设有种种取缔办法，仅足拘束守法之国人，而不能拘束不法之中外奸商与浪人偷出白银势且愈炽，筹码日少，金融紧缩，经济危险愈演愈烈。平衡税率实不足用。我政府复于去年十一月四日起乃正式宣布停止硬币之行使，推行法币，集中现银。现银一经集中，则奸商浪人即无法可以偷运矣。此又为中国放弃银本位之根本原因。

（5）英国之协助

我国银本位既经放弃，推行法币不啻一不兑现之纸币。以习用硬币已久之人民，骤然易以不兑现之纸币，其于推行上之困难，自可想见。政府为维持法币之信用，故不得不将法币与比较信用较佳之英币相结合。订定其平价为一先令二便士半，由中中交三行负无限制买卖外汇之责任，以稳定汇价。凡在中国收买之外汇，由中央银行付以相当之法币，然后将汇票寄往兑款国兑取外币，存作基金。倘系英镑汇票，则寄往英国兑取英镑，加入英镑基金中。凡向中中交三行购买外汇者，如为英汇，一面由中中交三行收进相当之法币，一面付与英镑汇票，将此票寄往英国，持向基金处兑取英镑。此种英镑汇票之买入，应按 $1/2\frac{1}{2}$ 之比率，最多不得超过

$1/2\frac{3}{4}$。其卖出亦应按$1/2\frac{1}{2}$之比率,最少不能少于$1/2\frac{1}{4}$。故买卖之差额不能离平价一便士之四分之一。无论买卖数额如何巨大,中中交三行皆有承受之责任,故得称为无限制的买卖。此种汇率之维持,必须赖充分之基金。盖因贸易之数量,未必能适相吻合。例如中央银行买进之英汇为一百万镑,卖出者为二百万镑,则届时在英国代理处收进之英镑,仅为一百万镑。付出者须为二百万镑,使无百万镑以上之基金,即无以应付。倘卖出超过买进之差额愈多,则基金之需要亦愈大。故平时买卖外汇,纵使进出可以平衡,政府为防万一起见,不可不在外国设置汇兑基金,以为平衡汇价之基础。基金愈多,则维持力量亦愈大。中国在外基金究有多少,不可得知;基金之来源如何,亦不甚明白。大概政府出白银所得之代价当为外汇基金之一部分,可以断言。中国外汇既与英币连系,对于英国贸易实多便利。盖未订定以前,中英汇兑变动剧烈,忽涨忽跌。正当商人,皆视为畏途,裹足不前,大足阻碍中英之贸易。订定以后,便利实多。英国既视国外贸易为其国民经济之生命线所系,对于中国此举,自能表示好感。故对于中国推行新币制政策,官商双方均予不少之同情与助力也。

(6) 中央汇兑基金作用之异同

英国货币自1931年放弃金本位后,所使用者亦为纯粹之纸镑,其对外外汇亦最易动摇。英国货币向为国际上所信用,长此动摇不定,于英国损失实大。故英国政府为稳定英镑之外汇,亦设置外汇平准基金。初有一万五千万镑,后增至二万五千万镑。其运用方法即在纽约安姆斯达丹等处,凡遇镑汇供给过多,市价下降,即出而收买,造成虚为之收买(Greate Artificial Demand)。如遇镑汇之需要骤殷,市价上涨,则出售镑汇以应之,以此调整镑汇供求，其变动自止。此为英国外汇平衡基金与我国作用相同之处。然其不同之点在作用上有下列相异处：

（甲）帮助物价水准之提高　盖维持外汇之安定，仅系被动的。英国政府设置平准基金之目的，尚在能自动的提高物价水准，以救经济之不景气。中国之外汇基金，固无如是之功能也。

（乙）使美元法郎等逐一与英镑相连　英国欲以外汇基金同时兼顾内外，本极困难。对美似已不成问题，因彼此汇兑均已安定于一镑等于4.86美元之标准也。惟对法尚不可靠。因法国尚为金本位国，但亦摇摇欲堕。万一法国金本位不能维持，则对外汇价，必将有剧烈变动。今先与相联，实为未雨绸缪之计，使变动之来，得以和缓。

（丙）为世界树立之先例　英国于1925年恢复金本位，对外汇维持旧平价，盖为维持尊严起见。不料国家经济之繁荣，因此而牺牲。经此次教训之后，已知金本位之不久于世，将来国际通货已将改用纸币。英国以领袖世界金融自任，故于引用纸本位之初，不能不树立一良好先例，使其他各国有所取法。万一因外来的原因，英国与某国的汇兑不能稳定，英国的纸本位依然无恙。反之，若中国与英国或与美国之汇兑不能维持，整个的金融制度或致动摇。因英国所行者为纸本位，吾国所行者为汇兑本位，重在汇兑之维持。如汇兑不能维持，此制当然崩溃。故英国汇兑平准基金之作用，在使外汇不生剧烈变动，以发展对外之贸易，并以提高国内物价水准。提高之后，使之安定。中国之汇兑平准基金之作用，在钉住对英或对美之汇兑，以维持整个的金融制度。

在方法上又有下列异点：

（甲）中国汇兑基金数字严守秘密。盖为当局之政策，使局外人不能知其力量之大小，则投机者有所顾忌。今如投机家大做多头,希望汇市高涨,可以转卖,图其差利,中中交三行即源源抛出,压低汇市,则多头不但无利可图,且有亏本之虑。反之,如投机家大举抛空,希望汇市下降,可以抵价补进,图其差利,三行即源源买进,抬高汇市,则空头亦受其窘矣。因三行操纵汇市之力量为投机家所不知,故不敢大施活动。否则彼辈窥视虚实,必将乘机而起。此中国之外汇基金所以必须保守秘密也。英国之外汇平准基金数目若干,则公告于世,惟其内容则仍不宣布。盖其作用之目的甚大,不仅在防止投机也。

(乙)中国为稳定外汇,由中中交三行负无限制的买卖之责任。英国则委托英兰银行代理,并不由英兰银行无限制的买卖。一因英兰银行为私立银行,外汇全权不能交与私人,只委托该行代理。二因英国管理外汇,不仅制止镑汇之剧变,且有操纵外汇得以自由上下其汇率,以提高物价水准之企图。

基此种种原因,故中英两国虽自各设立外汇基金,其作用则大异其趣也。读者欲知其详,请参看银行周报九四五号拙著"论英国之外汇平准基金"。英国外汇平准基金既具如是之作用,故对中国之加入英镑集团(名义上并未有此),极为英国人士之所馨香祷祝者,使英镑先行稳定,逐一与各国币制相连,以期达到国际通货安定之目的。故加入英镑集团之国愈多愈好,俾国际通货得以及早安定也。由此可知英国帮助中国推行法币政策之由来矣。

英国放弃金本位,尚有一特点,为放弃金本位各国所无者,即现金之仍可自由输出入也。按一般原则,放弃金本位者,必须(甲)金币停止兑现,(乙)金币停止自由铸造,(丙)黄金停止自由输出入。英国则不然。虽金币不兑现,不能自由铸造,但因伦敦为世界金融市场之中心,裨益于英国经济者甚大,故英国不肯放弃其利益。金市之金,仍得自由买卖,自由输出入。从前法定金平价每盎斯为3镑17先令10$\frac{1}{2}$便士,即77先令10$\frac{1}{2}$便士,但英兰银行买进之价为3镑17先令9便士,即77先令9便士。自放弃金本位之后,平价常常变动,不如昔日之安定耳。就我所知,最近买进价为84先令10便士,卖出为84先令11$\frac{1}{2}$便士。较之平时旧价,镑币已跌去7先令1便士。故金之买卖平价,虽较前不同,而出口之自由则如故。此乃最特别处。

(7) 美国之协助

美国对于中国之新货币政策,亦表示相当好感。虽其购银政策之实施,于中国害多利少,并非美国政府始料所及。自美国政府逐渐明了其伦敦银市收买之白银,大部分皆系日人由中国偷运而来,实际享受美国提高银价之利益者非中国乃日本,殊非其本怀。故当中国施行新货币政策后,美国政府亦变更购银政策,不向伦敦购银,转向中国政府直接商议。伦敦银价遂自每盎斯二十九便士之高价,忽跌至二十便士左右。以前日人以高价收买之白银,虽已偷运出口,但不能如愿出卖,损失不赀。实足为日本奸商之当头棒喝。日本驻华领事有见及此,始扬言协助中国政府禁止日人私运白银出口,实则防止其侨民再蒙损失耳。惟银价亦不能过跌,过跌则中国法币政策又陷危机。何以言之,按现在一元合14.5便士之法定平价推算,合伦敦银价为17.7便士。倘世界银价跌落至17.7便士以下,假定为15便士,是中国国内银价较世界银价高出2.7便士,世界银市之潮流将一反其过去一年半间之趋势,群向我国输入,持向政府调换法币,转购英汇。除运输费用不计外,每以价值15便士之银,即可汇得17.7便士,即每运一盎斯之银可获毛利2.7便士,其百分率为18%,莫非皆我政府之损失。倘跌落愈多,则我政府之损失亦愈大,岂不危哉。彼时我国虽可加征进口平衡税,以抵补其差额,使运银进口者无利可获,其势自止。然进口平衡税之效果如何,不难于出口平衡税之效果推测也。其为失败,显然可见。若将现在英汇法定平价减低,随世界银价跌落之程度而渐缩,如自14.5便士,缩至13.5便士,或12.5便士等。务使中国法币之法定汇价,不高出于世界银市之银价。则白银亦无从进口,我政府即无损失危险。果如是,则新币制从此破坏矣。汇价一经破坏,难保其再度跌落,人民对法币之信仰,根本动摇,资本外流,无法阻制,又岂我国政府之利益乎。故美国之变更购银政策,使银价骤然跌下,虽足以协助中国防止白银之外流,倘过此程度,更为跌落,则中国又将蒙相反之损失。故中国新货币制度之维持,美国颇有左右之势力。现在美国政府安定世界银价于19便士左右,实为中国维持法币信用之大助力。因银价太高,偷运白银者又乘机而起,太低则汇兑率不易维持也。

中国当去岁十一月四日施行法币之初,财政部宣言严厉禁止硬币之行使。银楼用银亦加管理,必须用化学银或至多含纯银三成之混合银。夫银制品之所以可贵,在其光彩洁白,化学银或成分甚低之杂银实无此美德。故此令一出,不啻将银楼业宣告死刑。虽经银楼业之再三请求,在所不顾。甚欲颁布法令禁止私藏,如经查出,即予没收,且加重罪。此案虽未经立法院通过,亦足见政府禁止行使硬币之严峻矣。乃本年五月财政部第二次宣言,忽又称将铸造一元及半元之银币,完成硬币之种类。又称白银准备应占发行总额百分之二十五。对于银楼用银之限制亦取消,并允许照旧有习惯办理。何先后矛盾之甚一至于此耶。岂不以陈光甫氏赴美游说之结果。我政府亦仿美国金二银一之准备比率,保留银币之行使,以便日后赞助美国推行复本位制之政策,为美国安定银价,维持中国法币信用之代价欤。

(8) 英美之协调与日本之嫉视

由此观之,美国政府之赞成中国政府推行法币政策,与英国政府同床异梦,两不相妨,且有相成之观。日本以中国为其最大之市场,且视中国为禁脔,不容他人染指,处心积虑,已非一日。九一八事变后,更为露骨的表示,不顾一切。对于英国之安定对华汇兑政策,自甚反对。盖英货如在华多销一分,不啻日本货将在华少销一分。中国新货币政策之成败,为英国对华贸易政策成败所系,足以构成英日在华利益冲突之焦点。对于美国之协助极感不快,亦无待言。故英美两国间对华政策并无敌意存在。独日本怀恨甚深,以中国法币政策事前未得彼国之同意,蓄意破坏,对于英国之连系固甚痛恨。且郑重声言,日本自有应付办法。走私事情,即为日本应付办法之具体化欤。

二　走私何以能破坏法币政策

中国法币既订定其汇价为 $1/2\frac{1}{2}$。今后无论使用.89成色以上之旧币,或成色.88之银本位币,或将新铸之一元银币,其成色必远在旧币之下,或传为.44或为单纯之法币。皆可持向中中交三行按照 $1/2\frac{1}{2}$ 之法定汇价尽量购得。故无论货币含银量之多少,一律可以同样购得。此已非银本位而为汇兑本位。故照理政府如不打破 $1/2\frac{1}{2}$ 之比率,则今后银价之高低,本可不至影响于汇价。汇兑基金大抵分存英美两国。政府将存银卖出之代价,或为现金,或为金票,充作基金之一来源。今假定华人某甲欲向英国购表一只,价格一镑。某甲即可在中国付与中央银行等于一镑之法币,由中央银行发给汇票,可在英国之基金中付出一镑。故凡中国向外国购买货物,其代价由在外基金中付出。倘汇出者多,则基金日少。基金日少,则中央银行可卖之汇票愈少。故进口货愈多,基金即日少。反之,倘中国出口货多,由中央银行买进汇票,一面付出相当法币,一面则可向外国商人收进现款,以充实在外基金,法币基础自然稳固。其他单纯之汇出与汇进,皆有同样之作用。中国自施行新货币政策后,出口贸易颇有起色。故法币基础日形巩固,法币汇率亦可屹然不动。在外华侨及外国资本家皆将汇款到中国,兴办实业,愈能充实法币之基金矣。反之,倘法币不能维持,人心恐慌,中外人士为避免资金之损失起见,皆将竞买外汇,演成资本逃走现象。汇兑基金势将加速减少。中中交三行非减低汇率,势将无法应付。汇率一减低,则资金之逃走愈炽。因果相循,迄无底止,新货币政策岂非破坏无余耶。走私之最大作用即在打破此法定汇率。其途径将如下。

日人以为关税为中国之最大收入,每年约有三万三千万元,亦为中国发行公债之基金。倘走私目的成功,中国政府关税收入必大减。中国预算年来本甚勉强平衡,且赖公债为挹注。今关税收入既大减,预算愈不平衡。若发行公债弥补,则又因基金无着,无从动手。闻走私之损失每月达八百万元,即每年关税要减去一万万元,其结果势必出于滥发纸币。纸币一经滥发,人心必感恐慌,竞将用以购买外汇,防此损失。以仅有之外汇基金,如何能应付增发之未来纸币,汇率之能不免于破坏者几希。此为走私之最大目的。此外尚有次要的两种目的。一为打倒中国新兴工业,以无税之日货与负重税之中国工厂出品竞争。犹成人与孩童角逐,中国工厂有不被其尽行打倒者乎。二为排斥英人海关权,欲护为己有。中国海关总税务司向由英人充任,故日人犹不能为所欲为。但欲操纵中国经济之命脉，非握住中国之海关权不可。蓄意占有，已非一日。此次借走私机会，亦所以与英人为难，使无应付办法，知难而退。若并此亦不能办到，则要求中国减轻进口税，以便日货源源而入。

三 中国对抗走私之方策

(1) 普遍组织工商同业公会之功用

九一八事变以前，走私路径本来不多。自九一八以后，华北主权行使已不自由，长城各口均成走私之大道。可称第一道防线已经失去。自冀东伪组织成立，又成一私货之后盾。又可称第二道防线亦已失去。北宁路与海关合作，运货非经关员验过，不得放行。奈走私者以武力装运，不顾一切。此着又可谓已经失败，故求有效之抵抗走私方法。鄙人以为莫如由工商同业公会负责执行，使工商同业公会成为统制经济之中心。此点余在二年前，即已有坚决之主张。拙著《中国经济改造》商务印书馆出版第十八章"抵制洋货之倾销及提倡国货之方策"一篇中，已言之颇详。今日走私与洋货倾销，理无二致。而因走私情势之严重，抵抗方法更有急切讲求之必要。同业公会之普遍组织，尤觉刻不容缓之事。兹将该章第六节"利用各省商会及工商同业公会之折衷办法"，择要引述于下，更附以强化及健全同业公会组织之意见数则于后，以与世人商榷焉。

"……查人民团体织织法中有商会法及工商同业公会法等。按商会法第六条之规定：'商会之设立须由该区域内五个以上之同业公会发起之。''无工商同业公会者,须由商业之法人或商店五十家以上发起之……''商会会员得分左列二种。一公会会员。二店员会员。''前项会员均得举派代表出席商会,称为会员代表。'又十八年八月十七日国府公布之工商同业公会法第七条规定:'同业之公司行号,均得为同业公会之会员,推派代表,出席于公会。但受除名处分者,不在此限。'惟因入会之工商业者负有缴纳会费之义务,而享受之权利则不多见。反不若不入会之为愈。故各地工商业已组织公会者,极为松懈,殊非立法者之本意。故于民国二十一年九月十五日国府公布修正工商同业公会法第七条条文:'同业之公司行号,均应为同业公会之会员,推派代表,出席于公会。但受除名处分者,不在此限。'改'得'字为'应'字。工商同业必须加入公会,无自由选择之余地。然公司行号故意不肯加入,法律亦无强制及处罚明文,事实上仍不免发生困难。吾意有二法可以补救。(1)凡不入工商同业公会者,取消其直接向政府请愿之权,使请愿权属于公会。换言之,同业如须请愿,必经由同业公会代为之,即改直接请愿为间接请愿。在理论上并未剥夺其请愿权也。凡欲享受请愿权者自然乐于加入矣。(2)凡开设公司行号者,必须由同业公会转向该主管官署登记。登记费只定一角,以示其意不在征收登记费之多,而强其加入同业公会也。工商同业公会法第三条第一项:'工商同业公会之设立,须有同业公司行号七家以上之发起。'如是凡有工商同业七家以上者,皆有公会之组织。有五个以上之同业公会或五十家以上之公司行号者,皆有商会之组织。凡稍大之城市,不有七家以上之同业,或五十家以上之公司行号者甚鲜。几无处而无工商同业公会与商会也。商会法第三十六条'为图谋增进工商业公共福利起见。同一省区域内之商会,得联合组织全省商会联合会。各省商会联合会及别特市商会联合会,得联合组织中华民国商会联合会。'现在各省皆有商会联合会之组织，不啻为一省工商同业之最高权力机关，有引导全国工商同业行动之权。如是中央政府如欲各省洋货与仇货加以拒绝或限制，只须授意各地商会或一省商会联合会主席即可实行矣，不必使用公文，致留政府指使之痕迹。对外表示商人之自动，与政府无干。外人亦无责难。凡有同业欲办洋货者，皆须由同业公会代办。各同业每月须买若干，能销若干，存货若干，皆须向公会报告。公会转报商会，则各业销售总数，商会皆可得知。视国货供给之多寡，以定酌办洋货之数量。如此国货有畅销之机会，而洋货不至泛滥市场矣。尤其仇货欲完全拒绝，亦不难办到。如此利用人民之固有团体，在政府可不费吹灰之力。而抵制洋货之效，则较任何其他组织为强。政府大可利用也。"

（2）强化及健全工商同业公会组织之办法

此为余二年前之见解，今日尤觉所见之不谬。且当时同业公会法，系采自由主义，故同业加入公会与否，听其自由，故用"得"字，不用"应"字。以我国商人素尚自由，若骤加拘束，反动过强，于事之推行反多不利。嗣后虽改"得"字为"应"字，犹不定处罚之条文者。盖自由之观念犹未泯除也。今则时移势异，即工商各业本身，亦感觉有强化同业组织之需要。即如统一物价一端而论，往往因同业公会之议决。虽会员一致遵守，而不入会之同业，反故意抑低卖价，以图捣乱。会员营业几无法维持。其余可以想见。若继续因循，公会会员虽有提倡国货之热心，倘不加入之会员施行兜售廉价之仇货，又将奈何。故今后为强化并健全工商同业公会之组织。吾意应将现行工商同业公会法彻底修正。立法院商法委员会会议时提出修正意见九点如下。并略加说明。

（甲）凡同业当然为会员。

说明　如是无所谓加入不加入。凡商店开张之日，即当然为同业公会会员之日。

凡被公会开除者，亦无异取消其营业。其强化组织之效力可称十足。

（乙）惩罚办法。可用撤销登记及暂行停止其营业。

说明　商人最怕被关门，撤销登记即系命令关门。政府为尊重商人营业起见，固应慎重出之。然当此走私之风甚炽之今日，非此又无以收惩罚之效。故不得已可撤销其登记。其情节较轻者，应暂行停止其营业，分别情节，酌量办理。

（丙）应将同业加以确定之种类。

说明　现在有些营业，应属何业无明确规定，往往同时可以加入数个公会，必多争执。管理上亦感不便。如粮食店有粮食业杂粮业六陈业豆饼业之类，即其一例。故应仿照日本办法，确定同业之种类，日本分为八十种，每业任择一种以杜争执，而便管理。至如何分类，可由实业部在施行细则中订定，便于修正，而适合实情。

（丁）凡三家以上之同业，即须组织公会。其不满三家者，加入近似之同业公会。三个以上之工商同业公会，须组织商会。

说明　凡稍大之市镇，固鲜不有七家以上之同业。然较小之市镇则不足七家之同业往往有之。为普遍组织计，故于家数上应酌量减少。原定七家以上可组织公会，应改为三家以上。又比较规模宏大之工业，虽在大都市，亦往往有不及七家者。如无锡纱厂仅有六家，按法亦不能组织公会。于理均属欠通。故家数应减低至三家以上。但过半数之同意，即可组织成立。其不满三家者，则应加入近似之公会。使每一家营业，必有一公会可属，亦贯彻强化公会组织上所不可少者。商会法第六条之规定，须有五个以上之工商同业公会或商业之法人或商店五十家以上之发起，方得组织，亦觉过呆。例如某地有商店六十家，其中四十家已组织四个同业公会，其余二十家依法不能组织公会者。如是该地只有四个公会，依法不能组织商会。又只有二十家商店亦不能组织公会。故无论由工商同业公会或商店，皆不能组织一商会。法理上亦有缺点。故商会法亦应连带修正。

（戊）同业公会会员入会费应予减轻。

说明　同业享受之利益，既不显著，而负担太重，为过去公会组织松懈之要因。将来既经强制组织，会费之负担，自应减轻，以顺与情。且往往因入会费太多，成为公会职员浪费之原因，或为把住会务之基础，流弊极大。故非减轻不可。

（己）公会重要职员应严定资格。

说明　公会之宗旨，在维持增进同业之公共利益，乃矫正营业之弊害。职员更负有执行之责任，非有资格相当者，实不足以胜任愉快。其甚者或竟假借公会营私舞弊，贻害同业，岂可胜言故职员之资格。非严加规定不可。

（庚）职员任期应加限制。

说明　职员任期如无限制，往往有被少数同业把持之弊。必须加以限制，使各家均有参加办事之机会，方不失公会之精神。然亦有因人才缺乏，能担任公会职务者，只有此少数人时。若必令限制改选，又恐无人办事。故任期应如何限制。或连任不得过一次，或连任者不得过几分之几，以图救济。亦可由实业部酌定，免去硬性。

（辛）应予地方以纠正或监督之权。

说明　同业公会之职员，与各家地位相等。公会如有议决，须待执行者，同业如不服从，公会职员即无法可想。故应予地方官以纠正或监督之权。

（壬）本法修正公布后。应以部令定期改组公会。

说明　本法修正公布后,同业新加入为会员者,为数必甚多。为免去原公会职员之把持,为予新会员以参加会务之机会,故公会不可不以部令定期改组,以昭公允。当改组时,旧会员家数或多于新会员。为把持计,将以消极的不出席为抵抗办法,使新会无法成立,或势所难免。则于改组方法上应有规定。如第一次流会,第二次召集时,到会人数无论多少,皆可成立。即出席不到过半数时可以开会,得到会人数三分二以上或过半数之同意,即可决议。此一法也。故究应如何补救,由实业部酌量办理。

同业公会既能照上述各点加以修正,使其势力足以负统制经济之中坚组织,则岂特走私问题可以解决,即其他问题都可迎刃而解。国货振兴,指日可待。国货既能振兴,则统税收入亦可增进,岂不足以抵偿关税之损失乎。故日人虽以走私方法,破坏我国财政金融,我国财政金融非即无补救办法。所望官民合作,一致努力,天下事未有不成者。至于道德堕落之商人,唯利是图,不知礼义廉耻为何物,负有新生活运动指导之责者,在道义上应予以启导,亦未始不能收效也。

过去立宪运动的回顾及此次制宪的意义

吴经熊

一 引言

印刷事业对于智慧的普及,文化的提高,是很有贡献的。欧洲从有史之初到最近五百年之前,所有的书籍都是用人工抄录的,因此图书只能为公家的机关和有钱的私人所拥有,平民是很难购置图书的。所以在欧洲五百年前的学术文化,完全为富有阶级所包办,平民不得与闻。迨近代开始发明活字版印刷,活字印刷馆于一四六六年开设于罗马,不久蔓延于欧洲各大城市,于很短的时间,印刷多量的、价值低廉的书籍,俾一般平民均有求知的机会,这样才把欧洲文化史完全改造起来,并且确立了近代的基础。[①] 中国的改革运动是在最近四五十年左右才诞生的。就时间上来说,这种革新运动之发轫,也可说是和活字印刷机的开始应用同时。在中国,从事活字机印刷事业具有最长久历史,而且规模最宏伟的,当然要首推上海商务印书馆了。该馆起初规模并不大,而且仅限

---

① Hayes, *A Political and Social History of Modern Europe*, vol. I, pp. 177—180.

于上海一隅,但到现在,则分馆遍于各省。这不过是该馆营业方面的活动。至于说到它对于社会国家的贡献,那是有口皆碑的。举其荦荦大者言之,则为利便教育之普及,灌输泰西的新知新学,发扬中华民族的固有文化,诸端。该馆从开设之日起到现在,已经有四五十年的历史。其所以有今日的发达,则不得不归功于创业人张菊生先生诸人。张先生今年适逢七秩荣庆,那么他是在三十左右岁的时候,就委身从事于该馆的经营了。在最近的中国里,拿四十年左右的光阴,从事于专一事业的,除了孙中山先生之致力于国民革命而外,实不多觏。像菊生先生那样的惨淡经营印刷事业,总算是有数的人物。"有非常之人,乃可成非常之事。"天下的事体,没有那一桩是可以逃脱因果律的。有张菊生先生辈之苦心毅力,乃有商务印书馆今日之发达,犹之乎有孙中山先生之领导奋斗,与夫国民党之继续努力,才可跻中国于宪政之域。菊生先生之以四十年左右的岁月,从事于文化事业之发展,这桩事体,不禁使我们联想到发生于最近四十年内的,而且关系中国整个国家最重要的问题——宪政运动。因此我很愿意的、很高兴的借着这个机会,写"过去立宪运动的回顾及此次制宪的意义"一文,以作纪念。

二 过去宪政运动的回顾

中国的立宪运动,并非在现在才开始,它已经有了几十年的历史了。若是追究它的起源,那么还要从满清的末季说起。百年以前,中国一向是守着闭关主义,对于外国,一向是以夷狄看待。因为抱着这种夜郎自大的心理,所以对于近代列国所以立国,所以强国的道理,便充耳不闻了。因为抱着这种故步自封,不求前进的态度,弄得国势日蹙,结果一与帝国主义相周旋,便告蹶败了。若是拿历史的事实来证明,那么第一件就是道光年间的鸦片战争。其次就是咸丰七年至九年的英、法联军之来攻,及光绪十一年之中、法战争。中国人士受了这几次挫败的戟刺,不免有一点儿觉悟。如曾国藩、左宗棠、李鸿章一流人,都感觉西洋的形而下学远胜于中国,所以都注意于所谓洋务。李鸿章在他的奏折中且说:"西人专恃其枪炮轮船之利,故能横行于中国。中国向用之器械,不敌彼等,是以受制于西人。居今日而曰攘夷,曰驱逐出境,固虚妄之论;即欲保和局,守疆土,亦非无具而能保守也。……臣愚以为国家诸费皆可省,惟养兵设防练习枪炮制造兵轮之费,万不可省。"在李鸿章辈的心目中,以为中国所以不敌西洋的,不过是在武备方面。假设中国效法西洋,整军经武,便可跻国家于强盛之域了。所以他们所谓新政,大概不外整军经武之一途。

然而李鸿章辈之整军经武,结果是怎样呢?它是不是可以挽救中国呢?到了甲午（光绪二十年）那一年,因为朝鲜问题和日本开战。结果又告失败。从此可见李鸿章辈光是效颦西洋的皮毛,实不足以言救国。盖中国之不振,根本在整个政治之不良,其余皆属枝节问题。当时有识之士,早已了然于此。如孙中山先生于光绪十一年（一八八五）,便已决心倾覆满清,创建民国。康有为在光绪十五年（一八八九）就以诸生的资格,伏阙上书,请求变法。

当时清帝光绪一方面感觉国势之衰颓,一方面惊骇于革命之运动,以为非求改革,则无以图存。因此相信康、梁等之维新方策,锐意改革。康有为等乃屡上书,请"尽革旧俗,一意维新。大召天下才俊,议筹变法之方。采择万国律例,定宪法公利之分"。因康有为上书之结果,而有光绪二十四年四月之诏定国是,颁布新政。

然而这些新政,仍不外对于武备、财源、教育等事,谋为改革而已。至于国家政治之改革,则仍属敷衍。立宪一层,尚无只字道及。就是光拿这些轻微的改革来说,尚还触西太后的雷霆大怒。结果将光绪幽于南海之瀛台,诛逐维新党人。而所谓维新运动,便于此告终。厥后慈禧又因废立之谋为各国公使所持,不得行。因此深恨外人,日夜图攘夷狄。始而排外,继则仇外。致酿庚子年拳匪之大祸,引起八国联军进陷北京的惨剧。慈禧经此巨创,然后恍然于国家之积弱不振,知非改革,则无以图补救。所以在光绪二十六年十二月下诏变法,以从民望。然而慈禧所行的新政,大概不外兴学、练兵、理财诸端。这些都是戊戌年间德宗所已经举办的。况内外臣工,泄沓如故,于饬行改建各事,皆不实力奉行。他们都晓得慈禧此举,不过在于遮掩外人耳目,非出自诚心,所以进步迟缓。至于立宪一层,更非慈禧所措意了。

到了光绪二十九年日、俄战争爆发,结果日本以蕞尔三岛的小国家,把一个庞大的俄国打败。世界舆论,均以为这是立宪与不立宪的胜负。即日本因行立宪而胜,俄国因不立宪而败。中国的人士有感于此,所以立宪的议论,也盛兴于此时。江苏新党名士张謇致书于袁世凯,要他主张立宪。中国驻法公使孙宝琦也曾以立宪向政府奏请。少数疆吏如江督周馥、鄂督张之洞、粤督岑春萱等,亦先后以立宪为言。人民乘之请求立宪之声,随在应和,几于全国一致。当时的人都相信"立宪"是强国的不二法门。清室受各方的声请,所以于光绪二十一年$\frac{一九〇}{五年}$六月,慈禧与王公大臣商定粉饰立宪之策。结果简命载泽、戴鸿慈、徐世昌、端方、绍英五大臣往立宪各国考察宪政,以备将来立宪之借镜。这是中国立宪运动的萌芽。然而当时革命党人认识满清的立宪乃虚伪的立宪,所以于五大臣出京之时有吴樾炸弹的恫吓。同年中国革命党人所组织的同盟会于日本东京正式成立,推举孙中山先生为领袖,以倾覆满清、建立民国为目的。孙中山先生于是年重至欧洲，揭橥三民主义、五权宪法，以号召同志。① 从此可知于立宪运动萌芽之时，孙中山先生就已经发表他建立民国、施行五权宪法的主张了。

　　五大臣既到东京，即送书朝廷称赞日本的立宪政治，以为日本所行的宪法乃参考欧洲的宪政审慎制定的，他们暗示中国立宪不可不学日本的意思。光绪三十二年一九〇六年正月，五大臣已由日本历美洲达英、德，乃奏请宣布立宪。当时清廷还在游移。到了光绪三十二年七月，五大臣归国，复奏请宣布立宪宗旨。乃于十二月发布预备立宪的上谕。这个上谕的颁发，在清廷方面看来，以为是空前的举动。但是我们仔细看它的内容，便知满清所谓预备立宪，不过是一种愚弄汉人的虚伪文字。这个上谕综括起来，有三点意思。第一，即仿行宪政，要使大权统于朝廷，庶政公诸舆论，以立国家万年有道之基。第二，先从官制、法律、教育、财政、武备等事入手，以预备立宪基础。第三，俟数年后，查看情形，然后妥议立宪实行期限，再行宣布天下。这个上谕，并不说明立宪的期限，革命党人早已洞悉其虚伪而不为所骗，所以更加努力于革命的工作。但是一般立宪党人并不因此绝望，而且大大的活动起来，组织一个政闻社主张君宪。当时有华侨联名向政府请愿，要求实行立宪。又有湖南人熊范舆等联名请愿，请求设立民选议院。这些都是由政闻社的嗾使而进行的。但是清政府觉得既已宣布预备立宪，人民便不宜有这些要挟的举动，所以于丁未年十一月下令禁止干预政治，并查禁政闻社。立宪党的政闻社虽然消灭，但是国内与该社同志愿通声气的人却有很多。在江、浙一带，还有预备立宪公会，在湖北有一个宪政筹备会，在湖南有一个宪政公会，在广东有所谓自治公

――――――――――――

① 见《孙中山丛书》，吴稚晖所著《中山先生革命的两基础》中所附之《中山年表》。

会。这些团体,大概都是和政闻社同性质的组织。就中以预备立宪公会为最活动。在光绪三十四年的六月,郑孝胥等联名向清政府请愿开国会,又以预备立宪公会的名义移书湖南宪政公会、湖北宪政筹备会、广东自治公会及豫、皖、直、鲁、川、黔等省的同志,约于该年七月各派代表齐集于北京,向都察院递请速开国会书,要求都察院代奏。当时宪政编查馆恰将《宪法大纲》、《议院法》及《议员选举法要领》编就进呈,清廷因于八月二十七日将这些法律公布,并颁行一种九年预备的定期。其所颁布的《宪法大纲》并无多大价值,因为它大抵是模仿日本宪法而草拟的。它不过是一个草案,并无法律的效力。它的起草,完全为宪政编查馆所从事,毫无民意分子参加。它的目的在于使大权统于朝廷,所谓"立法、行政、司法,则皆总揽于君上统治之大权。故一言以蔽之,宪法者,所以巩固君权,兼以保护臣民者也"①。

一九〇八年清德宗和西太后均逝世,宣统继位,载沣当国。载沣对于立宪可算是很热心,但他是别有用心的。因为他感到皇室和满人地位的危险,恐怕大权旁落,满人受制于汉人,所以希望借一纸宪法,蒙蔽汉人的耳目,保持皇室的大权。试看他的第一计划,在于总揽兵权、任用亲贵,便可明白了。当时的立宪党人数次请愿设立国会,组织责任内阁,清廷才下诏准将立宪筹备期限缩短,于宣统五年召集国会,在国会未开以前,先将官制厘订,设立内阁制。到了辛亥的三月,清廷颁布新内阁官制,以奕劻任内阁总理大臣。新内阁发表后,谘议局联合会请都察院代奏以皇族组织内阁不合君主立宪国公例,请另简大臣组织内阁。但清廷则斥以"黜陟百司,系君上大权,议员不得妄行干涉"。这令热心国会内阁制

---

① 《光绪新法令》,第二册第二十六页。

的立宪党人，大失所望。

到了辛亥八月武汉起义，各省响应，清廷为之大震，乃于九月初九日下诏罪己，实行宪政，于同日取消皇族内阁，以冀挽回人心。但当时人民早已洞知清廷立宪之虚伪，故毫不为所惑。及滦州军队统制张绍曾与混成协统蓝天蔚等电奏要求实行立宪，并由议院制定宪法，清廷大惊，乃急命资政院起草宪法，于九月十三日宣布《宪法内阁重大信条》十九条。

这个十九信条可说是一种临时宪法，亦即有清时代所颁布的第一个宪法。清廷从前对于国民的要求立宪一点不肯采纳，到了辛亥革命军兴，乃不惜一变其从来的态度，想借此十九信条收拾已去的人心，然已无及矣。此正所谓"不到黄河心不死，及到黄河悔已迟"也。

三　民国初元到廿一年当中的立宪运动

武昌起义之后，各省纷纷独立，和清政府脱离关系。然而没有联合的组织。于是苏督程德全、浙督汤寿潜、沪督陈其美提议各省公举代表集议上海，组织联合机关。各省代表聚集上海开第一次会议，定名为各省都督府代表联合会，承认武昌为民国中央军政府。鄂督黎元洪亦通电请各省派代表赴武昌讨论组织临时政府，各代表乃齐赴武昌。时值汉阳失守，乃假汉口英租界顺昌洋行为各省代表的会所。公推谭人凤为议长，马君武、王正廷、雷奋为《临时政府组织大纲》起草员。开会三日，即草成二十一条的《临时政府组织大纲》，公布施行。后又推孙文为临时大总统。到了民国元年三月十一日修改《临时政府组织大纲》为《临时约法》。《临时约法》和《临时政府组织大纲》两者的精神,根本不同。前者为采内阁制,而后者则采总统制。①

民国二年,正式国会开会,由参议院咨请众议院同意,各选委员三十人,组织宪法起草委员会,以天坛祈年殿为会所。所以当时所起草的宪法,称为《天坛宪法草案》②。

当时的人心,渴望宪法能够赶紧完成,以便选举正式总统,要求列国的承认。所以宪法起草委员选出之后,即由国会议决起草期限为四十五日。③ 但到赣、宁讨袁之役失败之后,进步党的议员迎合袁世凯的意旨,纷纷提出先选总统的议案。国民党因赣、宁之役失败,知道不能凭借武力谋胜利,但国会中党员仍占多数,以为还可以于政治上谋补救,若不先选总统,则恐袁氏下令解散国会,如此,则政治上的势力,势必又被铲除,因此也赞成先选总统的提议。④ 这个提案通过之后,起草委员会遂先起草宪法一部分的《大总统选举法》。国会即根据此《选举法》选袁世凯为正式大总统。袁氏是旷世枭雄,秉性独裁。他是一个受中国数千年人治主义薰陶的一个人物,对于法治主义,对于宪政,闻所未闻,梦所未梦,那能受宪法的拘束?所以他一当选正式大总统之后,便作出许多破坏宪法的笑话。他干涉宪法的第一个行为,就是向国会提出增修《临时约法》案。要求:(一)总统制定官制官规,不征参议院的同意;(二)总统任免国务员、外交大使以及一切文武职员,不征参议院的同意;(三)总统宣战、媾和及缔约,不征参议院的同意;(四)总

---

① 吴宗慈:《中华民国宪法史》前编,第一章。
② 同上书,第二章第三节、第九节。
③ 同上书,第二章第十二节。
④ 同上书,第三章第十六节。

统享有紧急命令权;(五)总统享有财政紧急处分权。① 袁氏之提出这几条,目的在增加其权力,以便独裁。然而国会方面,则以为宪法正在草订,不久可以完成,无需增修约法。② 袁氏第二步干涉宪法的举动,就是争宪法公布权。这是因为《大总统选举法》议决之后,系由宪法会议自行公布。袁氏以宪法全由国会主持,行政机关连公布权也没有,深致不满,所以咨宪法会议争宪法公布权。宪法会议因《宪法草案》还未完成,无开议的机会,也置之不理。③ 袁氏干涉宪法的第三步举动,就是派员列席宪法会议及宪法起草委员会,陈述意见。该委员会以依照该会规则,仅许国会议员旁听,其他无论何人,不得旁听,故拒绝之。④ 袁氏干涉宪法的第四步举动,就是通电各省都督、民政长,攻击《宪法草案》,并嗾使反对。各省的长官因为多属袁氏的走狗,所以多半希意承旨,指摘《宪草》。甚至有倡解散国民党,解散宪法起草委员会,解散国会的。⑤ 袁氏最后干预宪法的步骤就是撤销国民党议员和解散国会。国会被解散之后,袁氏即召集他御用的约法会议,提出《增修临时约法大纲》七项:(一)凡外交大权,应归诸总统;(二)总统制定官制、官规及任用国务员与外交大使公使,无庸参议院之同意;(三)采总统制;(四)正式宪法应由国会以外之国民会议制定,由总统公布。正式宪法之起草权,亦应归于总统及参政院;(五)人民公权之递夺回复,由总统自由行之;(六)总统应有紧急命令权;(七)总统有财政紧急处分权。⑥ 后约法会议议决《中华民国约法》,于三年五月一

---

① 吴宗慈:《中华民国宪法史》,第三章第二十二节。
② 同上书,第三章第二十一节。
③ 同上书,第三章第二十一节、第二十三节。
④ 同上书,第三章第二十一节、第二十四节。
⑤ 同上书,第三章第二十一节、第二十六节、第二十七节。
⑥ 同上书,第三章第三十节。

日由总统公布。此即世人所称之袁氏《新约法》,自《新约法》颁布后,袁氏已成独裁元首。一般攀龙附凤的官僚,更进而为君宪运动,组织筹安会。后又改为宪政协进会,拥袁氏为皇帝。后因各省相继独立,反对帝制,袁氏因帝制失败,气愤而亡。袁氏亡后,黎元洪继任总统,下令恢复《临时约法》及国会。国会集会后,即决定继续民国二年之制宪工作,而以《天坛宪法草案》为国会宪法会议讨论之基础。① 在当时的宪法会议审议会中,国民党议员多主省制入宪,而宪法研究会及宪法讨论会则极力反对。宪法研究会并通电各省督军省长,嗾使督军干宪。当时在京集会的督军团联名诋毁宪法,呈请大总统解散国会。黎氏受督军团的劫持,于是竟冒天下之大不韪,下令解散国会。② 当时各省督军相继宣布脱离中央,黎氏乃召张勋入京商议国是。不料张勋入京之后,即进行复辟。黎氏因复辟祸作,即致电副总统冯国璋,请其依法代行总统职权。当后段祺瑞氏得多数督军之拥戴,出而消灭帝制之运动。

　　复辟消灭之后,北京由冯、段执政。他们并不召集旧国会。当时旅沪议员及孙中山先生等倡议护法。孙氏随即赴粤,议员亦纷纷南下,想在粤开会。到了民国七年九月,在粤的国会议员,已足法定人数,乃开正式会议。从九月二十八日起到十二月二十三日,共开宪法会议之审议会若干次,将北京所审议未完之地方制度继续审议竣事。到了八年十一月开宪法二读会之时,因国会解散权问题及地方制度章之省长职权问题,各方发生激烈的争执。结果政学会一部分议员拒绝出席,致宪法会议流会。到了九年一月二十四日宪法会议议长逼得宣告停止议宪。西南之议宪,至是遂告

---

①　吴宗慈:《中华民国宪法史》,第四章第三十一节。
②　同上书,第四章第三十五、第三十六节。

终了。①

西南护法政府解体之后，西南各省国家一时不能统一，而护法大业又不能成功，于是另谋出路，而为"联省自治"的运动。即先由各省自制宪法，成为自治的省分，再由各个自治省分联合起来，组织一个联邦政府。其首先制定省宪的，就是湖南省。《湖南省宪法》是于民国十年十二月十一日经全省公民投票公决的，并于十一年一月一日公布施行。这个省宪法虽然继续存在了四年，但在实际并未严格施行。② 其继湖南而起的，就是浙江省。浙江省宪法会议所议决的《浙江省宪法》，是于十年九月九日宣布，但未实行。其后浙江省《自治法会议》于民国十五年一月一日又议决公布了一种省宪，称为《浙江省自治法》。③ 此外，如广东、四川等省，亦于此时草宪，但无结果。

到了民国十一年四月，直奉战争爆发，结果直胜奉败。六月二日大总统徐世昌因受直系将领的压迫，乃自行宣告解职。黎元洪得直系将领之拥戴，回京执行总统职务，下令撤销解散国会之令。国会乃于八月一日正式开会。国会二次恢复之后，仍以制宪为最重要之职务。然集会后，宪法会议常因不足法定人数而流会。于是国会议决修改元年《国会组织法》，以减少宪法会议出席人数之限制。同时更修改《宪法会议规则》，增设宪法会议出席费，即议员每次出席宪法会议的，得支出席费二十元。至是宪法会议，乃克开会。④ 到了六月十三日，黎氏被直系军阀逼迫离京，政变又生。议员多因此赴沪，后为曹锟用重利诱饵回京。十月五日国会总统选

---

① 吴宗慈：《中华民国宪法史》，第七章第四十九节。
② 王世杰：《比较宪法》，第七三二页至第七三四页。
③ 同上书，第七三四、第七三五页。
④ 同上书，第七三五页、第七三六页。

举会举曹氏为总统。国会议员为掩饰彼等贿选的罪恶起见,以不及一星期的时间,议决宪法。十月十日宪法会议将《中华民国宪法》全案公布,这即世人所称之"贿选宪法"[①]。

民国十三年直奉二次战争爆发,直系为奉系及冯玉祥打倒,曹锟为冯氏所软禁,段祺瑞为奉系拥戴入京,就临时执政之职。段氏自颁一种《临时执政府组织令》,而不承认十二年十月一日之《中华民国宪法》。后由政府草定一个《国民代表会议条例》,咨送善后会议讨论。依该条之规定,政府应召集一个国民代表会议,制定宪法。国民代表会议的选举方法,系采各省间接选举。但依国民党及孙中山先生之意见,国民代表会议组织法应由农、工、商、学、各法团自行召集之国民会议筹备议定。因此《国民代表会议条例》虽然成立,有些省分却不实行选举,国民代表会议终未能召集。依《国民代表会议条例》之规定,宪法是由国民代表会议议决,而起草则由国宪起草委员会从事,国宪起草委员会以四个月的光阴从事起草,完成了《中华民国宪法案》。但因国民代表会议未尝集会,所以这个草案毕竟等于具文。[②]

从十五年四月段祺瑞被迫去职之后,北京一时陷于紊乱状态。至十六年六月十八日,奉系军阀张作霖乃正式推翻"摄阁"制,自为大元帅。此后中原及北部均为军阀所劫持,国民革命即于此时爆发。国民政府于十五年六月任命蒋介石为国民革命军总司令,进行北伐,直至十七年六月奉军退回奉天,国民革命占有北平,于是全国咸归国民政府统治。当时民党领袖胡汉民适从海外归国,力主试行五权制度。旋由胡汉民、戴传贤、王宠惠等拟就试行五权制

[①] 王世杰:《比较宪法》,第七四〇页。
[②] 同上书,第七四一、第七四二页。

度之《中华民国国民政府组织法草案》。这个草案,于十月三日经政治会议议决通过。这个《组织法》颁行以后,国民政府尚颁布行政、立法、司法、考试、监察五院的组织法。①

按诸孙中山先生的革命方略,"革命进行之期为三。第一为军政时期,第二为训政时期,第三为宪政时期。第一为破坏时期,在此时期内,施行军法。以革命军担任打破满洲之专制,扫除官僚之腐败,改革风俗之恶习等。第二为过渡时期,在此时期内,施行约法。建设地方自治,促进民权发达。以一县为自治单位,每县于散兵驱除战事停止之日,立颁约法,以规定人民之权利义务与革命政府之统治权。以三年为限。三年期满,则由人民选举其县官。或于三年之内,该县自治局已能将其县之积弊扫除,如上所述,及能得过半数人民能了解三民主义,而归顺民国者,能将人口清查,户籍厘定,警察、卫生、教育、道路各事,照约法所定之低限程度而充分办就者,亦可立行自选其县官,而成完全之自治团体。革命政府之对于此自治团体,只能照约法所规定,而行其训政之权。俟全国平定之后六年,各县之已达完全自治者,皆得选代表一人,组织国民大会,以制定五权宪法。以五院制为中央政府。一曰行政院,二曰立法院,三曰司法院,四曰考试院,五曰监察院。宪法制定之后,由各县人民投票选举总统,以组织行政院。选举代议士,以组织立法院。其余三院之院长由总统得立法院之同意而委任之,但可对总统及立法院负责。而五院皆对于国民大会负责。各院人员失职,由监察院向国民大会弹劾之。而监察院失职,则国民大会自行弹劾而罢黜之。国民大会职权,专司宪政之修改及制裁公仆之失职。国民大会及五院职员,与夫全国大小官吏,其资格皆由考试定

---

① 王世杰:《比较宪法》,第七四四至七四六页,第七六一至七六四页。

之。此为五权宪法。宪法制定,总统议员举出后,革命政府当归政于民选总统,而训政时期于以告终。第三为建设完成时期,在此时期,施以宪政。此时一县之自治团体,当实行直接民权。人民对于本县之政治,当有普通选举之权、创制之权、复决之权、罢官之权。而对于一国政治,除选举权之外,其余之同等权,则负托于国民大会之代表以行之。此宪政时期,即建设告竣之时,而革命收功之日也。"① 由此而观,在训政时期是应该制立约法并且应按约法所规定去训政的。因此在十七年八月八日国民党第二届中央执行委员会第五次全体会议正式开幕之时,南京特别市党部法制局局长王世杰及国民党中央执行委员朱霁青等,都有请颁约法的建议案。法制局的提案,并主张于约法确定:(一)人民的权利义务;(二)中央政府的组织;(三)中央与地方的关系;(四)党与政府的关系。会议的结果,则为"训政时期应遵总理遗教,颁布约法"的决议。但是这个决议案,并没有明定约法如何起草,也没有说到约法的内容。② 到了十八年国内学者颇多主张从速的制定约法,以保障人权。例如胡适之先生说:"在今日如果真要保障人权,如果真要确立法治基础,第一件应该制定一个中华民国的宪法。至少,至少,也应该制定所谓训政时期的约法。"③到了民国十九年间,汪精卫、冯玉祥、阎锡山等,因为对于中央的党务和政治表示不满,所以在北平组织了一个扩大会议,着手拟定约法和筹备召开国民会议。九月二日,扩大会议在北平怀仁堂开第五次临时会议,议决约法起草委员由中央委员互推七人。其人选为汪兆铭、张知本、茅祖权、冀贡泉、陈公博、邹鲁、顾孟余。约法起草委员会从九月十五日起,

---

① 《中国革命史》二《革命之方略》,见《总理全集》第一集第九一八及九一九页。
② 王世杰:《比较宪法》,第七六一页。
③ 胡适:《人权与约法》,见《新月》杂志。

努力工作，由主席汪精卫总其成。九月十八日张学良通电吁请罢兵后，扩大会议以不便久留于北平，乃迁往太原。约法起草委员会在太原一连开了多次的会，把约法草案全文起草完竣。十月二十七日草案全部经扩大会议通过，并议决即将草案发表，听国人批判。这就是世人所称之《太原约法草案》。

十九年十月，太原扩大会议宣告结束，阎、冯军事失败之后，十月三日蒋中正从开封军次电呈中央，请召集国民会议，并制定训政时期的约法。这个提议，经四中全会通过。二十二日中常会开临时会议，推定吴敬恒、王宠惠等十一人为约法起草委员会委员。该约法由王宠惠委员起草初稿。先经经过起草委员会四次讨论，确定全文计八章。二十二日开第六次约法起草委员会议，议决全部条文。二十四日经中常会议议决通过。二十年五月五日国民会议开会，由主席于右任宣读约法。诸代表发言之后，由主席各把各种意见交付约法审查委员会审查。十二日继续讨论约法案。在两小时之内，经过二读三读而成立了。这个约法，由国民政府于六月一日颁布。是为《中华民国训政时期约法》。这个约法，虽经颁布，但未严格施行。这是民国成立以来到二十一年宪政运动的经过。回顾过去的四、五十年当中，制宪的工作并不止一次。所颁布的宪法、约法，也不止一个。然而均告失败。"失败为成功之母"这句名言，如果含有相当的真理，那么我们考究过去宪政运动失败的原因，也许对于将来宪政之成功，有所裨补。据我所见，过去宪政运动失败的因素，举其荦荦大者而言，则为如下的几个：

（1）制宪者之无诚意　先谈亡清的制宪运动。亡清末年的统治者，因为知道革命的势力一天一天的扩大，以为借"预备立宪"的美名，便可和缓革命，于是颁布一个《宪政大纲》。然而这个《宪政大纲》，系纯粹从日本宪法上抄来。关于君主的大权，比日本天皇更无限制。只可算为保障君权的宪法,于国民没有什么好处。换句话说,其目的在借以维持统治者的利益,并非在割让权利与人民。其动机并非为宪政而制宪,乃为维持权利而制宪。这种行为,纵能欺骗宪政党人,却终不能欺瞒革命党人。所以革命终于爆发。清廷想借《十九信条》之颁布,以挽颓势,然已无及了。民国初年,袁氏当政,独断独为,不愿受元年《临时约法》之掣肘,于民国三年另颁所谓《新约法》,将一切大权集中于总统一人,其目的不在施行宪政,却在扩张个人权力,以便独裁。观其规定国务卿及各个部长均由总统自由任免,不依立法机关之信任或不信任而进退,当可知其梗概。迨曹锟执政,其目的在享受正式大总统的尊荣,但因赎"贿选"之罪过,所以令那些猪仔议员制了一个宪法,借以点缀升平、欺骗民众。其动机也是不在于施行宪政,不过在于掩饰己过而已。所以这种行为,终不能获国人之谅解,宪法虽经公布,而不能见诸实行。从上述几个例子看来,可知施行宪政的第一个前提,就是制宪的动机要纯洁。换句话说,制宪者若是为施行宪政而制宪,则立宪可以成功。若是为其他目的而制宪,或则利用制宪以维持自己地位,或则利用制宪以和缓革命,或则利用制宪以点缀升平、欺骗民众,则宪法未有不等于"一束废纸",制宪工作,结果未有不等于零的。

(2) 制宪技术的失败 前清末年所公布的《十九信条》,已非日本式的君主立宪,而似采英国式的君主立宪及议会政治。但依《信条》中第九条之规定"总理大臣受国会之弹劾时,非解散国会,即内阁总理辞职。但一次内阁不得为两次国会之解散",则与责任内阁制之精神不符。在责任内阁制,只须议会表示不信任时即当辞职,并不以受弹劾时为限。这种错误,大概系当时起草的人不明两者的分别的原故。民国建立以来的第一个根本法,可说是《临时政府组织大纲》。这个《组织大纲》宣布之时,便有许多人表示不满,因为它遗漏了关于"人权"的规定。当时的制宪者,心目中以为只规定政府的组织,便算尽了宪法的能事,殊不知除了政府组织以外,还须规定人权的保障。迨元年颁布《临时约法》始规定人权之保障。对于人民自由权利的保障,有法律保障主义和宪法直接保障主义。所谓法律保障主义,就是在宪法上规定"人民有某种某种的自由权利,非依法律,不得限制"。宪法上虽然承认人民有某种某种的自由权利,但全然委法律去干涉。行政部虽不许干涉人民之自由,但立法部仍得任意制定法律去干涉。这种法律保障主义效力至微,并且若是采取法律保障主义,必待此类法律颁布之后,人民才能享受所规定的自由。反之,所谓宪法保障主义,就是在宪法上预定某等情形,于此等情形之上,法律不妨对于人民的自由权利加以某种限制。如采取宪法保障主义,则宪法一旦实行,人民即便享有自由。所以就保障人民自由权利之效力而言,宪法直接保障主义比法律保障主义为强。中国的宪法,如果要确保人民的自由权利,那么就应该采宪法保障主义,这是无庸疑的真理。民元《临时约法》本是采取宪法直接保障主义的。但是它的第十五条规定:"本章所载人民之权利有认为增进公益,维持治安或非常紧急必要时,得以法律限制之。"所谓"公益",所谓"治安",都是一些空泛的、不着边际的名词。其结果使以法律限制人民各种自由权利,实际上仍无一定的范围。二年的《天坛宪法草案》,学者多说它比较以前的根本法好得多。但是讲到人民的权利,它还是采法律保障主义。论者有因它第五条规定"中华民国人民,非依法律,不受逮捕、监禁、审问或处罚,人民被羁押时,得依法律以保护状请法院提至法庭审查其理由",于是对于这个《宪法草案》极端称许,以为能尽保障人身自由的能事。诚然,中国宪法中首先采用人身保护状的规定,当推《天坛草案》。但是我们仔细研究起来,便知这是不通的规定。因为保护的作用,是使人民得向法院请求颁发此状,令执行逮捕拘禁机关,将被逮捕者移送法庭审问,并非拿这个状去向法院提出什么请求。当时制宪者之不学无术,盖可想见。至于民国三年的袁氏《约法》,十二年的《中华民国宪法》,民国二十年的《训政时期约法》,对于人民的自由权利,均采法律保障主义。民国十二年的《中华民国宪法》第七条关于保护状的规定,完全抄袭《天坛草案》第五条的规定,并无只字之修改。从这一点看来,可见从民元到民十二这十几年的期间,制宪者的制宪技术,并没有丝毫的进步。民十二年《宪法》第七条和二十年训政时期的《约法》第十条,虽均是类似人身保护状的规定,然而对于执行逮捕拘禁的机关于规定时间移送审判机关审问,或移送后法院不于规定时间提审应如何救济,是没有顾及的。又对于人民因执行机关违法逮逋拘禁应如何赔偿其损失,也没有顾及。这使人身保护状之规定等于虚设。因为制宪者的技术幼稚,不知于宪法规定切实的救济手续,致使二十余年以来,人权尚遭蹂躏。无怪乎伍梯云先生说:"……宪法最大目的,在为人民谋幸福。为人民谋幸福,莫要于保障人民之自由权利。保障人民之自由权利,尤莫重于保障人民之身体自由。我国军阀专横,官吏恣肆。对于人民身体自由任意蹂躏,往往无故加以拘禁。拘时固不经法定手续,拘后则审讯无期,又不开释。致令久羁囹圄,呼吁无门。即有戚友营救,而除请托及贿赂外,更无途径可寻。其结果有不宣布理由而径予释放者,亦有始终拘禁而不释放者,甚至有擅处私刑者。似此黑暗情状,计惟吾国历史上所谓乱世及欧洲中古时代始有之。在此种状况之下,即使宪法内明白规定保障民权,亦只等于具文。……鄙意非明订一种法定手续,切实救济不为功。"①总之过去的制宪,其技术上失败的地方,诚屡见不一见。上之所述,不过略举一二,以示梗概罢了。

（3）民众缺乏督率能力——从前北洋的军阀执政厌恶法治,或则违宪,甚则毁宪。在野者虽有所谓"护法"之举,然而这不过是极少数士夫的举动,一般民众则熟视无睹,即使有所闻知,也形同秦越人之视肥瘠,漠不相关。因为护法者的势力薄弱,于是违法毁法者得以为所欲为。所谓皇皇大典,终不免束之高阁。假使民众有督率的能力,一致起而反抗,作护宪的工作,则违法者虽胆大如天,恐亦有所顾忌而思退缩。宪法的命运,何至如此？

四　这次制宪的意义

回溯自民国成立以来,曾于元年三月十一日公布《中华民国临时约法》,三年五月一日公布《中华民国约法》,十二年十月十日公布《中华民国宪法》,二十年六月一日公布《中华民国训政时期约法》。但因野心家借以利便私图,不顾人民需要,或因统治者欺骗民众,借以点缀升平,或因造法者即毁法之人,狐掘狐埋,或因大法虽已公布,但无诚意施行,致使国家大法等于具文,时至今日,仍无所谓真正宪法之产生,而人民仍不能享受宪政的实惠。以言民权,则人命横遭蹂躏。以言政治,则有如孙哲生氏所言："吾党柄政数年,国人之所期望于吾党同志者,不可谓不殷。而吾党同志,朝夕致力于兴革事业者,亦不谓不勤。然而程其功效,计其时日,则不徒国人啧有烦言,多致不满,即吾党同志,清夜扪思,反躬自问,又

---

① 伍梯云致孙哲生院长书。

何尝不惶惶然愧汗无极耶？求其故,以为无他,要在缺乏团结之诚心而已耳。诚以数年来之政治情形观之,其所以纠纷层出不穷者,莫不由于吾党同志间之互相猜忌。以致小之则领袖各存歧志,而系统派别之斗争缘之而起;大之则因权利之冲突,演成政潮之起伏,而战祸又卒不能不因之而绵延。于是主义无由而施行,建设无由而推进。而民生疾苦,则有增无已。"①以言外患,则自二十年九一八以还,外侮日亟,国难日深。东北失陷,收复无期。由此看来,民国自建立以来,内忧外患,未有若今日之甚者。一般忧时之士,咸以为解倒悬之方,惟在对内团结、对外抵抗。而党中领袖主张最力者,则为孙哲生氏。孙氏具实行宪政为团结内部之主要方法,故于二十一年沪战方酣之时,发表其《抗日救国纲领草案》。其总纲之第一项为"如集中民族力量,贯彻抗日救国之使命,于最近期间筹备宪政之开始"。其第三项为"于本年十月由立法院起草宪政法案,提交国民代表大会议决"。其第四项为"于民国二十二年四月召开第一届国民代表大会,议决宪法,并决定颁布日期"。当时党内外,对于孙氏的意见,很是注意。同时并得到党外一般舆论界许多同情的批评。迨民国二十一年十二月十五日召集之第四届三中全会时,孙氏提出《集中国力挽救危亡案》,以订定促成宪政召集国民代表大会办法为"使全国人力集中,各尽其才,俾得内部相安,共御外侮,及调节中央与地方之关系,消灭一切内战"之方策,经全体通过,并由全会议决责成立法院根据总理遗教于最短期间起草宪法草案,以备国民讨论,于民国二十四年提出国民大会正式议决颁布。立法院即遵令于二十二年一月组织宪法草案起草委员会,由院长孙哲生氏自兼委员长,以委员张知本及作者为副委员长,并指

---

① 二十三年元旦,孙哲生院长所发表之"实行宪政之意义与国民应有之认识"。

派立法委员四十人从事工作。以两个月为原则研究时期,六个月为初稿起草时期,三个月为初稿讨论时期。前后开会二十四次,完成初稿,当经刊布征求各方意见,至二十三年二月底,宪法草案起草委员会遂告结束。初稿刊布后,前后所得意见甚多。经院长指定委员傅秉常等三十六人为审查委员。先将各方意见分别整理,计开初步审查八次、全体审查会九次,将初稿修正通过,于是年九月提立法院大会讨论。计开大会七次,三读通过。凡十二章六节一百七十八条。于二十三年十月呈报国民政府转送中央政治会议。是年十二月十四日四届五中全会对于立法院通过之《宪法草案》,乃为如下之决议:"《中华民国宪法草案》,应遵奉总理之三民主义,以期建立民有民治民享之国家。同时应审察中华民族目前所处之环境及其危险,斟酌实际政治经验,以造成运用灵敏,能集中国力之制度。本草案应交常会依此原则郑重核议。"至二十四年十月中央常务会议始将《宪法草案》审查完竣,决定下列原则五项:"(一)为尊重革命之历史基础,应以三民主义、《建国大纲》及《训政时期约法》之精神,为《宪法草案》之所本。(二)政府之组织,应斟酌实际政治经验,以造成运用灵敏,能集中国力之制度。行政权行使之限制,不宜有刚性之规定。(三)中央政府及地方制度,在《宪草》案内,应与职权上为大体规定。其组织以法律定之。(四)《宪法草案》有必须规定之条文,而事实上有不能即时施行或不能同时施行于全国者,其实施程序,应以法律定之。(五)宪法条款不宜繁多,文字务求简明。"交立法院重加修正,立法院奉令后,当经遵照中央决定原则,于是年十月二十五日院会三读通过修正,都八章九节,一百五十条,送呈国民政府转送中央。至二十四年十一月,四届六中全会复将立法院修正之《宪法初稿》加以审查,并为如下之决定:"本会议认为立法院最近修正之《宪法草案》,大体均属妥善。

惟为适应国家现实情势,及便于实施起见,尚应有充分期间,加以详尽之研究。但现距全国代表大会为日无多,且代表大会会期甚短,恐亦无暇逐条详商,为最后之决定。本此理由,应连同本《宪法草案》送请第五次全国代表大会,请将《宪法草案》及召集国民大会日期,先行决定。并对于本《草案》加以大体审查,指示纲领,再行授权于下届中央执行委员会,为较长时间之精密讨论后,提请国民大会议决颁布之。"五全大会当将《宪法草案》接受,并决定宣布《宪法草案》及召集国民大会日期,授权于第五届中央执行委员会决定,惟须于二十五年以内施行。五届一中全会乃遵照作下列决议:(一)中华民国二十五年五月五日宣布《宪法草案》。十一月十二日开国民大会。国民大会之选举,应于十月十日以前办竣。(二)设宪法草案审议委员会负责审议《草案》及经大会认为应予采纳之提案,于两个月内拟定修正案,呈由常会发交立法院,再为条文之整理。(三)指定叶楚伧、李文范等十九人为审议委员会委员。中央宪法草案审议委员会开会多次,并分别征询各方意见,于四月十八日审议竣事,拟具审议报告,列举修正要点二十三项,呈送常会核定。中常会于四月二十三日决议通过,发交立法院作条文之整理。立法院于五月一日将修正条文整理竣事,提经院会三读修正通过。凡八章一百四十八条。呈送国府于五月五日正式宣布。是为《中华民国宪法草案》之告成。从该《宪草》议订的经过来说,有几点很值得我们的注意。第一,就是它所费时间的长久。回忆立法院自从二十二年二月开始草宪工作,到今年五月一日,共经过三年多的光阴。这个长久时间,乃是任何国的宪法会议对于制宪所费的时间所赶不上的。从可知这次的《宪法草案》,是按照审慎的、缜密的计划而进行,绝不是率尔操觚的工作。第二点,这个《宪法草案》,不是闭门造车的东西,它是与舆论融成一气的东西。查别国的制宪，多半是将全责交付宪法会议，不令国人参加意见的。甚至有于议宪之时，将门紧密，不许走漏消息的（例如美国在费城（Philadelphia）所召集的宪法会议）。但是我们的议宪，则采公开的态度。于二十三年三月一日所议订的第一次《宪法草案初稿》，乃是布露于各报章，征求国人的意见。到了二十三年七月所成的《宪法草案初稿》审查修正案，也是送各报披露，征求国人之批评的。第三点，这个《宪法草案》绝非少数人的意思之结晶。因为立法院在孙院长领导之下，各位委员都有贡献。对于院外，复征求批评。各方学者的意见，也都予以注意。凡可以采纳的，无不尽量的采纳，而且又经过中央的审核。所以绝不能说它是少数人的产物，我们只可以说它是全国一致的意思之结晶。

现在这个《宪草》业经国府明令公布。并且不久为国民大会议颁布。我们要认识这次制宪法的重大意义。这次制宪的重大意义，简单说来，就是下述之各项：

（一）确立法治基础——宪法学者杰林列克（Jellinek）说：宪法乃国家的一种需要，各国必须具有宪法。一国而无宪法，殆不成为国家，且陷于无政府的状态。良以宪法为国家的根本大法，人民的自由权利赖以保障，政府由此而得组织。无宪法，则人民权利陷于危险，而政治机构也无从组织，此岂非等于无政府的状态？所以近代的国家，除中国而外，没有一个是没有宪法的。而构成法治国的第一个要素，就是宪法的颁布。中国自从辛亥鼎革到现在，已经有二十五年的历史，还未走入法治的途轨。其第一个原因，就是没有一个正式的宪法去限制统治者的行为，保障人民的自由权利。就过去的政治情形来说，一切听命于人治。人存则政举，人亡则政息。固然，"徒法不足以自行"。"法不能独立，得其人则存，失其人则亡。"然而按黄梨洲先生之言，"论者谓有治人，无治法，吾以为有治法而后有治人",则又当先求治法而后求治人了。这次制宪的一个重大意义,就是在于树立法治基础,使国家一切事务皆纳诸法律宰治之下,而打破数千年来的人治局面,以符近代立国的根本原则。

(二)集中民族力量,以应付国难——比年以来,外侮日亟,国难日深,东北失陷,收复无期。近日敌人复得寸进尺,咄咄逼人。推原其故,即因我们缺乏团体的诚心。先哲有云,"人必自侮,而后人侮之;国必自伐,而后人伐之"。这是古今中外不能磨灭的真理。试以这几年的政治情形来说,其所以纠纷层出不穷的缘故,莫不因党中同志互相猜忌,以致小之则领袖各存歧志,而系派之斗争缘之而起;大之则因权利之冲突,演成政潮之起伏,而战祸乃卒不能不因之而绵延,敌人因有隙可乘,乃为趁火打劫之举。有识之士,咸以为居今日而言御侮,只有先求团结内部。而欲团结内部,非使全国人力集中,各尽其才,俾得内部相安,并调节中央与地方之关系,消灭一切内战不可。然欲集中全国人力,使各相安,并使中央与地方之关系得以调节,则又非假借宪法,使全国皆生活于宪法之下,不为功。所以这次制宪另一个重大意义,就是集中全国力量,以应付国难。

(三)确定三民主义的国体,以示建国的精神——立国于大地,必有它所以立国的立场,这就是它建国的主义。《宪法草案》第一条开宗明义规定:"中华民国为三民主义共和国。"从这一条我们可以知道我们的宪法的精神。我们的宪法,是三民主义的宪法。欧战以前,列国的宪法是不将主义列入的。但到欧战以后,民众抬头,民众要明白治国的主义、建国的立场。我们《宪草》以三民主义冠国体,是出于大多数民众的要求。《宪草》第一条以主义冠国体,在中国是创例,而且是《草案》全部最关紧要的一条,实在不啻画龙点睛。现在使我们中国能够于国际上巍然独立,有立国的立场的,就是三民主义。此外我们还要知道,以三民主义冠国体,乃是适合我们民族的特性,并且符合我国先贤的思想。我们中华民族的特性,乃是中庸的特性,王道的特性。孔子曰"过犹不及",这就是昭示中庸之道。我们的民族,数千年来,都是按着这种中庸之道而求生存。时至今日,犹奉行不替。"以力服人者,非心服也。""以德服人者,中心悦而诚服也。"所谓以力服人,即霸道是也。所谓以德服人,即王道是也。所以我们的先哲,是主张王道。这个王道的主张,更可以拿一个具体的例子来证明。这就是所谓:"大道之行也,天下为公。选贤任能,讲信修睦。故人不独亲其亲,不独子其子。使老有所终,壮有所用,幼有所长,鳏寡孤独废疾者,皆有所养。男有分,女有归。货恶其弃于地也,不必藏诸己。力恶其不出于身也,不必为己。是故谋闭而不兴,盗窃乱贼而不作。故外户而不闭。是谓大同。"①三民主义也是脱胎于这些"天下为公"和"大同"等思想而来的,因为三民主义最后的鹄的,也是在于"大同",所以我们说以三民主义冠国体,乃适合我们民族的特性,并且发扬我们的国光。

(四)确立民生主义的经济制度——《宪草》"国民经济"章的第一条即第一二六条便开宗明义的标明"中华民国之经济制度,应以民生主义为基础"。我们的宪法,所以采取民生主义的经济制度,是因民生主义,在理论上,比流行于欧美的资本主义好得多。我们比较民生主义和资本主义之不同。总理说:"民生主义和资本主义根本不同的地方,就是资本主义是以赚钱为目的,民生主义是以养民为目

---

① 《礼记·礼运》篇。

的。"①换言之，在资本主义的社会，国家或社会对于各个人的生活，不负责保证，由个人根据生存竞争、优胜劣败的原则去求生存。但在民生主义的社会，国家或社会对于各个人有保证生活的义务。各个人对于国家或社会有要求生存的权利。欧战前的列国宪法，为资本主义所支配，所以国家对于民生，完全采取一种放任政策（laissez faire）。到了欧战后的制宪者，方稍微知道这种政策之错误，认识国家一种重要的权能，在于保障人民的生活。②例如德国宪法有一条说："经济生活的组织，必须适合正义的原理。其结果应令全体人民的适宜生活都得保障。"③埃斯通尼（Estonia）的宪法，也含有一条说："经济的组织，必须与正义的原则相合。其目的在于谋适于人类的生活状况。"④然而从我们看来，这些规定，还不见得十分彻底，因为它们充其量不过保障各人所宜的或适于人类的生活罢了。而我们的宪法所保障的，则为一般人既均且足的生活。所以《宪草》第一一六条最后一句是说："以谋国民生计之均足。"这才是"养生"的鹄的。资本主义的分配和民生主义的分配，在性质上各有不同的特质。在资本主义的社会分配的性质，在报酬劳动或财产的贡献。所以一个人要是"劳动者"、"资本家"或"企业家"，才有要求分配的权利。如果单纯拿着"人"的资格，就没有这种权利，就不能享受分配。所以没有财产，以及能劳动而无机会劳动的人，固然没有权利要求分配，就是不能劳动的人，例如残废者、老年，除掉受社会的慈善的待遇外，法律上没权利要求生存。因之，没有权利要求分配。在民生主义的社会，分配的性质，不在

---

① 《民生主义》第三讲。
② Headlam-Morley, *The New Democratic Constitutions of Europe*, Chap. 15.
③ 德宪第一五一条。
④ 埃斯通尼宪法第二五条。

报酬各个人财产或劳动的贡献,而在维持各个人的生存,满足各个人的欲望。所以一个人并不是因为自己是一个"劳动者"或"财产家",才有要求分配的权利,乃是因为自己是一个"人",所以有这种权利。因此,不能劳动的人,如老弱、残废、孕妇、产妇等,在法律上都有要求分配的权利。所以《宪草》第一百二十七条规定:"人民因服兵役、工役或公务而致残废或死亡者,国家应予以适当之救济或抚恤。"第一二八条规定:"老弱残废无力生活者,国家应予以适当之救济。"

我们读《宪草》第一一七条至第一二八条,便知道它是充满了民生主义的精神。

(五)集中并提高元首权力,以便应付国难——中国现正值国难期间,国家须有强有力的元首,方足以领袖群伦,集中力量。因为这个原故,所以《宪法草案》把总统的权力集中起来,提高起来。其所采的方法,就是除了将任命行政、司法、考试三院院长及一般元首所具之职权付与总统而外,它还付与总统两种特权。其一,就是调整五院的作用。《宪草》第四十五条规定:"总统得召集五院院长,会商关于二院以上事项及总统咨询事项。"在训政的时候,政府之上,还有中央政治委员会,以为最高的指导联络,以作调整之机关。如有两院以上的事情发生,可由政治委员会来负一种调整的任务。将来施行宪政以后,这种制度将不存在。假如总统没有这种调整的职权,则在政制的联系上不见得十分完善。总统是国家的元首,是政府的最高领袖,所以可以授权与他,规定联系办法,以为调整及解决院与院间的问题。[①] 第二种作用,就是颁发紧急命令,以维国家的作用。《宪草》第四十四条明定:"国家遇有紧急事

[①] 立法院孙院长在中央报告"修正宪草经过"。

变或国家经济上有重大变故,须为急速处分时,总统得经行政会议之议决,发布紧急命令,为必要之处置。但应于发布命令后三个月内提交立法院追认。"这种紧急命令(Notver-ordnungen)权,原属君主政体的一种遗产。在从前德、奥等君主国家,君主是保留这种紧急权(Notrecht)的。德国许多公法学家且认元首之颁布紧急命令权,乃是国家的一种自卫权。① 日本宪法亦采此种紧急权。其第八条规定:"天皇为保持公共之安全或避免公共之灾厄,因紧急之需要,在帝国会议闭会期间,得发布代法律之敕令。此项敕令,应提于下次帝国会议。若会议不承认时,政府应公布该敕令此后失其效力。"但是在民主国家里,规定元首得颁发此种命令权的,也不乏其例。例如德国宪法第四十八条规定:"凡遇国家之公共安全及秩序重大危难时,总统得径行采取必要之处置,以恢复公共安全与秩序。于必要时得使用武力,以速达此目的。总统得将宪法第一一四,一一五,一一七,一一八,一二三,一二四及一五三诸条所规定之人民基本权利之全部或一部停止之。本条第一、二两项规定之处置,应由总统通知联邦议会。如联邦议会要求废止时,此项处置即应停止。"奥国一九三四年五月一日宪法特设"行政紧急权"一章。其第一百四十七条规定:"(一)为维持公共之安宁秩序及保持人民之重要经济利益或联邦之国家财政利益,尤其确保联邦之预算,有立即发布依照宪法,须有联邦国会决议之必要处置者,因事关紧急,不能立得国会决议时,则联邦政府得自行负责,用暂时变更法律之命令,而采取此项之处置。^{联邦政府紧急权}此项命令上,得将联邦事务之执行,其权原属他机关者,委托特别联邦机关执行之。"这种紧急命令权,虽有列国宪法作先例,但是我们《宪草》之规定紧急

---

① Esmein, *Droit Constitutionnel*,卷下第八十六页。

权，绝非出于模仿。这完全是应付我国的需要。因为我们正在国难期间，时时刻刻会有紧急的事故发生。假设国家在紧急的时候，万一发生事故，我们的宪法如果没有规定，便难以应付。如果总统有了紧急命令权，他便可立即发布命令，以应时势的需要，以济法律之所穷。我们从《宪草》所赋予总统的调整作用及颁发紧急命令之权，便可以知道《宪草》上的元首之特殊作用了。

要而言之，我们这次的制宪，除了普通一般的宪法作用——规定政府的组织及权限并保障人民的自由权利——而外，还具有其他的重大意义。所谓其他的重大意义，即集中民族力量，集中政治权力，以便应付国难；施行三民主义，以示建国的精神；树立法治基础，以打倒数千年的人治主义；并确立民生主义的经济制度，以谋国民生计之均足是也。

五　结　论

我们若是回想过去几十年的立宪运动所以完全失败，而须烦劳这次再来制宪，便可以知道：宪法虽经颁布，人民未必即可唾手而获宪政的美果。宪政之能否实行，是有条件的。这些条件，一方面是关于负施行宪法责任者的，一方面是关于国民的。其关于负施行宪法责任的，第一件，就是须有行宪的诚意。宪法虽是国家的根本大法，但它自己是不能实行的。所谓"徒法不足以自行"是也。它要靠着人去推行的。根据"人亡则政息"的原理，我们可以说有施行宪政的人，才可以施行宪政。如果没有施行宪政的人，则绝不能推行宪法之治。伸言之，执政者要有实行宪法的诚意，他们才可以担当行宪的大任。若果没有这种诚意，则绝不能推行宪政。而所谓宪法不过徒供其牺牲而已。换言之,施行宪政的第一个前提,就是制宪的动机要纯洁。制宪者若是为施行宪政而主宪,则宪政可望成功。若是为其他的目的而立宪,如前所述,或则利用立宪以维持自己地位,或则利用立宪以和缓革命,或则利用立宪以点缀升平、欺骗民众,则宪法未有不等于"一束的废纸"。而所谓立宪,也不过等于一个历史的名词而已。中国已往的事实是如此,我们希望将来根本改变,所以我们希望将来中国的执政者有行宪的诚意,庶几才能收宪政的美果。

第二件就是须有守法的精神。宪法乃国家根本大法,非所以点缀门面、粉饰太平。其价值,其效用,全在其能见诸实行。而其能否见诸实行,则又大半系于执政者之是否能守法。举例言之,美国有一个宪法的习惯,即总统只能连任一次,不得连任二次。这个习惯,本由第一任大总统华盛顿提倡,其后居然成了宪法的习惯了。到了威尔逊、柯力芝,两人连任总统期满之时,其党徒劝彼等为第三任之竞选,但两人均因遵守宪法的习惯,坚决谢绝,不敢贪图私益。美国宪法之所以能实行,未始非执政者守法之功。就中国过去的事实看来,违宪毁宪之徒,类皆不安分守己之执政者。民国以来,并非无宪法性质的根本大法。惟最初的《临时约法》,便撕毁于袁世凯之手。其后北洋军阀也不能遵守宪法,致酿成民国以来混乱的局势。即就民国二十年所颁布之《训政时期约法》而论,亦未见能切实奉行。故戴季陶先生曾沉痛言之:"约法……一经宣布,便置诸冰山雪窖中。政府也,党也,国民也,举无有以约法之施行为意者。二十一年改定之《国民政府组织法》,第一条曰:'本法依《约法》制定之'云云,按之实际,全属虚语。既背乎当年三先生^{胡、孙、伍}提案之精神,又违乎《约法》明文规定之旨趣。两年以来,所以政治力趋于薄弱,政府之组织流于散漫者,既制定《约法》,而不能专诚奉行,为其一大原因。……吾党同志,若无为国家百年大计而立法,为国家人民之福利而行法之决心,或随意制法,或立而不行,皆非所以完成国民之道。……若依然国人之态度就是对于《约法》之态度,则其害绝不止于政务停滞。天下之大乱,国家之危亡,或且因之而起。"①"已往不咎,来者可追。"我们希望将来中国的执政者,一致革除从前执政者违宪毁宪的恶习,正心诚意的去奉行宪法,遵守宪法。庶几皇皇大典,不致成为"一束的废纸"。

其关于国民的第一个条件,就是须认识宪法。在从前专政制时代,对于国家的政治和法律,政府是抱着一种"民可使由之,不可使知之"的政策。到了现在的民主时代,这个政策,要根本推翻,而代以"先使知之,然后使由之"的政策。胡汉民先生说:"我人主张立宪,当先使社会人人确认此宪法为必须遵守之规律,然后此宪法始有支配人的意思之力量。故社会人人对于宪法之认识,实为宪法的力量发生之根据。"②这就是说,人民对于宪法先有认识,然后对于宪法才有信仰。人民对于宪法有了信仰,然后宪法才发生力量。《建国大纲》第二十二条规定:"宪法草案当本于《建国大纲》及训政、宪政两时期之成绩,由立法院议订,随时宣传于民众,以备到时采择施行。"这可见中山先生的卓识伟谋。我们深望现时能扩大宪法的宣传,使家喻户晓,庶几对于行宪有所裨补。

第二个条件就是须参加政治,督促政府。宪政的第一个特征,就是公民自治的政治,即遵依民意的政治。换言之,就是民众政治,舆论政治。否则就不是宪政。所以宪政是否能够成功,端视民众是否能积极参加政治、督率政府以为断。若是民众对于国家的

---

① 见《宪草意见书》,第七十八号。
② 胡汉民:《论所谓"立宪"》。

政治、政府的措施,如秦越人之视肥瘠,漠然不相关,则宪政未有能成功的。孙哲生先生说得好:"宪政之实现,其艰巨尤较军政、训政为甚。苟国人以为一经宪法之制定,公布施行,即可唾手而得宪政之良果,乃属大谬。盖在国民政府准备宪政开始之前,国民党同志,对于宪政之设施所负之使命,固属倍增,而全国国民所负之责任,亦较前为重大。训政时期工作之良否,尚可诿为国民党之责任。而宪政成绩之好恶,则全国国民共负其责,不复能有所诿卸也。故国民必须提起全副精神,注意政治问题。同时以正当方式,充分表现其意志。在消极方面,要能防闲政治上旧有之罪恶,使腐恶势力不能抬头。而在积极方面更应督促政府进行建设事业,以解除民生疾苦。然后始不负宪政之美名,与夫提倡实行宪政之初意。苟重蹈民国初年之覆辙,徒为政客造捣乱之机会,则非吾人所望于国民矣。"①

  第三个条件就是须有护宪的力量。英儒拉斯基(Laski)说:"仅有维护自由之政治组织,决不能即行自由之政治。自由政治之能永垂不弊与否,端赖社会中有无督率施行此种政治之决心以为断。盖有此决心,则执政者始知侵犯人民自由之政必遭人民坚决之反抗,因而转出于审慎,不敢妄为。故惟人民有反抗之决心,始为自由之真正保障。"②又说:"宪法之规定,其效力仅发生于人民拥护之决心。舍此而外,宪法之本身,实未能有丝毫效力。……期宪法之效力永垂不绝,则惟在人民有周到自防之努力。"③其意就是说,违宪毁宪者,类皆执政之辈,对于执政者之违宪毁宪,倘人民不能起而予以制裁。而任其为所欲为或逍遥法外,则宪法必至破

---

① 见二十二年元旦立法院孙院长发表"实行宪政之意义与国民应有之认识"。
② 拉斯基:《近代国家的自由》,第二章第一节。
③ 同上书,第一章第四节。

坏，而人民之自由权利亦失所保障。就中国过去的事实来说，又何尝不有"护宪运动"？自北洋军阀乱法之日起，即有所谓"护法运动"了。然而宪法终不能赖以长存，这是什么原故呢？就是因为这种运动，仅为少数人的运动，一般的民众裹如充耳。宪法为一国的根本大法，应为全国人所共信共守，即应为全国人所拥护。仅恃少数人之拥护，必无济于事。所以今后想收护宪的大效，非设法培植民众护宪的力量不可。

综而言之，我们渴望将来的宪政能够成功，因此我们希望执政者和国民两方面均具有行宪所应具的条件。

己未词科录外录

孟　森

　　清一代之科目与国运相关者莫如制科。清举制科仅三次。康熙己未，取士最宽，而最为百世所景仰。性道事功词章考据，皆有绝特之成就。乾隆丙辰，取士较己未仅三之一，宜以少见珍矣，而人望殊不尔。高宗甫御宇，岂非清极盛之世，然气象不同。王前曰趋士，触前曰慕势，君以是求，士以是应。诚中形外，不可强饰也。光绪癸卯，取士之数与丙辰等。姓名大率翳如，行历不暇深问。览鹤征前后之录，身预其选者，恧然不敢齿其后，此何故耶？己未词科之记载，以《己未词科录》为最详。侈陈士人之荣遇、天子之右文，不但试中者为第一流，即试而未中者，亦皆怀奇负异，令后人闻风兴起。乃其与世道相应合者，不在一世之揄扬，转在数人之讥刺。当时物论不齐，流言纷起，有甚于寻常甲乙科者。掇而录之，既见毁誉之在当时转不可凭，又于二三百年前之文人相轻，与天下初定，高流一出为耻，正见清于此举之不可已。不似丙辰之徒侈承平，癸卯之盲人瞎马。彷徨索救，狐埋狐搰，举动多可笑也。以皆旧录所不载，故名曰录外录。记忆未博，遗漏必多，姑以录出者就正于世焉。

　　刘廷玑《在园杂志》：

　　　　本朝己未召试博学鸿才。最为盛典。康熙十七年正月二十三日上谕：谕吏部，自古一代之兴，必有博学鸿儒。振起文运，阐发经史，润色词章，以备顾问著作之选。朕万几时暇，游心文翰，思得博洽之士，用资典学。我朝定鼎以来，崇儒重道，培养人才。四海之广，岂无奇才硕彦，学问渊通，文藻瑰丽，可以追踪前哲者。凡有学行兼优文词卓绝之人，不论已未出仕，着在京三品以上及科道官员，在外督抚布按，各举所知。朕将亲试录用。其余内外各官，果有真知灼见，在内开送吏部，在外开报于该督抚，代为题荐。务令虚公延访，期得真才，以副朕求贤右文之意。尔部即通行传谕遵行。特谕。嗣内外荐举到京者五十九人，户部给与食用。十八年三月初一日，除老病不能入试外，应试者五十人。先行赐宴，后方给卷。颁题璇玑玉衡赋，省耕二十韵，试于弘仁阁下。试毕，吏部收卷，翰林院总封，进呈御览。读卷者，李高阳相国霨、杜宝坻相国立德、冯益都相国溥、叶掌学院士方蔼。取中一等二十名，二等三十名，俱令纂修明史，敕部议授职衔，部议以有官者各照原任官衔，其未仕进士举人，俱给以中书之衔。其贡监生员布衣，俱给与翰林待诏，俱令修史。其未试年老，均给司经局正字。圣恩高厚。再敕部议。部覆奉旨。邵吴远授为侍读，汤斌、李来泰、施闰章、吴元龙授为侍讲。彭孙遹、张烈、汪霦、乔莱、王顼龄、陆葇、钱中谐、袁佑、汪琬、沈珩、米汉雯、黄与坚、李铠、沈筠、周庆曾、方象瑛、钱金甫、曹禾授为编修。倪灿、李因笃、秦松龄、周清原、陈维崧、徐嘉炎、冯勖、汪楫、朱彝尊、邱象随、潘耒、徐釚、尤侗、范必英、崔如岳、张鸿烈、李澄中、庞垲、毛奇龄、吴任臣、陈鸿绩、曹宜溥、毛升芳、黎骞、高咏、龙燮、严绳孙授为检讨。俱入翰林。其年迈回籍者，杜越、傅山、王方谷、朱钟仁、申维翰、王嗣槐、邓汉仪、王昊、孙枝蔚俱授内阁中书、舍人。猗欤休哉。抡才之典,于斯为盛。其中人材德业,理学政治,文章词翰,品行事功,无不悉备。洵足表章廊庙,矜式后儒。可以无惭鸿博,不负圣明之鉴拔,诚一代伟观也。而最恬淡者李检讨因笃,于甫授官日旋陈情终养。上如所请,命下即归,更能遂其初志。无如好憎之口,不揣曲直,或多宿怨,或挟私心,或自愧才学之不及而生嫉妒,或因己之未与荐举而肆訾诼,一时呼为野翰林。而讥以诗曰:自古文人推李杜,<small>高阳相国霨。宝坻相国立德。</small>而今李杜亦希奇。叶公蒙懂遭龙吓,<small>掌院学士方蔼。</small>冯妇痴呆被虎欺。<small>益都相国溥。</small>宿搆零骈衡玉赋,失黏落韵省耕诗。若教此辈来修史,胜国君臣也皱眉。又纂赵钱孙李周吴郑王为灶前生李,周吴阵亡。笑谈更属轻薄。故不附入。

在园书,四库入存目。《八旗通志》刘廷玑本传,当康熙二十九年,任处州知府。时有旱荒,上状督抚,并绘饥民图以献,得请平粜事。则当十七八年诏开鸿博科时,非耳目不相及者,所记自是当时实事。所云敕议授职,始议待制科甚薄,有官者各照原任官衔,则直是多此一举。或借以为起废之缘耳。未仕之进士举人给中书衔,犹不以中书用也。贡监以下不必言矣。今所传者第二次阁议,据《清通考》,命阁臣取前代制科旧例,查议授职。寻议查得两汉授无常职,晋上第授尚书郎,唐制策高者特授以尊官,其次等出身,因之有及第出身之分。宋制分五等,其一二等皆不次之擢,三等始为上等,恩数比廷试第一人,四等为中等,比廷试第三人,皆赐制科出身。第五等为下等,赐进士出身。云云。此由再敕令查旧例而来,盖圣祖自有重用之成见,阁臣乃不能不仰体以为言耳。查是年内阁七大学士,李霨居首,图海、杜立德、索额图、冯溥、明珠、勒德洪。以年资为序。三汉大学士皆为读卷官,自避门生座主之嫌。图海方督师在外,吴三桂当犹炽。索额图以贵戚握重权,视汉人文人蔑如也。廷臣方阿索额图意,复有旧科目诸公之心甚,此野翰林之说所由来。近王湘绮于清末得钦赐检讨,自嘲云:愧无齿录居前辈,犹有牙科步后尘。旧科目与新科学不能相入,闻者传以为笑。当时固情味相类也。言就试者五十九人,似一榜尽赐及第,则殊谬。时人编百家姓为恶谑,其全文不可见,所见者谑及李姓周姓吴姓,未知所指何人。由阵亡之意揣之,则周吴或是试而未中者。原录亦引及在园此文,惟截去后半。

陆以湉《冷庐杂识》:

康熙己未、乾隆丙辰,两次博学鸿词,其制微有不同。己未三月,试一百五十四人,取五十人,一等二十人,二等三十人。丙辰九月,试一百九十三人,一等五人,二等十人。丁巳七月,补试二十六人,取四人。一等一人,二等三人。己未试一场,赋一诗一。丙辰试二场,第一场赋诗论各一,第二场经史论各一。己未取者,进士授编修,余皆授检讨。其已官卿贰部曹参政议者,皆授侍讲。丙辰取者,一等授编修,二等进士举人授检讨,余授庶吉士。逾年散馆。有改主事知县者。己未自大学士以下至主事内阁中书庶吉士兵马指挥^{刘振基荐张鸿烈}督捕理事^{张永祺荐吴元龙}等官,皆得荐举。丙辰三品以下官荐举者,部驳不准与试。己未凡缘事革职之官,皆得与试。^{陈鸿绩以革职知县试授检讨。}丙辰部驳不准与试。考词科之制,自唐以来,未有如我朝搜罗宏广,英彦毕集者。洵旷典也。两科人材,皆以江南为极盛,己未取二十六人,丙辰取七人。己未王顼龄、丙辰刘纶,入阁。皆江南人也。其次则浙江为盛,己未取十三人,丙辰取八人。又康熙己未博学鸿词科,有父子同试者。山阳张鞠存吏部新标,毅文太史鸿烈是也。吏部以顺治己丑进士,官中书,擢主事。时漕使者任诸蠹胥播恶江淮间,吏部甫释褐,即抗章发其恶。赃累巨万。下巡按御史秦世桢案验得实,窜殛有差。朝野咸称其风节。

据此则就试者只百五十四人,较与荐之数尚少数十人。事故不到,势不能免。被荐者有所谓已官卿贰,盖是谓小九卿,非寻常指尚侍为卿贰也。冷庐比较己未丙辰两制科,最简明。己未惟恐不得人,丙辰惟恐不限制。己未来者多有欲辞不得,丙辰皆渴望科名之人。己未为上之所求,丙辰为下之所急。己未有随意敷衍,冀避指摘,以不入彀为幸而偏不使脱羁绊者。丙辰皆工为颂祷,鼓吹承平而已。盖一为消弭士人鼎革后避世之心,一为驱使士人为国家妆点门面。乃士有冀幸于国家,不可以同年语也。

王应奎《柳南续笔》:

> 周容,字鄮山,明末鄞县诸生。入国初遂谢去。康熙己未,有欲以鸿博荐者,容笑谢曰:吾虽周容,实商容也。荐者乃止。

张庚《画征录》:

> 鄮山明诸生,入清朝不试。其诗少即见知于钱宗伯受之、黄征君太冲。善书。工画疏木枯石,自率胸臆,萧然远俗,不拘拘于宗法也。容于沧桑之交,尝渡蛟门脱友人之厄,几死不悔。康熙己未,有欲以博学鸿词荐之。笑曰:吾虽周容,实商容也。遂止。所著有春酒堂集。

原录亦引《画征录》,而截去周容商容等语。遂非前人纪载本意,夫未荐先辞,原无吏牍可据。若采及杂纪传所言,己未不应荐者。不止如录中诸人,今亦不必更补。周容声望,亦未能如辞荐之顾炎武万斯同诸人。各家纷纷记其事者,正缘有此二语耳。己未所以开科,正以罗致此等不屑就试之人。是科所以取重,正以不屑就试之意,尚跃跃于科名得士之外。此录外录之所为作也。

傅山《霜红龛集》:

《与人书》:以七十四老病将死之人,谬充博学之荐。而地方官府即时起解,篮舆就道。出乖弄丑,累经部验。今幸放免,复卧板舁归。从此以后,活一月不可知,一年不可知。先生闻之,定当大笑。

又诗《与某令尹》,题注段朝端,按,此诗当是被征时与戴梦熊者:

知属仁人不自由,病躯岂敢少淹留。民今避虐称红日,私念衰翁已白头。北阙五云纷出岫,南峤复剂遗高秋。此行若得生还里,汾水西岩老首邱。

又诗《老眼》:

老眼苦潏痛,每日强半闭。春风动支兰,作嗽牵积气。佝偻护右胁,转变遂为臀。隐几忍频伸,业性闲不去。旧书时一探,迥复山海异。塔院送锦函,慈恩传笺至。不能待明发,瞬夕就阳谛。开卷起衰颜,正见秉彝贵。要兄趣长安,人皇属唐帝。即此一趋向,岂复猫狗薤。悲彼蒁戾人,妄谓佛无地。所以繙经表,伤者所朝伪。未见法藏时,法眼琉璃哎。忽忆王景略,生死苻氏媚。茫然昧神州,公为司马崇。至今齷齪儒,动自羌猛置。老齿终年冷,十六春秋记。崔鸿袒草窃,类语串一致。以其奴见解,而为伪点缀。苻猛与石宾,帖括如一事。客秋到频阳,流寓闻一士。自居王佐才,自许不可世。不云我管乐,津津扪蝨怃。岂其囿于方,欲乡先达媲。雨中捣□归,忍笑为齿避。大亏奘和尚,两言豁肝肺。今日腰痛减,辄复此游戏。再浸蕤仁汤,少救麻沙瞖。

右青主二诗。前一诗方被征,而于地方官之敦促上道,不以为嫌。且谅其不自由。第三句当是美此令尹,其意不敢不应召,冀不累令尹为难,而以死自誓不入试,则意已早定。生还与否,视入试之能否避免耳。后一诗则免试而归语气。故列在就征诗后。鸿博试以逃免为幸,而探得旧书,乃是唐王时辟召。则开卷可起衰颜,喜秉彝之未泯。又深讥王猛,当是指洪承畴辈。不仕羌胡之意,坚决如此。然在清廷,既能以蒲轮屈致,又能以优老示敬礼,内阁中书一秩,虽受者不以为德,亦未能竟与新朝决裂,隐忍而归,天下终以为某名士亦入彀矣。此上下各尽其道之事。青主不为有所失,而圣祖究未尝无所得也。

又《杂记》:

天生丈人,来自燕京告余,有诽谐嘲李杜冯叶,看选举时赋不当者。七言八句。惟叶公憎懂遭龙嚇,冯妇痴骏被虎欺二句,巧毒可笑。天生每为人诵之,或谓天生。尔亦取中者,何诵此为。天生曰,此诗儿实有可诵处也。

轻薄佻巧之词,有何可诵。傅李皆有高深学诣,何至与小夫竞牙慧。要自为有不屑异族之见存,有托而出此。然已移其种族相仇之口吻,为此文人相轻之态,则已入文字之牢笼矣。制科之开,华夷之融合关纽也。

又说:

薄了以如今两起排胜之事作对曰,博学鸿词,清歌妙舞。吾颇谓不然。博学宏词,乌敢与清歌妙舞者作偶。果有一班青阳繁华子,引觞刻羽落梁尘,惊鸿游龙回艳雪,真足令人死而不悔。复安知所谓学文词者,博杀宏杀,在渠肚里。先令我看不得听不得,想要送半杯酒不能也。客冬卧病慈明庵,闻乐春园有嘲荐举会集者云。从此长安传盛事。杯盘狼藉醉巢由,口虽朴毒,然实不中。博学宏词者,原不曾以巢由自命。一时遭际,各欲了此笔砚之缘,所谓用其未足也。岂无学无才之人，幸而免出一时之丑，遂成巢由耶。所谓我辈，只是知命安分，受一半年无处告诉之苦。既受过了，回看受得苦在何处，只是又披了一层屦提铠甲矣。

青主之言如此，专以轻薄为快意，亭林藜洲辈不为也。其意中究尚有制科之见存，但以鄙薄傲得意诸公耳。后来亦遂有轻薄青主者，何义门集一帖云，皇上于二十内回銮，俟春暖南巡，因东宫玉体不安，今虽无事复膳，难以骑马故也。此间亦有微雪，而不能妆点成景，借住一民房极暗，外有一间稍亮。乃是过路，北风袭人不可坐。忆署内，便似孟昶从篱下窥王恭也。景州了无旧帖，仅得见傅青主临王大令字一手卷；又楷书杜诗一册页。王帖极熟，乃是其皮毛。工夫虽多，犯冯先生楷字之病，不及慈溪先生远甚。楷书专使退笔，求古而适得风沙气。每诗下必记数语，发口鄙秽，烂诋宋贤，则又蟾蜍掷粪也。可惜读书万卷，转增魔焰，二十年轰雷灌耳，一见兴尽矣。顾宁人字迹乃学傅青主，多一闻见耳。

此康熙四十一年十月，义门从直抚李光地迎驾时语。《圣祖本纪》：四十一年九月廿五日癸酉，南巡启銮。十月初五日壬午，次德州。皇太子有疾。上回銮。廿六日癸卯，上还宫。时义门始蒙光地荐召，亦不应似此不重逸民气节。青主求高太过，文喜艰深，何文格甚卑，气味不相投合，然固不应谤老辈至此。又有一家书云，竹垞先生近何如，渠所缉《明诗综》，前偶见五六卷。费日力于此，殊不可晓。诗之去取，几于无目。高季迪名价，却要松江几社诸妄语论定，即此已笑破人口。并有即将历朝小传中语，增损改换，据为己有者，甚矣其寡识而多事也。二十年来所敬爱之人，一见此书，不觉兴尽。封面再得渠亲写八分书，便是二绝矣。又注云，书名先走样，不妨是薛孝穆文在之流，每卷刻一州同同定。又在茂伦之下。观此则义门之好诋前辈，乃其本性。

吴翊凤《人史》：

　　傅征君山，康熙己未，诏求博学鸿儒，当事竞荐，青主以老病辞。强之再三，乃令其孙执鞭，乘一驴车，至崇文门外，称疾野寺。八旗自王侯以下及汉大臣之在朝者，履满其门，坚卧不起，朝廷遂听其还乡。是年应试中选者，其人各以文学自负，又复落拓不羁，以科第进者前后相轧，疑谤旋生，不能久于其任。数年以后，鸿儒扫迹于木天矣。天下莫不叹征君贞志迈俗，而有先见之明也。

以不就试为预料翰林中有倾轧，此必非青主本意。且鸿儒只有一试，人数有限，数年事故，自然在馆者日少。非尽由于倾轧。被倾轧而退者，惟其中三布衣为甚耳。李天生亦为一布衣，若非陈情早去，后或蹈朱潘等覆辙。然傅之不试，李之不受职，所见皆不为用舍之故。惟三布衣故事，则亦制科中一谈柄也。

朱彝尊撰《严绳孙墓志》：

　　诏下五十人齐入翰苑，布衣与选者四人。除检讨，富平李君因笃，吴江潘君耒，其二予及君也。君文未盈卷，特为天子所简。尤异数云。未几，李君疏请归田养母，得旨去。三布衣者骑驴入史居，卯入申出，监修总裁交引相助。越二年，上命添设日讲官如起居注八员，则三布衣悉与焉。是秋，予奉命典江南乡试，君亦主考山西。比还岁更始，正月几望。天子以逆藩悉定，置酒乾清宫，饮宴近臣。赐坐殿上，乐作。群臣依次奉觞上寿，依汉元封柏梁台故事。上亲赋升平嘉宴诗。首倡丽日和风被万方之句，君与潘君同九十人继和。御制序文勒诸石。二月，潘君分校礼闱卷，三布衣先后均有得士之目。而馆阁应奉文字，院长不轻假人，恒属三布衣起草。二十二年春，予又入值南书房，赐居黄瓦门左。用是以资格自高者，合内外交构。逾年,予遂诖名学士牛钮弹事,而潘君旋坐浮躁降调矣。君遇人乐易,宽和不争,以是忌者差少。寻迁右春坊右中允,兼翰林编修。敕授承德郎。时二十三年秋七月也。冬典顺天武闱乡试,事竣君乃请假,天子许焉。

国史馆朱彝尊传:

二十三年元日,南书房宴归。圣祖仁皇帝以肴果赐其家人,彝尊皆恭纪以诗。是时方辑《瀛洲道古录》,私以小胥录四方经进书,为学士牛钮所劾。降一级。

戴璐《藤阴杂记》:

朱竹垞以带仆充当供事,出入内廷;潘稼堂未以浮躁轻率,有玷讲官。为掌院牛钮参劾。原奏尚存。

陈康祺《郎潜纪闻》:

竹垞先生直史馆日,私以楷书手王纶自随,录四方经进书。掌院牛钮劾其漏泄,吏议镌一级。时人谓之美贬。

王渔洋《池北偶谈》"四布衣"条,已采入词科录。所谓四布衣,乃谓李因笃、姜宸英、严绳孙、朱彝尊。云上尝问内阁及内直诸臣以布衣四人名字,则未试以前,圣祖所垂问之四布衣,有西溟而无稼堂也。韩慕庐序西溟《湛园未定稿》,谓与叶文敏方蔼相约举西溟,而文敏宣入禁中,待之两月不得出,急独呈吏部,已后期矣,故西溟不获被举。而举到之布衣,则有稼堂,遂仍为四布衣。至天生告养归,受职入史馆者,遂以三布衣著矣。藕渔以不完卷冀避免,而圣祖特收之。则知之有素也。天子而能留意及布衣,自为天下将定,以收人心为急。当时士为民望,能得士即能得民,故于制科委曲周至如此。

制科人材,当时所忌者惟三布衣,以其与科目常流独异。三布衣入史馆数年,于康熙二十三年一年中,竹垞镌级,稼堂夺职,皆由掌院具劾。藕渔乞归,亦在是年。所谓扫迹木天者此也。稼堂建言有风采,尤招嫌忌,故得处分尤重。尝应诏陈言,请除越职言事之禁。京官复旧制并许条陈,外官条奏地方灾荒。督抚不肯题报,虽州县径得上闻。台谏许风闻言事。有大奸贪,不经弹劾,别行发觉,并将言官处分。奋击奸回不畏强御者,不次超擢。且谓建言古无专责,历代虽设台谏,其实人人得上书言事。梅福以南昌尉言外戚,柳伉以太常博士言程元振,陈东以太学生攻六贼,杨继盛以部曹劾严嵩等语。索额图明珠辈相继用事,大官多承顺之不暇,一词臣为此建白,得不谓之浮躁轻率乎。

《词科录》引《渔洋居易录》,竹垞以咏史二绝,为人所嫉,此自是当时事实。然未明言嫉者何人。今按诗中所指,乃高士奇耳。士奇与励杜讷,先以善书直南斋。鸿博试后,明年高励俱以同博学鸿儒试,士奇由中书超授翰林侍讲,杜讷由州同超授编修。杜讷不以著作名,专于御批纲鉴日侍点阅有劳,得此殊遇。盖非竹垞所指及。竹垞诗自谓以文字享盛名者耳,其诗言:汉皇将将出群雄,心许淮阴国士风。不分后来输绛灌,名高一十八元功。此谓鸿博之外,复有同鸿博。学问不足道而知遇特隆也。又云:片石韩陵有定称,南来庾信北徐陵。谁知著作修文殿,物论翻归祖孝征。此尤可知其为士奇发矣。士奇至与明珠争宠,自矜独得帝指,以门路独真招摇公卿间。为其所嫉,自难安于职守。以士奇之人品,当时自好之士夫,固应避之若浼。乃其空疏寡学,又实不足入大雅之林。迄今观士奇著述之存者,皆粗有间架,了无深入之功。若《左传纪事本末》之类,因袭前人成书,稍稍变其面目,为尽人所能为。而其独以考订自见者,则挟其读书中秘之遭遇,有所渔猎以自矜炫,成天禄识余二卷问世。同时无人敢言。稍阅岁时,遂为艺林之笑柄。发之者杭堇浦,述之者《四库提要》。而士奇著书之声价定矣。

《天禄识余提要》云，是书杂采宋明人说部，缀缉成编。辗转裨贩，了无新解。舛误之处尤多。杭世骏《道古堂集》有是书跋曰，钱塘高侍郎，以儒臣获侍先皇禁幄，退而著书二册。题曰天禄识余。意谓延阁广内秘室之藏，有非穷巷陋儒所得窥见者。今观其书，则笑脒言鲭，岂足以当天厨之一脔也。迹其所征引辨说，大抵皆袭前人之旧。一二偏解，时有抵牾。不观《左传》注，妄谓窒皇为冢前之阙。不观汉书注，妄引后汉纪以证太上皇之名。不观《水经》、《文选》两注，妄诧金虎冰井，以实三台。不观《地理通释》，妄分两函谷关为秦汉。其尤踳驳不可据者，青云二字，莆田周方叔以为有四解，乃遽以隐逸当之。聚头扇已见之金章宗题咏，出《归潜志》，乃谓元时高丽国始贡。银八两为流，本《汉书·食货志》，乃引《集韵》以为创获。八米卢郎，既见之齐隋两书，姚宽丛语云，盖关中语。岁以六米七米八米分上中下，言在谷取米，取数之多也。黄山谷徐师川何尝误用，乃用元微之八采诗成未伏卢为证。是知一未知二也。古人为学，先根底而后枝叶，先经史而后词章。侍郎置身石渠金匮，获窥人间未见之本，而所采撷若此，此可以征其造诣矣。其排斥士奇，可谓不遗余力。然取此书覆勘之，竟不能谓世骏轻诋也。

士奇以治《左传》自鸣。其《春秋地名考略》，乃倩秀水徐胜代作，尚有可观。又作《左传姓名考》，《提要》谓与地名考相辅而行，然体例庞杂，如出二手。列举其庞杂各文，又断之云，其他颠倒杂乱，自相矛盾者，几于展卷皆然，不能备数。其委诸门客之手，士奇未一寓目乎。云云。盖士奇本不学，又自以文学侍从，为时君所特眷，不能不多以造述自表见。因而分其苞苴所得，养门客以为捉刀人，得失则又各听其所自为，己并不能加以识别。以此上结主知，特赐博学鸿儒为出身，岂非己未同征之玷。竹垞辈书生结习，未能因势利而澹忘，宜其以口语得过矣。祖孝征之喻，士奇才调尚有愧此言。惟其鲜卑语胡桃油,杂伎承恩,失文士之体,本传又言性疏率,不能廉慎守道,大有受纳,丰于财产各语,则颇肖士奇为人。至以《修文殿御览》,方士奇之著作,尤为奇切。《通考·经籍考》《御览》下云,斑之行事,小人之尤。言之污口,其所编集独至今传世,斑尝盗《遍略》论众,今书毋乃盗以为己功耶。《遍略》,梁徐僧权所为也。

光聪谐《有不为斋随笔》:

康熙设立博学鸿词科,甚盛事也。乃郑寒村言,时新任台省者,俱补牍续荐。内多势要子弟,闻有鸿博一名,价值二十四两。遂作诗有云,纵然博得虚名色,袖里应持廿四金。郑诗诚为打油钉铰,其事未必全无,亦可慨矣。郑寒村名梁,慈谿人,康熙戊辰进士。

阮葵生《茶余客话》:

嘲求荐鸿博郑寒村二绝云,博学鸿儒本是名,寄声词客莫营营。比周休得尤台省,门第还须怨父兄。补牍何因也动心,纷纷求荐竟如林。纵然博得虚名色,袖里应持廿四金。此等语刻之诗集,殊为不学。盖一时延赏虚声,及阀阅子弟之骛名者,亦不无滥举云。又一则嘲谋学差云,康熙辛卯壬辰间,京堂小九卿谋出学差,浼台中疏参翰林部郎不可出学差。一时造为小说。有小京卿密谋翻大局,死御史卖本作生涯。老郎中掣空签,望梅止渴。穷翰林开白口,画饼充饥。四段。见郑寒村梁诗注。

据当时不满于鸿博被举者,一则曰门第,再则曰价值二十四两,则似指为贿赂。以门第论,即三布衣中,朱竹垞固故相之后,严藕渔亦司寇之孙,其他名士多出世家。书籍之储藏,耳目之濡染,所以能致鸿博者自有凭借,而在圣祖之笼络初定,亦正愿收各地之人望，以缙绅子弟为先。所谓巨室之所慕，一国慕之者也。至二十四金之厚贽，究不得为贿赂。不过见其为非寒俭之流，而一时已播为口实。弥见世风之朴，《词科录》中言姜西溟亦有诗寄慨云，北阙已成输粟尉，西山犹贡采薇人。以纳贽稍丰，比之捐纳。亦过甚之辞耳。

郑寒村名梁字禹楣，国史文苑有传。守高州颇有政绩，己未鸿博，不在荐中。至后十年乃成进士。由部曹出守，既非不乐仕清，又无得失相形之见，而好为指斥，至作俳语诗入集，亦其特性有所偏忮。观其诗注，核其作诗之年，正寒村垂殁之岁矣。老尚不平其情如此，阮吾山谓之不学亦宜。但寒村文艺，一时实为名流所倾倒。《曝书亭集》，武陵逢郑高州梁。高凉太守鬓成丝，青眼看人似旧时。桐树半生无改色，蟹螯一手尚坚持。后来领袖归才子，老去云烟胜画师。别久重逢转倾倒，七言三复晓行诗。自注。太守右体不仁，左手犹能作画。其晓行诗云：野水无桥牵马渡，晓星如月照人行。赋景最工。公子性，有才名。又查慎行《敬业堂集》。夏课集丙申五月起尽十二月，有老友郑寒村殁后五年。其子义门，携爱莲画像过余属题。得二绝句。第一首：自脱朝衫换幅巾，只应营道想前身。翛然出处行藏外，谁识完人是半人。注寒村晚年病风，能以左手作书画。自号半人。

寒村诗画盛名，何至专作俳体。其所指斥之征士，固非与竹垞辈有违言，盖亦自有所指。寒村与初白，同为黄藜洲门人。初白诗中屡言之。本传亦言以三十一岁，受业黄门。自比于陈师道之于鲁直。初白丙申年诗，谓寒村殁已五年。丙申乃康熙五十五年。所嘲京堂谋充学差，在辛卯壬辰间。辛壬乃康熙五十及五十一两年，提学在康熙中叶以前。尚沿旧制为道职。本官乃按察使佥事。三十九年，始定翰林与部属并差。至五十五十一年，乃有京堂排挤翰林部属之事。所谓密谋翻大局者,后亦并未翻成。但京堂亦未尝不与翰林部属,同在可充学差之列。或即此时之迁变。惟自辛壬至丙申恰及五年,则寒村之俳语诗,乃是将殁前之作矣。竹垞称其子性之才,初白举其子字义门,或即一人。

方槃如志方尚节事:

> 游郡城,依白山宋公维藩为东道主。连岁或不归。方春始和,白山必令卜卦。以占岁祥。一日卜毕,忽呼奇奇。语白山曰,今岁,当有人自天子所,来召君者。谨识之。白山辗然曰,所以烦君卦者,姑以问安否何如耳,穷闾陋巷,与外间绝,孰为我翰音登于天者,而有命自天乎。君无乃为佞乎。翁曰,书言之固然,谓予不信,则卦书不可用也。是为康熙戊午。是岁也,天子开制科,有刁公子者,豪举士也。旧与白山为硕交。方壮游时,糜白山金钱无算。已乃别去,阔焉不闻问者历年。会制科开,公子念白山厚意久不报,自从其所属相知有气力者,以白山名上。遂登辟书。白山初不知也。辟至,乃叹翁为神。

宋维藩,据录为浙江建德人。父贤为崇祯间山西巡抚。应制科亦未售。而当时被荐,乃得之于彼此纨绔挥霍相结托。与设科搜访遗佚,意有未符。若宋者以结客养士有声,其得举而纳贽。自必较厚。郑寒村辈所指摘,正是此等人。进士题名碑,宋贤,天启壬戌进士。建德军籍。国榷。崇祯十年十月己酉。宋贤为右金都御史,巡抚山西。十四年,乃代以范志完。鹤征录载维藩字价人,有白云阁诗集。并录其一诗。宝华堂和杨仲延韵云:一湖苍翠护城湾,高阁登临昼掩关。涓滴流来曹洞水,云烟堆出米家山。游鱼应解濠间乐,举世谁知竹里闲。不谓使君多逸兴,寻诗终日竟忘还。所长如此。他无可举。则亦可以滋物议矣。当时所以拟诸征士者,曰巢由,曰采薇人,皆为搜采遗逸而发。必于朝廷之意向,有以喻之。声气豪华之士,雅不相称。嫉之者遂言之过甚耳。

秦松龄撰《严绳孙传》:

方君之被荐也,贻书京师诸公曰,闻荐举滥及贱名。某虽愚,自幼不希无妄之福。今行老矣,无论试而见黜,为不知者所姗笑。即不尔。去就当何从哉。窃谓尧舜在上,而欲全草泽之身,以没余齿,宁有不得。惟卒加保护为幸。时有司奉诏敦促。君引疾不许。既抵京,赴吏部,自陈疾不能应试状。至再四。终不允。御试之日,发题。赋序诗各一首。君赋省耕诗一首而出。上素稔君姓字,语阁臣曰,史局不可无此人。

又云:

叶侍郎讱庵尝序君集曰,君二十余弃诸生。

藕渔以康熙四十一年卒,年八十。当制科被用时,已五十七矣。顺治乙酉,清师始下江南,五月南都覆。时年二十三。则所云二十余弃诸生,自是鼎革后事。既被荐,屡辞不获允。遂不终卷而出。其志可知。圣祖乃特拔之,此其相赏。固在一日短长之外。四布衣中,竹垞较近名,天生较尚志,藕渔介其间。既而于二十三年,三布衣同出馆。藕渔已六十二,以老丐去得允,最为善能。稼堂甄别去,竹垞镌级越六年乃复原官。虽皆为牛钮所劾,而竹垞之遭忌以咏史诗,所开罪者高澹人。秦松龄字留仙,顺治乙未进士。入翰林后以逋粮案削籍。己未试鸿博再入翰林。《词科录》即其后人小岘侍郎所作。其鸿博传略中,于同鸿博高士奇传言,相传文恪尝属健庵徐公,以扈从东巡录丐序于先宫谕。未应。徐公乃自为之。文恪衔先宫谕甚,甲子顺天科场之狱,皆文恪密为主之。第其事秘不著耳。此说必可信。小岘为留仙先生玄孙,留仙称苍岘山人,故小岘以为号。所云相传,乃其家世相传,非道听途说之比。

秦氏世代词林,留仙子道然,道然弟靖然,子文恭公蕙田,蕙田子泰钧,皆以翰林服官。所传先世之事,当作事实观。其时鸿博诸公,多有不慊于高澹人者。竹垞刺之以诗,留仙不为作序,意颇与澹人疏隔。殆以澹人恃南斋密迩天颜,招摇太甚,时有万国金珠贡澹人之谣,故心鄙之耶。甲子科场,即康熙二十三年事。是年竹垞降官,留仙亦夺职,同出澹人所为,其痕迹益显。科场案者,《东华录》,康熙二十三年九月己卯,礼部题,磨勘顺天乡试卷,文体不正三卷,文理悖谬二卷。正考官左春坊左谕德秦松龄,副考官翰林院编修土沛恩,同考官内阁中书王谆,工部主事张雄,俱应照例革职。候选主事张曾祚,应照例革职,交刑部提问。从之。科场案并无关节弊端,而以中式之文字,吹求坐罪。此固非有人借事生风,不至于此。

王应奎《柳南随笔》:

康熙丁巳戊午间,入赀得官者甚众。继复荐举博学鸿儒,丁是隐逸之士,亦争趋辇彀。惟恐不与。四明姜西溟宸英,有诗云:北阙已成输粟尉,西山犹贡采薇人。时以为实录。又吾邑吴苍符龙锡偶成二首云:终南山下草连天,种放犹惭古史笺。到底不曾书鹄版,江南惟有顾书年。注谓顾宁人,又云:荐雄征牍挂衡门,钦召佥牌插短辕。京兆酒钱分赐后,大家携酿众春园。

西溟诗据柳南说,两句为两事。丁戊间吴三桂未平,军事甫有转机,需饷正亟,确为取盈于捐输之日。以此释西溟诗当确。至吴苍符二首,专菲薄应征诸公,独美宁人先生。其云顾书年,考亭林先生年谱,又字主年。此作书年,未知即主年之两歧否。抑古别有顾书年其人耶。如书年为即宁人别字,则似不须自注。即注亦当云宁人别字,不当云谓顾宁人。然则顾书年殆别一古人耶。亭林辞在未荐以前，以死自誓，得其徐氏诸甥及叶讱庵之周旋，竟不列荐牍。故有此诗。

李调元《淡墨录》：

  汪琬，十七年召试鸿博，时荐举诸人会于众春园，有以嫚诗缄呈汪苕文者。众止见其结句云：杯盘狼藉醉巢由。嘉善柯维桢，以语陆稼书。先生曰，文人轻薄之习，有以自取，可不畏哉。见陆先生年谱。

此亦作众春园。前《霜红龛集》亦述此诗，多一上句，而以为乐春园，当是传误。柯维桢亦被荐，试而未用者。

戴璐《藤阴杂记》：

  毛西河会鸿博同年于众春园，各赋一诗，未知其地。偶见李子实笔店招帖，开设众春园口，乃即今虎坊桥西炭厂。昔时胜地，不知何时始废。又徐司寇有邀陈说岩太宰虎坊桥南别墅诗，竹垞有虎坊南园联句。今桥南下洼尽荒冢矣。

众春园在试鸿博时屡见纪载，作乐春者必误。据戴蒎塘说，笔招地址称众春园口，则众春园非一肆名，乃一胡同之名。殆为当时酒馆饭庄之所萃也。乾隆中叶相去不百年，已无踪迹。仅从笔招一见，成为古迹，过虎坊桥，辄动人怀旧之意。亦已未鸿博诸公，文采风流，足系人景仰所致。于蒎塘说中，尤见虎坊桥南市集盛衰之变。康雍乾三朝，国运方盛，毫无变故，宣南为朝士所聚居，乃有园林夷为冢墓之事。亦非今日所能想象也。

京兆酒钱，据尤西堂年谱，征士侍诏阙下者，月给米三斗，银三两。自十七年十一月初一日起。据施愚山集，上内阁言被荐人才试期书，有贫士或就食畿辅他县，或寄宿僧庐，裋褐不完，饔飧不给等语。乃于十一月初一日，大学士索额图明珠奉旨，俟全到之日考试，其中恐有贫寒难支者，交与户部，酌量给与衣食，以副朕求贤用文之意。户部乃议,帖给俸廪,并柴炭银两,按月稽领。而众春宴会遂多。不得志者遂滋其口实。由今观之,则皆名流雅集。令人思慕弗忘矣。

李调元《淡墨录》:

> 时上命内阁诸学士各拟题,上用李拟璇玑玉衡赋,及杜拟省耕诗。有言先试一日傍晚,相传有觇知题者。故云宿搆。失粘落韵,谓施闰章潘耒李来泰也。而末卷严绳孙,又未完卷。

录中言严绳孙以试日目疾,仅为省耕八韵诗。潘耒以冬韵出宫字,施闰章误书旗字为旂字,而失粘落韵中,举李来泰之名。则圣祖亲检之出韵试卷,有以东韵出逢浓字者,必即来泰。毛西河《制科杂录》,拆卷后,上曰,诗赋韵亦学问中要事,何以都不检点。赋韵且不论,即诗韵,取上上卷者亦多出入。有以冬韵出宫字者,有以东韵出逢浓字者,有以支韵之旗,误出微韵之旂字者,此何说。众答曰:此缘功令久废诗赋,非家弦户诵,所以有此。然亦大醇之一疵也。今但取其大焉者耳。上是之。遂定为五十卷。此证出韵诗尚有东出逢浓,而犯出韵之人有李来泰。适当之矣。

《池北偶谈》:

> 《刘贡父诗话》云,司马君实论九旗之名,旗与旂相近,缓急何以区别。《小雅·庭燎》夜向晨言观其旂,《左传》龙尾伏辰取虢之旂。当为芹音耳。康熙己未,御试传学鸿儒,施愚山侍讲卷,阁拟一等。上亲阅定名第,以旗字押韵,偶误书旂,遂改置二等。亦由施素读二字不甚分别故也。

愚山之出韵,实是笔误,本应书旗字而误书旂。渔洋以为旂古音同芹,愚山从今音读,不甚分别,故误,是固然。然当时之以为出韵,乃据平水韵收旂字于五微,非以其不读芹音也。其实愚山卷中疵累。据其自言,乃不在出韵。

《愚山年谱》：

己未示子札云,试卷传出,都下纷纷讹言,皆推我为第一名。久之,半月后方阅卷,我绝不送卷与内阁诸公。初亦暗取在上上卷,列三五名中。后因诗结句有清彝二字,嫌触忌讳,竟不敢录。得高阳相国争之曰,有卷如此,何忍以二字弃置,此不过言太平耳。倘奉查诘,吾当独任之。于是姑留在上上卷第十五。又推敲停阁半月,则移在上卷第四。皆此二字作祟也。今上传案出,又改上上为一等,上卷为二等矣。我平日下笔颇慎,独此二字不及觉,岂非天哉。

愚山诗文,自是一代作家。岂以试场得失为轻重。然据此自述,得失之见,愚山颇不免。其旗字误书为旂,虽传为话柄,试场实未以为去取标准。而卷中疵累,乃为清彝二字。此二字在乾隆朝,竟可因此兴大狱,杀身缘坐,罪及家属。文字之狱,类此者多矣。试官既已挑出,在乾隆朝必不敢取。甚且如赵申乔之纠戴名世,非惟弃置,并特参以媚一人,愚山固死有余罪。有怜才之试官,与之同罪。或尤加重焉。高阳当日,竟愿独任其咎,以成愚山之名,实为好士之特出者。然亦终未以为嫌。则圣祖无意于此等忌讳,而同朝亦无以攻讦图利者。此则开国淳朴气象,必不能得之于雍乾之世。亦不能得之于康熙晚年,南山集狱起之日矣。<small>按当日写卷必为清夷二字。故触忌耳。</small>

宿构之说,无所指实,当是出忌者之口。谓征士中,有先与阁臣相契者耳,零轾当即不完卷之谓。藕渔先生初以不完卷为欲全高节,逮既以破格见收,则感恩知己,不啻若是其口出矣。二十三年乞归时记恩作南乡子词后阕云,隐矣又焉文,归去空留土木身。何意片词亲检自枫宸。九死从今总负恩。此亦制科收拾人心之效也。

郑方坤诗钞《孙枝蔚小传》：

康熙己未岁,举博学鸿儒科。时大司寇徐公乾学,通宾客,盛声气,士之攀骐骥而附鳞翼者,莫不幸趋门下。京师为之语曰,万方玉帛朝东海,一片丹诚向北辰。东海徐郡也。豹人耻之,屡求罢不允,趣入试,不终幅而出。天子雅闻其名,命赐衔以宠其行。部拟正字,上薄之,特予中书舍人。始豹人以年老求免试不得,至是诣午门谢。部臣见其须眉皓白,戏语曰,君老矣。豹人正色曰,仆始辞诏,公曰不老。今辞官,又曰老。老不任官,亦不任辞乎,何旬日言歧出也。部臣鄂谢之。

此则涉徐东海事。万方玉帛二句,与前说高士奇事不同。郭琇参徐高疏,谓民间有五方玉帛归东海万国金珠贡澹人之谣。此见于国史《高士奇传》。文属公牍,当可据。惟此等匿名诽语,以谣为称,传者原无的据,亦未能谓孰真而孰伪耳。

钱林《文献征存录》:

　　孙枝蔚录曰:以布衣举博学鸿儒,辞以老病不许。吏部集验于庭,年老者授衔使归。尚书见枝蔚须眉皆白,曰君老矣。对曰未也,我年四十时即若此。且我前以老求免试,公必以为壮。今我不欲以老得官,公又以为老何也。尚书笑之。卒受中书舍人衔回籍。赋诗云:一官如笼鹤,万里本浮鸥。

诗中笼鹤,《池北偶谈》载此全诗,作宠鹤。盖初授正字时作。诗云:一官如宠鹤,万里本浮鸥。献赋曾非晏,童年况异刘。山人今上路,小妇免登楼。临水看蝌蚪,惟添错字愁。若作笼鹤,是受职不归之说也。不与山人上路句矛盾乎。

王士禛《蚕尾集》吴雯墓志:

　　戊午己未间,天子诏征博学鸿词之儒备顾问,特举制科。海内名士,鳞集阙下。君在举中,顾独耽寂守素,不与他人走健仆裹巨轴宛颜低眉望门求知者竞驰逐。膠牢澹泊,门有雀罗。予以是益重之。临朐冯相国知君名,以扇索其诗,君大书二绝句答之。其坦率如是。卒以不遇,亦不悔也。又叶封墓志:戊午有旨,中外官举博学鸿儒以备顾问。君与焉。是时诸号为名士高蹈邱园者,率婉颜卑词,望走朝贵之门,伺阍人喜怒以为欣戚。君独处委巷,雀罗在户。明年卒报罢。

渔洋亦不满于鸿博诸公者。所表章皆不获隽之人,以得意之人相形而见其品有高下。一时喧寂异致,亦可想见。

许嗣茅《绪南随笔》:

> 国初十郡大社,以宋既庭尤西堂诸君执牛耳。华亭钱学士金甫与焉。金甫字月江,人颇伉爽。会后觞于千人石,有中翰邵君延龄,卒然问月江曰,松江有钱芳标,岂君族耶。月江对曰,无服族叔。邵君即曰,此乃非人。前欲补我缺,再三浼我。许金五百,我昨往索,转令阍人饰词拒我。盖国初铨政,尚沿明例。科甲需次,若今候廪截缺,可上下其手也。因大诟。月江时被酒,攘臂而起曰,不知我叔而詈之,是詈叔也,已不可。知我叔而詈之,是詈我也,乌乎可。势将用武。幸十郡士交为之解。乃罢去。未几有鸿词之举,月江被征,而举主则殊未谋面。促迫就道,至都进谒,修师生礼。谛视其人,似曾相识。握手问曰:君知仆相攀之意乎。对曰,必有行卷流传,谬尘青目。曰非也。然则知交扬诩乎。曰非也。君之得举,以老拳得之。仆即千人石上作鸡肋者。《国策》云,昔为人妻,则不欲其詈我也。今为我妻,则欲其詈人也。君为族叔,几不反兵。兹幸结衣钵缘,庶在朝之詈仆者寡耳。时征车未齐,许以廪生入北闱。举秋赋。明年南宫复第,殿试二甲,选庶常。宏词榜发,复列上卷。免其散馆,即授编修。居官不改儒素,足不登要人之堂。与竹垞最莫逆,朱归后亦引退。

月江,《词科录》、《鹤征录》等皆作越江。己未进士庶吉士。再中制科选。除编修。由户部主事邵延龄荐举。皆与此合。其被荐渊源,独具于此。其叔芳标,字葆谽。亦以丙午举人官内阁中书被荐,艰归不与试。其补内阁中书,盖即顶邵缺。葆谽为明刑部侍郎钱士贵子。

以上就涉历所及,辑为一编。固为清世一人掌故,助其谈柄。要于康熙朝所以安定人心之故,因此可以窥见。当时明社初屋,士虽有亡国之痛,而文会社集,仍沿明季故事。吴中名士,奔走甚盛。科举之焰,深中于人心。四民以士为领导,士以科举为依归。其尤秀杰者,至科举亦不乐就。而其才名已为士林指目,苟不得其输心,则寻常科目,或有不足牢笼之人物,天下之耳目犹未归于一也。圣祖于三藩未平,大势已不虑蔓延而日就收束。即急急以制科震动一世,異词优礼以求之,就范者固已不少。即一二倔强彻底之流,纵不俯受衔勒,其心固不以夷虏绝之矣。时天下名士推亭林藜洲。藜洲虽不赴,犹遣子代应史馆之聘。洁身事外者独有亭林。要其著书立说,守先待后,亦无复仇视新朝之见矣。最不逊者傅青主,究亦口吻惯习使然,非真有兴复之望。观内阁大库档,青主于顺治间,以义师牵染就逮。供词中抵辨不承,极口自称小的,亦所谓降志辱身,比迹于柳下少连云尔。未尝有一死殉明之心。则经此一召,誓死之说,亦未可必。居然不强入试而遣归,即属望外之幸。所受之职,虽不以夸示于人,要亦不能决绝于代兴之世。清于死者以忠烈褒之,生者则以礼遇笼络之。右文稽古,歆动于其前。八旗兵力,收拾于其后。滇黔既平,台湾复下。从此汉族帖然,整旅向外,蒙藏相继尽入版图。不得谓非圣祖之庙谟独运也。而制科其一要着,岂乾隆丙辰之比。但为承平之世,增一部鼓吹而已哉。此录外作录之旨也。

近代书院学校制度变迁考

谢国桢

一　缘起

余曩读梁任公先生所辑《中西学门径书》七种，内载《时务学堂学约》，时当清光绪中叶，提倡新学之际，学校尚未成立，所定学制课程，多取材于书院；而厘定章则，讲学宗旨，于今日学校犹不相远：于此可以知近代书院学校之演变，而为今日教育可以借镜者甚繁。因思自清乾嘉间阮文达倡立学海堂诂经精舍以还，人材辈出，学风丕变，在吾国教育史上，实有注意之价值。乃缀辑其史迹，整理其故事，爰分为，（一）乾嘉以来书院建置之沿革，（二）书院之课业及光绪间新旧学程之条议，（三）吾人对于今日教育之感想，共分三章；而书院学校因革利弊，亦附见于其中。猥以研治辽金史事，兼治目录之学，乘其余暇，撷拾成篇。未能搜辑完备，畅所欲言。阮文达云"元不能为古文，但能效唐人经疏分析事物，期明其意"，桢窃取其意，乃条陈由书院改变学校制度之原委，间附末议，备学者参考焉。

二　乾嘉以来书院建置之沿革

按书院之制,其来甚久,起于唐而盛于宋,清代书院,仍沿宋明之旧。自顺治十四年,从抚臣袁廓宇请修复衡阳石鼓书院,嗣后各直省,以次建设。《清会典》云:

> 凡书院义学,令地方官稽察焉,京师设立金台书院,每年动拨直隶公项银两,以为师生膏火,由布政司详请总督报销。直省城设立书院,直隶曰莲池,山东曰泺源,山西曰晋阳,河南曰大梁,江苏曰钟山,江西曰豫章,浙江曰敷文,福建曰鳌峰,湖北曰江汉,湖南曰岳麓、曰城南,陕西曰关中,甘肃曰兰山,四川曰锦江,广东曰端溪、曰粤秀,广西曰秀峰、曰宣城,云南曰五华,贵州曰贵山,皆奉旨赐帑,赡给师生膏火。奉天曰沈阳,酌拨每学学田租银为膏火,令有志向上,无力就师各生,入院肄业。

然当时所设立书院,率为士子课习制艺之所,兼设古学,或为师儒讲习理学之地,其研治经史考证之学者盖寡。自阮文达元督学浙江时,创立诂经精舍,总督两粤时,创立学海堂。其学以考证经史为宗,兼及天算推步之学。于是士子闻风竞起,所向景从,学风为之一变。后钱仪吉讲学太梁,复游粤东,集徒授学崇尚汉宋。张之洞督学四川,创尊经书院,王先谦督学江苏,创南菁书院,黄彭年于直隶重整莲池书院,于吴中正谊书院内设学古堂:凡此诸事,其宗旨虽有不同,而与兴学施教,则同导源于阮氏,清代考据之风,所由养成,此一时也。且迨咸以后,外有敌国之厄,内逢洪杨之乱,人士渐知徒讲考证之学,不足以救亡。于是忧时之士,群欲改弦更张,重树学风,以救时弊,其说可分为两途:若曾国藩、倭仁诸君,以为汉学之弊，在救之以宋儒义理之学，非存养省察，不足以有为，此一派也；其他学者若龚自珍、魏源诸君，则宗西汉公羊家法，兼治时政，以挽饾饤破碎之弊，此又一派也。世风日亟，国事蜩螗，于是康梁继之。康氏在粤讲学长兴里，梁氏主讲湖南时务学堂，大声疾呼，融和汉宋，崇尚今文，兼治西学，力破陈说，务求新知，不可不谓吾国学术上之一大变动！当时崇之者推为圭臬，毁之者詈为洪猛；然清代学风自此而一变矣。当时张之洞氏亦知时势所趋，非容纳新学，不足以图存，所撰《劝学篇》，实含有开放之意，非如王先谦、叶德辉辈，徒守成说，食古不化者也。自光绪戊戌政变以后，康梁亡命外国，时务学堂亦被封禁。湖南学使徐仁铸，本识时之士，亦被窜逐，更易俞廉三为湖南巡抚，改时务为崇实书院，以黄舒昺为山长，力崇程朱之学，以祛康梁之说。于是叶德辉、苏舆等人，大肆厥辞，撰《觉迷要录》、《翼教业编》等书，以力诋康梁，虽徐仁铸氏为德辉之师亦不能免焉。吾人平心论之，康梁之说，虽识见较远，而亦不能无语病；叶苏之辨，固多诬妄，然亦有其见解。昔日争端，已成陈迹，然在今日视之，两家学说，亦均持之有故，非可一概抹杀也。嗣后以患日迫，西学东渐；昔日占毕时艺，不足以有为，既讲习经史，研治汉宋，安足以知西国科学之长，武器之利哉！始也秉教育者，以"西学为体，中学为用"，后乃渐知中学有中学之体用，西学有西学之体用。昔日抱残守缺，执版升堂，坐书院中，吟哦经日，时风所趋，如潮水然，有不得不改革之势；虽有守旧之士，力反其说，亦莫可若何，此时事所迫者，非一二人力所能为也。降及清季创设学堂，改革学制，于是书院废而学校兴，书院两字遂成历史上之名词矣。惟民国十四五年间，北京清华学校设研究院，犹存书院之遗意焉。总观清代书院，自阮氏以经学考古倡导以后，学风丕变，究其原委，可分为嘉道以来，书院制度概况，及近代书院学校制度之变迁两事。综其始末梗概，分述于后。

甲 嘉道以来书院制度概况

昔日书院为士子讲习课艺之地，或为师儒敦切品行、省养存察之所，吾曩已言之。自阮文达倡立诂经、学海，乃专示士子以考证训诂之学，兼习天算推步之术，士子各以性之所近，志其所学，学有专门，已含有分科之意，训诲之方，已较昔人为善。按诂经精舍，设在杭州西湖孤山之麓，建立于嘉庆六年，许宗彦《诂经精舍文集》序云：

> 吾师云台先生，以名世之德，为人伦藻鉴。先是视学两浙以行谊经术厉士，士风旷然一变，既奉命镇抚是邦，纲举目张，百为具理，鲸鲵就戮，江海如砥。于湖堧立诂经精舍，祀许沈长、郑司农两先师，择十一郡端谨之士，尤好古力学者，萃处其中，相与讲明雅训，兼治诗古文辞，公暇亲为点定，并请王兰泉孙渊如两先生为之主讲。二年，得文集若干卷。

又阮元《西湖精舍记》云：

> 元少为学，自宋人始，由宋而求唐，求晋魏求汉，乃愈得其实。尝病古人之诂散而难稽也，于督学浙江时，聚诸生于西湖孤山之麓成《经籍纂诂》百有八卷，及抚浙遂以昔日修书之屋五十间，选两浙诸生，学古者读书其中，题曰诂经精舍，精舍者汉学生徒所居之名，诂经者，不忘旧业且勖新知也。诸生请业之席；则元与刑部侍郎青浦王君述庵，兖沂曹济道阳湖孙君渊如迭主之。诸生谓周秦经训，至汉高密郑大司农集其成，请祀于舍。孙君曰非汝南许沈长，则三代文字不传于后也，其有功于经尤重，宜并祀之。乃丁嘉庆五午五月己丑，奉许郑木主于舍中，群拜祀焉，此诸生之志也。

其诸生课文，刻有《诂经精舍文集》，凡至八集，并有《诂经精舍章则》及《藏书目录》，李元度《阮文达公事略》云："不十年上舍士致身通显，及撰述成一家言者，不可殚述，东南人材称极盛焉。"诂经精舍历时最久，代有闻人，至光绪初年俞阴甫樾，尝主讲诂经精舍，缪荃孙《俞先生行状》云：

> 先生历主讲苏州紫阳，上海求志，德清清溪，归安龙湖等书院，而主杭州诂经精舍，至三十一年，为历来所未有。其课诸生，一禀阮文达公成法，王侍郎昶孙观察渊如之绪，至先生复起而振之。两浙知名之士，承闻训迪，蔚为通材者，不可胜数门。门人为筑俞楼以与薛庐相配，游湖上者，皆能指其所在，相与乐道其地不绝。先生训诂主汉学，义理主宋学，教弟子以通经致用，蔚然为东南大师。晚岁忧伤时局；常语人曰："形而上者谓之道，形而下者谓之器，以中学为体者道也。以西学为用者器也。"病中犹以毋域见闻，毋忘国本，垂为家训。

阮氏于嘉庆八年立海宁安澜书院，二十五年总督两粤，立学海堂，以经古学课士，略如浙江之诂经精舍，按学海堂建于广州之粤秀山。林伯桐《学海堂志》云：

> 仪征公于嘉庆丁丑，持节督粤，迨辛巳政通人和久矣。始设经古之课，不专一题，俾得所近；不速其期，俾尽所长；既以粤士为可教，遂辟学海堂。初拟于前明南园旧址，略觉湫隘；又拟于城西文澜书院，以地少风景；最后拟于河南海幢寺旁，亦嫌近市，相视久之，遂定于粤秀山。枕城面海，因树开门，荆榛则剃之，古木则培之。公于政暇，躬亲指画，经始甲申之秋，阅一时而蒇事，行礼讲业，具得所依，高下自然，曲折有意。自是以来，诸童入塾，下邑横经：或闻风而事来；或游观而不舍，蒸蒸然多所兴起矣！

按学海堂建置规制，较昔日书院略有不同，考其课程章则其主

要者约有三端:(一)昔日书院首设山长,今者改为学长。《学海堂志》"设学长"条云:

> 此课之设,首劝经史,而诗赋备具,应课者,各有所长,司课者宜兼众力。是以丙戌之秋,设立学长八人,同理课事,俾各悉心力,以俟大吏裁定,而昭布焉。

仪征公谕云:学长责任与山长无异,惟此课既劝通经,兼该众体,非可独理;而山长不能多设。且课举业者,各书院已大备,士子皆知讲习。此堂专勉实学,必须八学长,各有所长,协力启导,庶望人才日起。永不设立山长;与各书院事体不同也。

(二)季课、每岁分为四课,由学长出解经文笔,古今诗题,限日截卷,评定甲乙,分别散给膏火。学长如有拟程,可以刻集,但不给膏火。

(三)专课肄业生、道光十四年总督卢坤始札学海堂增设专课肄业生十名,并厘定应行事宜数条。

(四)经费、自道光元年至六年,所有膏火,俱由总督阮元捐廉发给,六年六月阮元改官云贵总督,筹画在官无碍田地租息,拨充公用,其征入掌之于官,请领动支,皆有成式,复以堂费浩繁,捐银四千两,发商生息,为之协济。

(五)雅集,每年正月二十一日,即阮元生日,期会团拜。七月五日为郑玄生日,即于堂中行祭礼。此外花朝上巳,盛夏曝书,中秋坐月,九月赏菊,长至观梅,皆于佳日,举行小集一次。(以上皆据《学海堂志》)

占毕之暇,继以吟咏,胜地佳会,至今令人健羡。学海课业既纯,办理亦善,故历时甚久,人材尤胜。且兼及刊书之业:士子课艺则刊有《学海堂文集》,自阮氏以迄陈澧凡刊有四集,九十卷,作者五百人；又仿纳兰容若《通志堂经解》之例，辑有清一代经师注疏，刊有《学海堂经解》，凡为书一百八十种，一千四百卷，成绩伟然可观。其继阮氏后者，道光十四年卢坤总督两广时，嘉兴钱仪吉蔼人，来游是邦，坤属修《两广盐法志》。仪吉为阮元弟子，元属仪吉，与学长林伯桐、吴兰修、曾钊商订专经课士之法。其时人材辈出，其历任学长，及堂中高材生，若林伯桐、吴兰修、曾钊、张杓、张维屏、候康、陈澧、谭莹、黄培芳诸君，各有著述行世，均一时俊彦之选。书院创始于道光元年，迄于光绪末载，凡九十年，老师宿儒讲学其间，历祀不绝，尤以陈澧掌院为最久。澧字兰甫，学者称东塾先生。年二十五岁，为专课生，三十一岁补学海堂学长，迄七十三岁卒，身在学海堂垂五十年。学兼汉宋，著述等身，为粤中耆宿。同治六年方浚颐创设菊坡精舍，聘为山长；弟子成就者甚众，刻有《菊坡精舍文集》。当张之洞来总督两广，澧已前卒，之洞躬诣墓前，称私淑弟子。复有诗云，洸洸陈先生，深入五经郛，尽袪汉宋畛，兼握文笔珠，盖纪实也。自光绪初叶张之洞来莅斯邦，立广雅书院兼开广雅书局，刊刻名贤著述，不下数百种，粤中人文，赖以蔚成，其流风余韵，至今未泯也。

书院之风，自经仪征阮氏倡导以后，远在陇蜀，近及吴越，设塾立学，所在成风。其在河南者阮氏弟子钱仪吉氏主讲大梁书院，成学尤众。苏源生《记过斋文稿》，《钱星湖先生遗事》云：

道光丙申春，应河南巡抚桂公聘，来主大梁讲院，先生教士各就所志而导之，或问性理，或谈诗文，咸因材教督，不拘一格。颁日程课，读经及语录文字，旬日考定甲乙，随课升降。又属河道张公捐置经史诸籍，励诸生学，辑赋选评注，刊刘念台《人谱》，又属方伯张公刊《近思录集注》，颁发书院诸生。游其门者，如固始蒋湘南，商邱陈凝远，密县翟允之，洛阳曹肃孙，祥符徐筬龄，皆彬彬有以自见。

钱氏主讲大梁时，尚辑刻经苑一书，亦经学之佳选也。又李兆洛申耆主讲江阴暨阳书院，远近受学，其杰者，考道箸书，学成一家，及取科第去者以十百计；次亦勤习举子业，得指受知所宗向。主讲东南坛坫者垂二十年，极一时之盛。自是而降，各省书院，皆有研治经史，讲求实学之举。以吾所知者，若保定之莲池，成都之尊经，湖南之岳麓，江阴之南菁，苏州之正谊，济南之泺源，关右之关中，其尤著者也。当清光绪初年，提倡学风最力者厥为黄彭年子寿，其在关中则修复关中书院，其在直隶则修复莲池书院，其在苏州则修复正谊书院。时士子均从事于八比之文，黄氏教士之方，则于课艺以外，另辟学古堂，督课经史，使生徒逐日札记，以验其学之臧否。其修复关中书院也，刻有《课艺志学斋日记》，时当光绪十四年之秋，陕抚叶伯英序云：

  自明代创立关中书院，至于我朝，多士讲诵其间，造就人才，指不胜屈。……冯展伯中丞抚秦时，添设志学斋，甫有规模，即解任去。余既奉抚秦之命，与贵筑黄子寿方伯，筹商经费，先后添建斋居七十七间。凡经史子集及经世有用之书，分类购得善本，储置院中。议定志学斋章程，及读书课程，勒之于石。复以子俊孝廉主讲味经，训迪有方，著有成效，因请其主讲关中，兼理志学斋事。俾士子讲求实学，余复逐月召诸生至署，课以诗文，给予奖赏，学者皆奋兴焉。

按是书所辑，均为诸生课艺，惟《志学斋日记》，则为诸生诵读经史札记，间有考辨之文。至保定莲池书院，亦倡于黄氏，于诸生课艺外，另设学古斋。黄氏去后，继之以张廉卿裕钊，吴挚甫汝纶。张吴虽主桐城家法，而吴氏识见，最为锐敏，不主故步自封，实较叶德辉、苏舆诸人之识见为善，河北学风为之一变。吴先生之子闿生

《吴门弟子记》序云：

> 当前清同治中，曾文正李文忠先后来督畿甸，咸殷然有振兴文教之意。其时先大夫实刺深州，修孔庙，兴乐舞，括义学废田，大开书院，州人士忻忻向化。……及罢官，主讲莲池书院，于是教化大行，一时风气，为之转移。盖河北自古敦尚质朴，学术人文，视东南不逮远甚，自廉卿先生，来讲莲池，士始知有学问，先公继之，日以高文典册，摩厉多士，一时才俊之士，奋起云兴，标英声而腾茂实者，先后相望不绝也。

其时著籍成学之士，若贺涛、马其昶、赵衡、李刚己、贾恩黻、王树枬、柯绍忞诸君，皆足以开前启后，发奋有为，而为吴先生侪辈中所奖借者，若严复、林纾诸君，亦为一时特异之士，盖吴先生宏奖人才不主一格，此莲池学风之所以盛也。

黄氏来任苏藩时，又于正谊书院内别设学古堂，以敦课古学。按吴中本为文物之邦，自宋元以来，代有学人。清初则有惠氏父子，研治汉学，称为吴中学派。乾嘉间则有宋翔凤、顾广圻、陈奂诸君。洪杨乱后，学风稍息，黄氏之办学古堂；成材颇众，若胡玉缙、章钰年登老寿，皓首穷经，至今尚矍健无恙，为灵光硕果，堪为人师表者也。雷浚《学古堂日记》序云：

> 吾吴夙称人文渊薮，自乾嘉两朝，上溯国初，其成名以去者固已千秋俎豆矣。就浚所及见，有专精经古，而不以科举为事者，宋刺史翔凤、顾文学广圻、陈征君奂也；有从事科举之业，而兼通经史者，吴侍郎锺骏，冯宫詹桂芬也。其时未经兵燹，郡城藏书家尚在，有无相通假，坊间多善本有用之书，有力者求之即得。老师宿儒未尽亡，学者有所折衷，故三十余年前，吴中士风颇不同，兵燹以后，非其旧矣。大吏知其然也，设书局先刊朱子小学诸书，为学者言行之本。《十三经》、《廿四

史》以次告成。又搜集诸家经学、小学之书，有藏稿未显于世者，刻印流通。其嘉惠后学之意甚盛；而寒士限于力者，仍难快睹也。前冯官詹为正谊院长，尝议及此，故官詹主讲时，正谊书院颇有藏书。惜乎一人之力，捐书无多，未厌学者之求。今方伯贵筑黄公，深知寒士得书之难；于书院西偏，得隙地而经营之。建堂曰学古，建藏书楼，聚书六万余卷；招诸生有志读书而无书可读者资以膏火，肄业其中。设日记，每日所读之书，有所得，有所疑，皆记之，以俟论定，而谬以浚之为长。月终诸生汇录所记各条呈于学长，评是非，定甲乙，善者奖之，不善者纠正之，有跅弛不受约束者则屏之，法至周也。

诸可宝《学古堂记》云：

学古堂之建也，实维著雍困敦之岁；而落成于次年三月，时则贵筑黄公来藩于苏州。公好学爱士，不厌不倦；先以翰林告养日久，主讲莲池讲席，储书分课畿辅，至今称道之。莅官后，百废具举，谓浙有诂经精舍，粤有学海堂。若鄂、若湘、若巴蜀、若豫章，无弗有藏书，督课之地，独苏大邦，阙焉未备，甚非谊也。于是句核库帑，得闲款如干缗，乃创筑室购书之议，度地乎可园而基立已。可园者水木明瑟，庭宇清旷，故为正谊院长泾朱赞善之所居，有记见《小万卷斋文集》中。工既庀，次第恢拓，……规模完美。会公权巡抚事，遂筹巨金二万两，常存典肆，岁取什一之息以供用。聘学长雷深之先生主讲席。高材生胡君玉缙、章君钰为斋长，任典守渐陶之责，嗣复拔余及门吴生寿萱为算学斋长，示有专家；察诸生之勤惰而以时考其言行，则委监院吴校官履刚充之。以余为诂经旧牛徒也，于训故词章、六书九数曾识途径，檄令理董其事。又参仿莲池事例，订定课程，率循罔越。开堂逾岁，敬业乐群，彬郁可观。公欣然曰：

"吾之心力已尽,节目纲维,容多未备,惟后贤善补苴之矣。"

黄氏所办书院,莲池而外,当推正谊之学古堂,刻有《学古堂日记》,硕人尚存,流风未息。若各地所办书院,江苏上海则有龙门书院,主讲者为刘君熙载。萧穆《刘融斋中允别传》云:

> 公讳熙载,字伯简,一字融斋,江苏兴化刘氏,当道请主讲上海龙门书院,凡十四年以终。其主讲龙门书院,与诸生讲习,终日不倦。每五日必一一问其所读何书?所学何事?黜华崇实,祛惑存真。尝午夜周览诸生寝室,其严密如是。自六经子史,天文算法,字学韵学,下至词曲,以及仙释家言,靡不通晓;尤以躬行为重。尝曰:"所贵于学者求尽人道而已。"

其在江西,则有经训书院,李文敏洪钧《经训书院改章原奏》云:

> 江西省城旧设三大书院,曰豫章,巡抚主之;曰友教,曰经训,藩臬司主之。经训创于道光年间,臬司刘体重所建,他书院课时文,此则专课经解,古文诗赋,衔华佩实,相辅而行,法至善,意至美也。乃行未数十年,寖就废弛,臣文敏在臬司任内,以其不实不称,改课诗赋,思加整顿,旋即升任。臣钧抵学政任后,深究废弛之由,力求振兴之道,乃选士择师,改章设课。约举更定章程大端有四:一书院向以甄别取士,现仿浙楚等省书院之制,由学政岁科试时,择高材生,送院肄业。一非住院者,不准应课,庶不至徒有应课之名,而无肄业之实。一聘延山长,不拘名位籍贯。一书院向无书籍,山长束脩,士子膏火,皆形菲薄,既议酌增。并多购经史子集,存储院内,本年工竣后,以新章开课,经经纬纬,课艺顿觉改观。江右搢绅佥以为宜,且请奏明定章,庶垂久远。……

按经训书院,重建于光绪壬午,与课者有朱锡庚郭宗翰诸人,刻有《经训堂书院文集》六卷。

其在山东济南则有泺源书院,缪荃孙自定《艺风老人年谱》云:

光绪十七年辛卯;二月东抚张勤果公曜,招东游聘主泺源书院,院为山东名胜地,《小沧浪笔谈》有垂柳、苇荡、方池、鳌簪石、铁狮峰五咏,今一切如故。……山东诸生,经学则胶州黄象栻,博洽则诸城尹彭寿、日照丁文瀚、小门人王崇文,词章则世昌王鹤年、单蓉镜、单步青、刘彤光等均优,是科大半中式。

缪氏之先,道州何绍基曾主讲泺源。其后则有宋书升主讲尚志堂书院,刊刻经籍,惠迪士俦,亦书院后起之劲也。

当时书院讲学之盛,继学海而起者,厥为江阴之南菁,为学使黄体芳所建。延黄以周、缪荃孙,主讲其间,训迪士子,提倡古学以启为学之法;刊刻经解,纂辑业书,以示读书之门径,传古人之著述,励士子之传习。缪荃孙《黄先生墓志铭》云:

先生讳以周,字元同,号儆季,浙江定海厅人,黄漱兰侍郎,视学江苏建南菁讲舍,延先生主讲,先生教以博文约礼,实事求是,道高而不立门户。常语门弟子曰"前代之党祸可鉴",宗湘文观察,建辨志精舍于宁波,请先生定其名,义规制,而专课经学,著录弟子千余人。

又缪荃孙《艺风老人年谱》云:

光绪十四年九月,杨蓉浦师督学江苏,招至邑城,命主讲南菁书院。书院延两院长,黄元同以周先生专课经学,荃孙分课词章,诸生正额八十人,附额不计数。

当时于督课经艺以外,兼继阮文达学海堂《皇清经解》之业,纂刻《续皇清经解》及《南菁书院丛书》,于牛谆《自定年谱》卷中《奏报岁试五属情形及设局刊书事宜》云:

臣昔于阮元所刊经解外,搜采说经之书,为数颇多,抵任后，以苏省尤人文会萃之区，檄学官于儒门旧族，留心搜访，时有采获。共得书近二百种，部一千数百卷。类皆发明经义，为学者亟应研究之书，稔知宁苏两书局，近来经费，不甚充裕，未能刊此巨帙。因就近于江阴南菁书院设局汇刊，曾函知督抚臣在案，臣已捐银一千两鸠工缮写。

是书刊刻既成，先谦复属缪氏编《南菁书院丛书》，专刊有清一代考订之作，书分八集。其第四五集，则选院中高材生所撰述，多士观览兴起，尚益覃精术业，偕登于作者之林，此南菁书院所尤长者也。先谦返里后，复主讲湖南思贤讲舍、城南书院、岳麓书院。先是淮南北盐局，以曾文正公规复盐纲，湘人受惠者多，鸠赀建祠。郭侍郎嵩焘建议于祠旁为思贤讲舍，聚徒课学，申景慕之义，并刊刻经史诸书，以便利学子。延王祭酒先谦主讲其中，其宗旨与南菁书院同。其时成均课士，亦尊经史，研治实学。张百熙《成均课士录》序略云：

> 国学旧事课艺，积数年一刻。乾隆六十年，法梧门先生，官祭酒，刻《课艺第一集》。嘉庆九年，又续刻焉。……穆宗即位，诏以经史策论课士，有留心时务，通知古今者，优奖之。洎管监事，翁叔平先生，宗室盛伯义，同里王益吾前辈，奉扬文治，奏举入监肄业。天下喁喁向风，人才浸渐，萃于南学，至今日而益盛。百熙奉命来承诸公后，念士之讲习所及，发为文章者，心有可观。适同里刘学正钜，承翁先生命，裒集上舍生课作，以去取商诸百熙，因与同官崇君厚庵、熙君吉甫，相与抉择，付诸手民。其文自制艺外多经史词章之作，亦有涉及时务者，不敢鳌穆宗垂训之旨。

百熙为祭酒之时，时为光绪二十二年，正当维新变法之时，故士子课文，间涉及时务。其时为祭酒者若王先谦、王懿荣，皆积学敦品之士，而南学诸生极一时人材之选。南学讲治实学之风，极盛一时，实前此所未有也。

以上所述，由学海诂经以来书院之建置，其课士之方爱尊古学，以考订训诂为宗，此清代汉学之所以养成，经师撰述赖以刊刻流传，实有功于学术，启后人之景仰。然世变日亟，昔日之纯谈考证，已不厌人士之期望，于是治今文之学家起，而谈西学之风兴，此时事所趋，有不得不然者。其能容纳西学，仍尊故训，所谓中学为体，西学为用者，厥为张之洞氏。张氏督学各省，所至以提倡学术为宗，所撰《劝学编》、《书目答问》业已家弦户诵，不胫而走。陈宝琛《张文襄公墓志铭》云：

> 始公典试提学浙江、湖北、四川，迄任疆帅，所至创立书院，以通经学古，提倡士风谓：求才必由于学。于鄂于蜀有经心尊经，于晋有令德堂，于粤有广雅，比督楚，复创两湖书院。

文襄所办书院，最著者为四川之尊经，广东之广雅。其课士宗旨，以与昔日之纯主考据者略有不同。四川尊经书院创立于光绪元年，至十一年制府丁宝桢复延聘王闿运为院长。张之洞《尊经书院记》云：

> 同治十二年四月，兴文薛侍郎偕通省蒋绅先生十五人投牒于总督学政，请建书院，以通经学古，课蜀士。光绪元年春，书院成。择诸生百人，肄业其中，督部盱眙吴公与薛侍郎，使之洞议其章程，事属草创，未能画一，有所商略，或未施行。比之洞将受代，始草具其稿，商榷定议。

文达所撰《尊经阁记》，讨论为学之法，其大旨在于定志向学，非为膏火；读书根底，在于通经；求学知要，不立党援，反复讨论，意极诚挚。与文襄所撰《劝学编》，同为近代教学法上重要史材。又王祖源《尊经书院初集》序云：

> 张孝达学使之创建尊经书院也，其章程，诸生应课佳卷，

帖示讲堂，非以明不私，特以蜀士三万，而院额百名，悬鹄国门，使学射者知所观摩耳。戊寅冬督学使者南海谭编修曾跋其所刻《蜀秀集》，粗得包举众艺，表见群英，识者谓与诂经学海相颉颃，三年灯火，成学斐然；于此叹蜀才之善变也。己卯春制府丁公宝桢，考程横经课士，于是礼延湘潭王壬秋先生，学本成天，言能化物，尽发何郑之覆；直升屈宋之堂，岂曰今之学人，实乃古之达士。院生喜于得师，勇于改辙，宵昕不辍，蒸蒸向上；而先生乐其开敏，评改涂乙，不厌详说。每一帖示，等石经之初立，若左赋方成。四方观临，刀简复沓。学者既苦钞写之多劳，又恐鲁鱼之滋误，请付梓人，乃成是集。……

王氏讲学蜀中，响应最深，研经则搜大义而剪支离，制辞则屏晚近而宗阮谢，启迪后学，成材者众。院中高材生若吴之英、宋育仁、岳森皆一时之选。其后若廖平之博综今古，赵熙之擅长词赋，蜀中学风藉以蔚成。张之洞之总督两粤，其继学海而起者，则为广雅书院，延朱蓉生一新主讲其中，一新为杭州诂经精舍之高材生，学极博辨，金武祥《朱君传》云：

粤督张香涛尚书，驰书延为肇庆府端溪书院山长，复延入广州为广雅书院山长。广雅规模宏大，张公所新建者，储书甚富。山长专课诸生，以经训性理及史事词章有用之学。两广东西高材生，咸请业焉。其论经学，深抑近时讲西汉公羊之流弊，谓其蔑古荒经。其沦学术与治术之分久矣，学与行亦未尝不分。迨及近世，则汉与宋分，文与学分，道与艺分，岂知圣门设教，但有本末先后之殊，初无文行与学术治术之别。少嗜濂洛关闽之书，中年以后涵养益粹。尝谓进德莫先于居敬，修业莫先于穷理，穷理必兼学问思辨。学问者格致之事，思辨者由致知以几于诚正，由博而返约，则居敬尤要。故院中生徒，有聪颖尚新奇者，必导而返诸正大笃实，久之皆信向。

广雅书院，其影响粤学，虽未如学海之深，然汇刻古书，尤以史部为繁，实有裨于学人也。

往观昔日，非独书院足以提倡人材，即穷乡僻壤，苟有人提倡之，亦足以焕发人文。今姑举一事：如独山莫与俦犹人官遵义府学教授，讲授实学，从之者众，门人郑珍及其第五子友芝，均能通许郑之学，为黔中人望。中国之大，何地无才，苟有善导，不患无人，是其例也。

乙 近代书院学校制度之演变

吾曩所述书院，以训诂考订为宗，学子课艺，均为研经籀史之文。其稍具科学知识，仅有天算推步等类，然自鸦片战争以后，门户开放，外患日亟，又经洪杨战役，国势渐形不支，日俄交涉，发生于东北；英法侵略，继起于西南。光绪甲午之战，一蹶不振，时事蜩螗，尤较昔日为甚。然外人所持者为兵甲之坚，科学之利，此非研经铸史考订词章所能有为也。于是非变法改制，效法欧西，博闻强识，学有专科，不足以图存，爰有康梁新说之奋兴焉。康氏讲学广州长兴里万木草堂，继之梁氏讲学于长沙之时务学堂，颇收时效。究其讲学之旨，宗西汉公羊家学，而参西洋哲学宗教家之说，其课程则取颜习斋、李恕谷六府三事之旨，而取昔人六艺，改为礼乐书数图枪。在今日视之，颇觉幼稚，然在昔日，已为创获矣。梁任公先生《康南海传》云：

> 先生以为欲任天下之事，开中国之新世界，莫亟于教育，乃归讲学于粤城，岁辛卯，于长兴设黉舍焉。余与先生之关系，实始于此，其时张之洞实督两粤，先生劝以开局译日本书，辑《万国文献通考》，张氏不能用也。乃尽出其所学教授弟子，以孔学、佛学、宋明学为体；以史学西学为用。其教旨专在激

厉气节，发扬精神，广求智慧，中国数千年无学校，至长兴学舍，虽其组织之完备万不达泰西之一，而其精神则未多让之。其见于形式上者，如音乐至兵式体操诸科；亦皆属创举。先生讲学于粤凡四年，每日在讲堂者四五点钟，每论一学，论一事，必上下千古，以究其沿革得失。又引欧美以比较证明之。又出其理想之所穷及，悬一至善之格；以进退古今中外，盖使学者理想之自由，日以发达，而别择之，智识亦从生焉。余生平于学界稍有所知，皆先生之赐也。

梁任公先生《长兴学记序》云：

至今大患愈迫，南海先生忧之，讲学长兴里，著为《学记》，昭示来兹，爱同类以及异类，推孔教以仁万国；启超幸以爝火之明，得日月之照耀，迩者讲学长沙，仁智兹愧，惧大道之或坠于眇躬，乃敬将此书上石，以馈天下焉。

是时湖南巡抚陈宝箴，学政徐仁铸均意提倡新学。仁铸著有《輶轩今语》，见解极为通达。延梁先生主讲湖南时务学堂，撰有《学约》，略仿欧西学堂辨督课诸士。著籍者若蔡锷、范源濂、杨树达诸君，于事业学术皆有所建树。惟守旧之士，猝听新说，一时大哗。若王先谦、叶德辉、苏舆等人，乃群起攻讦，视为洪水猛兽，著《觉迷要录》、《翼教业编》，深恶而痛绝之。王先谦《自定年谱》云：

时工部主事康有为，以变法自强之说，耸动海内，朝野多为所惑。翁叔平尚书保荐有胜臣十倍之语，一时靡然从风。识者心鄙其人，然不悟其有逆谋也。陈右铭中丞宝箴莅任湖南，余素识也；向以志节自负，于地方政务，亦思有所振兴。会嘉应黄遵宪来为监长宝道，与中丞子三立，庶常熊希龄，合谋延有为弟子梁启超，为新设学堂总教习，江标徐仁铸相继为学政。学会报馆，同时并兴；民权平等之说，一时宣扬都遍，举国若狂。学会之初立也,中丞邀余偕往,听讲者亦多,中丞升座首,举有耻立志四子为言,闻者洒然动容。其后余以事冗不能再往,宣讲登报,愈出愈新,余始骇诧。叶焕彬吏部德辉以学堂教习评语见示,悖逆语连篇累牍,乃知其志在谋逆。岳麓斋长宾凤阳等复具禀附批加案,请从严禁遏。余遂邀焕彬诸君,具呈中丞附录斋长禀词,请整顿屏斥,以端教术。中丞批词含胡,但以众绅有门户意见,深自引咎。熊希龄及唐才常、谭嗣同、毕永年诸人,缘此横目相仇,极意图陷。会书院诸生公议,在学官传集同人商立议约,厘正学术,语皆醇正,并无触犯。徐学政闻之,即饬学官究明倡议主笔之人,将加惩办。余挺身独任,徐遂无言。旋由时务学堂学生,呈控宾凤阳等匿名揭帖,诬蔑伊等,就宾等元禀,添砌多语,抚学竟准讯究惩办。余函致中丞辞馆,复书挽留。俞虞轩中丞时为藩司,向中丞力言因此影响之语,致王某辞馆,有碍体面。中丞答云"岂但辞馆,我要参他",盖其时适奉中旨,官绅阻挠新政,即行正法。陈语,已伏杀机,而余初未悟,复函致抚学,抗论两人,复信转极委婉,时已八月初旬,康有为事败逃窜,亦自知不保也^{禀呈信函俱载《虚受堂书札》第一卷},不数日而慈圣帘听,抚学革职之旨至,向使康有为邪谋得遂,国事不可问,余与焕彬且先落机阱矣。门人苏厚康孝廉舆为《翼教业编》若干卷,于康造谋湖南捍乱备详始末,亦佳书也。

未几戊戌政变,康梁均遭名捕,窜身海外,时务讲席中辍。陈徐二公亦旋被议去官。光绪辛丑,湖南巡抚由俞廉三继任,俞为守旧之士,乃停办时务学堂,改为求实书院,延湘潭黄舒昺矩轩为山长。黄氏曾主讲河南明道洛学两书院,承桐城方植之学,以程朱之教,教诲后学。俞廉三《明道书院约言》序所谓:"将使多士,因委穷源,由仪卫轩以上溯濂溪,所谓寻坠绪之茫茫,挽狂澜于既倒;湘学遂复于正,师儒之力也。"黄氏复以明道书院所讲《约言》,刊刻行世,以教学子。其书凡为卷三,为目十二,上卷四篇,曰学统、圣功、广业、格天,中卷四篇,曰励志、循源、责实、求仁,下卷四篇,曰敬慎、守谦、练识、坚操。大旨宗主紫阳,取证方氏,复刻有《求实书院学规汇钞》,以矫正士习,于是湘省学风,重办香程朱拥护正学矣。俞廉三《设立求实书院折》云:

> 书院之设,原以讲求实学,并非专尚训诂词章。凡天文地舆兵法算学等经,并世诸务,皆儒生分内之事,学堂所学,亦不外于此,此是书院之与学堂名异实同,本不必定须更改。现在时务艰难,尤应切实讲求,不得谓一切有用之学,非书院所当有事也。将此通谕知之钦此。仰见皇太后振兴实学造就人才,凡属士林,莫不鼓舞,自当钦遵懿旨,切实奉行。查湖南省城各书院,所设斋房,仅敷各本院肄习生所居,未能归并,惟有就前经裁撤之时务学堂,原筹经费,另设求实书院,延统中学教习三人,算学一人;西文译学二人分调通省各府州县考选保送聪颖恂谨生童共一百二十名为率,严立课程,分科分班,朝夕讲贯,定期考校,务求有裨实用,冀成远大之材。

是俞氏虽主废学校,然于西语算学,亦未停授,时势所趋,不能过抑潮流可知。然自光绪二十七年以后停止科举,各省所有书院,于省城改设大学堂,各府及直隶州均改设中学堂,各州县均设小学堂,刘坤一张之洞《变通政治折》云:

> 奏为变通政治,人才为先,遵旨筹议奏陈,仰祈圣鉴事:一、设文武学堂,惟成事必先正名,三代皆名学校;宋人始有书院之名,宋大儒胡瑗在湖州设学,分经义治事两斋,人称为湖学,并未尝名为书院。今日书院积习过深,假借姓名,希图膏

奖,不守规矩,动滋事端,必须正其名曰学堂,乃可鼓舞人心,涤除习气;如谓学堂之名不古,似可名曰各种学校,既合古制,且亦名实相符。

于是书院废而学校兴,昔日书院制度,仅供学生探讨而已。自光绪之季,放效欧西,创立学校,垂三四十年,其间学制,迭有变更。卓识之士,渐知学校功课庞杂,且过于机械,一人之智力有限,难以精工。是以学鲜专门,士乏良识,是吾国学界之一大缺点也,乃仿英国大学之制及昔日书院之设,五四运动以后,北京大学爰有研究所国学门,清华学校有研究院之设。使学子得有专门之研究,思想有自由之发展,挽近吾国虽忧患频仍,学术则不无进步,是均梁任公蔡孑民诸先生提倡之功,而研究院之制度,则尤具书院之雏形焉。清华学校研究院教授及课程大纲云:

本院现时专任教授,为王国维^{静安}、梁启超^{任公}、赵元任、陈寅恪先生,讲师为李济^{济之}先生。

本院制度,略仿昔日书院及英国大学制,注重个人自修,教授专任指导。故课程方面,分为普通演讲及专题研究二项:普通演讲,为本院学生之所必修,每人至少须选定四种,由教授择定题目,规定时间,每星期演讲一次,或二次,范围较广,注重于国学上之基本知识,专题研究则于各教授所指定之学科范围内,就一己志向兴趣学力之所近,选定题目,以为本年内之专门研究。学生报考时,即须认定学科范围^{如中国文化史等}报考。取录入校以后,即于所报考学科范围内,与教授商定专修题目,随时至教授处请业,题目不得随意更换,以免有旷时杂鹜之弊。

清华学校研究院,仅举办三年,招生三期,未几,梁王两大师均相继逝世,研究院旋即停止,后乃改为大学毕业后正式之研究院。

北京大学国学门最近亦改为正式之研究院,肄业期间二年至三年。民国十七年,北伐成功,爰有中央研究院之设,此为造就专门人材,终身研究学术,以供献于社会而设,与昔日之书院式之研究院,形质不甚相同也。

盖书院之制,吾国设立已久,积习日深,不能一无流弊。山长则虚应故事,生徒则徒事膏火,有终身肄业书院,而略无一长者。昔日讨论书院之弊者,自袁枚、李兆洛,以迄张之洞、刘坤一,已言之綦详,无繁备述。近人盛朗西《中国书院制》一书,举书院之弊,约有数端,兹钞录于后,以见一斑:

> 语其通病,约有数端:一曰山长充数,不问品学,一曰士风浮夸,动滋事端,一曰注意膏奖,志趣卑陋。《清续通考》所称:山长以疲癃充数,士子以儇薄相高。其日夕呫唔者,无过时文帖括,然率贪微末之膏火,甚至有头垂垂白,不肯去者。乌乎!朱子有言,"科举不累人,人自累科举耳",夫书院非犹是也哉,诚慨乎其言之也!

兹综而论之,书院之设;虽有流弊;然而利弊相权,其可以表现人材提倡学术,约有数事。

一曰人材之蔚起也。十室之邑,必有忠信,不患无人才之兴起,而患无人提倡。即以吾是章所举清嘉道后,阮氏建设书院情势而论,夫羊城西泠,在阮氏未设立书院以前,人材本未若是之盛也,然自阮氏倡导以后,则人文蔚起,成为考证之风,老师宿儒,至今不绝。河北学术,前有孙耿颜李,后有河间纪氏,自是以后,则阒乎无闻,然自吴挚甫先生,主讲莲池,著籍之士成学而去者不下百人。昔则沉寂,今则薿蔚,又何河北之多材也?梁任公先生有《学者与地理之分布》一文,愚则以为人才之蔚起,实由当局之提倡,观于上例可知其略。

二曰学术之提倡也,于斯更有三说:

（甲）宏奖者术，以资策励：昔日书院高材生，所撰论文，刊为文集，如《诂经精舍文集》、《学海堂文集》、《菊坡精舍文集》，选择课业佳作，刊布成书，亦犹今日之学报也。辑诸生著述，卓然可传者，汇为业书，如《南菁书院丛书》、《学古堂日记》，亦犹今日学校所刊之业书也。

（乙）流传古籍，辨章学术：吾人近日读书，渐觉其繁，然在昔日书籍多未刊行，古刊秘钞，为私家秘藏，学人不易觅读也。不必推至古远，即以明代而言，如《汉魏丛书》、《古今逸史》、《津逮秘书》等书，今日视之为普通之书，然昔日各书，多取诸丰坊焦竑，毛晋各藏书家，择其罕见之书，汇为一辑，而在今日则转成为普通之本矣。又以经部而言，昔朱彝尊、纪映钟有征刻唐宋秘本书启，其所列各书，大半为谢肇淛、周亮工旧藏；当时纳兰成德刻《通志堂经解》，几举经部全刻之，阮氏《刻学海堂经解》，王氏刻《续经解》，有清一代经学著述，庶可略备；钱氏刻《经苑》，以补通志堂之不足；而张文襄之刻《广雅丛书》，唐宋以来史部，大半搜辑完备，吾人欲治何业，苟寻其书即可知学术之源流矣。

（内）集合群才，从事编纂：大抵整理古书，纂辑词典，取便学人，供人探讨，其事体大思深，非一人所能为力。必藉公家之资，群策共举：若阮氏之刻《十三经注疏校勘记》、《经籍纂诂》等书，嘉惠士流，其泽无穷也。综斯三端，则清代之设书院，有益学人，蔚为风气，从可知矣。

三　书院之课业及光绪间新旧学则之条议

夫设立书院，聚徒讲学，学规课业，各有其宗旨。若明代东林顾宪成、高攀龙之讲学弓溪，鉴于时势日非，清议沦亡，其旨在于经济致用者也；孙夏峰之讲学百泉，主静立诚，调和朱陆，其旨在养性敦品者也；吾所述嘉道以来书院建置之沿革，以提倡实学，志在学术为宗，其专为八比课艺者固不具论。然自学海以还，书院之设亦实繁有徒，其讲学宗旨亦甚广博，难以备陈。兹举阮氏学海堂课业，张氏《劝学编》，及康梁长兴时务讲学之粹语，及叶德辉苏舆对于新学之掊击，可以觇学术思想之流变者，揭要钩玄，各评骘其得失，条陈于后。

（甲）阮氏学海堂之课业，林伯桐《学海堂志》云：

> 仪征公曰：多士或习经传，寻疏义于宋齐；或解文字，考故训于《仓》、《雅》；或析道理，守晦庵之正传；或讨论史志，求深宁之家法；或且规矩汉晋，熟精萧选，师法唐宋名家诗笔。仪征相国师，以经史训迪多士，教泽既洽，一纪于兹。宜令学长，于所课诸生中，举其尤异，教以颛门治经，必始笺疏；读史宜录汉魏，各因资性所宜，听择一书专习，或先句读，或加详校，或钞录精要，或著述发明，学长稽其密疏；正其归趣。

又钱仪吉氏曾主讲学海，其讲学之旨，与阮氏多同，钱氏言于总督卢坤，令设立专额课肄业生十名，课以《十三经》、《四史》、《文选》、杜诗、韩文、朱子书，每人专习一书，其事四条：曰句读，曰钞录，曰详校，曰著述。尝校阅堂中课业，评吴文起《大戴礼记广笺》等书。钱氏之教，兼宗汉宋，故后起若陈澧诸君，均能博综汉宋，精通经史舆地音律专门之学，为东南硕儒，而书院研治实学之风，则均由阮氏所兴起者也。

（乙）张氏尊经书院之条规，及《劝学编》之要语：当光绪初元张氏之创立尊经书院，其旨尚与嘉道以来讲求考证之旨无大出入。至著《劝学编》时；当戊戌政变以后，时势日迫，新学勃兴，于是张氏乃不得不以"中学为体，西学为用"相号召，其论学之旨，乃渐容纳欧西科学，变更方法，与昔日尊经书院所述者已截然不同，兹节录《劝学编序》于后。《劝学编序》云：

今日之世变，岂特春秋所未有，抑秦汉以至元明所未有也。语其祸，则共工之狂、辛有之痛不足喻也。庙堂盱食，乾惕震厉，方将改弦以调琴瑟，异等以储将相，学堂建，特科设，海内志士，发愤搤腕。于是图救时者言新学，虑害道者守旧学，莫衷于一。旧者因噎而食废，新者歧多而羊亡，旧者不知通，新者不知本。不知通则无应敌制变之术；不知本则有菲薄名教之心。夫如是，则旧者愈病新，新者愈厌旧，交相为愈，而恢诡倾危乱名改作之流，遂杂出其说，以荡众心，学者摇摇，中无所主，邪说暴行，横流天下。敌既至，无与战，敌未至，无与安，吾恐中国之祸，不在四海之外，而在九州之内矣。窃惟古来世运之明晦，人才之盛衰，其表在政，其里在学。不佞承乏两湖，与有教士化民之责，夙夜兢兢，思有所以裨助之者。乃规时势，综本末，箸论二十四篇，以告两湖之士，海内君子与我同志，亦所不隐。内篇务本以正人心，外篇务通以开风气。内篇九：曰同心，明保国保教保种为一义，手足利则头目康，血气盛则心志刚，贤才众多，国势自昌也。曰教忠，陈述本朝德泽深厚，使薄海臣民，咸怀忠良以保国也。曰明纲，三纲为中国神圣相传之至教，礼政之原本，人禽之大防，以保教也。曰知类，闵神明之胄裔，无沦胥以亡，以保种也。曰宗经，周秦诸子，瑜不掩瑕，取节则可，破道勿听，必折衷于圣也。曰正权，辨上下，定民志，斥民权之乱政也。曰循序，先入者为主，讲西学必先通中学，乃不忘其祖也。曰守约，喜新者甘，好古者苦，欲存中学，宜治要而约取也。曰去毒，洋药涤染，我民斯活，绝之使无萌蘖也。外篇十五：曰益智，昧者来攻，迷者有凶也。

曰游学，明时势，长志气，扩见闻，增才智，非游历外国不为功也。曰设学，广立学堂，储为时用，为习帖括者击蒙也。曰学制，西国之强，强以学校，师有定程，弟有适从，授方任能，皆出其中，我宜择善而从也。曰广译，从西师之益有限，译西书之益无方也。曰阅报，眉睫难见，苦药难尝，知内弊而速去，知外患而豫防也。曰变法，专己袭常，不能自存也。曰变科举，所习所用，事必相因也。曰农工商学，保民在养，养民在教，教农工商，利乃可兴也。曰兵学，教士卒不如教将领，教兵易练，教将难成也。曰矿学，兴地利也。曰铁路，通血气也。曰会通，知西学之精意，通于中学，以晓固蔽也。曰非弭兵，恶教逸欲而自毙也。曰非攻，教恶逞小忿而败大计也。二十四篇之义，括之以五知：一知耻，耻不如日本，耻不如土耳其，耻不如暹罗，耻不如古巴。二知惧，惧为印度，惧为越南、缅甸、朝鲜，惧为埃及，惧为波兰。三知变，不变其习，不能变法，不变其法，不能变器。四知要，中学考古非要，致用为要；西学亦有别，西艺非要，西政为要。五知本，在海外不忘国，见异俗不忘亲，多智巧不忘圣：凡此所说，窃尝考诸《中庸》，而有合焉。观南皮之说，诚为宏通之论矣。

（丙）康梁之新说及徐仁铸之《輶轩今语》：《中西学门径书七种》，载有《长兴学记》，《輶轩今语》及《时务学堂约》三种。其说独树一帜，一变昔日成规；在当日视之，颇有惊世绝俗之感。

（子）康氏《长兴学记》：康氏之主讲长兴学舍也，其著《学记》折衷孔子，推尊《论语》，以志于道，据于德，依于仁，游于艺，四言为至该。乃以四言为纲，分注条目于下。梁任公先生《康南海传》，案《长兴学记》之纲领旨趣，造一学表如下。

近代书院学校制度变迁考　271

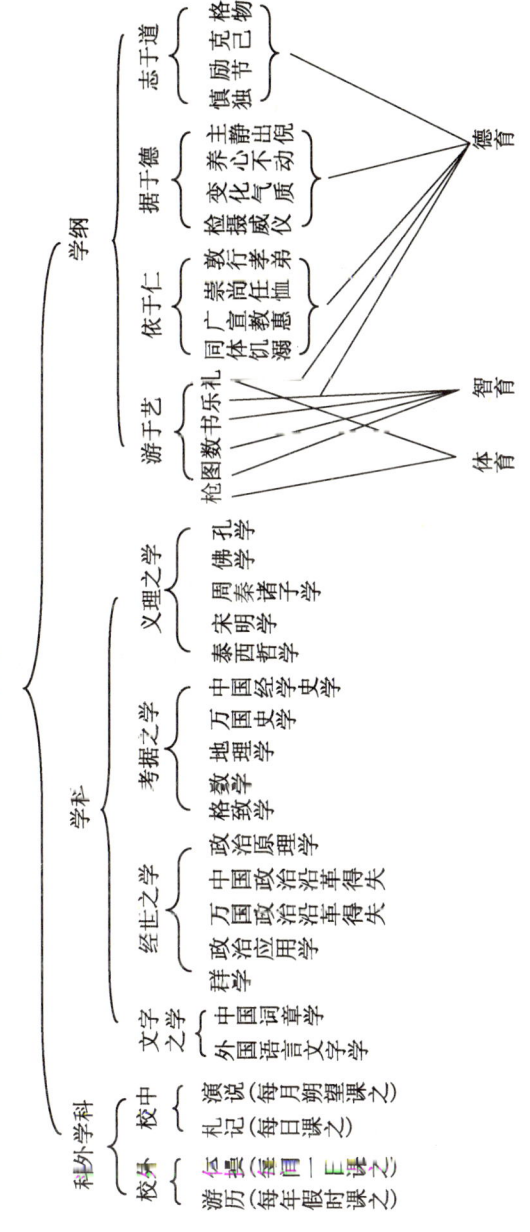

长兴学记

- 科外学科
  - 校中
    - 演说（每月朔望课之）
    - 礼记（每日课之）
  - 校暇
    - 会课（每月三时课之）
    - 游历（每年假时课之）
- 学科
  - 文字之学
    - 中国词章学
    - 外国语言文字学
  - 经世之学
    - 政治原学
    - 万国政治沿革得失
    - 中国政治沿革得失
    - 政治应用学
  - 考据之学
    - 格致学
    - 数学
    - 地理学
    - 万国史学
    - 中国经学
    - 中国史学
  - 义理之学
    - 周秦诸子学
    - 宋明学
    - 泰西哲学
    - 佛学
    - 孔学
- 学纲
  - 游于艺 —— 礼乐书数图枪
  - 依于仁 —— 同体 广宣教惠 崇尚任恤 教行孝弟 溺饥
  - 据于德 —— 检摄威仪 变化气质 养心不动 主静出倪
  - 志于道 —— 格物 克己 节独 励志 慎

- 德育
- 智育
- 体育

实则康氏之说，仍遵孔孟之旨，仅于课程略加扩充而已。

（丑）徐仁铸《𬨎轩今语》，其条理较为谨严，兹择要节录于下：

  一经学

  经学当求微言大义，勿为考据训诂所困。

  经学当口说传记二者并重。

  经学当以通令为主义。

  经学当先通《春秋公羊传》。

  《左传》宜从史读，不必作经读。

  《尔雅》、《说文》等书可以不读。

  二史学

  史学以通知历朝掌故沿革得失为主，不可徒观治乱兴衰之迹。

  史学以官制、学派二端为最要。

  史学以民间风俗为要义。

  《史记》乃一家之言，不可徒作史读。

  史公以后以郑夹漈为史才之最。

  《九通》当择读。

  近儒史学考订之书悉宜屏绝。

  三子学

  诸子之学，可与六经相辅而行。

  诸子之中，有著书者，有不著书者，其所著书，有今存者，有今佚者。

  诸子之中，可分为两种：一儒家，一非儒家，然其学皆出于孔子，宜先读子学流派各书，以知其大概。

  诸子之学，多与西政西学相合。

  四宋学

宋学为立身之本,不可不讲。

宋学宜先读学案。

朱子书宜读语类。

诸儒文集宜择读。

(寅)《时务学堂学约》:其学旨分为十目:一立志,二养心,三治身,四读书,五穷理,六学文,七乐群,八摄生,九经世,十传教。后附功课详细章程,已有近代学校制度之矩矱,兹列于后:

第一节,本学堂所设之学,分为两种:一曰溥通学,二曰专门学。溥通学凡学生人人皆当通习,颛门学每人各占一门。

第二节,溥通学之条目。有四:一曰经学,二曰诸子学,三曰公理学,四曰中外史志及格算诸学之粗浅者。

第三节,颛门学之条目有三:一曰公法学,二曰掌故学,三曰格算学。

第四节,凡出入学堂六个月以前皆治溥通学,至六个月以后乃各认专门;既认专门之后,其溥通学,仍一律并习。

第五节,学生所读书,皆分两类:一曰专精之书,二曰涉猎之书。专精之书,必须终卷,按日分课,不许躐等,涉猎之书,随意翻阅。

第六节,每日读专精之书,约居时刻十之六,读涉猎之书,约居时刻十之四,二者不可偏废。

第七节,凡学生每人设札记册一分,每日将专精某书某篇,共几页,涉猎某书某篇,共几页,详细注明。其所读之书、有所心得,皆记于册上。若初学之始,心得尚少者,准其钞录书中要义及所闻师友论说入札记中,以当功课。惟必须注明钞录何书及记何人之言,不得掠美。

第八节,凡札记册,五日一缴,由院长批答发还,学生人设两册,缴此册时,即领回彼册。

第九节,堂上设一待问匦,学生读书所有疑义,用待问格纸书而纳之匦中,由院长当堂批答榜示。凡所问必须按切古人切问审问二义,凡其琐屑不经及夸大无当者,皆不许问。

第十节,札记册由院长评定后,按日填注,分数共分六等。最高者三分,次者二分半,次者分半,平常者一分,劣下者半分。凡每生每日最少必须有札记或问疑,共二条。苟满二条之数,即记半分,不满者不记分,其善问者于札记册外,别记分数。

第十一节,每月通记分数,以三十分为及格,溢分者给以奖赏,统记溢分之数共若干,照溢出分数摊算银数求得每溢一分应得奖银若干,即依其所溢之数摊给。其不及格在三分以外者,应记出归下月溢分数内扣补。

第十二节,每月设月课一次,每次命两题,以作一艺为完卷,由院长阅定,分列等第,批给奖赏,仍记列分数,备大考时统计之用。

第十三节,每季大考一次,请学堂督办官与绅董公同到堂汇考,将三个月内之札记册、待问格,及课卷三项,通同核阅,汇算分数多寡。其有功课精进、能自创新理或发条例自著新书者,为异常高等,除原有分数外,仍可特加。合一季内功课之高下,列为一表,榜诸学堂大门,并登《湘学报》及《湘报》中,以示鼓劝。

第十四节,学生札记问格课卷,皆择其尤者,钞存刊刻,每季刻一次,公诸天下。

第十五节,院长每五日讲学一次,所讲何学,当日榜示。讲学之日,择高才生二人为书记,坐讲席侧,携笔研,记所讲。

讲毕，二人参合所记，写出清本，交钞写人钞两分。一榜堂，一存院长处。

总观以上三说，不过略采西国学制，兼取新说，康氏之说且取释氏耶教之旨以附会孔教，然今日视之，已成陈迹，未足为异。然一时震惊，群相诟詈，若叶德辉苏舆辈，至不惜著《觉迷要录》、《翼教丛编》以呵斥之，视为洪水猛兽，无以过也。究之上列各事，以徐仁铸《輶轩今语》，最为严密，《时务学堂章则》，已趋于今日学校课程之途径。徐氏之说，谓：经学当求微言大义，勿困于考据，读史当通知历朝掌故得失，官制学派二端为要，及当知民间风俗，最有特识。惟云诸子之学，多与西政西学相合，不免牵强附会，至谓近儒史学考订之书，悉宜屏绝，尤有语病，固不免有叶氏之讥。要之叶氏为人，虽不免固执，然其说亦有其理在，今约略陈之。其驳《长兴学记》及《輶轩今语》谓："其纰缪无根之语，不一而足；如以训诂为无用，以考古为大谬，以《毛诗》、《周礼》为伪经，以《春秋公羊》为公法，以《中庸》为孔子行状，以诸子与六经并立，以汉以后无子书，阴排宋儒，以四方各有圣人，推崇异教，创亘古未有之新闻，翻孔子尊攘之成案，一时横舍之士，相与挢舌屏息，憒然不知其学之所自来。"窥其成因，厥有三事：（一）所以尚微言而摒考据者，以微言大义，可以比传近事，故借此以行其私。（二）近人多喜牵合比附，谓西人之学，悉出中土者，亦涉自大之害，致为无谓。要之陆子静所谓四海各有圣人出焉，此心同也，此理同也；此所以东西虽辽绝，而政学之暗符者，不一而足也。西人艺学原本希腊，政学原出罗马，惟能继续而发明之，遂成富强。我中土则以六经诸子之学，而数千年暗昧不彰，遂以积弱，学者不可不自奋也。（三）驳读书不可废训诂，谓公羊开宗明义，即以训诂解经。定元年传云："主人习其读而问其传"，何注云："读谓经，传谓训诂。"公羊为微言大义之所托，其重训诂尤有明征。若夫登来为得，辨口授之缓急；主伐客伐，见发声之短长。六经一日不亡，则声音训诂一日不废。桢按中西学术，各有主要之点，本不可混为一谈。南海之说，好大喜功，喜合中西之学并为一谈，不无淆乱；即后任公先生亦不主其说。叶氏之说，不无卓见，至其为人，颇有可议；然其整理旧籍，辑佚补亡，其功实不可没，训诂之学，尤为所长，至所撰《觉迷要录》则当时见闻之闭塞固陋为之也。

四　吾人对于今日教育之感想

　　昔日书院，专课古学；今日学校，功课复杂。学有专门，已与学院不同。然而提倡学风、培植人才，其教育宗旨，不甚相远，抚今思昔，有不能已于言者。

　　夫培植人材，在于提倡。昔朱竹君阮芸台诸贤，诱掖后进，不遗余力，故人材倍起，学日以昌，流风已远，固无论已。语其近者，桢尝侍梁任公先生之门，后进请业，凡有一技之长，辄赞之不容口，瑕瑜之间亦不容相掩。故从学之士，无不自奋。梁师故后，闻蔡子民先生，亦意奖励后进，旧都上庠，尽多才士，学术事业，建树甚繁。今者人材缺乏，未见矫出，无千里之马，故世亦无伯乐；然世未尝无材也，虽有一二材智之士，吾未闻有人称道之某材智之士也，某有为之人也。但吾恒尝闻之矣，某也学无根底，某也舛谬百出，有屑微之疵，未尝不加以齿冷，讥讽而讪笑之；及见其本人之来，而又群相虚奖之曰，某先生人杰也，材士也，即昔日宏奖之辞，吾未之闻，呵责之语，亦未之见也。故虽负有可造之材，澄清之志，亦无人闻问，亦无人为扶掖之也。则有志之士，惟技老荒江，寂寞自赏而已。

龚定盦诗云:"我劝天公重抖擞,不拘一格降人材。"不羁之士,必不能尽中于规矩,吾愿为诸公诵之。

钱星湖之主讲学海书院,教士各择经史要籍,按日熟读,撰为札记。曾文正之教子弟,亦举《左氏》《国语》《史》《汉》等八部书,令人诵习。吴挚甫先生之课莲池,亦秉文正之法,熟读基本之书。反观今日之教育,现在科学日益繁重,故不能令人熟读旧书,然亦应顺序择要而读,庶可略知吾国固有习惯。今者初高级小学所授者为国语,初中遽授以古代之文字,及入大学所授者,乃毛公鼎盘盂之文,更益深邃,未趋先步,试问莘莘学子能了解乎?若入理科,不读旧书可矣。乃入文科,由普通语体之文,一跃而研究世间不经见之书,敦煌卷子也,金石文字也,小说戏曲也,史科目录也,基本之书尚未全读,遽尔研究专门之学,此专门之学遍天下,而学日益荒芜矣。

窥今日学风造成之因,实由经济之压迫,莘莘学子其唯一之目的,希早有以自见。得一罕见之书,中秘之本,纂辑排比,暝搜夕钞,不数日而成巨帙,一跃而为专门之学者,经济问题庶乎可以解决矣。

以速成之教授,授未入流之学子,教授者每能服学子之心。其治国学者,尚须参考群书,稍自策励。其研究科学,仅有英文之教本,探学子之识短,即可蒙蔽于一时,而学子亦未识何者为善,何者为良,犹如盲人骑瞎马,教育终未入轨道也。

大学教育有普通之学科,有专门之学科。专门之学科,须专任教授任之;普通之学科,须兼任教授或讲师助教任之,此定例也。今也溥遍一般之现象,为补足专任教授钟点关系,即以史地学科而论,史学概论,史学研究法,此史地系之普通科学也,反以专任教授任之;而专门之学科,如中西交通史,金石学,边疆史地之类,反倩兼任者任之,本末倒置,有是理耶!

在高中以下，讲业问学须在讲解；中学以上，理科讲解以外在于实习；文科讲解一途，实不甚必要。在于指导学子应读何书，应习何课，诠释疑难之问题，改正研治之舛误。盖学者研究心得，不过数事，数月之力，可以授毕，而未经心者，未必能知其甘苦所在。逐日讲演者，惟人云亦云之讲说，学子听教授讲书，犹如观众之听剧，某也讲解清楚，某也态度诙谐，此于教学法上或有值得注意之处，而于学术何干？此教育当局所应当注意也。

昔也吾尝闻人格修养之一语，今者已阒乎无闻矣。所讲者知识也，所授者科学也，谈及修养，则群相笑之。盖学术家有学术之修养，事业家有事业之修养。所谓修养者在内心力有安慰之意旨，对外有治事之步奏，此吾人所不可忽者也。今也一谈及修养，则以为迂阔而难通，此又教育家所应注意者也。

国之强弱在于教育，有健全之教育，始有健全之国家。盖立国之道，必有根本之教育，处平时可以建设事业，处乱时可以扞御国家。民族之精神，即潜伏于平时。吾国立国四五千年，有治平之时，有乱离之日，设有外族来侵，吾人不惜破家纾难，粉身碎骨，以全力赴之；若南宋之节烈，明季之遗民，忠义常存，虽死犹生，此吾人所当馨香祝之。然此等忠义人格之养成，即操于平时，非激发于瞬刻，犹如建筑礼堂剧院之设太平门然，如遇事变，而设太平门，则已无及矣。今日谈教育者，鉴于时变日亟，乃有建设国难教育之说，此犹越王句践，十年生聚，十年教训之意，立意固佳。然吾望不可因国难而教育，所谓国难教育者，即寓于平时之中，平时教育之养成，即可抵御国难于无形，此则教育之本旨矣，吾因述近代书院制度之沿革，不禁连想近日教育之状况，拉杂书之，质之高明以为何如？

民国二十五年五月十三日夜深一时写于旧都达子营寓庐之傭书堂

甲骨金文中所见的殷代农稼情况

（中国文化史国民经济篇田制章的第一节）

吴其昌

中国历史无论那一部分，史前属于地质学，人类学，古生物学……等范围以内的，这里都略置不谈；一切断自有文字以后起。那末自然应该从最原始的初文里去试探。中国民族最原始的初文是商代的龟甲、兽骨、文字，所以讲述中国一切史实，都应该从商代开始，商以前统统属于"史前"而不在历史的领地以内，这实在是一个先天的事实限制。讲中国古代的土地问题、田制问题，自然也不能例外。

甲　游牧时代的田是什么用的

在史前，土地，就是茫茫的一片大地，山陵起伏，江湖流潴，草木畅茂，虫兽凶毒，眇小的人类处在这片的大地上，也不过如一虮一虱而已！有什么问题可言。等到有一"田"字出现，那就是原始的大地上，开始受着人力加以变动了。甲骨文中的"田"字多作⊞形，也有少数作：

⊞　（《续编》三，二八，三。）

殷代的金文中也有作：

　　　　⊞　（《父丁尊》，《殷文存》，一，二六，四。）

　　　　⊞　（《鼎》，《续殷文存》，一，四，一一，是否确为田字，尚不能断。）

诸形。这是昭示我们在这漫无边际的茫茫大地上，无论方圆畸斜，人类已经对于它有了区限的表示了。所以你若要问："甲骨文中有没有'田'字呢？"那不但是有，而且很多。可是决不能再进一步，误会商朝既然已经有了"田"字，就连带有什么田地的制度。问题没有那么简单，究竟商代的"田"是什么用的？那真是出乎意料之外，商代的"田"不是种稻用的，而是打猎用的。"⊞"形，是表示这一方区的地面，有野兽可以供给狃猎，不是划方来种五谷的。"田"就是"狃猎"的狃的本字，是动词，不大作名词用。我曾经统计过一下：

　　㈠《铁云藏龟》　共见"田"字八次，没有一次是"田地"的意义。

　　㈡《殷虚书契前编》　共见"田"字二三四次，没有一次是"田地"的意义。

　　㈢《殷虚书契后编》　共见"田"字六一次，没有一次是"田地"的意义。

　　㈣《殷虚书契续编》　共见"田"字一〇九次，作"田地"意义的二次，作"田猎"意义的一〇七次。

　　㈤《殷虚书契菁华》　共见"田"字八次，作"田地"意义的三次，作"田猎"意义的五次。

　　㈥《龟甲兽骨文字》　共见"田"字二六次，没有一次是"田地"的意义。

　　㈦《燕大殷契卜辞》　共见"田"字一八次，没有一次是"田地"的意义。

就用上列七部大书为例,共见"田"字四七三次,而确实可以解作"田地"意义的,只不过五次而已。余下的都是狃猎的意义,是动词,非名词。这类记载殷王"田猎"的卜辞,时间,地点,休咎,都是写得非常清楚;最详细的,把每次田猎所得的禽获品都一一记上。譬如:

王田瑾……获麋二,鸠二。(《前》,二,一一,六。)

田虢……获鹿十。(《前》,二,一六,一。)

田辜……获鹿二。(《前》,二,二六,五。)

王田于游……获鹿十。(《前》,二,二九,七。)

王田游……获狼十一。(《前》,二,二九,一。)

田盉……获狼卅一,麋八,兕一。(《前》,二,二七,一。)

田弋……获狼十又三。(《前》,二,二七,五。)

田噩……获鹿卅三。《续》,三,一七,三。)

田噩……获犬三。《续》,三,一七,四。)

田噩……获虎七,隹(鸟)卅。《续》,三,一八,一。)

王田喜……获白鹿一,狼二。(《前》,二,二九,三。)

田喜……获狼二二。(《前》,二,二九,四。)

田喜……获鹿二二,麋一。(《前》,二,三五,一。)

田喜……获鹿二。(《前》,二,四四,五。)

田喜……获鹿一,麋三。《续》,三,一六,一〇。)

田棆……获〇二百十五,五十雉二。(《前》,二,三〇,四。)

田棆……获〇隹即鸟百卅八,虎二。(《前》,二,三三,二。与下一片本系一片之碎。)

田棆……获隹鸟百卅八,虎二。(续,三,二四,二。)

田牢……获兕一,鹿八。(《前》,二,三一,五。)

田于汝……获鹿十又八。(《前》,二,三二,四。)

王田于秾……获狼二。(《前》,二,三二,五。)

王田㸚……获鹿八。(《前》,二,三四,四。)

田㸚……获鹿二二。(《前》,二,三五,一。)

田粦……获鹿十又〇。(《前》,二,四四,五。)

田🐾……获狼廿五,〇〇六,雉十。(《前》,二,三四,六。)

田🐾……获狼九。(《续》,三,二四,四。)

田玖……获鹿六。(《前》,二,三五,一。)

王田鸡……获狼二。(《前》,二,三六,七。)

田盂……获鹿。(《前》,二,三七,四。)

田奚……获狼十三。(《前》,二,四二,三。)

田率……获狼七。(《前》,二,四三,三。)

王田于殷……获狼〇。(《前》,二,四四,三。)

田殷……获鹿二。(《前》,二,四四,五。)

王田🐾……获狼十……马三,鸠六。(《后》,一,一四,一〇。)

王田自东……获鹿六,狼十。(《前》,四,三六,三。)

王田于叙蓁……获鹿六。(《后》,一,一五,七。)

王往于田,从东,允获犬三。(《林》,二,二二,一一。)

田于鹽……获兕一。(《续》,三,二四,五。)

王田于🐾……获狼二。(《续》,三,二七,三。)

王往于田,从歊京,允获麋二,雉十一。(《续》,三,四三,六。)

王田于麦蓁,获商三戠兕。(《佚》,五一八。)

于🐾田,获白兕。(中央研究院藏大兽头骨。)

王田于〇……获鹿〇,狼二二。(《前》,四,五,六。)

田〇……获狼三,鹿二。(《林》,一,七,一三。)

田○……获兕○。(《续》,三,三○,一○。以上皆以上列七书为例。)

单用以上这些卜辞做例,也就很可以明白殷商一代的主要经济生活是用什么做基础的。所以现代学者一致公认商民族还大部在畋猎游牧时代,这大体是无疑问的。——上列的辞例固然是记载国王个人的私生活,但决没有民众的私生活倒反较进步于国王私生活之理。——照上列的辞例分析起来,商民族的畋猎生产,是以鹿和狼为主要对象的。再详细点造一个表:

物品	次数	量数
鹿	18	133
白鹿	1	1
麋	5	16
狼	17	159
犬	2	7
马	1	3
兕	4	4
戠兕	1	3
白兕	1	1
虎	3	11
雉	5	31
鸟	3	326
□	1	250

从猎获的次数看来,鹿之类共猎获二四次,狼之类共猎获一九次。而量数的总计,鹿之类共得一五○,狼之类共得一六六。商人畋猎收获的最大部分为狼和鹿,正和商人游牧的最大部分为牛和羊一样的可考。这也不但殷民族如此,其他东方民族的畋猎时期,差不多也是这样。所以《国语·周语上》记穆王征犬戎"得四白狼,四白

鹿,以归。"贾逵《注》:"白狼、白鹿,犬戎之职贡也。"可见犬戎狩猎所得,也是狼鹿为最多。直到后来《诗经》时代狩猎所获,依然多是些狼,《豳风》有《狼跋》之诗,《齐风》还云"并驱从两狼兮"。至于麋鹿,古代大众平民的冬季衣料,多仰给着它。《墨子·非乐》篇上说:"今之麋鹿,以为衣裘。"司马谈《六家指要》引墨子遗教也说:"夏日葛衣,冬日鹿裘。"所以甲骨文中记载田猎所得,狼鹿最多,这正是和后世一贯的现象。

此外,记载田猎的卜辞中,还有一些特异的词句,需要个别的解释。譬如:

乎呼田……(《铁》,五九,二。)

乎呼禽,省田。(《铁》,一一四,四。)

乎呼省田。(《前》,五,二六,一。《燕》,二〇三。)

弜田。(《铁》,二三四,三。《前》,八,九,四。《后》,一,一四,五。《续》,五,二四,九。《续》,六,二〇,九。)

王弜省田。(《后》,一,三〇,六。《后》,二,二〇,四。)

凭么叫做"乎田"呢?案:"乎田"和"乎禽"是一样方法;"乎田""乎禽"又和金文上的"乎渔"一样文法。今用金文来比较:

井鼎:"……王在莽京,王渔于㵰𣲎,乎呼井从渔。……"

(《集古遗文》,三,二三。)

遹敦:"……穆穆王在莽京,乎呼渔于大池。……"

(《善斋吉金录》,八,八六。)

"呼渔"就是"喊人去打鱼","呼井从渔"就是"唤井跟去打鱼"。所以"乎"的意义就是"呼唤"、"号召"、"召集",那末以此例彼,"乎田"就是呼集一些人去狩猎,"乎禽"就是呼集一些人去擒兽,<small>禽兽,即擒狩。本皆为动词。</small>是非常明白的。"省田"和其他卜辞的"省方"、"堇观黍",是相同的,"省"就是"省察""省视","省田"就是去省视狩猎。"弜田"的意义虽然不能彻底懂,但一看"弜"字从二弓,自然与动用弓矢有关,那"弜田"的消息也就不难参了。综括起来,以上这类特异的词句,其中"田"字完全是指狃猎,显然可见。所以,根据殷代甲骨遗文统计的结果,凡是"田"字,狃猎意义的占百分之九十九弱,土地意义的占百分之一强。

我们再回头来检查一下经典上的史资,到底和甲骨文字的史料,合不合呢?

《易·师卦》六五爻辞:"田有禽,利执言。"李鼎祚《集解》:"荀爽曰:田,猎也。"

又《恒卦》九四爻辞:"田无禽"。

又《解卦》九二爻辞:"田获三狐,得黄矢;贞吉。"李鼎祚《集解》:"虞翻曰:田,猎也。"

又《巽卦》六四爻辞:"悔亡,田获三品。"

高邮王念孙父子的《经义述闻》卷早已很精细的告诉我们,凡是《易·爻辞》中的"田"字,都应该解作"田猎";而《爻辞》中的"井"字呢,都应该解作"陷阱"。所以《井卦》初六的"旧井无禽",和《恒卦》九四的"田无禽",是完全一意。至于《巽卦》六四所狃获的"三品",李鼎祚《集解》引虞翻说是:"为狼,为豕,为雉。"又引翟玄说,是:"为鸡,为羊,为雉。"那一说对,不去管它,我们但知道根据《周公彝》说:"锡臣三品:州人,重人,亨人"的话,《贞松》四、四八、确实知道"品"字是专指生物而言,"品",代表生物三口。所以"田获三品",但知田猎禽获九口生物而已。以上四种爻辞和甲骨文字完全一致。可见经典上也告诉我们:中国当商朝时代,还尽看见"田猎"之"田";解作"土地"之"田",真不容易见到。直到《诗经》时代,《郑风》的"叔于田","太叔于田",……等田字,还都是作狃猎解。

乙　未有农稼以前的主要食料

中国在商以前,既然尚在狙猎游牧时代而尚未发明农稼,那末他们的主要食料,当然不是谷类。我们不妨对这时代取上一个外号叫做"肉食时代"。这是毫不成问题的事,我们祖宗先发明吃肉,很后才发明吃饭。这道理,不必现在,秦汉的人已经知道得很清楚了。所以他们就说:

> 昔者先王……未有火化,食草木之实,鸟兽之肉,饮其血,茹其毛。　(《礼记·礼运》)

> 上古之世,……民食果蓏,蚌蛤,腥臊恶臭。
> 　　　　　　　　　　　　　(《韩非子·五蠹》篇)

> ……民人食肉,饮血,衣皮毛。　(《新语·道基》篇)

> 古之人民,皆食禽兽肉。　(《白虎通·号》篇)

> 古之时,民人茹毛,饮血,而衣皮革。
> 　　　　　　　　　　　　　(《白虎通·号》篇)

> 古者民,茹草,饮水,采树木之实,食蠃蚌之肉。
> 　　　　　　　　　　　　　(《淮南子·修务训》)

> 上世之民,饮血,茹毛,无五谷之食。
> 　　　　　　　　　　　　　(《论衡·齐世》篇)

> 太古之初,人吮露精,食草木实。穴居野处,山居则食鸟兽,衣其羽皮,饮血茹毛。近水则食鱼鳖螺蛤。未有火化,腥臊多害肠胃。……　(谯周《古史考》)

以上各书所述的"上古情形",大致是不错的。不过,所谓"上古"的解释,站在我们现在的立场上说来,应该是以"商"为始罢了。我们知道,游牧时代,是往往"牛羊以谷量"的,有千千万万的牛羊充人们的私产,这环境必然的造成人类的肉食。所以我们一看卜辞,那商人每一次祭祀,屠宰牛羊的数量,浪费得教人骇然!一次宰食三百条牛,在当时是稀松平常,不算什么一回事的。

  贞御。《说文》御祀也。叀劓牛三百。 (《前》,四,八,四。)

  贞御,叀牛三百。 (《续》,一,一〇,七。)

  三百羊,用于丁。 (《续》,二,一六,三。)

并且还有用了三牛,更宰一百羊的。

  御太丁,太甲,祖乙,百乩,百羊,卯三百□。 (《后》,一,二八,三。)

  贞御自唐,汤太甲,太丁,祖乙,百羌,百宰。 (《续》,一,一〇,七。)

至于一次杀一百牛羊的,自然更多。

  癸亥卜贞弹,乩百,牛百。 (《前》,五,八,四。)

  求年丁丁,□□物牛,□义同杀百物牛。 (《续》,一,一四,四。)

  ……开寅,伐百牛。《广雅》伐杀也 (《后》,二,四〇,一。)

  贞□,牛百。 (《前》,三,二三,三。)

  □宰□,百牛。 (《铁》,六五,一。)

  ……用百牛。 (《前》,四,四九,三。)

  叀百羊,用。 (《续》,二,二〇,七。)

  贞□,豕百。 (《前》,六,四二,八。)

  ……祖妣,用百□。 (《前》,四,四九,三。)

  大示,祀百□。 (《后》,二,三五,六。)

每次杀五十的,也不少。

  ……田,卣五十羊。 (《后》,一,二七,八。)

……于丁,㱃□五十牢。 （《后》,一,二七,一一。）

……丁,五十小宰。 （《续》,二,一九,二。）

……祖丁,五十宰。 （《铁》,三三,一〇。）

……父乙,酚五十宰。 （《续》,一,二八,七。）

贞㝬牛五十。 （《前》,一,二九,一。）

至于每次杀牲四十,或三十,或二十的,甚至于说"不可胜举",也不为过。

贞㞢于王亥,卅四牛。 （《前》,四,八,三。）

㚔于王亥,卅三牛。 （《后》,一,二三,一六。）

于唐,汤卅羊,卯卅牛。卯义为毅 （《续》,二,二〇,六。）

太甲,卅宰。 （《后》,一,二七,五。）

于父丁闰,俎卅牛。 （《后》,一,二七,一〇。）

㠯祊于丁,卅牛,㚔。 （《前》,五,三,一。）

㠯于丁,卅牛。 （《后》,一,二七,一二。）

㚔于丁,卯酚卅牢。 （《后》,一,二三,一一。）

御庚妣,……卅牢。 （《前》,四,八,二。）

牢卅……于妣庚。 （《前》,八,一二,六。）

于妣庚,……牢卅。 （《后》,一,二一,一〇。）

㞢于□庚,卅小宰。 （《铁》,七二,一。）

㡒羗于母丙,卅小宰。 （《铁》,九七,二。）

贞于宗,酒,卅小宰。 （《后》,一,二〇,八。）

……㱃羊卅,卯十牛。 （《前》,六,一六,一。）

……卅羊,卯十囝。 （《续》,二,二五,四。）

……羊卅,卯□牛。 （《前》,四,一〇,五。）

㚔十牛,……㠯㝬卅。 （《后》,一,二三,一二。）

二十以下，那真是数不清，只好从略了。初民习惯：大家分喝神所饮过的酒叫做"福"，分吃神所享过的肉叫做"胙"。^{后作}照上列的卜辞看来，单是胙肉已经够商人一辈子吃了。况且我们现在所得到的甲骨，也正就是商人吃剩下来牛羊的骨殖堆积如山的成迹，那时肉食的情形，也够想见了。所以粗枝大叶的说来，商人大概是以牛羊……等牲畜之肉，以为主要食料；果蔬天产，以为副食料的。

是的，这时代，——商——我们的祖宗，虽然还不十分知道吃稻和麦；可是我们祖宗所牧养的畜生，老早已经在茫茫的荒原上乱咬那些天生的野稻野麦的草秆了。

丙　酒醴的发现

游牧时代，人是吃牛羊等家畜之肉的，而牛，羊，马等反刍类牲口呢，又是吃草料的。吃牛羊肉的人，食料不受气候影响的，春夏秋冬，一样的可以宰杀。而为人所吃的牛羊呢，它们的食料——草类，春夏秋三季，蔓天都是，尽随你去游逐放牧；一到冬天，这一群一群成千的牲口食料，就会发生恐慌。经验告诉了人类，以是人类为不致饿死他们的畜产起见，在秋季不得不预先收聚一些刍豢——草秆，以备牲口的冬粮。自然，那些刍料之中：野草、荒稗……乃至野稻、野黍、野麦，乱割一起，乱堆一丘。冬天如吃不完，一到春暖，泾热蒸腾，不免自然要发起酵来，透出了一种异样的香味。那些"牧人乃梦"的牧人们，有时居然也感觉到了，滴沥下来的水质不少，好奇的尝它一尝，出乎意外，廿美非常！就是这样不知不觉的，"酒"之神，便悄然临到了商代的中国。

这样的才从乱草中间，另眼看待那些野稻，野黍，渐渐单拣这几种东西,种植栽培起来,意思是专门用它酿酒。所以"酒"的发明,实在早于"饭"的发明,实在就是"饭"的发明的前驱。明白些说:就是在我们祖宗"吃"的进化史上,是先由于吃"肉",而渐至于吃"酒",吃"醴",而渐至于吃"饭"的。所以最早我们祖宗种稻种黍之目的,是做酒不是做饭;这一点吾们必须明白。这不是空口白说,有《诗》为证:

  载芟载柞,其耕泽泽……有略其耜。俶载南亩,播厥百谷,实函斯活。……载获济济,有实其积,万亿及秭,为酒为醴,烝畀祖妣,以洽百礼。……   (《周颂·载芟》)

  丰年多黍多稌,亦有高廪;万亿及秭,为酒为醴,烝畀祖妣,以洽百礼,降福孔皆!   (《周颂·丰年》)

按:"及"字为"秉"字之误文。古金文"秉"作秉,"及"作㇒形近故易误。"秭",即《曶鼎》"十秭""卅秭",之"秭"。"秉"和"秭"都是古代计算禾黍的单位,那时还不知道用谷或米来计算,都还用稻秆连茎计算,一秉就是手中一把,一秭便是一束。用现代语说起来,"万亿秉秭",相当于"千把万束"。"稌"和"稻",乃是一声之转,《毛传》:"稌,稻也。"可证。

  这两首诗告诉我们:在西周初叶(?)《周颂》的时代,还不知道稻麦百谷,是可以直接用来做"饭"吃的。所以诗中并没有说"万亿及秭,以为粒食",或其他类似的话;而两处都说:"万亿及秭,为酒为醴。"这岂是偶然的!我们注意:从此可以确切知道那时万亿秭的"百谷",万亿秭的"黍"、"稌",都只能用来"为酒为醴"罢了。事实上除了为酒为醴以外,在那时候,就不知道黍稻之类,竟然还有第二种用法。

  那时候,他们吃酒,和我们现在喝酒的方式,也颇有不同。他们是连酒糟一块儿吃的。这在《楚辞》《礼记》诸书中,早已很明白告诉我们了。

  《楚辞·渔父》:"众人皆醉,何不餔其醩而扬其醨。"

《礼记·内则》:"饮,重醴:稻醴清糟,黍醴清糟,粱醴清糟。"孔颖达疏:"此稻,黍,粱,三醴,各有清糟。以清糟相配重设,故云重醴。"

《礼记·少仪》:"其以乘壶酒,……"郑玄注:乘壶,四壶也。酒,谓清也,糟也。

观此可知古人之所谓"酒",照例是兼指"汁"和"糟"的。清,就是酒汁;糟就是酒米。《周颂》上所说"为酒为醴"的"醴",也正是酒米。有下列明白的证据:

《礼记·杂记》:"醴者,稻米也。"

《礼记·内则》:"或以酏为醴",郑注:"醴,……汁滓相将,如今恬甜酒矣。"按陕西正有"甜米酒",江浙正有"甜酒酿",连汁和糟,一起吃。

大概我们祖宗当年就是这样不知不觉中因"哺糟","设醴"而发现"粒食"。所以"吃饭"实在先从"吃酒"中带出来的,这也不是杜撰,有《诗》为证:

自昔何为?我蓺黍稷。我黍与与,我稷翼翼。我仓既盈,我庾维亿。以为酒食,以享以祀,以妥绥以侑,以介景福!

(《大雅·楚茨》)

疆场翼翼,黍稷或或。曾孙之穑,以为酒食。畀我尸宾,寿考万年。　　(《大雅·信南山》第三章)

(按金文中《郑井叔钟》,"用绥宾"作"用妥宾"。《楚茨》诗"绥"也还作古文"妥",可以证明它本身可信的程度。)注意! 这里两处都说"以为酒食",和以前两处都说"为酒为醴",显然是不同了。在宗周一代,《周颂》是比较早期的诗,《大雅》是比较后期的诗。《周颂》中也一样有"黍稷",《良耜》"稷茂止"同一原料,早期,人们只知道黍稷的用处单是"为酒为醴";到后来,才知道黍稷的用处,"为酒"以外,还可以"为食"这岂不明明白白是一种"吃"的进步。从《大雅》时期以后,我们先民乃正式踏入"吃饭"的阶段了。

以上所讲的委宛曲折的情形,在殷代甲骨遗文上,也并不是没有线索可以供我们现在探讨的。譬如左图所列举的八个"酉"字,作:

（四）　（一）　（三）　（六）　（二）　（七）　（五）

等象形字。金文中也有下列各象形字:

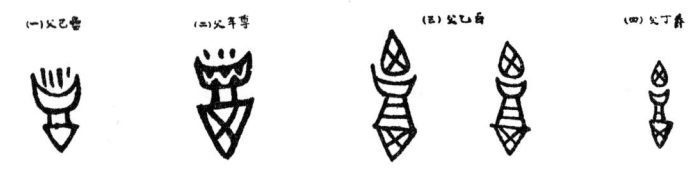

《父己甖》见《续殷》,二,六七,八。《父辛尊》见《续殷》,一,五四,八。《父乙卣》见《殷存》,一,三三,七至八。《父丁爵》见《殷存》,二,二〇,三。这类象形字所象之形,是一望可见的:下部是一个酿酒及贮酒的器具,现在殷虚所发掘出来的盛酒浆用的陶甕,瓦缶,之类,正和这形状相像。上部是堆浮起来的米粒之形。《后编》卷一页三三片——的"𦉢"字从"𠂎","𠂎"即《卜辞》的"米"字,是很好的明证。因此推例,可以证明其余"𠂎","𠂎","𠂎",等。都是"米"字的简省,米粒的象形。

这类𦉢,𦉢,……等字,至小篆就变成酉字。《说文解字》:"酉,绎酒也。从酉,水半见于上。……"什么叫做"绎酒"呢?刘熙《释名·释饮食》:"醳酒,久酿酉泽也。"又云:"酒,酉也。酿之米麹酉泽,久而味美也。"可见小篆"酉"字的本义,也是象正在酿酒之时米麹酉泽之状,故字形结构,也作𠙹,口之上露米麹屑粒之形。《说文》所谓"水半见于上"段玉裁谓指八是也。但"水半见"实为"米半见"之误认。殷代喝酒并"醴"、"醋",一块儿同吃;及古代粒食之实在最先发现于吃醴吃醋,在这几个象形字体上,已经很够给我们一种有力的显示了。

丁　因培植酒苗——黍禾年——而开始种薮谷类

商人因为已经发明了"酒"、"醴"的缘故,所以需要大量栽培造酒的原料。最适宜的酒苗,当然是"黍"。《说文解字》引那个冒牌孔子说:"黍可为酒,故从禾入水也。"这话倒是并没有错。殷代甲骨文字中"黍"字少说也见了六十多次,没有一次不恰恰象禾秆葳蕤倒浸在水中的形状,那真是适合极了。更明白的,还有前面所举的五个例:

（一）贞我受🝫年。贞我不其受🝫年。

贞我受黍年。贞我不其受黍年。(《佚存》,四〇〇。《邺中》,二,二七,四。)

（二）甲子卜敝贞,我受🝫年。

甲子卜敝贞,我受黍年。(《续编》,二,二九,二。)

（三）癸未卜🝉贞,受🝫年。

癸未卜🝉贞,受黍年。(《燕大》,四-九。)

（四）弗其受🝫年,二月。

弗其受黍年,二月。(《后编》,一,三一,一一。)

（五）贞不其受🝫年。

贞受黍年。(《林氏》,二,一一,二。)

由上述五例看来,卜辞中"受🝫年"和"受黍年",无论在文法上,意义上,都是绝对的相同,并且对称,平行。这更可证明"黍"与"🝫"

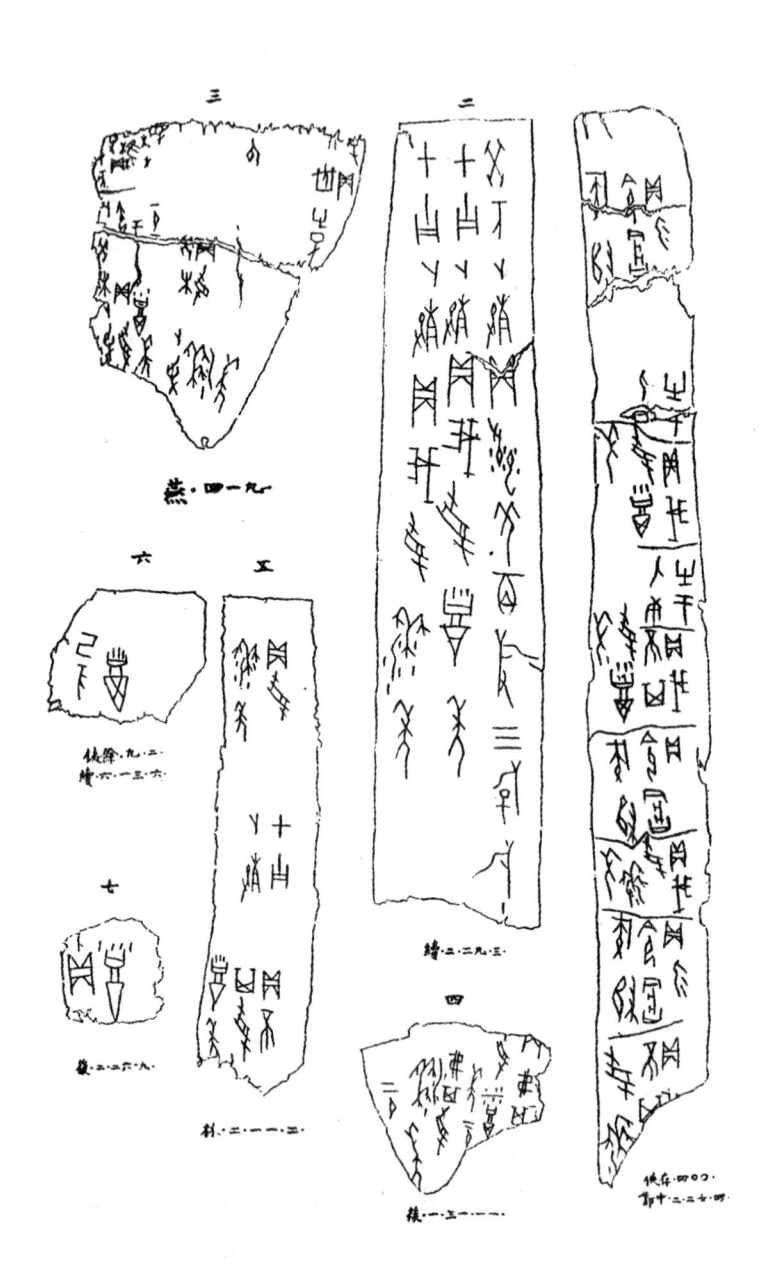

294　张菊生先生七十生日纪念论文集

甲骨金文中所见的殷代农稼情况　295

绝对的关连,原来"🏺"就是像"黍"粒在陶制的"🏺"上酿酒的情狀啦。所以,商人的开始种蓺黍,禾,年;目的和功用,都是在"培植酒苗"这一点[不是做饭]。现在看来,商人的酒瘾是很高的[详下],因有酒瘾的缘故而开始种蓺酒苗,这在商人,也是很努力的。[商承祚说:"受酋年,不受酋年,殆卜所蓺酿酒之黍,丰年不丰年也。"]
其说是。

关于商人蓺植工作致力的概况,在金文中描写了许多断片的绘画,或者是一个人双手把苗正在种植下去,或者画两个人对面跪在地上,手中各把着一枝苗对种;有如下列六个图像之所示:(一)《枫觚》,见《小校经阁经金文》,五,四七。(二)《父辛彝》见《泉屋清赏》,三八。(三)《彝》,《殷存》,一,一四,九。(四)《父丁卣》《续殷》,一,七四,一。(五)《父己觯》册盖,《善斋》,五,七二。(六)《祖癸觚》,《续殷》,二,四六,一〇。

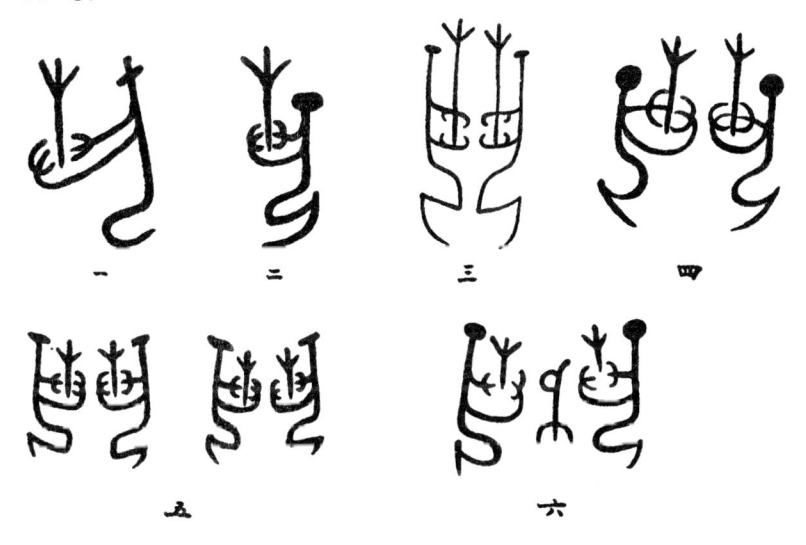

往后凡是 🌱🌱……这一类形象,逐渐变成 蓺、蓺、蓺,等形,那就正式成为"我蓺黍稷""树蓺五谷"的"蓺"字。在殷虚卜辞中,这"蓺"字也很多见[余次]。譬如:

🌱 文云:"丁卯卜,🌿贞。王𡧛蓺,尊。亡囚。"(《前编》,

六，一五，三。）

🔣 文云："甲子卜，行贞。王宾蓺，裸。亡𡆥。"（《后编》，二，三〇，一一。）

🔣 文云："□申卜，行贞。王宾蓺，裸。亡𡆥。"（《续编》，二，一一，七。）

🔣 文云："丁酉卜，行贞。王宾蓺，裸。亡𡆥。"（《戬寿》，一九，八。）

🔣 文云："……㞢蓺，卯羊卅卯十牛。"（《前编》，六，一六，一。）

以上各"蓺"字，虽然从卜辞的文义上考求，乃确实是殷代的一个人名；然而一定先有这个字，方才可以给人取这字以为名，那更足以推见商人对于"树蓺"，"蓺植"的工作，其概念已经很普遍了。

"蓺"字在金文甲骨文中出现之繁数，是显示商人对于禾苗种植的努力；既然努力种植下去以后，自然希望它有丰富的收获。因此商人向他们的祖宗祷祝祈求"禾"、"黍"、"年"的丰收，是非常虔诚的。这类祈求丰收的祷祝，在卜辞中叫做"求年"，"求禾"，是多得触目皆是的。

贞求年于夋。（《铁云》，二一六，一。）

……祀若昌若，求年。（《燕大》，一二八。）

贞求年于兒王倪。……二月。（《邺中》，二，三七，二。）

贞求年于夔。（《铁云》，四五，二。又，一九七，一。《前编》，一，五〇，一。《燕大》，三三。《佚存》，三七五。《续编》，二，二八，一。《燕大》，三〇。）贞夔，求年。（《前编》，六，二四，四。）贞酒求年于夔。十三月。（《前编》，七，五，二。）

贞于王亥求年。（《后编》，一，一，一。《续编》，一，二，二。）

贞求年于田。上甲二月。（《续编》，一，三，一。）……卜，于田求年。（《林氏》，二，一九，一三。）

……御禦年于大乙。（《前编》，一，四四，五。）

……求年于大甲，十牢。且乙，十小牢。（《后编》，一，二七，六。）

……求年于。……二月。（《续编》，一三七，一。）……贞求年于。（《铁云》，二一六，一。《林氏》，二，一九，八。）贞于求年。（《铁云》，一九六，三。）……求年□□于。（《林氏》，一二一，一四。）

求年于𠂤，……（《续编》，一，四一，六。）于𠂤求年。（《续编》，一，五〇，四。）

其征求年于。（《续编》，二，二八，三。）

……求年于丁，……册同杀百物牛。（《佚存》，一二六。）……贞求年于丁，……九月。（《佚存》，四六。）

……贞求年于母〔丙〕。（《续编》，　，四〇，八。）

贞参求年于土。邦社十三月。（《前编》，四，一七，三。）

于□求年。（《燕大》，二三四。）……酒求年。（《前编》，六，六六，三。）

……其求年。（《铁云》，一九九，四。又，二一四，三。《后编》，二，三九，九。《林氏》，二，三，一〇。燕大，一三二。）

以上是求年的记载。

贞求禾于夋。（《后编》，一，二二，四。）……其求禾于戭。（《后编》，一，二四，九。）贞求禾于夋。（《佚存》，三七六。）

……其求禾于示壬。（《佚存》，八九二。）

贞求禾于🦴。(《后编》,一,二二,三。)其求禾于🦴。……(《后编》,一,二三,六。)贞求禾于🦴。(《佚存》,三七六。)

贞求禾于🦴受禾。(《续编》,四,一七,六。)

求禾于高妣□。(《佚存》,二五九。)

求禾于三🦴。(《后编》,二,三三,五。)

以上是求禾的记载。

"年"即是"禾",本质是毫没有分别的。甲骨文字中"年"字作🦴,像"禾"之连根拔起者。"禾"作🦴,像"年"之齐根割断者。所以"禾"与"年"就是一种物类,其不同之点,乃在于收获方法的变迁。连根拔起,用力劳而费时多;齐根割断,用力省而时间短。同一黍秆,在商时从"年"的称呼,走到"禾"的称呼,这就告诉我们是农稼技术上的一种进步,从徒手进步到用器。那时候割禾的工具,大部是用青石磨成薄片的半月形石镰。

从蓻植,祈祷丰收,以后再经过相当时间,真个收获期到了。收获的记载,在卜辞中叫做"受年","受黍年",也是屡见不鲜的:

癸卯卜,……今🦴商受年。(《燕大》,四九三。)甲辰卜,商受年。(《前编》,三,三〇,六。)戊申卜,……受中商年。十月。(前编,八,一〇,三。)戊辰卜,……商受年。十月。(《续编》,二,二八,二。)

癸卯卜,……〔受〕卫年。(《佚存》,八六七。)

戊午卜,🦴受年。(《佚存》,七三四。)

□□卜,万受年。(《前编》,三,三〇,五。)

乙巳卜,……西土受年。三月。(《后编》,二,三八,三。)

贞呼黍,于北受年。(《续编》,二,三〇,三。)

乙未卜贞黍,在龙囿,……受㞢年。二月。(《前编》,四,五三,四。)

……贞呼黍,于䵼,……受〔年〕。(《续编》,二,二八,六。)

叀羊,王受年。(《佚存》,九二八。)

我受年,一月。(《续编》,二,二九,六。)……伐,我受年,七月。(《续编》,二,二九,四。)

……我受年,十一月。(《佚存》,五五〇。)我受年。(《续编》,二,二八,六。又,二,三〇,一。《燕大》,一二七。)

丙子卜,乎𦎫受年。(《前编》,七,一五,三。)

……今伐𡘋受年。(《燕大》,一二六。)……〔今〕伐𡘋受年。二月。(《续编》,二,二九,二。)

受㞢年。十一月。(《前编》,四,七,四。)

受年。一月。(《燕大》,一三一。)受年。十一月。(《林氏》,二,四,六。)受年。十一月。(《燕大》,一三〇。)

受年。十三月。(《燕大》,九一。)受年。(《铁云》,二四,三。《拾遗》,一〇,二。《前编》,四,三三,六。《后编》,二,二七,一八。《续编》,二,二九,五。《佚存》,二四〇。)

其受年。十一月。(《续编》,二,二八,五。)其受年。(《佚存》,五七八。)

……不雨……受年。(《前编》,六,七,四。)

以上是受年的记载。

癸卯贞,东〔方〕受禾。北方受禾。西方受禾。(《续编》,二,一九,七。即《佚存》,九五六。)

辛未贞,受禾。(《后编》,二,六,一六。)

癸酉贞,受禾。(《后编》,二,三三,五。)

以上是受禾的记载。

　　　　我其🈳黍。(《燕大》,一三三。)

　　　　……帚归妌,受黍。……我受黍。(《续编》,四,二七,三。)

　　　　贞我受黍年,□于唐。汤(《续编》,一,七,一。)

　　　　我受黍年。二月。(《续编》,一,三七,一。)我受黍年。三月。(《前编》,三,三〇,三。)

　　　　我受黍年。(《前编》,四,四〇,二。《后编》,二,二八,一四。《续编》,一,四九,二。又,二,二九,三。又,二,三〇,二。《铁云》,二四八,一。)

　　　　……贞帚归妌,受黍年。(《前编》,四,三九,六。《后编》,一,三一,一〇。《续编》,四,二五,三。又,四,二六,四。又,四,二七,四。《林氏》,二,一九,五。《佚存》,七六二。)

　　　　贞受黍年。(《前编》,三,二九,五。《林氏》,二,一一,二。)……贞受黍年。一月。(《燕大》,四九一。)

　　　　受黍年。(《前编》,三,二九,四。又,四,三九,三。又,六,六〇,三。)

　　　　贞呼黍,受年。(《前编》,三,二九,七。)惟黍年受。(《前编》,三,三〇,一。)

　　　　……鲁受黍。(《续编》,五,六,一〇。)

以上是受黍年的记载。

　　在未收获以前,还得要时常去观看,循省视。卜辞记:

　　　　其蓳观黍,不归妌。(《后编》,二,四〇,一五。)

　　　　归井蓳观黍。(《后编》,二,六,九。)

　　　　蓳观黍。(《前编》,四,三九,四。)

　　　　蓳观年。(《前编》,四,四三,五。又,六,一四,一。)

　　　　贞王参往省黍。(《燕大》,四九二。)

如果缺少雨量呢,还得去祷神,求雨。卜辞记:

　　帝禘,命雨足年。贞帝禘,命雨弗其足年。(《前编》,一,五〇,一。)

　　庚午卜贞,禾虫㞢,雨三月。(《前编》,三,二九,三。)

然而,由于天时或其他原因,以致没有收获的年份,还是很多。卜辞记:

　　庚辰卜,大贞;雨,……不受年。(《前编》,七,三〇,一。)

　　乙巳卜,巨贞;雪,不其受年。(《前编》,七,四三,一。)

　　……今㞢㱿不年。(《佚存》,三〇九。)

　　贞我不其受年。(《前编》,一,二七,二。《佚存》,五四。)
贞我弗其受年。(《续编》,一,二九,一。)贞不其受年。(《后编》,一,二九,一。)贞弗受又㞢年。(《后编》,二,四一,一五。)不受年。(《前编》,四,三三,六。)

　　贞不其受黍年。二月。(《后编》,一,三一,一二。)贞不其受黍年。(《前编》,三,三〇,二。)

　　我弗其受黍年。二月。(《后编》,一,三一,一一。)我弗其受黍年。(《前编》,三,三〇,三。《铁云》,二四一,一。)

再就上列卜辞材料而综合一看,商人"求年"及"收获"的时令,也颇耐寻味。计"求年"在九月中一次,在十三月（相当于后世闰十二月）中二次,在二月中三次。祈求应该在收获以前。至于收获——"受黍年"——计:在七月中一次,十月中二次,十一月中五次,十三月中一次,一月中三次,二月中三次,三月中二次。自秋令的七月起至春令的三月止,都有"受黍年"的记载。而明白宣告"不受黍年"的,二次皆在二月中,恐不是偶然。

　　以上自薮植、求禾、求年、省黍、观年、命雨,以至收受,都有地下遗文可稽，商人对于培植"酒苗"工作，也可以算是勤奋了。虽然目的不在粒食而用以酿酒，然而如果撇开了他们的动机不问，事实上种黍的土田，到底因之而推广发达了。那末就说商代后期也已经具足了农稼生活的雏形，似乎也不致大谬的。

戊　从"哺糟"进到"抟饭"

殷商民族对于酒醴的嗜好，愈到后期，那嗜欲愈高，这在经典、古器物、古传说三方面史料上都有一致的叙述。在经典上，有商上自己的叙述，更与出诸周人之口者不同，譬如《商书·微子》：

> 微子若曰：……我用沉酗于酒，用乱败厥德于下！……父师若曰：……天毒降灾荒殷邦，方兴沉酗于酒。……

出诸于周人记载的，比较更详。

> 《周书·酒诰》："成王若曰：……在昔殷先哲王，罔敢湎于酒。……在今后嗣王，酣身厥命，惟荒腆于酒。……庶群自酒，腥闻在上！故天降丧于殷，罔爱于殷。"

> 《周书·无逸》："无若殷王受之迷乱，酗于酒德哉！"

古器物上的史料，如：

> 《大盂鼎》："……我闻殷坠命，唯殷边侯，甸粤殷正百辟，率肆于酒，故丧师！"

> 《毛公鼎》："……王曰：父厝！……毋敢湎于酒。……"此为周人鉴殷亡国于酒之自警词。

先秦传说上的史料，如：

> 《韩非子·喻老》："昔者纣……登糟邱，临酒池，……纣遂以亡。"

《韩非子·说林上》："纣为长夜之饮,惧以失日。……"

《史记·殷本纪》："帝辛……好酒淫乐,以酒为池。……"

_{汉人另有许多怪说,}
_{太怕人了,尽删。}

可见后期商朝,上自君王_{今后嗣王},中至百官_{殷正百辟},下至人民_{庶群},个个染上了浓烈的酒癖,几于整个民族浸沉在酒尊之内,醺醺儿醉眼陶然!那知正在这"沉酗于酒"的时候,西方一支开化未久的京周民族,突然起了"吃"的革命。上面已经说过,从"哺糟"、"设醴"而发现"粒食",这个发现的荣誉,好像应该归之于商未亡时期的京周民族的。直到现在,还保留着当时京周民族骄傲歌唱的诗篇。

第一个值得歌唱赞美的,是京周民族的开山老祖,同时也就是农稼之神——后稷。他的赞美诗曰:

> 閟宫有侐,实实枚枚。赫赫姜嫄,其德不回。上帝是依,无灾无害,弥月不迟。是生后稷,降之百福!黍稷重穋,稙稚菽麦。奄有下国,俾民稼穑。有稷有黍,有稻有秬。奄奄下土,缵禹之绪。　　　　　　(《鲁颂·閟宫》)

《毛传》:"閟闭也。侐,清净也。实实,广大也。"《释文》引《韩诗》:"枚枚,闲暇无人之貌也。"《郑笺》:"弥终也。""重"即"种","穋"即"稑"。《吕览·任地》篇高诱注:"晚种早熟为稑,早种晚熟为重。"稙和稚,《释文》引《韩诗》:"稙,长稼也。稚,幼稼也。"秬,《郑笺》:"秬,黑黍也。"这首诗是专歌咏后稷发明农稼的功德,可是还不算详细。更详细的史诗,在《大雅》的《生民》:

> 厥初生民,时维姜嫄,……履帝武敏歆,……载生载育,时维后稷。

> 诞弥厥月,……不坼不副,无菑无害,……上帝不_丕宁,……居然生子。_{这二章,可和《閟宫》参考,即见出}_{于一源。余详本书《婚姻章》。}

> 诞实匍匐,克岐克嶷,_{从《鲁诗》}以就_求口食。蓺之荏菽,荏菽旆

斾。禾颖从《三家诗》《毛诗》作"役"。《毛穟穟。麻麦幪幪，瓜瓞唪唪。从《三家诗》《毛诗》作"𠌙"。

诞后稷之穑，有相省之道。拂从《韩诗》作"拔"字。厥丰草，种之黄横茂。实方实苞，实种实褎。实发实秀透，实坚实好。实颖实栗，即有邰家室。

诞降嘉种：维秬维秠，维穈维芑。恒之秬秠，是获是亩。恒之穈芑，是任是负。以归肇祀。

诞我祀如何？或舂或舀，从《三家诗》《毛诗》作"揄"。或簸或蹂。释之叟叟，烝之浮浮。载谋（祺？）载惟（？），取萧祭脂。取羝以軷拔，载燔载烈烂。以兴嗣岁。卬仰盛于豆，于豆于登。其香始升，上帝居歆。胡臭亶时（？），后稷肇祀。庶无罪悔，以迄于今。

这是一首后稷的本行赞，一首很详细的后稷一生的史诗。敏，《尔雅·释训》："敏，拇也。"腓字，《毛传》："腓，辟；字，爱也。"谬。"腓"、"庇"古同声。"字"即《易·屯》六二"女子贞不字，十年乃字"之"字"。《说文》："字，乳也。"《经义述闻》"嶷"，《说文》"小儿有知也。"考之甚详。"就"，马瑞辰《毛诗传笺通释》云："就之言求也。《释诂》：就，求，并训。"又云："《论语》'就有道而正焉'，即求有道而正之也。"马说至确。"荏菽"，《毛传》："戎菽也。"《郑笺》："大豆也。""斾"，《毛传》："斾然长也。"用现在的俗语来说："斾斾"，即"勃勃"；"唪唪"，即"蓬蓬"，孟子云"则苗勃然兴之矣"可证。"相"，即前举甲骨文字"省田"之"省"。"拂"与"拔"同声，《广雅·释诂》："拂，拔也。""黄"古与"横"、"广"为一字，《毛传》："黄，嘉谷也。"荒谬。"方"、"苞"、"种"、"褎"，姑依《郑笺》云："苞，亦茂也。方，齐等也。种，生不杂也。褎，枝叶长也。""秬"、"秠"，愚按"秬"从"巨"，有大之义；"秠"从"丕"，亦有大义。《毛传》："秠，一稃二米也。"一稃内而有二米，那稃之大可想。古人都有以丕巨为名者，例如：《爵侯敦》"爵侯之孝孙丕巨"。亦祝望丰收稃大也。"穈"、"芑"，《毛传》："穈，赤苗也。芑，白苗也。""舀"或作"抌",《说文》:"舀,抒臼也。"蹂者,玄应《一切经音义》九引《通俗文》"践谷曰蹂"。"释之"二句,《鲁诗》作"浙之溞溞,烝之烰烰。"《尔雅·释训》引樊光注引孙炎《尔雅注》云:"溞溞,浙之声;烰烰,炊之气。""取萧"二句,《郑笺》:"取萧草与祭牲之脂,爇之于神位。"又云:"烈之言烂也。""卬"当与《卫风·匏有苦叶》"人涉卬否,卬须我友"之"卬"不同,当即为"仰"字,《毛公鼎》之"卬绍",《大雅》之"瞻卬",正以"卬"作"仰",可证。胡臭句费解,马瑞辰云:"《广雅·释诂》'胡,大也。''胡臭',犹《士冠礼》之'胡福';'胡臭亶时',与《士冠礼》'嘉荐亶时'句法相似。"按马说近是。以上把难解的古声古语,交代清楚。

这首诗,赞美后稷一生的圣功神德。最重要的,这位天神下凡,上帝的儿子,当他匍匐咿哑的年龄,已经知道努力求口食了。他童子时代的成绩,就很可观了:大豆勃勃,禾穗垂垂,麻麦幪幪,瓜瓞蓬蓬! 他很勤苦的省道、拔草;种得又广又茂,又齐又长。那里有大黑黍,双秠穀,赤稻,白稻,一亩一亩收获,一包一包背回家,去祭祀。注意,后稷的重要发明在这里了:我们且看他怎么祭法? 他不单是模仿别人"为酒为醴"去祭,这位聪明的司先生_{后即司亦即台}他另有一种米的新鲜弄法。"诞我祀如何?"他怎样弄呢? 这里诗人问得也真内行。他,……把谷先铺在地上,用足一踏_蹂,踏去了壳。再挪起来一簸,壳都飞了_{或簸或蹂}。然后把那去壳的糙米放在石臼内一春,抒抌一遍,再春一遍_{或春或舀},糠都丢了。_{这里原诗因为押韵的关系,不能不把次序倒转。}他又把这些夹糠的米,用水一浙,——溲溲几声,——糠就淘干净了_{浙之溲溲。}再放在那个甗里一烝,那饭香饱和着热气一阵一阵往上浮_{烝之浮浮。}得了,就可以抓来吃了_{抟饴。}

这里需要一点补充说明,是属于抓饭吃的方式,《生民》诗上尚未讲到,我们可取《礼记》上的记载来考见。《曲礼》说:

共饭：不泽手。毋抟饭。毋放饭。……

那末独饭时自然是"抟饭"，自然是不妨"泽手"，"放饭"了。《郑注》：

礼：饭以手。泽，谓挼莎也。"抟饭"，为欲致饱不谦。"放饭"，去手余饭于器中，人所秽。……

孔颖达《疏》：

古之礼：饭不用箸但用手，既与人共饭，手宜洁净，不得临食始挼莎手乃食，恐为人秽也。共器若取饭作抟，则易得多，是欲争饱，非谦也。"放饭"者，手就器中取饭，饭若黏着手，不得拂放本器中也。"去手余饭于器中人所秽"者，当弃余于筐。无筐，弃余于会。会，谓篚盖也。

以上所讲的情形，大致是不错的。这就是周民族所历劫难忘的他们祖宗吃饭的大发明。后稷本来是可以没有这个人的，根本就是一位"稷之神"。周民族大概在商之中叶左右，已经发明吃饭了，所以想起后稷的故事，好像已经老远老远的了；所以古代的传说，后稷的时代，以为在汤以前。那些初居于邰^{即后}_{即司}，东迁于京，更东迁于周的周民族，因发明吃饭之故，变游牧为农稼；经济力就充实，土地需要欲就高亢，逐渐沿着渭水东下。他们努力继续他们祖先所发明的新事业。他们的领袖，也继长增高，无限制的开拓农地。民众不断的歌唱：

"思文后稷，克配彼天，立我烝民，莫匪尔极。贻我来牟，帝命式育^{即穮}_{即后}。" 　　　　　　　　　（《周颂·思文》）

嗟嗟保介，维莫之春^{维春}_{之暮}；亦又何求，如何新畲。于皇来牟，将受厥明。……

"命我众人，庤乃钱镈，^{持厥}_{泉镈}奄观铚艾^义。"

　　　　　　　　　　　　　　　　　（《周颂·臣工》）

"思文"即"思前文人"。"文"即《诗·江汉》"告于文人"之"文人"的省称;亦即《善鼎》、《㝬生钟》、《西宫敔》、《兮仲钟》之"前文人"的省称也。"来牟",《韩诗》作"嘉䴲"《文选·典引注》引。《鲁诗》作"厘䴲"《汉书·刘向传》引。《齐诗》作"来䴲"赵岐《孟子注》引。本来,"来牟"是古代一字的复辅音,详《清华学报》拙作《来纽明古复辅音通转考》。《说文·禾部》又作"麦秨"《孟子·告子》篇又作"䴲麦",总之只是一个"麦"字古读的声音。"保介",陈奂《毛诗传疏》云:"嗟嗟保介,犹嗟嗟臣工耳。""维莫之春",当是"维春之莫"之误文,上韵为⊠,此韵为⊠,下韵为⊠,刚好符协可证。"新畬",《毛传》:"甾,二岁曰新,三岁曰畬。""庤乃",即"持厥"。《邾公牼钟》"分器是寺",即"分器是持"可证。金文"乃"作⊠,"厥"作⊠,二字极像,顶容易错,从汉到清终弄不清,刘心源王国维才弄清楚。"钱"即"泉",篆文"泉"作⊠,像原物的⊠形,本为农人挑土之器,后用为货币的。故《毛传》及《说文》并云:"钱铫,古田器。"可证。余详《中国文化史·货币》章。"镈"即"钟镈"之"镈"。古钟即是合拢农器两镈而成的;钟作⊠形,剖为两半,便成⊠形,那就是山器铲上之"镈"了。所以《释名》说:"镈,锄类也。"可证。"艾"字,依本人的观察,另外意义,一概都解不通;只恐怕是金文《鬯敔》、《鬯卣》、《鬯盉》、《鬯爵》、《鬯觚》的⊠字,像两把铲属交叉地堆着。古声古语,大致如此。

这二首赞美诗,是歌咏着后稷怎样的在春天,新开垦不上二三年的田里,叫他的臣、工、保、介们用挑子铲子……等器具去种"麦"的故事。

己　因粒食而培植百谷，推广农稼

根据以上的几首《诗》，和以下的《绵》诗，知道周人逐渐发明的农产品，有禾(又名"年")，黍，稷(又分为"重""穋"，"穉""稙")，稻(又分为"秬""秠"，"穈""芑")，麦(来, 麰)，苴菽，瓜瓞，麻，堇荼，等。后稷以后，周人事实上在那里加速努力推广。再看看后稷的子孙，周民族迁居于豳的始祖，——公刘——的史诗：

　　笃诞公刘！匪居匪康，乃场乃疆，乃积乃仓。乃裹餱粮于橐于囊。……

　　笃诞公刘！既溥既长，既景乃冈，相其阴阳。观其流泉，……度其隰原，彻田为粮。度其夕阳，豳居允荒。

这是一首公刘的本行赞，叙述公刘一生史迹中的重要几点。再看看公刘子孙公亶父的史诗：

　　周原膴膴，堇荼如饴。爰始爰谋，爰契我龟。曰止曰时，筑室于兹。

　　乃慰乃止，乃左乃右。乃疆乃理，乃宣乃亩。自西自东，周爰执事。

　　　　　　　　　　　　　　　　　（《大雅·绵》）

这是一首公亶父的本行赞，叙述公亶父一生史迹中的几个重要点。"笃"与"诞"，一声的转变；其为发声语助辞，也和"诞"正同。《毛传》："笃，厚也。"《郑笺》每句解作"厚乎公刘"，甚可笑。"餱粮"，赵岐《孟子注》解为"干食"。《毛传》："小曰橐，大曰囊。""溥"即"博"，故《郑笺》云："既广其地之东西，又长其南北。"以"广"解"溥"可证。"景"即"曩"，铜器中累有此字，义与"京"同，亦为大。"既景乃冈"，就是说"又大又高"《卷耳》"陟彼高冈"，和上句的"又博又长"正是相对的语法。《毛传》:"考于日景,参之高冈。"《郑笺》:"以日景定其经界于山之脊。"都是用后世的概念,度古人的生活,宜其无当。"彻",即《豳风·鸱鸮》"彻彼桑土"之"彻",为豳地方言。《毛传》:"彻,治也。"略近。《郑笺》以谓即彻税,甚谬。"荒",《毛传》:"大也。""原",有泉的高土,象厂岩上有泉下流之意,故与低地的"隰"为对称字。《郑笺》:"广平日原。""堇",《尔雅》郭璞注:"今堇葵也。""荼",《毛传》:"苦菜也。""时"与"庤乃钱镈"之"庤"及"峙"、"跱",皆为一字,《广雅·释诂三》:"止也。""慰",《方言》:"慰,居也。""宣",当即"𡓁";它所从的𠚣,或𠚣象有水涧环土田之形。这是两诗古声古义的大概。

这两首诗,《公刘》一首,叙述《公刘》时代一面因受狄人的侵略而思迁避,一面也因为要找寻土地的缘故,沿着渭水水流的方向,向东而下;所以把以前从疆场上得来,积在仓里的干粮,裹在囊橐之中,迈步向外出走去发展;那是已经吃饭很久的证明。而且他到了豳的地方以后,即刻又努力相度地势,水利,着手开垦起原田来了。公刘——他如何的重视农稼啊!《绵》,那一首诗,讲公亶父从"陶复陶穴"里面爬出头来,沿着渭水走马,走到周的地方,碰见了那位姜姓女酋长——姜嫄——以后,同时很快的注意到周地一片平原,膴膴《韩诗》然的肥沃,那里长着青葱甘茂的野葵、野菜。他定居下来以后,即刻又努力开垦起田来。这样看来,凡是周民族所自认为伟大的圣人、祖宗,统统就是努力开创农业生产的伟人。至于创业的帝王——如武王,除了恭维他翦灭殷商以外,又恭维他的万邦丰年:

绥万邦,娄丰年。桓桓武王,保有厥士事。于以四方,克定厥家。……　　　　　　　　　　（《周颂·桓》）

又如成王,除了恭维他平定东国之外,又恭维他播厥百谷:

噫嘻成王!既昭假格尔。率时农夫,播厥百谷。骏发尔私,终三十里。亦服尔耕,十千维耦。　（《周颂·噫嘻》)

《毛传》："士,事也。"说是。"厥事",即稼穑之事,保有稼穑之事,所以能"屡丰年",那末武王之努力稼穑可见。"时"即"是"。《尧典》"维时懋哉",《史记·五帝纪》作"维是勉哉"。《皋陶谟》"咸若时",《史记·夏本纪》作"皆若是"可证。"骏发",王先谦《三家义集疏》以为即"急发",近是。但"发"即"坺土"之"坺"耳。"私",《说文》云:"私,禾也。北道名禾主人曰私主人。"又《郑笺》:"亦,大;服,事也。"是。"十千"即《甫田诗》"岁取十千"的"十千",似乎是指禾的数量而说。"耦"即《论语》"长沮桀溺耦而耕"之"耦"。统观全诗,整个记成王提倡农稼的生产工作。

还有文王,《尚书大传·西伯戡耆》篇记文王曾经有断虞人、芮人争田之事,是文王提倡农田的努力,也很可想见。这样看来,周民族的领袖——创业帝王——没有一个不是继续努力于农稼生产的人物。农业时代的成熟,及其基础的巩固,确实应该推周民族为最肯努力最有成绩的功臣。

复次,我们还得须要再回头来检讨一次,当周民族正在极力推广农稼时期,在东方的殷民族此时的生活情形,变化到如何景况呢?无疑的,会深刻地蒙受着周民族的影响。在殷民族的辞典中,竟然已经发见了"农"字:

　　薿……(《佚存》,八五五。又《佚存》,九二四。)

　　……且薿……(《前编》,五,四八,二。)

　　癸亥卜贞,囗,㦵 叀䏁,且薿,酒。(《前编》,五,四七,六。)

　　己酉卜贞,告于母辛;叀。薿。(《前编》,五,四七,五。又《前编》,五,四八,一。)

虽然《卜辞》中所见的"薿"和"祖薿"都是人名;但一定先有此事,而后人造此字,先有此字,而后人取此名,这是粗浅的必然之理。卜辞中"农"字作👥，👥；从"林"，从"辰"。"林"是植树成列的表征。"辰"是有人弄织机的表征。^{详《燕京学报》第九期拙著《矢彝考释》。}商代民众经济生活的内容，这里也可以管窥一斑。——纵然不是全豹，不是主要。

如果我们尝试寻探商时农作物的种类，除了禾_年，黍已见上文外，卜辞中还报告我们那时也有"麦"：

　　　　麦……（《前编》，四，四〇，四。又，四，四〇，五。《后编》，二，一五，三。）

　　　　……其告麦。（《前编》，四，四〇，六。《燕大》，四一。）

　　　　……业告麦。（《前编》，四，四〇，七。）

"告麦"的意思，大约是告麦类丰收于其先祖。殷代还有一个地名叫做"麦麓"：

　　　　壬午，王田_细于麦麓。……（《佚存》，五一八。又，四二六。《邺中》，二，四七，七。）

"麦麓"得名的由来，实在是和后世的"榆林""榕城"……等一类的名称同例，是因为其地产"麦"著名之故，推想殷人麦的收获量，也并不太弱。

在殷人的田中到后来塍畦的整治、作物的茂生，多逐渐着进步；也往往可以从卜辞，金文的象形字中见到一二。看了下列各字，即可得相当证明。

　　　　田（金文《父乙尊》，《续殷》，一，五三，一。卜辞，《前编》，六，二二，三。）

　　　　田（金文《母丁鼎》，《续殷》，一，一七，九。）

　　　　㞢（《铁云》，一四四，二。）

　　　　㞢（《续编》，六，一九，二。即《佚存》，九〇五。《铁云》，二六二，四。）

▇（《铁云》，二一四，一。）

▇（《佚存》，七三〇。）

▇（金文《父丁尊》，《殷存》，一，二六，四。卜辞，《续编》，三，二八，三。）

▇（《前编》，四，五三，四。按此即《石鼓文》之圃字。）

卜辞中又有"畾"字，或"畾"字，如：

▇（《前编》，四，四一，三。即《续编》，五，二五，六。）

不隹▇。（《续编》，五，三〇，八。）

贞，今其雨？不隹▇。（《后编》，二，七，二。）

象一行一行的禾，排列着种在田中的形状。殷民族农稼生活的程度，在这几个字上表现得最为明显。至于农作物收获以后，也很知道爱惜与廪藏；观于下列各字可见：

▇（《燕大》，二。）

▇（《拾遗》，一二，二。）

▇（《前编》，一，二九，七。《铁云》，二四二，二。《林氏》，二，二，一六。）

▇（《佚存》，七七二。）

▇（《燕大》，二九二。）

▇（《后编》，二，三一，三。）

这类形象，恐怕多是像稻秆堆积圈集而成一囷廪之形。直到现在，农家的稻秆囷堆，还是做这样形状，在囷堆的极顶上，挑起一束稻秆立着，和上面的字形宛然。"亼"，又为后来"㐭"、"㐭"诸字之所由出。《说文》廪字的正体篆文作"㐭"，那又是从这"㐭"字变出来的。至于殷人和周初人廪藏的方法，也和后来的廪藏法不同，这里似乎也有附带说明的必要:那时候的廪藏,乃是圈积地上割下来的禾,连带谷穗,一并堆结成为一个类似塔形的高物,所以在这高物的顶上,还蓬松地立着禾秆而成为❋形。和后世仓藏谷粒或米粒的情形,大不相同。这说,也并不是没有明白证据的,《周颂》"亦有高廪",《毛传》说:"廪,所以藏齍盛之穗也。"可证。

并且,殷人也已经知道打下来的谷粒,需要舂去糠皮;所以在甲骨文中,已经发现"舂"字和"康"糠字。

　　❋(《后编》,二,三七,八。)

　　求于羹,❋御。(《后编》,二,三九,二。)

❋或❋,在《卜辞》中就是"午"字,也就是"杵"字。在安阳殷墟,曾经出土过一个玉质的杵,见于《邺中片羽》卷下第十九页,可算是地下实物的证明。这❋,❋字形,从两手捧杵打在禾上之形,"舂"的意义完全表露了。既舂了,当然有糠。《卜辞》中"康且丁"的"康"字,就是糠的本字。字形作❋,也象两手捧杵,下有❋或❋或❋谷皮屑碎的形状,这❋不是糠吗?《说文解字》:"穅,谷皮也。……或省作康。"更可以证"康"为本字,"穅"和"糠",多不过是后起字罢了。由此看来,连《周颂·生民》诗中所说的"或舂或舀"的技能,殷人也已经完全学得。只有是否即从周人那里学来?现在我们还不知其详。

最后,要回头来检讨一下前面所讲的《菁华》见"田"字八次中有三次作"田地"意义,《续编》见"田"字一○九次中有二次作"田地"意义,那五个"田"字的究竟? 以结束我们对于殷人"田地"问题的认识:

　　"王❋❋"曰:"❋求,其❋有来鼓上下。"至九日辛卯,允❋来鼓自北。蚁数❋告曰:"土方❋牧或❋侵我田十人。"

　　　　　　　　　　　　　　(《菁华》,二,一。)

癸巳卜，㱿贞：旬亡囧。王占曰："屮求，其屮来敱上下。"至五日丁酉，允屮来敱自西。洗臧告曰："土方祉征于我东啚，鄙伐义二邑。呂方亦牾牧或我西啚田。"……

王占曰："屮求，其屮来敱上下。"至七日己巳，允屮来敱自西。送双角告曰："呂方出牾牧或我示蠚田七人。"……

（《菁华》，一，一。）

□□卜，𠂤贞。□□我田屮来……

（《续编》，五，二九，一。）

……大命众人曰："劦田，其受年。"十一月。

（《续编》，二，二八，五。）

"土方"和"呂方"，从卜辞各方面看来，显然是比殷文化更落后的两个蛮族。大概殷人已受到农稼生活影响的时候，他们还是滞溺在游牧时代。"牾"字，可以译为"牧"字，同时又是侵略之"侵"字之所从出。上文所云"呂方亦牾我西鄙田"，"呂方牾我示蠚田七人"，"土方牾我田十人"……等一类的话，应该是说殷人已经种植农稼的田中，被呂方及土方两蛮族的畜群所放牧，所侵躏；"七人""十人"，似乎指牧夫而言。《续编》的"……我田屮来"，"屮"的义为有，"来"的义为麦；颇有解作"我田有麦"的可能。"屮"有六义，其一为"有"，详拙著《殷虚书契解诂》。最后一条的"劦"字，乃像三把耒耜并列之形，亦详《解诂》。引申之义，仿佛是并耒耦耕的意思。"劦田，其受年"的语意，仿佛是"并耒耦耕于田，则可以受丰年"，很合适是"大命众人"的训词。从这一片卜辞上看，殷人推广农稼的工作，虽不及原来发明农稼的周民族那样的努力，也算是努力一番过了。

二十五年脱稿于首义之地武昌

十二辰考

傅运森

一　何谓辰

辰之名出现最早,即春秋时人已有不解其定义者:《左传·昭公七年》传:"公(晋侯)曰,何谓六物。对曰,岁时日月星辰,是谓也。公曰,多语寡人辰而莫同,何谓辰?对曰,日月之会是谓辰。"杜注:"一岁日月十二会,所会谓之辰。"疏:"辰谓日月所会,一岁十二会,从子至亥也。"

按日月所会为辰,《书·尧典》:"历象日月星辰。"《孔传》亦解辰为日月所会。此盖历法已有进步,能知合朔之理,故有此言耳。今更考《公羊传》昭公十七年冬,有星孛于大辰。传文云:

孛者何?彗星也,其言于大辰何?在大辰也。大辰者何?大火也。大火为大辰,伐为大辰,北辰亦为大辰。注:"大火谓心。伐,谓参伐也。大火与伐,天所以示民时早晚,天下所取正,故谓之大辰。辰,时也。北辰,北极,天之中也,常居其所。迷惑不知东西者,须视北辰以别心伐所在。故加亦,亦者两相须之意。"

此则以大火、参伐、北极三者为辰,其说或早于前。《尔雅·释天》

亦云:"大辰,房心尾也,大火谓之大辰,……北极谓之北辰。"而不及参伐,似《尔雅》之撰作更当后于《公羊传》也。郭璞《尔雅注》:"龙星(即房心尾)明者,以为时候,故曰大辰。大火,心也,在中最明,故时候主焉。(李巡《尔雅注》云:'大火,苍龙宿,心以候四时。')北极,天之中,以正四时。"又《春秋·昭十七年》经"有星孛于大辰,西及汉",《左传》杜注:"夏之八月,辰星见在天汉西。"《正义》"周冬十月,以夏八月解之。《月令》,'仲秋之月,日在角。'大辰,是房心尾也,其星处东方之时,在角星之北,故以八月之昏,角星与日俱没,大辰见于西方也。天汉在箕斗之间,是时,天汉西南东北,邪列于天,大辰之星,见在天汉之西也。"

以上所叙,以辰为名之星外,尚有五星之一,亦名辰星,是即水星,乃属于行星,而非以上恒星之伦也。《史记·天官书》:"察日辰之会,以治辰星之位。曰,北方水,太阴之精,主冬,日壬癸。"《索隐》:"即正四时以治辰星之位也。"皇甫谧曰:"辰星一名兔星,或曰钩星。"《元命包》曰:"北方辰星,水生物布其纪,故辰星理四时。"宋均曰:"辰星正四时之法,得与北辰同名也。"又岁星亦得谓之辰,以其岁移一次也。_{王引之说}

据以上诸星之得名为辰,皆与时有关系。如大火与伐,所以示民时早晚,而北辰以别心伐所在,即以示时之所在。至于水星之为辰星,亦以其有理四时之功用也。然鄙意此等皆后来天文学进步时始有,于辰字本义,实未有涉耳。近阅郭沫若君《甲骨文字研究》所说,爰录于左:

辰字,甲骨文变形颇多,然其习见者,大抵可以分为二类:其一:上呈贝壳形,作 ◰,若 ◰,又其一呈磬折形,作 ◰,若 ◰。金文亦约略可分为此二种,如盂鼎之 ◰ 有大服,属于前者,散盘之𢀖在乙卯，属于后者也，其变例：则于骨文有作𢀖者，或则附加手形，如伯仲父敦之辰在壬寅，作𠪚，卜辞有𠪚字，散盘有𠪚字，罗氏均释为农，下从辰字，亦皆有手形。又有于字下从止𧾷形作者如旂鼎之辰在乙卯作𠪚，别有敦文作𠪚见《金文编》附录者，容庚疑辰字卜辞亦有此字，如曰贞兹邑其𠱠遗四，此当读为辰，即我辰安在之辰。又如曰，今月师不𠪚前二，或今月师其𠪚同上，则当读为辱。此外如农卣三农字，均作𠪚，师晨鼎晨字亦作𠪚，皆从止作者也。准此二变，以覆核二常，余以为辰实古之耕器，其作贝壳形者，盖蜃器也。《淮南·泛论训》曰，"古者剡耜而耕，摩蜃而耨"，其作磬折形者则为石器。《本草纲目》言，"南方藤州垦田，以石为刀。"此事古人习用之，世界各民族之古代均如是。近年于直隶北部，亦已有石锄出土矣。于贝壳石片之下，附以提手，字盖象形。其更加以手形若足形者，则示操作之意，足形而附有点滴者，盖象耕脚之拖泥带水也。故辱字在古，实辰之别构。惟字有两读，其为耕作之器者，则为辰，后变而为耨，字变音亦与之俱变。其为耕作之事则为辱，辱者蓐与农之初字也。蓐乃象形字，与卜辞农之作𠪚者全同。由音而言，则辱蓐与农，乃侯东阴阳对转，故辱蓐农古为一字，许释蓐为陈草复生者，非其朔矣。要之，辰本耕器，故农辱蓐耨诸字，均从辰。星之名辰者，盖星象于农事大有攸关。古人多以耕器表彰之，故大火为大辰，北极亦为大辰，《公羊·昭十七年》。更进则举凡星象皆称为辰。辰又转为时日之通称。于是而耕器之本义遂全晦。又辰与蜃在古当系一字，蜃字从虫，例当后起。盖制器在造字以前，辰既以蜃为之，故蜃亦即以辰为字。《说文》，"祳，社肉，盛之以蜃，故谓之祳。"字于经典通作脤，是虽辰声之字，实亦从辰（即蜃字）以会意也。祳亦径或作蜃，如《周礼·地官·掌蜃》"祭祀掌供蜃器"之蜃，注《春秋》定十四年秋，天王使石尚来归蜃"（今作脤，许书作祳），又《大雅·绵》笺，《春秋传》曰，"蜃，宜社之肉。"故辰之义，其次于耕器者则当为蜃。

郭氏之说，余大体赞同，以其于辰字之本原，及其变迁，甚为明晰也。惟余以为辰字之本义，最初当为蜃之象形字，蜃为大蛤，或如今牡蛎之类，迫地而行，故字形似之。辰之为龙，亦或由蜃形转化而出者也。古者耨耕，以木为耒耜，以蜃壳代后世之犁头铁，于是有辱溽等字之出现，以象农人沾体涂足之形，乃至农字，亦由辰而出也。农耕必依次前进，始能终亩，故辰字遂有依次前进之意，此即在天为次，在地为辰之说所由始也。农耕必依时早晚，始得播种收获，顺寒暑之宜，此又以辰为时解说之所由起也。空时两界，既莫不依辰为名。于是在天（空间）则以日月星之交会宿留之处而谓之辰，遂有北辰、心、参及北极为辰之名。在地（时间）则依寒暑之节，上视天星之转移，以为种获之标准，于是有以辰为时之观念矣。故辰之本义，最初以象蜃形，其次以为农耕之字，渐进则以象日月天星寒暑之转移，而指彼之交会宿留之处谓之辰，继则以时谓之辰焉。

因视日月星交会宿留之处而谓之辰，以为人民种获忙闲之节度，在上古初民之意想，疑彼等日月星之行止，必有意识焉，是以吾人有水旱丰歉之虞，疾病灾荒之苦，不禁对于所谓辰者，有神秘之感，为吉凶之预兆。故《诗》曰："我生不辰，逢天僤怒。"（见《大雅·桑柔》）又曰："天之生我，我辰安在。"《毛传》"辰，时也。"《正义》"我所遇值之时安所在乎，岂皆值凶时而生。"（见《小雅·小弁》）人智愈进，迷信愈深，春秋以来，五行阴阳之说遂起。向之对于目睹之日月星交会宿留隐现有非常之意味者，即对于其所不见者，亦加以揣测，以为必有吉凶之义存。于是乎日月五星彗孛之属,一有变动,即视有吉凶。驯致名岁星之反对面曰太岁,曰太阴,曰岁阴,《史记·天官书》"岁阴左行在寅,岁星右转居丑",是相反而行。虚造无形之物以之建辰纪岁,亦有吉凶关系。至汉武帝时有所谓丛辰家见《史记·日者传》者,以阴阳五行配合岁月日时,造为诸辰之名,占其吉凶。延及后世,而无形之天喜、红鸾、豹尾、黄旛诸星所谓吉辰凶辰者,遂继太岁、天乙诸名,更纷然盛起,此皆由辰之名义推演而愈广泛者也。

二　十二辰之由来

辰之名义及其演变,已述之于前。此名之由来,何时始乎?《尚书·尧典》:"历象日月星辰。"夫《尧典》既曰粤若稽古,明为后人追叙之词,当然不能认为最初者。惟《左传·昭公十七年》,引《夏书》曰:"辰不集于房,瞽奏鼓,啬夫驰,庶人走。"杜注:"逸书也,集,安也,房,舍也,日月不安其舍,则食。"《正义》:"《书·胤征》,孔安国云:'房,所舍之次,集,合也,不合则日食可知',与杜少异。"孔杜二说虽少异,然知日月之会为辰,并因此而知日食之理由,则当夏之时,已知日月同宿,及因不能同宿而有掩食之变动,夏时天文之知识已有此进步矣。且已认日月为辰,而三辰之名辞当为起之最早者。《左传·桓二年》,"三辰旌旗,昭其明也。"疏云:"日以照昼,月以照夜,星则运行于天,昏明递市而正,所以示民早晚,民得以为时节,故三者皆为辰也。"及《书·益稷》传,皆谓三辰为日月星。其二则指三大辰为三辰,即伐、心、北辰也。《礼记·乡饮酒》义"立三宾以象三光",注,"三光,三大辰也,天之政教,出于大辰焉。"疏:"伐为大辰,北辰亦为大辰,大火谓之大辰,是三大辰也。何休云:'大火与伐,天所以示民时早晚,天下取以为正',是天之政教出于大辰。"第普通之三辰,皆指日月星而言,故《汉书·律历志》"太极运三辰五星于上,而元气转三统五行于下",是也。其次则为五辰。《书·皋陶谟》:"抚于五辰。"《孔传》:"抚顺五行之时。"《孔传》固今人谓之伪,即《皋陶谟》亦同为后人追述者,是训五辰为五行之时,殊不足信。孔颖达、孙星衍、江声,皆引《礼记·礼运》,谓播五行于四时,故五时谓之五辰,且谓春夏秋冬四季月之末十八日为土旺之月,以配五时。此说亦不过以后世之《月令》,推测上古而已,安知今日有春夏秋冬四时,而上古则分一岁为五时耶。_{叶玉森君《挈契枝谈》谓:"殷骨甲文有春夏秋冬四字,另有楸字,疑为夏之别构。以夏为木盛之日也。"余则疑楸于四季之外,另为一季之名,介乎夏秋之间,此时卉木昌盛,瓜果繁实,上古之人民,遂别为一季,《汉书·律历志》云:"丰楸于戊。"此盖后世以戊己为中央土之由来欤? 四时之分别,当尚在后。然此仅揣度之词,是否正确,尚需详考耳。}

至于十二辰之名究何自来欤?《夏书》之"辰不集于房",此辰字当为后来加入十二辰中者。在夏之中叶,有殷王子亥,此实为用十二辰之名所自始。今姑列举十二辰之名,与其别名,见于古书者,以次叙于左:

《尔雅·释天》:太岁在寅曰摄提格,在卯曰单阏,在辰曰执徐,在巳曰大荒落,在午曰敦牂,在未曰协洽,在申曰涒滩,在酉曰作噩,在戌曰阉茂,在亥曰大渊献,在子曰困敦,在丑曰赤奋若。[岁阴]_{《注疏》本无此二字,从郝疏补。}

若其意义,莫得而详,姑以《说文》所解录之:

子,十一月,阳气动,万物滋,人以为称。

丑,纽也,十二月,万物动用事,象手之形,时加丑,亦举手时也。

寅,髌也,正月阳气动,去黄泉欲上出,阴尚强,象宀不达,髌寅于下也。

卯,冒也,二月万物冒地而出,象开门之形,故二月为天门。

辰,震也,三月阳气动,靁电振,民农时也。物皆生,从乙匕,象芒达,厂声也。辰,房星,天时也,从二,二古文上字。

巳,已也,四月阳气已出,阴气已藏,万物见成文章,故巳为蛇象形。_{按巳字在甲骨文都作为子字形,如乙子癸子之类皆是。}

午,牾也,五月阴气午逆,阳冒地而出,此与矢同意。

未,味也,六月滋味也。五行木老于木,象木重枝叶也。

申,神也。七月阴气成体,自申束,从臼,自持也。吏以餔时听事,申旦政也。

酉,就也。八月黍成,可为酎酒。象古文酉之形。卯、古文酉从卯,卯为春门,万物已出,酉为秋门,万物已入。一、闭门象也。

戌,灭也。九月阳气微,万物毕成,阳下入地也。五行土生于戌,盛于戌,从戊含一。

亥,荄也。十月微阳起,按盛阴,从二,二古文上字,一人男,一人女也。从乙。象裹子咳咳之形,《春秋传》曰,"亥有二首六身。"古文亥为豕,与豕同。

《说文》之解说,不过后汉时以阴阳解说之故套。前乎此者有《汉书·律历志》之解说云:"孳萌于子,纽牙于丑,引达于寅,冒茆于卯,振美于辰,已盛于巳,咢布于午,昧爱于未,申坚于申,留孰于酉,毕入于戌,该阂于亥。"此或《说文》之所本,皆不过望文生义而已。即《尔雅》之岁阴,亦有李巡《尔雅注》_{郭璞无注}、高诱《淮南注》为之训释,兹引郝懿行《尔雅义疏》引《史记·天官书》、《开元占经》所载李巡之说如下:

寅曰摄提格者,《史记·天官书》。引李巡云:言万物承阳起，故曰摄提格，格，起也。阳气推万物而起，故曰单阏，单，尽也，阏，止也，执，蛰也，徐，舒也，言蛰物皆敷舒而出，故曰执徐也。已言万物皆炽茂而大出，霍然落落，故曰荒落。午者言牾也，五月阴气午逆，阳冒地而出。敦牂，言万物皆茂壮，猗那其枝，故曰敦牂。敦，茂也，牂，壮也。未者，言阴阳化生，万物和合，故曰协洽。协，和也，洽，合也。申者，言万物皆循修其精气，故曰涒滩。滩，单尽也。酉者，言万物坠落，故曰作鄂，作，索也，鄂，茂也。戌者，言万物皆蔽冒，故曰阉茂。阉，蔽也，茂，冒也。亥者，言万物落于亥，大小深藏，屈近阳，故曰渊献。渊，藏也，献，近也。言阳气皆混，万物芽蘖，故曰困敦。丑者，阳气奋迅万物而起，无不若其性，故曰赤奋若。赤，阳色，奋，迅也，若，顺也。

以上仅录李巡《尔雅注》，亦与《说文》同，皆不过附会阴阳之理，望文生义而为之说耳。他如高诱孙炎之说大抵相同，皆《尔雅疏》所谓虚构不经，无转录之意味者也。于十二辰之由来，仍毫无所得。明郎瑛《七修类纂》卷二曰：（节录）

岁阳岁名，考之字义，贴之太岁，不可晓也。故洪景卢以为不可强为之说，郭景纯亦曰未详。谓起于《尔雅》，宋景濂辩《尔雅》非周公之书明矣。予又以文字起于仓颉，大挠始作甲子，何天皇之时，即有此名，是孰传而孰信耶。先儒以《尔雅》隆于汉时，恐或然也。盖《淮南子·天文训》细解其义。中略亦恐未为太岁在某之意。但郭洪二公以为是耶，则当引以明之；非耶，则当据以辟之，岂当时皆未见之耶。或即始于鸿烈解，亦未可知，所谓淮南乱言乖实，是也。今据其解，分其支干，增释其义，以俟博学者辨焉。

郎氏以《尔雅》之岁阳、岁阴、月名，为起于淮南，而信十日十二辰之名,起于黄帝之世,所谓干支者也;即六十甲子亦起于其时,为大挠所作。按:《尔雅》虽有太岁在甲曰阏逢,及太岁在寅曰摄提格之文,然十月十二辰之名,是否必与岁阳岁阴之名相关合,殊未可定。此李巡高诱诸人之注不免为牵强也。郎氏既以太岁在某为始于淮南,谓之乱言乖实,何又分析支干,增释其义乎。且支干与太岁所在之名,《史记》即与《尔雅》有异,更可证支干与岁阴岁阳,未必有关合也。清王引之《经义述闻·太岁考》云:

《史记·历<small>原文避清帝讳改作数,今还元作历,以下皆同</small>书》、《历术甲子篇》,太岁所在之名,与《尔雅》不同。《尔雅》太岁在庚曰上章而谓之商横,在辛曰重光而谓之昭阳,在壬曰元黓而谓之横艾;在癸曰昭阳而谓之尚章,在申曰涒滩而谓之赤奋若,在亥曰大渊献而谓之困敦,在子曰困敦而谓之大渊献,在丑曰赤奋若而谓之汭汉,具载于单行索隐本。<small>今本《史记》赤奋若以下,皆为后人所改。</small>引之案:《甲子篇》,太岁所在之名,盖出殷历也。黄帝以下六历,惟殷历元用甲寅,《甲子篇》以年名焉逢摄提格,月名毕陬,日得甲子,夜半朔旦冬至为元,则为殷历明甚。《大衍历议》所谓汤作殷历,以十一月甲子合朔冬至为上元也。盖殷历太岁之名,与《尔雅》不同。故《甲子篇》本以纪年也。《五行大义》曰“《春秋纬》太阴所在之名与《尔雅》不同”,案:《春秋纬》亦用殷历,故与《尔雅》不同。《大衍历议》曰,“纬所据者殷历也。”又曰,“《春秋命历序》以为孔子修春秋用殷历”,是也。《甲子篇》及《春秋纬》,太岁所在之名盖皆出于殷历之书。《汉书·艺文志》有黄帝五家历三十三卷,殷历其一家也。又有夏殷周鲁历十四卷,汉元殷周鲁谍历十七卷,殆即《甲子篇》《春秋纬》所本。《索隐》以岁次不同者为后历衍改,非也。

以韵读之，在申曰赤奋若，在酉曰作鄂为韵，又与上文摄提格之格（古读如各），大芒骆之骆，隔句为韵。在子曰大渊献，在丑曰汭汉，献汉为韵，又与上文困敦之敦为合韵。殷历似校《尔雅》为长。

岁阳岁阴之名，殷历既与《尔雅》不同。则《尔雅》所本，出于何处？即殷历所本，亦何自而来？是故非但十二辰之名，其由来终无可考，乃至太岁所在之名，亦莫知其由来矣。昔者梁任公谓干支二十二名，本于腓尼基字母，《饮冰室丛书》之《国文语原解》，其后不闻有应之者焉。而拉克伯里（Lacouperie）于一八五〇年以来，主张中国上古之文明，由巴比伦传入。宣布论文颇多，其中以十干之名称，比较阿迦底之数词，以十二支（辰）之异名，比较巴比伦之月名，其间不无类似之点。兹录其十二支异名之表于次：此表转录日本《东洋学报》第十七卷第一号饭岛忠夫著《就于干支之起原》。按饭岛著作颇多，皆绝对不信干支及其历法起于中国上古，而以诗、书、及钟鼎、甲骨，谓皆出于战国及汉世，其说殊无可采，兹但转录此表。

十二支	其异名（当 La 氏之字者）	巴比伦之月名	其顺序
寅	摄提格（shepti-koh）	Shebat	（11）
卯	单阏（tam-ot）	Tamuz	（4）
辰	执徐（tibtu）	Tebit	（10）
巳	大荒落（loktomang）	Arak-shammah	（8）
午	敦牂（Generous cattle）	Propitious bull	（2）
未	协洽（hephap）	Ab	（5）
申	涒滩又曰芮汉（Nuy-han）	Nisan	（1）
酉	作鄂（tsagah）	Dulku	（7）
戌	掩茂（kentuk）	Kinsukush	（6）
亥	大渊献（gungan）	Gananna	（9）
子	困敦（ta kwan tun）	Sekintar	（12）
丑	赤奋若（tihfannoh）	Sivannu	（3）

拉氏之说，究无可凭，其切音亦不尽准合。是故十二辰及其岁阴之由来，仍不能考信，惟有求之于应用之方面而已。

三　十二辰之应用

《周礼·春官·冯相氏》："掌十有二岁,十有二月,十有二辰,十日,二十有八星之位,辨其叙事,以会天位。"疏《正义》云："十有二岁者,岁谓大(即太)岁,左行于地,行有十二辰一岁移一辰者也。云十有二月者,谓斗柄月建　辰,十二月而周,故云十有二月。云十有二辰者,谓子丑寅卯之等十有二辰也。十日者,谓甲乙丙丁之等也。云二十八星者,东方角亢氐房心尾箕,北方斗牛之等,为二十八星也。"所解分析至清,亦可见古代岁月辰日星之位,各有其名,不相杂厕也。《史记·黄帝本纪》云："迎日推策。"《集解》："日月朔望未来而推之,故曰迎日。"《正义》："黄帝受神策,命大挠造甲子,容成造历,是也。"此则谓甲子及历法,皆始于黄帝之时,甲指十日,即甲乙丙丁戊己庚辛壬癸,谓之幹,亦作干;子指十二辰,子丑寅卯辰巳午未申酉戌亥,谓之枝,亦作支;幹枝之义起,而十日十二辰,已有联合之意矣。殷代甲骨文,已以干支记日,且有六十甲子表版,自甲子迄于癸亥,排列次序,皆同于今,可知其时已互合十日十二辰而应用之矣。然单独用之,仍有分别。甲至癸十日为旬,《周礼·地官·地质》："凡治质剂者,国中一旬,郊二旬,野三旬。"亦曰挟日,《天官·冢宰》"挟日而敛之"是也。子至亥为浃辰,《左传·成公九年》："浃辰之间而楚克其三都。"注"浃辰,十二日也"是也。附注挟日,郑玄《周礼注》云："从甲至甲谓之挟日,凡十日。"疏云:"破诸家从甲至癸谓之挟日通也,若从甲至癸,仍有癸日,不得通挟,故以从甲至甲言之。"孙诒让《周礼正义》谓"郑云:凡十日,则亦是甲癸一周,而云自甲至甲者,不外所挟日耳,此乃立文小殊,不为异说。"并引《国语·越语》"浃日而令大夫朝之"。^{韦昭注}亦云，"从甲至甲曰浃。浃、帀也。"按浃挟通。

黄帝命大挠作甲子之说，虽不可信，但殷人已应用之，则其来必久。窃意最初专以十日纪日，十二辰纪方向，后因一旬一易，颇为烦数不便，始并合十二辰而为甲子，遂演为六旬^{六十}一易矣。至专以十二辰纪方向，非第仍而不改，且推广应用于纪时焉。盖岁月日时星辰之名，必皆为上古史官所造，文字、星历、日时之类，固史官之职也。其于占天星，测地望，不能无记号以为标准，斯真十二辰之名所由来欤？史官既立十二辰之名，顺依四方之序而排列之于版以便占察。周代谓之天时，《周礼·春官·大史》^{即太史}："大师，^{谓大出师}抱天时，与大师^{即太师官之长}，^暨同车。"注："郑司农云：大史主抱式以知天时，处吉凶。史官主知天道。"云抱则为版可知，名曰天时，则其版必书十二辰及天象^{如十二次及北斗之类}之位次，汉时谓之式，亦作栻，其形制可以《史记·龟策传》明之。

　　卫平乃援式而起，仰天而视月之光，观斗所指，定日处乡。
　　规矩为辅，副以权衡，四维已定，八卦相望。

又《日者传》："旋式正棋。"《索隐》："式即栻也，旋、转也，栻之形，上圆象天，下方法地，用之则转天纲，加地之辰，故云旋式。"《索隐》解旋式不误，式即今罗盘，所谓天地盘，天盘圆，地盘方，以象天圆地方，十二辰则在地盘，转天盘以就地盘，此所谓旋式也。正棋者，盘之中央植棋以测日景，犹土圭耳。古代式即栻之形象，已不可考。惟近来日本人在高丽平壤古汉人之墓发掘，得见汉代之式。日本学者原田淑人记之曰：

　　此物为一方一圆，两小木片，背面黑漆，正面方之正面有朱漆线轮廓，圆之上亦有线之轮廓，红线中有黑漆写之字，朱线方之上为卦形^{八卦惟离兑二卦可辨}，圆之上为十二支^{惟卯酉二字可辨，正相对}，方中有朱线之圆圈,大小与圆木片相似。圆木片中心有北斗星,中央有孔,似有中轴,可使圆片转动。方木片朱线圆圈圆片,刚刚可以合上。盖像天圆地方,加以上漆黄色及干支,当为占卜吉凶所用。此物与他漆器同出土,形甚小,最初但疑为占卜用具,而不知其用法。后查《史记·日者传》"旋式"《索隐》云"式形上圆象天,下方法地,旋转占卜,故名旋式。"又《龟策传》有运式,盖同旋式。《汉书·王莽传》云:"天文郎按式于前,于是莽随斗柄所指移坐其乡。"可知此器即式也。

古用式以卜,唐时尚盛行。《六典》有雷公、太乙、六壬三式,并载式上之字,中有所谓十二月神者,今此圆片七星之外圈,大吉二字可见。又一行似为太冲,若依原地位排比,可以填起十二月神,十二支亦可按方位排定,十干亦可排起。惟外边两圈之字,尚未能排起。

然而方之一面,幸有一汉镜,^{陈江总《方镜铭》中有此镜。}背面式样,与之极相似。镜上亦有八卦,且有字。按其字细查此方片,知八卦外层为十干,十干外层为十二支,十二支外不知。最外一层为二十八宿。

原田氏并拟其完形,摹为一图,然此不过为汉代之式,故干支八卦二十八宿从辰等,层层罗列,汉以前恐不如此之繁复耳。盖最初仅有十二辰之位,以配天象。《礼·月令》云:

季冬之月:……是月也,日穷于次,月穷于纪,星回于天,数将几终,岁且更始。注:"言日月星辰运行于此月,皆周匝于故处也。"疏"日穷于次者,谓去年季冬,日次于玄枵,从此以来,每月移次他辰,至此月穷尽,还次玄枵,故云日穷于次。月穷于纪者,纪犹会也,去年季冬,月与日相会于玄枵,自此以来,月与日相会在于他辰,至此月穷尽,还复会于玄枵,故云月穷于纪。星回于天者,谓二十八宿随天而行,每日虽周天一匝,早晚不同;至于此月,复其故处,与去年季冬早晚相似,故云星回于天。"

至于《吕氏春秋·季冬纪》高诱注则云:"次、宿也,是月日周于牵牛,故曰日穷于次也。月遇日相合为纪,月终纪,光尽复生曰朔,故曰月穷于纪。日有常行,行于中道,五星随之,故曰星回于天也。一说:十二次穷于牵牛,故曰穷于次也。纪,道也,月穷于故宿,故曰穷于纪。星回于天,谓二十八宿更见于南方,是月回于牵牛,故曰星回于天也。"高注与礼疏,所说虽有同异,然所谓日次、月纪、星回,皆不能不应用十二辰之名以为之标识。是故十二辰之名,乃虚名也,空间与时间,皆可应用之。兹先叙天象之十二次。《淮南子·天文训》云:"子午卯酉为二绳,丑寅辰巳未申戌亥为四钩。"高诱注:"绳,直也,丑钩辰,申钩巳,寅钩亥,未钩戌,谓在四角。"此以子午卯酉定北南东西四正之位,以他辰位四角,故亥子丑在西方,寅卯辰在东方,巳午未在南方,申酉戌在西方。子午相对,卯酉相对,故曰二绳。亥丑为子之两角,寅辰为卯之两角,巳未为午之两角,申戌为酉之两角,而与他辰相钩,故曰四钩。《天文训》又曰:"太阴在四仲,则岁星行三宿,太阴在四钩,则岁星行二宿。"高诱注:"仲,中也,四仲,谓太阴在卯酉子午四面之中也。"太阴即太岁从王引之《太岁考》之说,此以二十八宿分配四方,每方七宿,即所谓青龙、白虎、朱鸟、玄武、是也。以十二辰配四方,每方三辰,以七宿分配之,则子午卯酉各据三宿,其他四钩,则各据二宿焉。《天文训》又云:

太阴在寅,岁名曰摄提格,其雄为岁星,舍斗、牵牛,以十一月与之晨出东方,东井、舆鬼为对。太阴在卯,岁名曰单阏单读明扬之明,岁星舍须女、虚、危,以十二月与之晨出东方,柳、七星、张为对。太阴在辰,岁名曰执徐,岁星舍营室、东壁,以正月与之晨出东方,翼、轸为对。太阴在巳,岁名曰大荒落,岁星舍奎、娄,以二月与之晨出东方,角、亢为对。太阴在午,岁名曰敦牂,岁星舍胃、昴、毕,以三月与之晨出东方,氐、房、心为对。太阴在未,岁名曰协洽,岁星舍觜、觿、参,以四月与之晨出东方,尾、箕为对。太阴在申,岁名曰涒滩,岁星舍东井、舆鬼,以五月与之晨出东方,斗、牵牛为对。太阴在酉,岁名曰作鄂^{作读昨},岁星舍柳、七星、张,以六月与之晨出东方,须女、虚、危为对。太阴在戌,岁名曰阉茂,岁星舍翼、轸,以七月与之晨出东方,营室、东壁为对。太阴在亥,岁名曰大渊献,岁星舍角、亢,以八月与之晨出东方,奎、娄为对。太阴在子,岁名曰困敦^{困读群},岁星舍氐、房、心,以九月与之晨出东方,胃、昴、毕为对。太阴在丑,岁名曰赤奋若,岁星舍尾、箕,以十月与之晨出东方,觜、觿、参为对。

依《淮南》之说,太岁所在之辰,岁星所舍,应用十二辰于二十八宿,分为十二次。即:寅舍斗、牛,为星纪之次;卯舍女、虚、危,为玄枵^{又曰天鼋}之次、辰舍室、壁,为娵訾^{又曰豕韦}之次,巳舍奎、娄,为降娄之次;午舍胃、昴、毕,为大梁之次;未舍觜、参,为实沈之次,申舍井、鬼,为鹑首之次,酉舍柳、星、张,为鹑火之次;戌舍翼、轸,为鹑尾之次;亥舍角、亢,为寿星之次;子舍氐、房、心,为大火之次;丑舍尾、箕,为析木之次。然太阴^{即太岁}在地,与天上岁星相应而行,故两者所次之辰实为背道。况又有谓太阴在太岁前后者,其星次更不同。《汉书·王莽传》:"天凤七年,岁在大梁,仓龙庚辰。……厥明年,岁在实沈,仓龙辛巳。"以岁为太岁,仓龙为岁星也,故岁星^{仓龙}所舍,如其次为寿星,其星为角、亢,其辰为辰;其次为大火,其星为氐、房、心,其辰为卯;其次为析木,其星为尾、箕,其辰为寅;此乃东方苍龙七宿,其龙南首北尾,角是龙角,尾即龙尾也。又岁星所舍,其次在鹑首,其星为井、鬼,其辰为未;其次在鹑火,其星为柳、星、张,其辰为午;其次在鹑尾,其星为翼、轸,其辰为巳;此乃南方朱鸟七宿,其鸟东首西尾,故未为首而巳为尾也。又岁星其次在降娄,其星为奎、娄,其辰为戌;其次在大梁,其星为胃、昴、毕,其辰为酉;其次在实沈,其星为觜、参,其辰为申;此乃西方白虎七宿,南首北尾也。岁星之次在星纪,其星为斗、牛,其辰为亥;其次在玄枵,其星为女、虚、危,其辰为子;其次在娵訾,其星为室、壁,其辰为丑;此为北方玄武七宿,亦东首西尾也。此即岁星十二岁一周天,《礼·月令》所谓星回于天也。但如以苍龙（或青龙）为太岁,则其所纪之星次,又不同矣。此所以读古书者,往往彼此龃龉而不相合也。

继即以北斗所建之辰,即斗柄所指之方位以定月纪。《淮南子·天文训》云:"帝张四维,运之以斗,月徙一辰,复反其所。正月指寅,十二月指丑,一岁而匝,终而复始。"《礼·月令》郑注:"孟春之月,日月会于娵訾,为斗建寅之辰。"以此而推,则每月日月所在之次又不同,故疏云:"日月所会之处谓之为辰。郑注《周礼·大师》职云:'十一月辰在星纪,十二月辰在玄枵,正月辰在娵訾,二月辰在降娄,三月辰在大梁,四月辰在实沈,五月辰在鹑首,六月辰在鹑火,七月辰在鹑尾,八月辰在寿星,九月辰在大火,十月辰在析木',此是一岁十二会也。"是故就北斗所建而言,则正月建寅,则辰在娵訾,为孟春之月,二月建卯,则辰在降娄,为仲春之月,三月建辰,则辰在大梁,为季春之月,四月建巳,则辰在实沈,为孟夏之月,五月建午,则辰在鹑首,为仲夏之月,六月建未,则辰在鹑火,为季夏之月,七月建申,则辰在鹑尾,为孟秋之月,八月建酉,则辰在寿星,为仲秋之月,九月建戌,则辰在大火,为季秋之月,十月建亥,则辰在析木,为孟冬之月,十一月建子,则辰在星纪,为仲冬之月,十二月建丑,则辰在玄枵,为季冬之月,此所谓月穷于纪也。至于日循二十八宿而行中道,其所行之十二次,即十二月之纪,古人以地绕日行为日绕地行,每月一次,至年终而地绕日已遍,将复反始,此即日穷于次,数将几终,岁且更始也。

岁行有余,则有超辰,日行有余,则有闰月,设官观象,莫备于周,故《国语·周语》:泠州鸠谓周景王曰:"昔武王伐殷,岁在鹑火,月在天驷,日在析木之津,辰在斗柄,星在天鼋,星与日辰之位,皆在北维。"韦注:"岁,岁星也,鹑火,次名,周分野也,从柳九度至张十六度为鹑火,谓武王始发师东行,时殷十一月二十八日戊子,于夏为十月,是时岁星在张十三度,张,鹑火也。天驷,房星也,谓戊子日,月宿房五度。津,天汉也,析木,次名,从尾十度至南斗十一度,为析木,其间为汉津,谓戊子日宿箕七度也。辰,日月之会,斗柄,斗前也,谓戊子后三日,得周正月辛卯朔,于殷为十二月,夏为十一月,是日月合辰斗前一度也。星、辰星也,天鼋,次名,一名玄枵,从须女八度至危十五度为天鼋;谓周正月辛卯朔,二日壬辰,辰星始见,三日癸巳,武王发行,二十八日戊午度孟津,拒戊子三十一日,二十九日己未晦冬至,辰星与须女,伏天鼋之首也。辰星在须女,日在析木之津,辰在斗柄,故皆在北维;北维,北方,水位也。"其说历历然灿若目睹,夫以太岁岁星之所舍,日月之所会,北斗之所建,其次各有不同,使非应用十二辰以御之,何能了然哉。

十二辰之名,虽与十干并合为甲子以纪日,然在古代,虽应用之于年、月、时,而并非以之为年月时之名。《左传·襄公九年》,"晋侯问公年,季武子对曰,会于沙随之岁,寡君以生。晋侯曰,十二年矣。"又襄公三十年,"晋绛县人或年长矣,……有与疑年,使之年,……师旷曰:鲁叔孙惠伯会却成子于承匡之岁也,……七十二年矣。"可见彼时问年,尚以其年之大事为纪,而无甲子或仅以十二辰纪岁之事也。按:周《散氏盘》文:"惟王九月,辰在乙卯。"乙卯纪于九月之下,是仍指日辰。其他金文有称辰在某某者,亦同。惟至《吕氏春秋》,始有惟秦八年,岁在涒滩之文,至于汉代,《史记·天官书》始有焉逢摄提格太初元年之纪,以后即顺次而书,此乃以岁阳岁阴纪年而非以甲子纪年也。以甲子纪年,实始于西汉之季,刘恕《通鉴外纪》序:谓甲子纪岁,自东汉以后遂因之。《黄帝内经·素问》,天元纪大论:"甲己王莽始。之岁,土运统之;乙庚之岁,金运统之;丙辛之岁,水运统之;丁壬之岁,木运统之;戊癸之岁,火运统之。"此以十干配五行之运。又曰:"子午之岁,上见少阴;丑未之岁,上见太阴;寅申之岁,上见少阳;卯酉之岁,上见阳明;辰戌之岁,上见太阳;巳亥之岁,上见厥阴。"此以十二辰合三阴三阳。又《六元正纪大论》,备例甲子、甲戌、乙丑、乙亥等岁,皆显以甲子纪年者,然《素问》一书,早有亡缺,其《大论》遗编所载甲子纪年之文,大抵东汉之著作,为后人羼入,不足证也。

纪月之法,在《尔雅》月名曰:"正月为陬,二月为如,三月为寎,四月为余,五月为皋,六月为且,七月为相,八月为壮,九月为玄,十月为阳,十一月为辜,十二月为涂。"郭璞注云:"《离骚》云;'摄提贞于孟陬。'《国语》云:'至于玄月。'纯阴用事,嫌于无阳,故以名云本《郑笺》、《诗·小雅·采薇》"岁亦阳止",自岁阳至此,其事义皆所未详通,故阙而不论。"西汉之世,以十二辰纪月,实所未见。至后世始有建寅之月等称。

以十二辰纪时,当更在后。《淮南子·天文训》:"日出于旸谷,浴于咸池,拂于扶桑,是谓晨明;登于扶桑,爰始将行,是谓朏明;至于曲阿,是谓旦明;至于曾泉,是谓蚤食;至于桑野,是谓晏食;至于衡阳,是谓隅中;至于昆吾,是谓正中;至于鸟次,是谓小还;至于悲谷,是谓餔时;至于女纪,是谓大还;至于渊虞,是谓高春,至于连石,是谓下春;至于悲泉,爰止其女,爰息其马,是谓悬车;至于虞渊,是谓黄昏;至于蒙谷,是谓定昏;日入于虞渊之汜,曙于蒙谷之浦。"凡十五时。《左传·昭公五年》杜预注及疏则分一日一夜为十二时,曰夜半,曰鸡鸣,曰平旦,曰日出,曰食时,曰阿中,曰日中,曰日昳,曰晡时,曰日入,曰黄昏,曰人定。《陔余丛考》:"古时一日夜分十五时,且其所分之候,昼多而夜少。其以一日分十二时,而以干支为纪,盖自太初改正朔之后。"按赵氏之考,亦未尽然,或因《汉书·翼奉传》云:"正月癸未,日加申。"又:"四月乙未,时加于卯。"以及《五行志》日加辰巳之类,遂疑其时已以十二辰纪时。不知《王莽传》:"天文郎按栻于前,日时加某。"此皆指十二辰之位,非以时加某为即以名某时也。

以十二辰应用丁岁月日时,更应用之于钟律,而以为度量衡与历法所自起。《汉书·律历志》曰:"推历生律,张晏曰:'推历十二辰,以生律吕也。'制器,规圆矩方,权重衡平,准绳嘉量。""律十有二,阳六为律,阴六为吕。律以统气类物:一曰黄钟,二曰大族,三曰姑洗,四曰蕤宾,五曰夷则,六曰亡射。吕以旅阳宣气:一曰林钟,二曰南吕,三曰应钟,四曰大吕,五曰夹钟,六曰中吕。有三统之义焉。""至治之世,天地之气合以生风,天地之风气正,十二律定。黄钟:黄者中之色,……钟者种也,……阳气施种于黄泉,孳萌万物,始干子,在十一月。大吕:吕,旅也,言阴大旅助黄钟宣气而牙物也,位于丑,在十二月。太族:族,奏也,言阳气大奏地而达物也,位于寅,在正月。夹钟:言阴夹助大族,宣四方之气而出种物也,位于卯,在二月。姑洗:洗,絜也,言阳气洗物,辜絜之也,位于辰,在三月。中吕:言微阴始起未成著于其中,旅助姑洗宣气齐物也,位于巳,在四月。蕤宾:蕤,继也,宾,导也,言阳始导阴气,使继养物也,位于午,在五月。林钟:林,君也,言阴气受任,助蕤宾君主种物,使长大楙盛也,位于未,在六月。夷则:则,法也,言阳气正法度,而使阴气夷当伤之物也,位于申,在七月。南吕:南,任也,言阴气旅助夷则,任成万物也,位于酉,在八月。亡射:射,厌也,言阳气究物,而使阴气毕剥落之,终而复始,亡厌已也,位于戌,在九月。应钟:言阴气应亡射,该臧万物,而杂阳阂种也,位于亥,在十月。"

以十二律配十二月之辰,亦见《淮南子·天文训》,所解小异,不具录。《吕氏春秋·季夏纪·音律》篇,称十一月为黄钟之月,顺次至十月为应钟之月,亦同此理。又古有风角之占,以十二律配十二风。《周礼·春官·保章氏》:"以十有二风察天地之和,命乖别之妖祥。"郑注:"十有二辰皆有风,吹其律以知和否,其道亡矣。"此即《淮南子·天文训》所云八风也。但十二风之名已亡耳。《淮南子·天文训》又有十二建除,即寅为建,卯为徐,辰为满,巳为平,主生;午为定,未为执,主陷;申为破,主衡;酉为危,主杓;戌为成,主少德;亥为收,主大德;子为开,主太岁;丑为闭,主太阴。按:此非太岁之太阴,乃别一丛辰名。张晏曰:太阴在太岁后二辰。钱大昕主张之,以为即太岁之太阴,而改为在太岁前二辰,为王引之驳正。鄙意太岁太阴皆虚造,本无是物,古代历家,必欲以之建辰纪岁,而历法又各不同,以致颠倒错乱,众说纷歧。此以十二建除配日之吉凶,即《史记·日者传》所详王引之《太岁考》。云建除家之说也,后世历书沿用之。

又次则为堪舆家(亦见《史记·日者传》)之应用十二辰,而有十二星野之说:《周礼·春官·保章氏》:"以星土辨九州之地所封,封域皆有分星,以观妖祥。"郑玄注,"堪舆虽郡国所入度,非古数也。今其存可言者,十二次之分也,星纪,吴越也;玄枵,齐也;娵訾,卫也;降娄,鲁也;大梁,赵也;实沈,晋也;鹑首,秦也;鹑火,周也;鹑尾,楚也;寿星,郑也;大火,宋也;析木,燕也。"孙诒让《周礼正义》引《乙巳占分野篇》云,"于辰在丑为星纪,在子为玄枵,在亥为娵訾,在戌降娄,在酉为大梁,在申为实沈,在未为鹑首,在午为鹑火,在巳为鹑尾,在辰为寿星,在卯为大火,在寅为析木。"参看前十二次。《广雅·释天》云:"子周,丑狄,寅楚,卯郑,辰晋,巳卫,午秦,未宋,申齐,酉鲁,戌赵,亥燕。"《淮南子·天文训》、《汉书·天文志》,并略同。

其他如《礼·月令》正义称《易林》云："震主庚子午,巽主辛丑未,坎主戊寅申,离主己卯酉,艮主丙辰戌,兑主丁巳亥。"此应用十二辰于各卦。后汉郑玄以爻辰说易,阳爻之初二三四五上,值辰之子寅辰午申戌,阴爻之初二三四五上,值辰之未酉亥丑卯巳。而以十二辰之物象,十二次之星象配之。_{详惠栋《易汉学》。}则皆以十二辰解易者也。至于宋邵康节之元会运世,及星命术数诸家之立十二宫,_{如命宫、财帛、与胎、养长生之类},以配十二辰,更在其后,可不具详。然亦见十二辰应用之广矣。

四　十二兽,十二神

郑玄以十二辰之物象释卦爻,此物象究不知起于何时。《易·说卦传》："乾为马,坤为牛,震为龙,巽为鸡,坎为豕,离为雉,艮为狗,兑为羊。"亦与十二辰之物象不合。如午为马,位于南,而乾位西北,酉为鸡,位于西,而巽位东南;是也。《说文》解十二辰,仅谓巳为蛇,象形,亥,古文豕。然《说文》别有它字,实象蛇形;而巳字于甲骨文金文多作子。三豕渡河,子夏以为己亥之讹。是其所解皆沿昔人之误耳。《诗·小雅·吉日》："吉日庚午,既差我马。"《正义》"必用午日者,盖于辰,午为马,故也。"《礼·月令》:"季冬之月……出土牛。"郑注:"丑为牛,牛可牵止也。"《疏》云:"其时月建丑。"此皆以后人之所见,谓古与之同,实不正确。《吴越春秋》："立蛇门者,以象地户也。吴在辰,其位龙也,故小城南门上,反羽为两鲵鱙以象龙角,越在巳地,其位蛇也。故南人门上有木蛇,北向首内,示越属于吴也。"《吴越春秋》乃东汉人所作,此亦不过表示其时人所见耳。

盖古代天星之物象，以青龙、白虎、朱鸟、玄武四宿为最先，朱鸟亦名朱雀，又谓之鹑，又谓之凤，玄武为龟蛇所合，故或谓之龟，或谓之蛇。《左传·襄公二十八年》疏："虫兽在地，有象在天，分在四方，方有七宿。……龟蛇二虫，共为玄武。"是也。十二辰之配十二虫^{十二}_兽当即本于龙虎鸟龟^或_蛇配四宿而推演之，其由来实无从讨论。赵翼《陔余丛考》："朱子尝问蔡季通十二相属起于何时，曾见何书，季通亦无以对。"乃引明陆深《春风堂随笔》谓本起于北俗，而称赞其说，且以为系呼韩邪款塞入居，流传入中国者，殊属臆测无据。按《金石索》汉镜中有角王镜，背列十二辰名，及四神。铭曰，"角王巨虚日有意。"说者谓角王巨虚者，言匈奴部落之大也。《后汉书·南匈奴传》云："左右贤王等谓之四角，次左右日逐王等谓之六角。"汉印有四角羌王，四角胡王，则角王镜，当为匈奴羌胡所有，亦已应用十二辰。然另一角王镜有外层铭曰"汉有善铜出丹阳"，是十二辰为汉传入匈奴羌胡之证，至转为十二属以传入中原，则未有证也。又朝鲜亦有出土汉镜，多四神形，亦有列十二辰名者，其铭文多为"尚方作竟真大好"，或"汉有善铜出丹阳"之语，此为汉置朝鲜为四郡以后所传入甚明。见日本《东洋学报》第十五卷第一号。后汉王充《论衡·物势》篇曰：

且五行之气相贼害，含血之虫相胜服，其验何在：曰，寅，木也，其禽虎也，戌，土也，其禽犬也，丑未亦土也，丑禽牛，未禽羊也。木胜土，故犬与牛羊为虎所服也。亥，水也，其禽豕也，巳，火也，其禽蛇也，子亦水也，其禽鼠也，午亦火也，其禽马也。水胜火，故豕食蛇，火为水所害，故马食鼠屎而腹胀。曰，审如论者之言，含血之虫，亦有不相胜之效。午，马也，子，鼠也，酉，鸡也，卯，兔也。水胜火，鼠何不逐马。金胜木，鸡何不啄兔。亥，豕也，未，羊也，丑，牛也，土胜水，牛羊何不杀豕。

巳,蛇也,申,猴也,火胜金,蛇何不食猕猴。猕猴者,畏鼠也,啮猕猴者,犬也,鼠水,猕猴金也,水不胜金,猕猴何故畏鼠也。戌,土也,申,猴也,土不胜金,猴何故畏犬。东方木也,其星仓龙也,西方金也,其星白虎也,南方火也,其星朱鸟也,北方水也,其星玄武也。天有四星之精,降生四兽之体,含血之虫,以四兽为长,四兽含五行之气最较者。案,龙虎交不相贼,鸟龟会不相害,以四兽验之,以十二辰之禽效之,五行之虫,以气性相刻,则尤不相应。

此不但备举十二虫^{十二}之名,且举当时相刻胜之说以责难,则其时盛行已可知。然则康成之爻辰,《吴越春秋》之以建筑为厌胜,固皆后汉始有矣。盖自西汉之季,谶纬大昌,方术蜂起,实为十二兽应用于十二辰之由来,后人谓起于北俗者固非,乃初唐释道世编《法苑珠林》,忽谓起于印度,兹录于下:

《法苑珠林》卷四十住持篇菩萨部引《大集经》云:

尔时无胜意童子白佛言:"世尊,他方佛土所有人民,常作是言,娑婆世界杂秽,然我今者,常见清净。"佛言:"如是如是,如汝所说。又,此世界诸菩萨等,或作种种天人畜生之像,游阎浮提,教化如是种类众生。若为人天,调伏众生,是不为难;若为畜生,调伏众生,是乃为难。阎浮提外,东方海中,有瑠璃山,名之为潮,具种种宝。其山有窟,名种种色,是昔菩萨所住之处;有一毒蛇,在中而住,修声闻慈。复有一窟,名曰无死,亦是菩萨昔所住处;中有一马,修声闻慈。复有一窟,名曰善住处,亦是菩萨昔所住处;中有一羊,修声闻慈。其山树神,名曰无胜,有罗刹女,名曰兽行,各有五百眷属围绕。是二女人,常共供养如是三兽。阎浮提外,南方海中,有玻璃山。其山有窟,名曰上色,亦是菩萨昔所住处;有一猕猴,修声闻慈。复有一窟,名曰誓愿,亦是菩萨昔所住处;中有一鸡,修声闻慈。复有一窟,名曰法床,亦是菩萨昔所住处;中有一犬,修声闻慈。中有火神,有罗刹女,名曰眼见,各有五百眷属围绕。是二女人,常供养是三鸟兽。阎浮提外,西方海中,有一银山,名曰菩提月。中有一窟,名曰金刚,亦是菩萨昔所住处;中有一猪,修声闻慈。复有一窟,名香功德,亦是菩萨昔所住处;中有一鼠,修声闻慈。复有一窟,名高功德,亦是菩萨本所住处;中有一牛,修声闻慈。山有凤神,名曰动风,有罗刹女,名曰天护,各有五百眷属围绕。是二女人,常供养如是三兽。阎浮提外,北方海中,有一金山,名曰功德相。中有一窟,名为明星,亦是菩萨昔所住处;有一狮子（此方名虎）,修声闻慈。复有一窟,名曰净道,亦是菩萨昔所住处;中有一兔,修声闻慈。复有一窟,名曰喜乐,亦是菩萨昔所住处;中有一龙,修声闻慈。山有水神,名曰水天,有罗刹女,名修惭愧,各有五百眷属围绕。是二女人,常共供养如是三兽。是十二兽,昼夜常行阎浮提内,人天恭敬,功德成就。已于诸佛所,发深重愿;一日一夜,常令一兽游行教化,余十一兽,安住修慈,周而复始。七月一日,鼠初游行,以声闻乘,教化一切鼠身,令离恶业,劝修善事。如是次第至十二日,鼠复还行;如是乃至尽十二月,至十二岁,亦复如是,常为调护诸众生故。是故此土多有功德,乃至畜兽,亦能教化,演说无上菩提之道。是故他方诸菩萨等,常应恭敬此佛世界。"

述曰:"此之十二兽,并是菩萨慈悲化导故,作种种人畜等形,住持世界,令不断绝。故人道初生,当此菩萨住窟,即属此兽护持得益。是故汉地十二辰兽,依此而行,不异经也。"

据释道世之所述,俨然谓十二兽起于印度,而汉地乃依之而行者,然则印度其他之经典,何以并未有再记此类之经典乎。吾疑大集经之所纂集,不免有中国僧徒从中增加,以助其供养之利益耳。盖自东汉以来,既有十二兽之配列,以其相肖之吉凶,为人命之托赖,则遂利用以造作经典,而为禳解之用。观于郑玄之没,既有岁在龙辰蛇巳贤人嗟之谶。见《拾遗记》而东晋谢安之死,则又以梦白鸡为太岁在辛酉之兆。见《晋书》迨南北朝尤普遍于民间,《北史》纪后周宇文护之母,在齐贻书护曰:"昔在武川镇,生汝兄弟,大者属鼠,次者属兔,汝身属蛇。"同时南朝陈沈炯《十二属诗》云:"鼠迹生尘案,牛羊暮下来,虎啸坐空谷,兔月向窗开,龙隰远青翠,蛇柳近徘徊,马兰方远摘,羊负始春栽,猴栗羞芳果,鸡跖引清杯,狗其怀物外,猪蠡窅悠哉。"此诗甚劣,然亦可见南北朝盛行,遂有佛经应时而起也。《唐书·黠戛斯传》谓:"其国以十二物纪年,如岁在寅则在虎年。"《宋史·吐番传》"仁宗遣刘涣使其国,厮罗延使者劳问,具道旧事。亦数十二辰属曰:兔年如此,马年如此。"此等纪年直至蒙古,尚沿用之,如《元秘史》及元代其他著作,尚用虎儿午鼠儿年之类以纪年也。非第北俗为然,东方之日本,称甲乙为木兄木弟,庚辛为金兄金弟,而十二物则沿用鼠牛等属,但改称彼国方音耳。即清语亦然,彼等翻译东坡《赤壁赋》,"壬戌之秋",为黑狗之秋。皆因汉人干支之名,彼等素所未有,无法可译,而兽则可名,故以物名纪之耳。元周达观《真腊风土记》,亦谓"其国十二生肖,亦与中国同,但所呼之名异耳。如以马为卜赛,呼鸡之声为栾,呼猪之声为真卢,呼牛为个",是元时南方之柬埔寨,亦以十二兽纪年也。近人丁文江君所辑《爨文丛刻》者,我国西南裔罗罗族之文也,经其族学人解汉文者,以汉文译出所谓《宇宙源流》,有曰:"甲乙树龙青,青帝东门守,虎兔以向同。丙丁火龙红,红帝南门守,蛇以马向同。庚辛金龙白,白帝西门守,猴以鸡向同。壬癸水龙黑,黑帝北门守,猪以鼠向同。二旁土龙黄，黄帝分不主，拘龙以牛羊。"此则纯乎汉化而但小异耳。故可信十二辰与十二属，皆出自中国之汉族，绝非由外方传入，转可证中国文化之广播于四裔也。

称苍龙、白虎、朱鸟、玄武四宿为四神，及以十二辰之物属为十二神，汉时已有之。至用为厌胜之具，则周代已然。《周礼·秋官·硩蔟氏》："掌覆夭鸟之巢，以方^{版也}书十日^{甲乙等}之号，十有二辰^{子丑等}之号，十有二月^{陬月等}之号，十有二岁^{摄提格等}之号，二十有八星^{角亢等}之号，县其巢上则去之。"言之灵验如此，其认为有神可知。即如摄提格等名，说者除望文生义外，实皆莫得其解。《淮南子·地形训》："诸稽、摄提，条风之所生也，通视，明庶风之所生也，赤奋若，清明风之所生也，共工，景风之所生也，诸比，凉风之所生也，皋稽，阊阖风之所生也，隅强，不周风之所生也，穷奇，广莫风之所生也。"以上所举，诸稽至穷奇，高诱注皆以为天神之名。夫摄提赤奋若既为天神之名，安知困敦之类，当时不皆视为天神乎。如禺强亦作禺疆、禺京，《山海经·海北北经》注以为北海神，是则子为困敦，或即为浑沌，而与其他之岁阴岁阳之名，皆为神名也。以青龙即苍龙等四宿为四神，固已甚早。至汉代而四神四兽镜，兼加入十二辰之名者已甚多，皆有辟不祥，顺阴阳之语句。皆金石索所列汉尚方仙人竟也。且有以四宿作四人形者^{四神四虎镜}。至以二十八宿十二生肖镂于镜，见于《金石索》者惟唐始有之，盖以前犹沿袭作四神，后始改变耳。然其间由四神而演为十二神，至唐时而盛起，亦可测知也。

十二神之名盛起于唐其凭据为何！兹将日本内藤虎次郎《读史丛录》所撰"隼人石与十二支神象"，摘译于下：

元明^{唐睿宗时}天皇山陵，有兽首人身石刻，从来谓之隼人石。此实非隼人之形，乃十二支神象之残余耳。新罗金庾信之墓及挂陵，有此十二支神象，亦相类似。其后高丽太祖显陵，亦有此石刻十二神象。其时《国粹学报》有罗叔言《俑庐日札》，记云：

> 刘燕庭先生《海东金石苑》载新罗角干墓及挂陵十二神画象，并绘十二神。兽首人身，手执兵器，盖十二时生肖也。二碑均无年月，以角干墓故定为唐时所造。予按刻十二时生肖，不但新罗为然，实唐代风气如此。予曩得唐洺州司兵姚君夫人陇西李氏碑（太和五年），其盖四周亦刻人身兽首者十二辈，与《海东金石苑》所载之角干挂陵两刻正同。知新罗盖仿唐俗也。唐高延福碑之旁，亦刻十二生肖，但非人身耳。雷询碑盖之四周，画十二辰。题曰：夜半子，鸡鸣丑，平旦寅，日出卯，食时辰，禺中巳，正南午，日昳未，晡时申，日入酉，黄昏戌，人定亥，云云。刘明德碑盖之四周亦然。雷志刻于天宝五载，刘志刻于长庆二年，盖唐代习用之也。

可知唐代习用十二神，惟唐镜有二十八宿禽星之像，而无十二神像，盖尚少发见也。此盖由十二禽星之神，演为二十八宿禽星，亦即出四神而演进者，所谓角木蛟、亢金龙、氐土貉、房日兔、心月狐，尾火虎、箕水豹，斗木獬、牛金牛、女土蝠、虚日鼠、危月燕，室火猪、壁水貐、奎木狼、娄金狗、胃土雉、昴日鸡、毕月乌、觜火猴、参水猿，井木犴、鬼金羊、柳土獐、星日马、张月鹿、翼火蛇、轸水蚓，是也。然此必在唐以前已有之，故隋萧吉《五行大义》遂更演为三十六禽星以分配十二辰焉。即子为燕鼠蝠，丑为牛蟹鳖，寅为狸豹虎，卯为猬兔貉，辰为龙蛟鱼，巳为鳝蚓蛇，午为鹿獐马，未为羊鹰雁，申为猫猿猴，酉为雉鸡乌，戌为狗狼豺，亥为豕蛙猪，是也。是为演禽之法，后世术数家所谓翻禽演宿等说悉由此起。

十二辰之物象既盛行于唐代，且播及于西北之黠戛斯，东方之新罗日本，然则唐以前取十二辰与十二物象相配之理由安在乎？

窃意古代采十二辰之名，当出于杂凑，惟后代以十二物象相配，实又不省其出何意味。《陔余丛考》卷三十四，引宋曾三异《同话录》，采十二辰属体皆有亏，如鼠无胆鸡无肾之说，又引洪巽《旸谷杂录》谓以十二相属之指爪奇偶数为名。又引郎瑛《七修类稿》，谓各取物之足爪，于阴阳上分之。语皆穿凿琐屑，不足为证。惟《七修类稿》以阴阳说十二生肖，亦间有可取者。兹删其冗词，分行摘要条录于下，以便省览。

　　子为阴极，幽潜隐晦，以鼠配之。

　　午为阳极，显明刚健，以马配之。

　　丑为阴也，俯而慈爱生焉，以牛配之。

　　未为阳也，仰而秉礼行焉，以羊配之。

　　寅为三阳，阳胜则暴，以虎配之。

　　申为三阴，阴胜则黠，以猴配之。

　　日生东而有西酉之鸡。

　　月生西而有东卯之兔。此阴阳交感之义。

　　辰巳阳起而动作，龙为盛，蛇次之，故龙蛇配焉。

　　戌亥阴敛而潜寂，狗司夜，猪镇静，故狗猪配焉。

　　以上所述，诸家解释十二辰之意义，殆尽于此矣。余前此固云：古人定十二辰之名，本无必然之秩序，或取动物，或取静物，或取人事。姑以愚臆妄断之。如子象子孙，而《说文》所载籀文子字，颇类燕形。丑象牛迹。寅字，《说文》之古文，及金文，有类虎颜，其目瞋然可畏，《古籀汇编》十四下，如《师兖父鼎》《师趛鼎》《录伯敦》皆是。卯字金文𫝀，契文𫝀，颇类兔之耸耳突目，兔曰明视，见《礼记·曲礼》。辰为蜃形，后转为龙行之形，巳与亥，后在《说文》，皆以为蛇与豕之形。此皆动物也。午酉象静物。申象神之伸现，戌象以戈驻守，此为人事。惟未字不详，或象树木滋生蒙昧之状。凡此所述，皆凭臆而言，羌无故实，然亦或有其理由焉。

试更取子午卯酉所谓四仲者为之推阐其演变焉。

《诗·商颂·玄鸟》曰："天命玄鸟,降而生商。"《毛传》"鸟,鳦也,春分玄鸟降。"《郑笺》云："天使鳦下而生商者,谓鳦遗卵,娀氏之女简狄吞之,而生契即玄王。"又《商颂·长发》："有娀方将,帝立子生商。"《笺》云："帝,黑帝,契封于商,后汤王因以为天子号,故云帝立子生商。"余谓子指商以子为姓而言,商由燕卵降生,子孙蕃衍,遂以子为姓,其后宋犹因之。是则子与燕有关系也。《殷墟书契前编》卷六第四十三页第三枚有"吉燕",同书四十五页第一枚有"贞惠燕",同四十四页第五枚有"贞惠占燕"之文,可知视为神秘吉祥之事。《说文》,"燕,玄鸟也,𠀤口,布翄,枝尾,象形。"又云："日,实也,大易之精,不亏,从○一,象形。乙,古文日,象形。"日字中心,或从一,或从乙,当即《春秋元命包》日中有三足乌(《淮南子》作蹲乌)之说,希腊日神爱钵罗亦以乌鸦为使者,日与乌有缘,东西皆然矣。乌者黑色,与燕为玄鸟亦有关。日中之乙,当即鳦,由日中下降而生商之子孙,然则燕盖商之图腾,后世视为神圣,以其来为祥端焉。第此与属子之鼠似毫无所涉,古籀文皆不见鼠字。然鼠类所赅颇广,《尔雅》可证。蝠,诸书亦称天鼠、仙鼠,契文有象飞鸟,翼上有钩爪者,《后编》二五叶玉森君以为即古文象形蝠字,如子爵蝠之蝠,并象蝠形,亦如燕字之张翅植首分爪也。《西清古鉴》并释为福,盖蝠之与燕,昏晨相代而兴,蝠之临为降福,亦犹燕之来为降祥也。由是观之:鼠与燕蝠实相关系,故二十八宿中之女虚危,其禽即蝠鼠燕相连,其辰皆在子。而三十六禽,亦在子为蝠鼠燕也。

次言午,在南方之位,午与南似有关系。午字甲骨文多作𠂪,或𠃉,虽有·○之异,实则同一,因契刻而变耳。其形皆象二铃,而以杵贯其中,便于手执而振之,或即木铎。亦有作𠂒𠃊等形者,详《古籀汇编》则其上作镞形及十字形矣。《周礼·秋官·壶涿氏》:"掌除水虫,……若欲杀其神,则以牡橭午贯象齿而沉之,则其神死,渊为陵。"橭者,榆木名。疏云:"以橭为干,穿孔,以象牙从橭贯之为十字,沉之水中。"此为厌胜之法,然则午字之形,亦当类此,其先为以木干贯上下两铃,继则改上铃为十字形,此与南字首贯十字形者相同。郭沫若君谓:"南殆钟镈之类之乐器,卜辞有从南之字为敲字,乃象一手持槌以击南,与殷鼓二字同意,殷象击声,鼓象击豈。《国语·周语》,'周景王铸无射以为之大林。'大林即大钟,林与南一声之转,其字亦象铃形,当即古之铃字,大林者大铃也。"摘录按:郭说是也。《诗·小雅》"以雅以南,以籥不僭。"《礼记》"小学正学干,大胥赞之,籥师学戈,籥师丞赞之,胥鼓南。"雅、南、籥,皆乐器,用雅与南之时,则以籥和之,以干戈学舞之时,则鼓南以节导之,南与午皆乐器,但一则槌击,一用手摇耳。《六吕》之林钟南吕,亦皆大铃之类,其首冠十字而位于南方者,殆古者以十字测日景而定正南之位,与正午之时,_{其用与臬、棋、土圭相等}而使人司之,手摇或槌击以示方向与时辰,犹今日海舟之有领港耳。《鬼谷子·谋》篇,"故郑人之取玉也,载司南之车,为其不惑也。"《韩非子》亦云:"故先王立司南以端朝夕。"是故古之用南与午也,行于山林旷野,则载之于车,而鸣击之以指迷,此后世指南车之所由起也。_{黄帝周公造指南车,固不足信。即有磁气之指南针,亦至北宋始有。}其在于朝,则为之设官以辨位而告时,此徇木铎立土圭之所由起也。斯盖午字之源流欤?

次言卯酉:据《七修类稿》所云:"日生东而有西酉之鸡,月生西而有东卯之兔。"是谓卯兔酉鸡,与日月有关系也。然而日出于卯,月出于酉,其言既不相符,且其象征适相反。卯属兔,为月中之象,《易纬乾凿度》云:"月三日成魄,八日成光,蟾蜍体就,穴鼻始明。"穴鼻,兔也。《楚辞·天问》:"夜光何德,死而又育,厥利维何,而顾兔在腹。"晋傅咸《拟天问》曰:"月中何有,玉兔捣药,兴福降祉。"则以兔为能降福于人者焉。与兔并在月中者为蟾蜍,张衡《灵宪》曰:"月者阴精之宗,积而成兽,象蟾兔。"又曰:"姮娥奔月,是为蟾蜍。"蟾蜍亦名虾蟆,《淮南》、《抱朴》诸书,皆谓其能辟兵,使人寿千岁,其出为世之祥瑞。《酉阳杂俎》记李揆事曰:"虾蟆月中之物,亦天使也。"金文铭往往有析子孙之语,郭沫若君以为子孙二字乃天黿二字之误释,余则谓当作天录,即天禄,乃吉祥语也。录字从 ⺈⺈,象虾蟆背皮尢尢然。意其时之人获得虾蟆,信其奉天命为天使,自月中降授天禄于人身者。盖天之降福禄于人也,必有所征,征之于蟾蜍蝙蝠,犹之鳦鸟燕奉帝命自日中降子孙瑞于人也。皆所谓祥瑞,而为天人之符应也,故诗人歌玄鸟而金文铭天禄。但与卯字本义无涉耳。鸡与日之关系,则易传,以离为日,又为雉;三十六星禽以酉为雉鸡乌。而日中有三足乌,见于《淮南》诸书,已述于前。张衡《灵宪》曰:"日者阳精之宗,积精成象,象成为禽,金鸡、火乌也,皆三足。"夫金鸡鸣而天下旦,又人家难司晨,鸡与日出固有关系,但与酉字除星禽所纪外,亦无所涉。盖酉象酒尊,字形甚明显耳。涉笔已竟,幸当世博雅君子,箴其阙失而重为详析焉。若夫此考,毋宁哂其区区。

译刊科学书籍考略

周昌寿

Ⅰ. 绪论

中国科学发达极早，《虞书》开宗明义，即详为记载。厥后对于授时推步，史不绝书。入唐以后，兼以课士。宋元之间，名家辈出。惜均囿于天算，未能推广至于一般自然科学。而天文所注重之历法，又因计算未精，舛错时出。虽经迭加改造，仍苦不符。算学方面似较天文略进一步，然亦仅有片段之研究，不能成为整个之系统也。降及明末，西学东渐，始有近世科学之萌芽，其为我国文化史上所应特笔大书之一重大事迹，当无疑义。时适耶稣会初在中国成立，正欲发展其势力，苦无入手之方，乃借讲学译书，以与当时人士接近，遂开译印科学书籍之端。第一部出现之书，即为《几何原本》六卷，出于徐光启与意大利人利玛窦之手，着手于明万历三十三年(1605)，刻成则在三十五年(1607)。此书系利玛窦之师利玛窦称之为丁先生(Clavius)者之名著，原书名 *Euclidis elementorum*。全书共十五卷，译本仅其前六卷而已。此书一出，大有石破天惊之感，徐氏自序有云："由显入微，从疑得信，不用为用，众用所基，真可谓万象之形宥，百家之学海。"阮元在《畴人传》中，亦推崇之为"弁冕西术"，其影响之深，价值之巨，岂仅首先出现一点而已哉。

当时译刊之书，不仅科学一端，宗教方面之著述，亦颇不少。入清以后，更为加盛。直至雍正放逐教士，始截然而止。是为译刊科学书籍之第一期。

乾隆以后，虽为我国算学发达极盛之期，然无外人参与其间，与译刊科学书籍，实无关系可言。不过第一期中所出各书，均多散佚，幸赖各家丛书，为之搜集重刊，始得保存至今，间接上亦不为无功也。

咸丰末，英人艾约瑟辈东来，与顾尚之等论算，遂又赓续中断已久之翻译事业，而首先刊成者，则为《几何原本》后九卷，于咸丰七年（1857）刊成。译事出于伟烈亚力与李善兰之手，与前六卷译本之刊成，相距恰足二百五十年，数字偶合，可云奇矣！是后译本，遂如雨后春笋，层出不穷，远非第一期所能及。是为翻译事业之复兴期，亦即译刊科学书籍之第二期也。

第二期译刊科学书籍开始以来，于数于质，均日有进境，其初仍由西人主持其事，笔之者对于原文仍多未谙，与第一期情形大致相同。迨后新学渐次普及，不仅无口授之必要，且进而自行编著矣。至于清末，此风盛行，外人之参与译事者，遂亦告止。故即以清末作第二期译印科学书籍之结束。

民国成立迄今二十五年，此二十五年中，除编著者不计外，译本之多，较第二期并无逊色，其质且过之。尤以名著之忠实介绍，新书之汇译类刊为其特色。故为便利计，自民元以后，划为译印科学书籍之第三期。

三期译事，情形各别，本文虽仅限于科学一方面，究亦有三百余年之历史，千头万绪，实难枚举。且为篇幅所限，不得不因时制宜,稍加限制。限制之方,当于各期分别声明之。

本文属稿仓猝,苦乏参考资料,仅就手边所有五十余种中西书籍,拼凑而成。挂漏知所不免。即如各书初版日期,亦多纷歧。何去何从？煞费斟酌,但均有所根据,未敢出之武断也。其中第二第三两期之书,大都出于张菊生先生之手。先生主持南洋公学译书院及商务印书馆编译所历数十年。本文所述,不啻先生事业之一片段,故遂忘其谫陋,即以寿先生者就正于先生,当不嫌其冒昧也。

II. 第一期　明末迄清初

本期所译各书,以天算为主,旁及地理及应用科学。当时欧洲科学,亦正肇始,经此翻译,几于全数输入我国,不可不谓为得风气之先。其他关于宗教者,为量更多,不在本文范围内,一律不录。即关于应用科学者,亦姑从略。所采录者,以属于纯粹自然科学者为限。

本期译刊各书,全译者有之,节译者亦有之,半著半译者,似亦不少。若欲严格区分,苦不易为,且亦不必。故本期所录各书,概以有外人参预其事者为限,不问其是否自撰,抑或讲述他人之作也。所据原书多不可考,故亦未附欧文原名。

本期各书既以外人译著者为限,故即以人为主题,先介绍其略历,次列所译书,不分科别及年代,以便检索。

本期译事致力最多者,固属外人,然国人提倡之功,亦不可没。且初期译事,外人大都只能口授,实际笔之成文者,仍为国人,应并及之。故将创始者数人,冠诸篇首,其次始及外人。对于外人之编次,则按其来华先后,循向例也。

各书出版日期,以初版者为限。其着手于何时?重刻于何处?均不计焉。例如《几何原本》前六卷,起草于万历三十三年(1605),初版刻成于三十五年(1607),四年后(1611)再版,经李之藻编入《天学初函》(1629)。入清以后,由方中通编入《数度衍》(1721)内,易名为《几何约》,更著录于《四库全书》(1773—1782),又入《海山仙馆丛书》(1849)。曾国藩亦曾为之重刻(1865)。最近更入《丛书集成初集》(1926),如一一如此考证,为事实所不许,故文中仅记万历三十五年(1607)一种而已。

1. 徐光启 字子先,号玄扈,上海人。生于明嘉靖四十一年(1562)。万历二十五年(1597)举解,三十二年(1604)成进士。崇祯元年(1628)授礼部尚书。奏设历局,征西教士入京修历。六年(1633)卒,追赠太保,谥文定。所修《崇祯新法历书》凡一百二十六卷,或略称《崇祯历书》或《新法算书》、《新法历书》。内《历书总目》一卷、《日躔历指》四卷、《日躔表》二卷、《恒星历指》三卷、《恒星图》一卷、《恒星图系》一卷、《恒星历表》四卷、《恒星经纬表》二卷、《恒星出没表》二卷、《月离历指》四卷、《月离表》六卷、《交食历指》七卷、《交食表》八卷、《五纬历指》九卷、《五纬表》十卷、《测天约说》二卷、《大测》二卷、《割圆八线表》六卷、《黄道升度表》七卷、《黄赤道距度表》一卷、《通率表》二卷、《元史揆日订误》一卷、《通率立成表》一卷、《割圆八线立成长表》四卷、《黄道升度立成中表》四卷、《历指》一卷、《测量全义》十卷、《比例规解》一卷、《南北高弧表》十二卷、《诸方半昼分表》一卷、《诸方晨昏分表》一卷、《历学小辨》一卷、《历学日辨》五卷。又译印《几何原本》六卷(1607)、《测量法义》一卷(1617)、《句股义》一卷(1617)、《简平仪说》一卷、《测量异同》一卷。

2. 李之藻　字振之，又字我存，号凉庵，仁和人。万历二十六年（1598）进士，官至太仆寺少卿。于崇祯二年（1629）入历局，襄助修历，阅二年（1631）卒。成《新法历书》一百卷、《浑盖通宪图说》二卷（1607）、《圜容较义》一卷（1614）、《同文指算前编》二卷（1614）、《同文指算通编》八卷（1614）、《同文指算别编》一卷、《名理探》十卷（1631），后又集成《天学初函》十九种五十二卷，为科学译本丛书之嚆矢，于崇祯二年（1629）刊成。

3. 李天经　字仁常，一字性参，又字长德，赵州人。万历七年（1579）生，四十一年（1613）进士。崇祯五年（1632）入历局。翌年（1633）徐光启卒后，即继其职。十一年（1628）升光禄寺正卿。至寇乱还乡。顺治十六年（1659）卒。续成《崇祯历书》六十一卷、《浑天仪说》四卷。

4. 利玛窦　原名 Matthieu Ricci（1551—1610），字西泰，意大利人。万历十一年（1583）来华传教。初居肇庆，后移韶州。二十三年（1595）到南京，识徐光启。二十六年（1598）一度入京。翌年（1599）被遣回南京。两年后（1600）始被召返京，与徐光启李之藻等讲学译书，万历三十八年（1610）卒于北京。成《几何原本》六卷（1605）、《乾坤体义》二卷（1605）、《浑盖通宪图说》二卷（1607）、《圜容较义》一卷（1614）、《同文指算》十一卷（1614）、《万国舆图》（1598）、《测量法义》一卷（1617）、《句股义》一卷（1617）、《经天该》一卷。

5. 孟三德　原名 Edward de Sande（1531—1600），字宁寰，葡萄牙人。万历十三年（1585）来华，居肇庆、韶州，万历二十八年（1600）卒于澳门。成《崇祯历书》二卷、《长算补注解惑》三卷、《远镜说》四卷、《浑天仪说》等书。

6. 龙华民　原名 Nicolas Longobardi（1559—1654），字精

华,意大利人。万历二十五年(1597)来华,居韶州,备受迫害毁谤。万历三十七年(1609)赴北京。虽因中国礼节与利玛窦意见不符,仍由利玛窦指定继任耶稣会主教。天启时首被召还京。崇祯九年(1636)赴济南,为佛教徒所逐,然仍每岁步行赴济南布教一次。顺治十年(1654)卒于北京。奉旨赐给葬费。成《地震解》一卷(1624)。

7. 高一志　原名 Alphonso Vagnoni (1566—1640),字则圣。初名王丰肃,字则望,后于万历四十二年(1624)始易名。意大利人。万历三十三年(1605)来华。初在南京,深通华语。放逐教士时被囚数月。万历四十五年(1617)逐回澳门。易名后再入内地,居绛州。崇祯十三年(1640)卒。成《寰宇始末》二卷、《空际格致》二卷。

8. 熊三拔　原名 Sabathin de Ursis (1575—1620),字有纲,意大利人。万历三十四年(1606)来华,居北京。崇祯二年被征入历局修历。万历四十四年(1616)被逐到澳门,四十八年(1620)卒。成《简平仪说》一卷(1611)、《泰西水法》六卷(1612)、《表度说》一卷(1614)。

9. 阳玛诺　原名 Emmanuel Diaz (1574—1659),字演西,葡萄牙人,万历三十八年(1610)来华。初到澳门,教授神学。六年后赴潮州,遭驱逐教士之难。天启元年(1621)始到北京,翌年(1622)奉召制造铳炮。后至各地布教,留居杭州。顺治十六年(1659)卒。成《天问略》一卷(1615)。

10. 艾儒略　原名 Jules Aleni (1582—1649),字思及,意大利人。万历二十八年(1610)来华。初到澳门,教数学。数年后被派至北京。后历上海、扬州而至山西。泰昌元年(1620)到杭州、常熟等地布教。天启三年(1623)被召用。五年(1625)至福建各地传教。崇祯十一年（1638）被逐回澳门。翌年仍返闽。顺治六年（1649）卒于延平。成《西学凡》一卷（1623）、《几何要法》一卷（1631）、《职方外纪》六卷（1623）。

11. 傅泛济　原名 François Furtado（1587—1653），字体斋，葡萄牙人。泰昌元年（1620）来华。初到澳门，后被派至嘉定习华语，转杭州，专事著述。崇祯三年（1630）赴陕西，即留西安布教。永历七年（1653）卒于澳门。成《寰有诠》六卷（1628）、《名理探》十卷（1631）。

12. 邓玉函　原名 Johann Schreck（1576—1630），字函璞，瑞士人。天启元年（1621）来华。崇祯二年（1629）入历局修历。翌年（1630）卒于北京。成《人身说概》二卷、《远西奇器图说》三卷（1627）、《大测》二卷、《测天约说》二卷、《正球升度表》一卷、《黄赤距度表》一卷、《浑盖通宪图说》三卷、《诸器图说》等书。

13. 汤若望　原名 Johann Adam Schall von Bell（1591—1666），字道味，日耳曼人。天启二年（1622）来华。初到西安，后移北京。崇祯三年（1630）邓玉函卒后，即继其任。与偕来之罗雅各合力于崇祯十四年（1641）完成《崇祯历书》。又监造炮台，铸造钢炮。顺治二年（1645）上书言历，允其请，以掌钦天监事，累加太仆太常寺卿，敕锡通微教师，并赐第建堂。八年（1651）叙通议大夫。十五年（1658）晋叙光禄大夫，祖先三代均追赐一品封典。康熙四年（1665），排教运动起，受杨光先之谮，与南怀仁等同时入狱，判死刑，旋虽因地震得释，然西法卒废，明代旧历重被采用。时已七十五岁，身体既不自由，口舌又结塞不能辩，遂于康熙五年（1666）幽愤死于北京。成《浑天仪说》五卷、《古今交食考》一卷（1633）、《西洋测日历》一卷（1645）、《学历小辩》一卷、《民历补注解惑》一卷（1683）、《钦定七政四余万年书》、《新历晓惑》一卷、《大测》二卷、

《远镜说》一卷(1630)、《星图》、《恒星历指》四卷、《恒星出没》二卷、《恒星表》五卷、《交食历指》七卷、《测食说》二卷、《共译各图八线表》一卷、《测天约说》二卷、《奏疏》四卷、《新法历引》一卷、《新法表异》二卷、《历法西传》一卷、《赤道南北两动星图》、《恒星屏障》、《交食蒙求》、《交食表用法》。又集成《西洋新法历书》五种二十六卷，内《日躔表》二卷、《月离表》四卷、《五纬诸表原叙目》一卷、《五纬表》十卷出于罗雅各之手，《交食表》九卷则出于汤若望之手。

14. 罗雅各 原名 Jacques Rho (1593—1638)，字味韶，意大利人。天启四年(1624)来华。初寓开封。崇祯三年(1630)与汤若望同时入历局供事。崇祯十一年(1638)卒于北京。成《测量全义》十卷、《五纬表》十一卷、《五纬历指》九卷、《月离历指》四卷、《月离表》四卷、《日躔历指》一卷、《日躔表》二卷、《黄赤正球》一卷、《筹算》一卷、《比例规解》一卷(1630)、《历引》二卷、《日躔考》、《昼夜刻分》、《五纬总论》、《日躔增五星图》、《火木土二百恒星表》、《周岁时刻表》、《五纬用则》、《夜中测时》、《周岁警言》、《天文历法国师》等。

15. 利类思 原名 Louis Buglio (1606—1682)，字再可，意大利人。崇祯十年(1637)来华。后入局修历，与汤若望等同入狱，被遣回粤。康熙七年(1668)再受召入京，二十三年(1682)死于北京。成《西方纪要》一卷(1669)、《狮子说》一卷(1678)、《进呈鹰说》卷(1679)、《西历年月》一卷(1679)。

16. 穆尼各 原名 Jean-Nicolas Smogolenski (1611—1656)，字如德，葡萄牙人。顺治三年(1646)来华，初到江南，四年(1647)赴福建，以历算授方中通薛凤祚等。成《天步真原》一卷、《天学会通》卷、《比例四线新表》一卷。

17. 南怀仁 原名 Ferdinand Verbiest (1623—1688)，字敦伯，又字勋卿，比利时人。顺治十六年(1659)来华。本在陕西布教,翌年(1660)赴京,襄助汤若望修历。康熙四年(1665)与汤若望同入狱。七年(1668)再奉命治历。八年(1669)与钦天监副监吴明煊各对验日影。钦天监果有舛误,遂代吴任钦天监监副。杨光先革职后,于九年(1670)补其缺,任监正。十三年(1673)改造流贼所毁之观象仪,成黄道经纬仪(zodiacal armillary sphere),赤道经纬仪(equatorial sphere),地平经仪(azimuth horizon),地平纬仪(quadrant),纪限仪(sextant)及天体仪(celestial globe)六具。并制图列说,成为《新制灵台仪象志》十六卷。二十一年(1681)擢通政使。又以制造炮位精坚,加工部右侍郎职衔。二十七年(1688)卒于北京。成《测验纪略》二卷(1668)、《历法不得已辩》一卷(1669)、《康熙八年四月初一日癸亥朔日食图》(1669)、《康熙十年十一月十五日月食图》一卷(1670)、《验气说》一卷(1671)、《康熙十年》一卷(1671)、《坤舆图说》二卷(1672)、《赤道南北星图》(1672)、《新制灵台仪象志》十六卷(1673)、《仪象图》二卷(1673)、《康熙十三年》一卷(1673)、《坤舆全图》(1674)、《康熙十五年》一卷(1675)、《康熙十八年》一卷(1678)、《康熙永年历法表》三十二卷(1678)、《康熙二十六年》一卷(1686)、《简平仪总星图》、《坤舆外纪》一卷、《妄推吉凶辩》、《熙朝定案》三卷、《妄占辩》、《预推纪验》、《形性理推》、《光向异验理推》、《理辩之引咎》、《目司图总》、《理推各图说》、《御制简平新仪式用法》、《进呈穷理学》、《吸毒石原由用法》等。

18. 闵明我　原名 Philippe-Marie Grimaldi (1639—1712),字德先,意大利人。康熙八年(1669)来华,助南怀仁治历。康熙五十一年(1712)卒于北京。成《康熙永年历法表》三十二卷(1678)、《方星图解》一卷(1711)。

19. 白晋　原名 Joachim Bouvet (1656—1730),字明远,法兰西人。康熙二十六年(1687)来华。雍正八年(1730)卒于北京。成

《几何原本》一种(1690)，同时并译为满文。此书系自 Paredies 所著 Géometrie pratique et théorique 译成，与徐光启利玛窦所译者不同。又成《皇舆全览图》(1718)。

20. 张诚　原名 Jean-François Gerbillon (1654—1707)，字实斋，法兰西人。康熙二十六年与白晋同时来华。康熙四十六年(1707)卒于北京。成《几何原本》一种(1690)。

21. 杜德美　原名 Pierre Jartoux (1668—1720)，字嘉平，法兰西人。康熙四十年(1701)来华。亲赴蒙古、直隶、黑龙江、山西、陕西、甘肃等省，测绘地图。康熙五十九年(1720)卒于北京。成《周经密率》一卷、《求正弦正矢捷法》一卷。

22. 戴进贤　原名 Ignace Kögler (1680—1746)，字嘉宾，日耳曼人。康熙五十五年(1716)来华。官钦天监监正。乾隆十一年(1746)卒于北京。成《策算》(1722)、《黄道总星图》(1737)、《仪象考成》(1744)、《日躔表》、《月离表》等。

23. 蒋友仁　原名 Michel Benoist (1715—1774)，字德翊，法兰西人。乾隆九年(1744)来华。进《增补坤舆全图》及新制浑天仪。奉旨翻译图说，由何国宗、钱大昕、详为润色，遂成《地球图说》(1767)

24. 玛吉士　原名及履历不详。成《外国地理备考》十卷，入《海山仙馆丛书》。

Ⅲ. 第二期　咸丰迄清末

本期译刊科学书籍，为数甚多，从事者亦众，虽创始于客卿，继起者则均国人，与第一期完全出诸外人者，情形不同，故编次方法亦不得不略有所异。除开始数人外，余虽卓卓如丁韪良、李提摩太，亦因其所成书籍，关于科学者不多，故皆从略。

本期所出科学译本，程度不深，而涉猎广博，除一二特殊人物，如傅兰雅等外，均各专力于一定范围。同时因印刷便利，需稿甚殷，遂有集团从事之组织，与第一期人自为政者，情形迥异。本期之书，十九均出自此等团体，其对于译刊科学书籍之贡献，固不下于执笔之个人，故亦连带及之，然亦仅以初期且涉及外人者为限。

本期各书，一仍前例，以纯正科学者为限，其余不录。所录者亦仅初期，较有价值，分别列入执笔者及出版处下。以后所出，渐近于滥，并书名亦多雷同。间亦不乏名译，如严复之《天演论》之类，究属少数，故未一一列举，仅作一统计表代之。

(1) 代表人物

1. 李善兰　字壬叔，号秋纫，海宁人，嘉庆十五年(1810)生。童年通算，暇辄著书。咸丰二年(1852)至沪，与伟烈亚力合译《几何原本》后九卷，竟成徐光启利玛窦未完之功。同治七年(1868)入北京，任同文馆算学总教习。光绪八年(1882)卒于北京。成《几何原本》后九卷(1857)、《谈天》(1859)、《代数学》(1859)、《代微积拾级》(1859)、《奈端数理》(不全)、《重学》(1859)、《圆锥曲线说》(1866)及《则古昔斋算学》(1872)等书。

2. 徐寿　字雪村，无锡人，嘉庆二十三年(1818)生。同治初入曾国藩幕。十二年(1873)任江南制造局提调，兼任翻译，尤长于化学制造。与傅兰雅创设格致书院，光绪十年(1884)卒。成《汽机发轫》(1871)、《化学鉴原》(1872)、《化学鉴原续编》(1875)、《西艺须知》(1878)、《化学补编》(1882)、《化学求数》(1883)、《化学考质》(1883)、《宝藏兴焉》(1884)、《西艺须知续刻》(1884)、《物体遇热改易说》(1899)及《营城揭要》、《测地绘图》等书。

3. 华蘅芳　字若汀,金匮人,道光十三年(1833)生。初入曾国藩幕,官直隶州知州。同治十二年(1873)入江南制造局,任提调,兼翻译,并主讲格致书院。光绪二十八年(1902)卒。成《金石识别》(1872)、《代数术》(1873)、《地学浅识》(1873)、《防海新论》(1873)、《御风要术》(1873)、《微积溯源》(1874)、《测候丛谈》(1876)、《三角数理》(1877)、《代数难题》(1883)、《决疑数学》、《合数术》(1888)、《算式解法》(1899)等书。

4. 伟烈亚力　原名 Alexander Wylie,英吉利人,1815年生。道光二十七年(1847)来华传教。在上海开设墨海书馆与华人讲学。同治改元后返其本国。1887年卒于伦敦。成《数学启蒙》(1853)、《几何原本》后九卷(1857)、《谈天》(1859)、《代微积拾级》(1859)等书。

5. 傅兰雅　原名 John Fryer,英吉利人,1839年生。咸丰十一年(1861)来华。初任香港教员。同治二年(1863)任北京同文馆英文教习。六年(1867)入江南制造局,任翻译,历二十余年之久。创设格致书院与华人讨论科学,并经营印刷科学书籍。光绪二十年(1894)赴美,任芝加哥大学东方语文学教授。经其手译成之科学书籍,范围既广,为数又多,虽不免略近于滥,然其功实不可没也。成书如次:《运规约指》(1870)、《化学分原》(1872)、《化学鉴原》(1872)、《代数术》(1874)、《微积溯源》(1874)、《化学鉴原续编》(1875)、《三角数理》(1877)、《数学理》(1879)、《电学》(1880)、《化学补编》(1882)、《代数难题》(1883)、《化学考质》(1883)、《化学求数》(1883)、《重学图说》(1885)、《格致须知初集》(1887)、《量法须知》(1887)、《代数须知》(1887)、《电学图说》(1887)、《格致须知二集》(1888)、《三角须知》(1888)、《微积须知》(1888)、《曲线须知》(1888)、《水学图说》(1890)、《热学图说》(1890)、《光学图说》

(1890)、《植物图说》(1895)、《算式解法》(1899)、《物体遇热改易说》(1899)、《通物电光》(1899)、《测绘海图全法》(1900)、《算式辑要》、《声学》、《电学纲目》、《测地绘图》、《海道图说》等书。又自光绪二年(1876)起,创刊《格致汇编》(*The Chinese Scientific and Industrial Magazine*)一种,为我国第一部出现之定期科学刊物,自任主编人,月出一册。两年后因返国暂停,回华后改为季刊。中途又停顿一次。至光绪十八年(1892),出完第七卷后,始停刊。

(2) 翻译出版处

1. 墨海书馆　由英人伟烈亚力创设于上海,《数学启蒙》、《几何原本》、《博物新编》等书,均由此处印行。

2. 江南制造局　同治四年(1865)开设于上海虹口。六年(1867)移高昌庙。七年(1868)设翻译馆,延致外人翻译格致化学制造各书。八年(1869)将广方言馆并入。于是教学翻译,相辅而进。成书极多,除工程军政方面外,属于纯粹科学者亦已有三十八种之多。各书译者及书名如下:

《运规约指》　傅兰雅译,徐建寅笔　(1870)

《化学分原》　傅兰雅译,徐建寅笔　(1872)

《化学鉴原》　傅兰雅译,徐寿笔　(1872)

《金石识别》　玛高温译,华蘅芳笔　(1872)

《地学浅识》　玛高温译,华蘅芳笔　(1873)

《代数术》　傅兰雅译,华蘅芳笔　(1874)

《微积溯源》　傅兰雅译,华蘅芳笔　(1874)

《八线简表》　贾步纬译　(1874)

《化学鉴原续编》　傅兰雅译,徐寿笔　(1875)

《测候丛谈》　金楷理译,华蘅芳笔　(1876)

《三角数理》　傅兰雅译,华蘅芳笔　(1877)

《格致启蒙》 林乐知译,郑昌棪笔 （1879）

《数学理》 傅兰雅译,赵元益笔 （1879）

《光学》 金楷理译,赵元益笔 （1879）

《电学》 傅兰雅译,徐建寅笔 （1880）

《谈天》 伟烈亚力译,李善兰笔 （1881）

《化学补编》 傅兰雅译,徐寿笔 （1882）

《代数难题》 傅兰雅译,华蘅芳笔 （1883）

《化学考质》 傅兰雅译,徐寿笔 （1883）

《化学求数》 傅兰雅译,徐寿笔 （1883）

《格致小引》 罗亨利译,瞿昂来笔 （1886）

《算式解法》 傅兰雅译,华蘅芳笔 （1899）

《物体遇热改易说》 傅兰雅译,徐寿笔 （1899）

《通物电光》 傅兰雅译,王季烈笔 （1899）

《物理学》 藤田丰八译,王季烈笔 （1900）

《无线电报》 卫理译,范熙庸笔 （1900）

《测绘海图全法》 傅兰雅译,赵元益笔 （1900）

《恒星图表》 贾步纬译

《算式辑要》 傅兰雅译,江衡笔

《八线封数简表》 贾步纬译

《对线表》 贾步纬译

《翻译弦切对数表》 贾步纬译

《声学》 傅兰雅译,徐建寅笔

《电学纲目》 傅兰雅译,周郇笔

《化学源流论》 王汝骍译

《测地绘图》 傅兰雅译,徐寿笔

《绘地法原》 金楷理译,王德均笔

《海道图说》　傅兰雅译，王德均笔

3. 格致书室　光绪元年(1875)由傅兰雅开设于上海，除贩售外国科学书籍仪器等外，并自行译印各种初步科学书籍。成书四十余种。其中以各种"须知"最为著名，为科学丛书编译之嚆矢。又益智书会所刊各书，亦大都由之出售。其书名如下：

《地学指略》　文教治著　(1881)

《大英国志》　慕维廉译　(1881)

《天文图说》　摩嘉立，薛承恩同译　(1883)

《重学图说》　傅兰雅著　(1885)

《格致须知初集》　傅兰雅编　(1887)

《量法须知》　傅兰雅编　(1887)

《代数须知》　傅兰雅编　(1887)

《电学图说》　傅兰雅译　(1887)

《格致须知二集》　傅兰雅编　(1888)

《三角须知》　傅兰雅编　(1888)

《微积须知》　傅兰雅编　(1888)

《曲线须知》　傅兰雅编　(1888)

《水学图说》　傅兰雅译　(1890)

《热学图说》　傅兰雅译　(1890)

《光学图说》　傅兰雅译　(1890)

《植物图说》　傅兰雅译　(1895)

《声学揭要》　赫士译，朱葆琛笔　(1898)

《光学揭要》　赫士译，朱葆琛笔　(1898)

《格致释器：测候器》

《格致释器：化学器》

《重学水学气学器》

《照像器》

《显微镜望远镜》

《测绘器》

《历览纪要》

《西国名菜嘉花论》

《天文须知》

《地理须知》

《地表须知》

《地学须知》

《算法须知》

《化学须知》

《气学须知》

《声学须知》

《电学须知》

《重学须知》

《力学须知》

《水学须知》

《矿学须知》

《全体须知》

《百鸟图说》

《白兽图说》

《泰西本草撮要》

《西经实物图说》

《格致汇编》 傅兰雅编 （1876—1892）

4. 美华书馆 由美士江君所设，继墨海书馆之后，刊印各种科学书籍。益智学会出版之书，亦大都代为销售。所成各书如下：

《形学备旨》　狄考文撰，邹立文刘永福合译（1884）

《心算启蒙》　那夏礼辑译（1886）

《格物入门》　丁韪良著（1889）

《代数备旨》　狄考文撰，邹立文、生福维合译（1891）

《笔算数学》　狄考文，邹立文合撰（1892）

《代形合参》　罗密士撰，谢洪赉译（1893）

《圆锥曲线》　求德生译，刘维师笔（1893）

《八线备旨》　罗密士著，潘慎文选译（1893）

《动物学新编》　潘雅丽著（1899）

《代数备旨下卷》　狄考文遗著，范震东校（1902）

《格物质学》　史砥尔著，谢洪赉译（1902）

《格致举隅》　莫安仁译，魏寿彭笔（1903）

《格致问答提要》　季理斐著，陆震译（1903）

《八线拾级》　温德鄂著，刘光照译（1904）

《昆虫学举隅》　祁天锡著，奚伯绶笔（1904）

《物理学算法》　丁韪良著（1904）

《中学万国地志》　矢津昌永著，出洋学生编译所译（1906）

《对数表》　路密司等著，朱葆琛等译（1909）

5.其余各处　上述四处，为本期各书编译出版之最早者。其后继起者颇多，如文明书局、汇文书院、广学会、集成图书公司、土山湾印书馆、南洋公学译书院、科学仪器馆、会文学社、商务印书馆、开明书店、广智书局、教育世界社、启文社、新民译印书局、金粟斋译书社、启新书局、合众书局、时中书局、山西大学译书院、中东书社、昌明公司、宁波新学会社、京师大学堂、科学书局、译学馆、南洋官书局、湖北官书局、东亚公司、日本留学生会馆、湖南编译社、普及书局、群学社、学部官书局、点石斋、科学会编译部、作民译社、各省学务处、作新社、群益书社、翰墨林书局、集思社、中国图书公司、均益图书公司等，所成科学译本，有多有寡，不能枚举。大都均教科书本，实亦无列举之必要也。兹就手边所集资料，制成一表。分总论及杂著、天文气象、数学、理化、博物、地理等六科。最后一科兼包地质、地文、测绘等在内。总计共得四百六十八种。表中数字即此种数，非册数或卷数也。

第二期译刊科学书籍表

年份	公元	总论及杂著	天文气象	数学	理化	博物	地理	总计
咸丰三年	一八五三			一				一
咸丰五年	一八五五				一			一
咸丰七年	一八五七			一				一
咸丰九年	一八五九		一	三	一			五
同治九年	一八七〇			一				二
同治十一年	一八七二				二	一		三
同治十二年	一八七三				一		一	
同治十三年	一八七四			二			一	三
光绪元年	一八七五							一
光绪二年	一八七六	一						三
光绪三年	一八七七							
光绪五年	一八七九	一		一				三
光绪六年	一八八〇			一				二
光绪七年	一八八一	一	一			二		四
光绪八年	一八八二							一
光绪九年	一八八三		一	一	二			四
光绪十年	一八八四			一				一
光绪十一年	一八八五							
光绪十二年	一八八六	一		一				二
光绪十三年	一八八七				二			四
光绪十四年	一八八八			三				四
光绪十五年	一八八九	一						一
光绪十六年	一八九〇	一			三			四

(续表)

年份	公元	总论及杂著	天文气象	数学	理化	博物	地理	总计
光绪十七年	一八九一	一		一				二
光绪十八年	一八九二	一		一				二
光绪十九年	一八九三			三			一	四
光绪二十一年	一八九五					一		一
光绪二十二年	一八九六		一		一			二
光绪二十三年	一八九七	一						二
光绪二十四年	一八九八	一六			二		一	一九
光绪二十五年	一八九九		一	一	四			七
光绪二十六年	一九〇〇			一	二		一	四
光绪二十七年	一九〇一	二		三			一	六
光绪二十八年	一九〇二	一		一	四	八	八	二二
光绪二十九年	一九〇三	五	一	二	二	八	一一	二九
光绪三十年	一九〇四	二	一	七	六	七	二	二五
光绪三十一年	一九〇五			一三	一〇	一一	六	四二
光绪三十二年	一九〇六		二	二五	一七	一六	九	七〇
光绪三十三年	一九〇七	一		二九	一五	一四	四	六三
光绪三十四年	一九〇八			二三	九	九	二	四三
宣统元年	一九〇九			一二	一	二		一五
宣统二年	一九一〇			八	三	三	一	一五
宣统三年	一九一一	一		七	二	四		一四
初版年份不详者		一	一	八	四	七	五	二六
各科总计		四四	一二	一六四	九八	九二	五八	四六八

IV. 第三期 民国二十五年间

本期科学书籍,纯出国人之手。且因教育渐次普及,人尚专攻,遂无所谓中心人物。出版机关,亦随学术团体发达,日渐增多。

所出书籍,既不限于科学,尤不限用本国文字。本文仅述汉译科学书籍,不及其他。

本期所出汉译科学书籍,与第二期所出者,性质又异。第二期之书,程度大都不过中学,性质几全为教本,甚至书名亦十九同为某某教科书。数量虽多,种类却有限,价值更说不上。且除初期若干种及少数名译而外,类都消减无余,仅示其统计表而未一一列举者,职是故耳。本期之书,则已渐入正轨,不仅多数均尚通行,并各有其相当之价值,不可同日而语也。科学进步固云一日千里,然其基础学识,先哲文献,则仍颠扑不破,随时均有寻绎之必要,故特详为举出。又因前后相去不过二十五年,为期不远,故未依出版次序,仅照科目分类。

本期各书除中文书名外,并附原著作人名称及原书名,以免混淆。其译自日文者,仅附原著作人姓名。初版期,出版处及定价,均从略。

本期各书单行本固多,编入丛书中者亦不少。例如《丛书集成初集》中,即有第一期译成各种科学书籍在内,因系重刊,故未举出。其编入《汉译世界名著》及他种丛书中者,则分别插入相当科目之下。此外尚有《自然科学小丛书》二百种,全系翻译,为译刊科学书籍以来最大之计划(本文之动机,亦由编译此书而来)。然截至本文脱稿为止,此书尚未出齐,故文中仅取其已出书者,分别插入,未出者不录。

本期各书,都为七类:(1)科学总论,(2)天文及气象,(3)数学,(4)物理学,(5)化学,(6)生物学,(7)地球、地质及矿物学。尚有地理一科,因书目过多,为篇幅所限,致未列入。各科中籍,亦分别插入各该科之中、各科名人传记评论则从略。

本期出版之科学书籍,用外国文字发表者,为数已不少。此等著作在学术上之价值，自较本国文字之译本，更形重要。惜与本文性质不符，故未采入。又如定期科学刊物中，虽亦不乏名译，然翻译究系少数，且与成书性质迥异，故亦从略。

本文根据之各出版处书目，为期迟早不一，因此漏列之书，势所难免，尚乞谅之。

(1) 科学总论

《科学概论》(*Introduction to Science*)　J. A. Thomson 著，严鸿瑶译

《科学概论》(*Introduction to Science*)　J. A. Thomson 著，邓均吾译

《自然科学概论》　石原纯著，谷神译

《近代科学概论》(*Modern Science*)　J. A. Thomson 著，张达如译

《科学总论》　永井潜著，黄其侄译

《最近自然科学》　田边元著，周昌寿译

《最近自然科学概观》　大町文卫著，刘文艺译

《自然科学与现代思潮》　石原纯著，高铦译

《自然科学新论》(*Dialektische Materalism i estestwosnanie*)　T. Gornschtein 著，廖稚鸣等译

《辩证法的自然科学概论》(同上)　潘谷神译

《自然辩证法》(*Naturdialektik*)　T. Engles 著，杜畏之译

《唯物辩证法与自然科学》(*Dialektika i estestwosnanie*)　A. Deborin 著，林伯修译

《现代唯物论》(*Outlook of Science*)　Worrall 著，丹声译

《科学原理》　平林辅之助著，周梵公译

《科学规范》(*The Grammar of Science*)　K. Pearson 著，沈因明

等译

《自然哲学之数学原理》(Matematische Principien der Naturlehre) I. Newton 著,郑太朴译

《科学的新基础》(The New Background of Science) J. H. Jeans 著,谭辅之译

《物理世界之本质》(The Nature of Physical World) A. S. Eddington 著,谭辅之译

《物质世界真诠》(同上) 严鸿瑶译

《最近物理学之物质观》(The Conceptions of Matter) C. G. Darwin 著,张贻惠译

《物质之新观念》(同上) 杨肇燫译

《科学往何处去》(Where is Science Going?) M. Planck 著,皮仲和译

《科学中之哲学方法》 桑木严翼著,谷神译

《方法与结果》(Method and Result) T. H. Huxley 著,谭辅之译

《科学与方法》(Science et Méthode) H. Poincaré 著,王良骥译

《科学与方法》(同上) 郑太朴译

《科学与假设》(La Science et l'hypothese) H. Poincaré 著,叶蕴理译

《科学之价值》(La valeur de la science) H. Poincaré 著,文元模译

《科学与实在》(La science et la realité) P. Delbert 著,危淑元译

《科学与将来》(Daedalus, or Science and Future) J. B. S. Haldance 著,张东民译

《科学之将来》(Icarus, or The Future of Science) B. Russell 著,吴献书译

《科学的将来》(同上) 李元译

《明日之世界》(The World of Tomorrow) I. O. Evans 著,陈岳生译

《科学与看不见的世界》(Science and the Unseen World) A. S. Eddington 著,曹亮译

《科学的改造世界》(Science Remaking the World) O. W. Coldwell、E. E. Slosson 著,薛培元译

《科学与世界改造》(同上) 徐养秋译

《科学与人生》(Scientific Research and Human Welfare) F. S. Harris 著,尤佳章等译

《科学与工业》(Science et Industrie) H. Chatelier 著,洪荣熙译

《科学行动及信仰》(What Dare I think?) J. Huxley 著,杨丹声译

《科学方法论》(Scientific Method: Its Philosophical Basis and Its Modes of Application) F. W. Westaway 著,徐韦曼译

《自然认识界限及宇宙七谜》(Über die Grenzen des Naturerkennens: Die Sieben Welträtsel) E. D. Bois-Reymod 著,潘谷神译

《哲学与科学的回顾》(A Philosophic and Scientific Prospect) A. Wolf 著,殷佩斯译

《科学观》(Scientific Outlook) B. Russell 著,王光熙,蔡宾牟译

《科学的世界》(The Universe of Science) Levy 著,严鸿瑶译

《科学与现代世界》(Science and the Modern World) A. N. Whitehead 著,王光熙译

《科学的精神》(Scientific Mind) J. W. N. Sullivan and Others 著,萧立坤译

《自然之机构》(The Mechanism of Nature) Andrade 著,何育杰译

《汉译科学大纲》(The Outline of Science) J. A. Thomson 著,任鸿隽等译

《现代科学精华》(Science for All) C. S. Sherrington and Others 著,吕金录译

《少年科学大纲》(An Outline for Boys and Girls and Their Parents) G. R. Mitchison 著,胡伯恳译

《斯氏科学丛谈》(Charts on Science) E. F. Slosson 著,尤佳章译

《兰氏科学丛谈》(More Science from An Easy Chair) S. R. Lankester 著,任周甫译

《科学发见谈》(The Wonders of Scientific Discovery) C. R. Gibson 著,曹孚译

《苏联的科学与教育》(Science and Education in U. S. S. R.) A. Г. Pinkevich 著,尚仲衣译

《科学教授法原理》(Principles of Science Teaching) G. R. Twiss 著,王琎译

《自然科学史》(A Short History of Science) W. T. Sedgwick、H. W. Tayler 著,皮仲和译

《西洋科学史》(An Introduction to the History of Science) W. Libby 著,尤佳章译

《科学与宗教之冲突》（History of the Conflicts between Religion and Science） J. W. Draper 著，张微夫译

《苏俄科学巡礼》（Science in Soviet Russia） J. G. Crowther 著，潘谷神译

《发明家与发明物》（Great Inventors and Their Inventions） F. P. Bachman 著，刘遂生译

《万能的人类》（Man the Miracle Maker; Story of Invention） H. Van Loon 著，伍况甫译

《千奇万妙》（Diversa mirabilia in scientia） Aloysio Van Hee 著，赫尔瞻撰

(2) 天文及气象

《天文浅说》（Astronomy with the Naked Eye） G. P. Serviss 著，许烺光译

《天文问答》（Cosmographia in modum dialogi） F. Scherer 著，佘宾王撰

《天界一瞥》（Peeps at Heavens） J. Baikie 著，应观兴译

《天空的神秘》 原田三夫著，许达年译

《星空的巡礼》（Guide to Sky） E. A. Beet 著，王幼于译

《闲话星空》（The Stars in Their Courses） J. H. Jeans 著，李光荫译

《星球和原子》（Stars and Atoms） A. S. Eddington 著，张云译

《星与原子》（同上） 张微夫译

《原子及宇宙》（Atom and Cosmos） H. Reichenbach 著，陈岳生译

《从原子到银河》（Flight from Chaos） H. Shapley 著，严鸿瑶译

《宇宙观发达史》(Die Geschichte der Weltenstehungslehre) S. A. Arrhenius 著,危淑元译

《宇宙之物理的本性》(The Physical Nature of the Universe) J. W. N. Sullivan 著,殷佩斯译

《近代物理学中之宇宙观》(The Universe in the Light of Modern Physics)　M. Planck 著,严德炯译

《环绕着我们的宇宙》(Universe Around Us)　J. H. Jeans 著,谭辅之译

《玄秘的宇宙》(The Mysterious Universe)　J. H. Jeans 著,张贻惠译

《神秘的宇宙》(同上)　周熙良译

《神秘的宇宙》(同上)　冯雄译

《宇宙及其进化》(Cosmology and Steller Evolution)　J. H. Jeans 著,张贻惠译

《宇宙》　石井重美著,黄家金译

《宇宙壮观》　三本一清著,陈遵妫译

《宇宙观之发展》(The Universe Unfolding)　Baker 著,冯雄译

《太阴图说》(De luna et specie ejus)　S. Chevalier 著,高均译

《陨石》　加濑勉著,陆志鸿译

《太阳研究之新纪元》　关口鲤吉著,杨倬孙译

《东洋天文学史研究》　新城新藏著,沈璿译

《中国上古天文》　新城新藏著,沈璿译

《日常气象学》　原田三夫著,许达年译

《天时与地理》(Climate and Geotgaphy)　O. J. R. Howarth 著,沈思玙译

《大气温度》　国富信一著,沈懋德译

《大气压力》 国富信一著,沈懋德译

《湿度》 国富信一著,沈懋德译

《大气中之光电现象》 国富信一著,沈懋德译

《气学通诠》(Meteorologiee completa explicatio) J. de Moidrey 著,马德赍撰

(3) 数学

《罗素数理哲学》(Introduction to Mathematical Philosophy) B. Russell 著,傅种孙等译

《算学的性质》(The Nature of Mathematics) J. Rice 著,殷佩斯译

《算学的故事》(Story of Mathematics) D. Larrett 著,徐韫知译

《数学全书》(Enzyklopädie der Elementarmathematik) van H. Weber 著,郑太朴译

《算学导论》(Introduction to Mathematics) A. N. Whitehead 著,徐韫知译

《几何及代数之基本》(Foundation of Geometry and Algebra) O. Veblen and E. V. Huntington 著,郑太朴译

《初等算学史》(A History of Elemental Mathematics) F. Cajori 著,曹丹文译

《西洋近世算学小史》(History of Modern Mathematics) D. E. Smith 著,段育华等译

《中国算学之特色》 三上义夫著,林科棠译

《森林数学》 本多静六著,徐承镕译

《数学辞典》 长泽龟之助著,赵缭编译

《量度之精密及图解说概论》(Elements of the Precision of

Measurements and Graphical Methods） H. M. Goodwin 著，吴荫圃等译

《阵图算法ＡＢＣ》(Line Charts for Engineers) W. N. Roe 著，王士湝编译

《诺模术》(Die Nomographie oder Fluchlineinkunst) F. Klaus 著，李协清、李蠚仪译

《数论尺规作图及周率》(Theory of Numbers; Construction with Rule and Compass; History of π) J. W. A. Young and Others 著，郑太朴译

《极限论》 竹内端三著，朱纯熙译

《算学教育的根本问题》 小仓金之助著，颜筠译

《布利氏新式算学教科书》(Correlated Mathematics for Junior Colleges) E. R. Breslich 著，徐甘棠等译

《高等混合算学》(A Course in Mathematics) Woods and Bailey 著，易俊元译

《算术·复名数》 林鹤一等著，林科棠译

《算术·白分算及利息算》 林鹤一等著，郑心南译

《算术·整数之性质》 林鹤一等著，崔朝庆译

《算术·整数及小数》 林鹤一等著，黄元吉译

《算术·分数四则》 林鹤一等著，黄元吉译

《算术·比及比例》 林鹤一等著，郑心南译

《代数学》(Algebra nova) Carlo Bourlet 著，陆翔译

《代数学·数及代数式之四则》 林鹤一等著，崔朝庆译

《代数学·因数分解》 津村定一著，黄元吉译

《代数学·幂法开法及无理数虚数》 林鹤一等著，黄元吉译

《代数学·对数及利息数》 山根新次郎著，骆师曾译

《汉译温氏高中代数学》(Elementary Algebra) G. A. Wentworth 著,屠坤华译

《汉译何鲁陶三氏高中代数学》(First Course in Algebra) H. E. Hawkes、W. A. Luvy and F. C. Touton 著,唐梗献等译

《汉译郝克氏高等代数》(Higher Algebra) H. E. Hawkes 著,马纯德译

《郝克氏高级代数学》(Advanced Algebra) H. E. Hawkes 著,平科社译

《郝爱二氏高等代数学》(Higher Algebra) H. E. Hawkes、S. R. Knight 著,李士奇译

《郝克思大代数》(Higher Algebra) H. S. Halland、S. R. Knight 著,高佩玉译

《高等代数学》(同上) 龙郁文译

《高等代数学通论》(Introduction to Higher Algebra) M. Baker 著,余介石译

《高等代数引论》(同上) 吴大任译

《威斯两氏大代数》(College Algebra with Applications) E. J. Wilezynski、H. E. Slaught 著,萧文灿译

《汉译范氏大代数学》(A College Algebra) H. B. Fine 著,高佩玉等译

《范氏高等代数学》(同上) 沈璿等译

《高中代数学》(同上) 陆子芬等译

《顺列组合及级数》 佐藤充著,崔朝庆译

《代数学·一次方程式》 林鹤一著,崔朝庆译

《代数学·二次方程式》 林鹤一著,郑心南译

《初等方程式论》 林鹤一著,陈文译

《代数方程及函数概念》(The Algebraic Equation; The Function Concept) S. A. Miller、G. A. Bliss 著,郑太朴译

《方程式论》(The Theory of Equations) W. S. Burnside、A. W. Panton 著,干仙椿译

《方程式论》(An Introductions to the Modern Theory of Equations) F. Cajori 著,倪德基译

《初级方程式论》(First Course in Theory of Equation) L. E. Dickson 著,黄新铎译

《级数概论》 林鹤一著,欧阳祖纶译

《行列式之理论及应用》(Theory of Determinants and Their Applications) R. F. Scott 著,黄缘芳译

《行列论》 藤原松三郎著,萧君绛译

《类论梗概》(Element of Theory of Groups) L. Baumgartner 著,郑太朴译

《群论》 圆正造著,萧君绛译

《初等代数解析学》(Niedere Analysis) B. Sporer 著,郑太朴译

《伽罗华与群论》(Galoio and the Theory of Groups) L. R. Lieber 著,樊壣译

《几何原理》(The Foundation of Geometry) D. Hilbert 著,傅种孙译

《几何三大问题》(Three Geometric Problems) F. Klein 著,余介石译

《几何及代数之基本》(Foundation of Geometry and Algebra) O. Veblen、E. V. Huntington 著,郑太朴译

《几何学》(Geometria plana nova) C. Bourlet 著,戴运江译

《几何学讲义(平面)》 上野清著,张廷华译

《几何学讲义(立体)》　上野清著,张廷华译

《汉译舒赛斯平面几何》(Plane Geometry)　A. Schultze、F. L. Sevenoaks、E. Schuyler 著,王俊奎译

《三S平面几何学》(同上)　仲光然译

《汉译舒塞司平面几何学》(同上)　高佩玉等译

《高中平面几何学》(同上)　钱介夫等译

《汉译温德华士几何学》(Plane Geometry)　G. A. Wentworth 著,张彝译

《温氏平面几何学》(同上)　马君武译

《温斯二氏平面几何》(Plane Geometry)　G. A. Wentworth、Smith 著,朱熙光译

《初等几何学作图不能问题》　林鹤一著,陈怀书等译

《几何学轨迹及作图》　柳原吉次著,崔朝庆译

《平面几何学·直线图形》　林鹤一等著,黄元吉译

《平面几何学·比例及相似形》　山地哲太郎等著,崔朝庆译

《平面几何学·圆》　东利作著,黄元吉译

《平面几何学·面积》　武田登三、林鹤一等著,黄元吉译

《汉译温氏高中几何学》(Plane and Solid Geometry)　G. A. Wentworth 著,张彝译

《三S立体几何学》(Solid Geometry)　A. Schultz、F. L. Sevenoaks、E. Schuyler 著,仲光然等译

《舒塞司立体几何学》(同上)　高佩玉等译

《汉译舒赛斯立体几何》(同上)　李熙如译

《高中立体几何学》(同上)　黄泰译

《高中立体几何学》(同上)　徐子豪等译

《温氏立体几何学》(Solid Geometry)　G. A. Wentworth 著,

马君武译

《立体几何学·直线及平面》 林鹤一著，郑心南译

《几何作图题解法及其原理》(*Key to Geometric Construction and Its Principles*) J. Petersen 著，余介石译

《几何作图题解法（附题解）》（同上） 熊先珪译

《温氏平面几何学解法》(*Answer to Problems in Wentworth Plane Geometry*) G. A. Wentworth 著，魏镜译

《舒塞司平面几何习题解答》(*S. S. S. Plane Geometry*) *Teacher's Manual*，高佩玉译

《舒塞司平面立体几何学习题解答》(*Plane and Solid Geometry*) S. S. S. *Teacher's Manual*，高佩玉编译

《汉译舒塞斯平面立体几何学问题解答》（同上） 霍宏基译

《舒塞斯平面立体几何题解》（同上） 庄道平译

《舒塞斯立体几何学解答》(*S. S. S. Solid Geometry*) *Teacher's Manual*，高佩玉译

《汉译舒塞斯立体几何学问题解答》（同上） 霍宏基译

《温氏立体几何学解法》(*Key to Wentworth's Solid Geometry*) G. A. Wentworth 著，魏镜译

《解析几何学原理》(*The Elements of Analytic Geometry*) P. F. Smith、A. S. Gale 著，龚文凯译

《施改尼高中几何学》(*New Analytical Geometry*) P. F. Smith、A. S. Gale、J. H. Nelley 著，霍宏基译

《斯改尼三氏新解析几何学》（同上） 程凯承译

《斯盖尼新解析几何学》（同上） 丁梦松等译

《施盖倪解析几何》（同上） 李熙如译

《高中解析几何学》(*Analytic Geometry*) L. P. Siceloff、

G. Wentworth、D. E. Smith 著,徐尉平等译

《施蓄编高中解析几何学》(Analytic Geometry) L. P. Siceloff 著,德霍密编译

《解析几何与代数》(Analytische Geometrie) O. Schreier、E. Sperner 著,樊壄译

《温特渥斯解析几何学》(Analytic Geometry) G. A. Wentworth 著,郑家斌译

《高级几何学》(College Geometry) N. Altshiller-Court 著,陆钦轼译

《近世几何学》(A Course of Pure Geometry) E. A. Aksmith 著,方俊译

《近世综合几何学》 吉川实夫著,王邦珍译

《近世几何学练习》(Exercises de Géométrie moderne) G. Popelier 著,郭坚白译

《投影几何学》(Projective Geometry) W. P. Milen 著,郭善潮译

《平行线论》(Geometrische Untersuchungen zur Theorie der Parallellism) N. Lobachevski 著,齐汝璜译

《纯粹几何与非欧几何》(Pure Geometry; Non-Euclidean Geometry) T. F. Holgate F. S. Woods 著,郑太朴译

《折纸几何学》(Geometric Exercises in Paper Folding) T. Sundara Row 著,陈岳生译

《葛氏平面三角学》(Plane Trigonometry) A. W. Granville 著,高佩玉译

《葛兰威尔平面三角》(同上) 徐谷生译

《汉译葛氏平面三角》(同上) 褚保熙译

《高中平面三角》(同上) 庄子信等译

《汉译温德华士史密斯平面三角》(*Plane Trigonometry. Tables*) G. A. Wentworth、D. E. Smith 著,高佩玉等译

《新三角法》(*A New Trigonometry for Schools*) Borchardt、Perrott 著,薛仲华译

《三角法·三角形之性质及其解法》 森古太郎著,崔朝庆译

《三角法·二角和差及三角函数》 林鹤一等著,骆师曾译

《二角法·二角函数》 林鹤一著,骆师曾译

《葛氏球面三角》(*Spherical Trigonometry*) A. W. Granville 著,李熙如译

《高等平面三角》(*Analytical Plane Trigonometry*) S. L. Loney 著,陈化贞译

《汉译温氏高中三角法》(*Plane and Spherical Trigonometry*) G. A. Wentworth 著,顾裕魁译

《温斯两氏对数表》(*Trigonometric and Logarithmic Tables*) Wentworth Smith 著,王刚森译

《盖氏对数表》(*Logarithmic and Trigonometric Tables*) F. G. Gauss 著,杜亚泉等重译

《卜氏七位对数表》(*A New Manual of Logarithms to Seven Places of Decimals*) C. Bruhns 著,段育华编译

《解析数学讲义》(*Cours d'Analyse Mathématique*) E. J. P. Goursat 著,王尚济译

《高等数学概论》 挂谷宗一著,周达如译

《奥氏积分学》(*Integral Calculus*) G. A. Osborne 著,严圣俞译

《奥氏积分法》(同上) 陈文译

《奥氏初等微积分学》(*Introduction to Calculus*)　G. A. Osborne 著,张方洁译

《微积分纲要》(*Differential and Integral Calculus*)　W. A. Granville、P. F. Smith、W. R. Longley 著,王乔南译

《汉译葛斯龙微积分》(同上)　王乔南译

《微分积分学》　长泽龟之助著,马瀛译

《简要实用微积术》(*Differential und Integralrachnung*) F. Kohlransch 著,李协译

《微分方程式》(*An Elementary Treatise on Differential Fquations and Their Applications*)　H. T. H. Piaggio 著,余介石等译

《微分方程初步》(*Differential Equations*)　A. Cohen 著,郑桐荪译

《微分方程式》(*Differential-Gleichungen*)　Kiepert 著,马君武译

《微分方程初步》(*Differential Equations*)　H. B. Phillips 著,斐礼伯译

《积分方程之导引》(*An Introduction to the Study of Integral Equations*)　M. Bôcher 著,胡敦复等译

(4) 物理

《物理学之研究》(*An Introduction to Physical Science*)　A. Einstein 著,费祥编译

《最近物理学概观》　日下部四郎太著,郑贞文译

《现代物理学》　佐藤充、庄司彦六著,夏承法译

《物理世界的漫游》(*Romping Through Physics*)　O. W. Cail 著,顾均正译

《物理学原理及其应用》(*Principles of Physics. Their Modern Applications*) T. L. Ko、Y. M. Shieh 著,于树樟译

《汉译密而根盖而物理学》(*First Course in Physics*) R. A. Millikan、H. G. Gale 著,屠坤华译

《米盖培物理纲要》(*Elements of Physics*) R. A. Millikan、H. G. Gale. Pyle 著,马秉恬等译

《密尔根盖尔实用物理学》(*Practical Physics*) R. A. Millikan、H. G. Gale 著,周昌寿等译

《最新实用物理学》(*New Practical Physics*) N. H. Black、H. N. Davis 著,陈宝珊译

《新实用物理学》(同上) 高同恩等译

《最新实用物理学》(同上) 陈岳生译

《物理学精义》 田丸卓郎著,周昌寿译

《密尔根盖尔物理学实验教程》(*Exercises in Laboratory Physics*) R. A. Millikan、H. G. Gale、H. N. Davis 著,徐善祥译

《物理学概念》 石原纯著,周昌寿译

《最新通俗物理学》(*Physics*) A. S. Eve 著,徐韫知译

《物理学之基础观念》(*Fundamental Concepts of Physics*) P. R. Heyl 著,潘谷神译

《物理学之新境界》(*New Frontiers of Physics*) P. R. Heyl 著,高埶可译

《高尔顿高级物理》(*High School Course in Physics*) Colton 著,文化社译

《汉译达夫高等物理学》(*Physics for Colleges*) A. W. Duff 著,北平科学社译

《斯梯渥氏高等物理学》(*Physics; A Textbook for Colleges*)

O. M. Stewart 著,蔡亦明编译

《光学之研究》(*Studies in Optics*)　A. A. Michelson 著,张钰哲等译

《光的世界》(*The Universe of Light*)　W. Bragg 著,陈岳生译

《屈光学》(*Refraction of Human Eye*)　J. Thorington 著,陈桂清等译

《紫外线》　山田幸五郎著,程思进编译

《显微镜术与人生》(*Microscopy in the Service of Man*)　R. M. Neill 著,费鸿年摘译

《电学浅论》(*The Principles of Electricity*)　N. R. Campbell 著,于树樟译

《法拉第电学实验研究》(*Experimental Researches in Electricity*)　M. Faraday 著,周昌寿译

《电和物质论》(*The Nature of Matter and Electricity*)　D. F. Comstock、L. T. Troland 著,葛毓桂译

《电磁波》(*Electromagnetic Waves*)　F. W. G. White 著,徐韫知译

《理论物理学初步》(*Theoretische Physik*)　G. Jäger 著,潘祖武译

《原子》(*Les Atomes*)　J. Perrin 著,高铦译

《时空及原子》(*Space and Atoms*)　Cox 著,柳大维译

《物质与量子》(*The World in Modern Science*)　L. Infeld 著,何育杰译

《物质波与量子力学》(*Materiewellen und Quantenmechanik*)　A. Haas 著,章康直译

《从牛顿到爱因斯坦》(*From Newton to Einstein*)　B. Harrow 著,文元模译

《通俗相对论大意》(Theory of Relativity for General Readers)　A. Einstein 著,费祥译

《爱因斯坦相对论及其批评》(Die Relativitätstheorie Einsteins und ihre Kritik)　H. Driesch 著,张嘉森译

《相对论浅释》(Über die spezielle und die allgemeine Relativitätstheorie)　A. Einstein 著,夏元瑮译

《相对论 A B C》(The A B C of Relativity)　B. Russell 著,王刚森译

《相对论与宇宙观》(Das Weltbild der Relativitätstheorie)　H. Schmidt 著,闻齐译

《相对原理及其推论》(Über das Relativitätsprinzip und die aus demselben erzogenen Folgerungen)　A. Einstein 著,文元模译

《原子说》(Atom)　E. N. da C. Androde 著,张崇年译

《原子构造概论》　竹内洁著,陆志鸿译

《最近原子论大意》(Die Atomtheorie in ihrer neuersten Entwickelung)　L. Gratz 著,郑太朴译

《原子说发凡》(The A B C of Atom)　B. Russell 著,郑贞文译

《原子新论》(同上)　何道生译

《原子与电子》(Atoms and Electrons)　J. W. N. Sullivan 著,伍况甫译

《电子》(The Electron)　R. A. Millikan 著,钟间译

《电子论浅说》(The A B C of the Electron Theory of Matter)　M. Shipley 著,陈章译

《爱因斯坦和相对性原理》　石原纯著,周昌寿译

《物的分析》(Analysis of Matter)　B. Russell 著,任鸿隽译

《地球物理学》 寺田寅彦、坪井宗二著,郝新吾译

(5) 化学

《化学原理》(The Fundamental Principles of Chemistry) W. Ostwald 著,汤元吉等译

《化学概论》(An Elementary Study of Chemistry) W. McPherson、W. E. Henderson 著,傅式说等译

《化学通论》(A Course in General Chemistry) W. McPherson、W. E. Henderson 著,周名崇等译

《近世无机化学》(同上) 窦维廉等编译

《斯密高等化学通论》(General Chemistry for Colleges) A. Smith 著,郦恂立等译

《化学精义》 高田德佐著,张资模译

《化学集成》 水津嘉之一郎著,孔庆莱译

《化学基础》 永海佐一郎著,郭辉南译

《化学与文明》(Chemistry and Civilization) A. Cushman 著,汪仁镜译

《化学与近代生活》(Chemistry in Modern Life) S. V. Arrhenius 著,朱任宏译

《理论实验日用化学》 近藤耕藏著,石鸣球译

《改订近世化学教科书》 大幸勇吉著,王季烈译

《实用化学》(Practical Chemistry) N. H. Black、J. B. Conant 著,孙豫寿译

《勃康实用化学》(同上) 郭谦之译

《勃康二氏实用化学》(同上) 吴静山译

《实用化学》(同上) 王义珏译

《实用化学实验教程》(Laboratory Experiments in Practical

Chemistry) Black 著,孙豫寿译

《化学学生实验教程》 高田德佐著,郑贞文译

《麦费生罕迭生化学实验教程》(*Laboratory Manual*) W. McPherson、W. E. Henderson 著,徐善祥译

《日用化学实验教程》(*Experiments in the Chemistry of Common Things*) Brownlee、Fuller、Hancock、Whitsit 著,陈文熙译

《新推理研究化学解法》 滋贺多喜雄著,岑维球译

《化学新式问题》(*New Type Questions in Chemistry*) C. G. Cook 著,丁普生译

《无机化学总观》 岩永源著,吴坚译

《实验无机化学》(*Elementary Inorganic Chemistry*) A. Smith 著,郦恂立译

《有机化学》(*Organic Chemistry*) F. S. Perkin、F. B. Kipping 著,许炳熙等译

《实用有机化学》(*Organic Chemistry; A Brief Course*) J. B. Conant 著,黄素封等编译

《有机化学习题》(*Study Questions in Elementary Organic Chemistry*) A. Lowy、T. B. Downey 著,刘寒冰译

《物理化学大纲》(*A Summary of Physical Chemistry*) K. Arndt 著,伍况甫译

《实验分析化学》(*A Practical Chemistry*) G. P. McHugh 著,佘小宋译

《分析化学实验书》(*A Treatise on Practical Chemistry*) F. Clowes 著,项镇方译

《无机物定性化学分析》(*Qualitative Chemical Analysis of*

Inorganic Substances） A. A. Noyes 著,徐宗稼译

《定量化学分析计算法》(*Calculations in Quantitative Chemical Analysis*） J. A. Wilkinson 著,张沾卿译

《药物定量分析》(*The Quantitative Pharmaceutical Chemistry*） G. L. Jenkins、A. G. DuMeg 著,朱任宏译

《有机物质分类反应及鉴定实验》(*Laboratory Experiments on the Class Relations and Identifications of Organic Substances*） A. A. Noyes、S. P. Millikan 著,曾昭抡等译

《化学计算法》(*Chemical Calculation*） Lonly、Anderson 著,方剑岑编译

《胶质化学概要》 大幸勇吉著,高铦译

《化学与工业》(*Chemie und Technik*） G. Bugger 著,孟心如编译

《化学之创造》(*Creative Chemistry*） E. E. Slosson 著,张资琪译

《创造的化学》(同上) 沙玉彦译

《今日的化学》(*Chemistry for Today*） M. McPherson、W. Henderson、G. W. Fowler 著,杨春洲等译

《化学奇谈》(*The Wonder Book of Chemistry*） J. H. Fabre 著,顾均正译

《化学与电子》(*Electron in Chemistry*） J. J. Thomson 著,孙慕萍译

《化学与量子》 片山正夫著,郑贞文译

《化学故事》 益田苦良著,郭振乾等译

《燃烧素学说史》(*The History of the Phlogiston Theory*） J. H. White 著,黄素封译

《岩矿化学》 渡边万次郎著,张资平译
《营养化学》 三浦政太郎、松冈登著,周建侯译
《生体化学》(La Chemie de la Matiere) J. Duclaux 著,高铦译
《生物物理化学》 野村七郎著,魏岩寿译
《地球化学》(Geochemistry) W. J. Vernadsky 著,谭勤余译
《照相化学》 铃木庸生著,高铦译

(6) 生物

《生物学与哲学之境界》 永井潜著,汤尔和译
《生存互助论》(La Lutte pour l'existence et l'association pour la lutte) J. L. Lanessan 著,吴克刚译
《生物学》 丘浅次郎著,薛德焴译
《生物学通论》 大岛正满著,嵇联晋译
《生物学精义》 冈村周谛著,汤尔和译
《生物学纲要》(La biologie) L. B. Kollmann 著,周太玄译
《生物学大纲》(Foundation of Biology) L. L. Woodruff 著,沈霁春译
《普通生物学》(General Biology) L. L. Burlingame、Others 著,彭钦光等译
《日用生物学》(Everyday Biology) J. A. Thomson 著,伍况甫译
《生物之世界》(The World of Life) A. R. Wallace 著,尚志学会译
《生命之科学》(Science of Life) H. G. Wells、Others 著,石湝译
《生命知识一瞥》 同上之绪论,明耀五译
《生物学与人类的进步》(Biology and Human Progress) H.

S. Jennings 著,彭光钦译

《生物学概论》 镝木外歧雄著,罗宗洛译

《生物学与日常生活》(Biology in Everyday Life) J. B. Baker、J. B. S. Haldane 著,沈性仁译

《生物相互之关系》 内田亨著,梁希等译

《生物学与人生问题》 内田升三著,萧百新译

《生物学与人类之进步》(Biology and Human Progress) Thomson 著,陈德荣译

《天演浅说》(The A B C of Evolution) J. McCabe 著,俞松笠译

《进化论概要》(同上) 王自然译

《天演概论》(Evolution) J. M. Coulter 著,张百良译

《生物进化论》(The Evolution of Living Organism) E. S. Goodrich 著,周建人译

《进化论讲话》 丘浅次郎著,刘文典译

《进化论》(Les Théorie de l'evolution) Y. Delage、M. Goldsmith 著,朱洗译

《进化论》(Evolution) P. Geddes、J. A. Thomson 著,张微夫译

《进化学说》(同上) 危淑元译

《进化论》 石川千代松著,罗宗洛译

《进化福音》(The Gospel of Evolution) J. A. Thomson 著,伍况甫译

《进化论证》(The Theory of Evolution) W. B. Scott 著,张东民译

《进化论证》(同上) 冯景兰译

《进化论发见史》(The Coming of Evolution) J. W. Judd 著,严既澄译

《进化要因论》 小泉丹著,任一碧译

《进化论之今昔》(Evolution Yesterday and Today) Newman 著,刘正训译

《自希腊人至达尔文》(From the Greeks to Darwin; An Outline of the Development of the Evolution Idea) H. F. Osborn 著,江振声译

《达尔文后生物学上诸大问题》(Les Grandes Questions cislogique depuis Darwin jusqui a nos jours) J. Angles 著,周太玄译

《遗传学》(Heredity) Waston 著,佘小宋译

《遗传论》(Heredity in the Light of Recent Research) L. Doncaster 著,周建人译

《遗传与环境》(Heredity and Environment in the Development of Man) E. G. Conklin 著,何定杰等译

《遗传与人性》(The Biological Basis of Human Nature) H. S. Jennings 著,陈范予译

《善恶家族》(The Kallikak Family; A Study in the Heredity of Feeble-mindness) H. H. Goddard 著,黄素封等译

《蛮性的遗留》(Savage Survivals) J. H. Moore 著,李小峰译

《物种原始》(The Origin of Species) C. Darwin 著,马君武译

《男女特性比较论》(Die Weibliche Eigenart im Minnerstaat und die Männiche Eigenart im Frauenstaat) M. Vaerting 著,余志远译

《性与遗传》(Sex and Heredity) J. G. Kerr 著,周建人译

《性及生殖》 户泽富寿著,高铦译

《两性问题与生物学》　木村德藏著，杜季光译

《性》(Sex)　F. A. E. Crew 著，郭豫育等译

《性之原理》　丁田次郎著，汪厥明译

《性的人生》(Sex in Life)　Armstrong 著，叶新译

《细胞学概论》　山羽仪兵著，任一碧译

《细胞与生物之起源》(La Cellule)　A. Sartory 著，周太玄译

《细胞之生命》(La Vie cellulaire)　F. Henneguy 著，朱洗译

《细胞之生化学》　柿内三郎著，于景让译

《秦氏细菌学》(Bacteriology)　Hiss-Zinsser 著，温飞凡等译

《细菌学初编》(Bacteriology in a Nutshell)　M. E. Reid 著，盖仪贞等译

《酸醇的生理学》(The Physiological Theory of Fermentation)　L. Pasteur 著，沈昭文译

《细菌之变异及变菌素》　小林六造著，魏岩寿译

《微生物》　竹内松次郎著，魏岩寿译

《生命论》　永井潜著，胡步蟾译

《实验生命论》　阿部余四男著，周建侯译

《生与死》(La via et la mort)　A. Dastre 著，蒋丙然译

《生死问题》(Life and Death)　E. Teichmann 著，丁捷臣译

《生命之不可思议》(Die Lebenswunder)　E. Haeckel 著，刘文典译

《原生》(L'Origine de la vie)　J. M. Pargane 著，蒋丙然译

《死之研究》(On Death)　H. Carrington、J. R. Meader 著，华文祺译

《生命之征服》(The Conquest of Life)　T. Koppayoyi 著，高铦译

《毛之生物学》 阿部余四男著,胡哲齐译

《生物与电》 橘田邦彦著,许善祥译

《化石生物学》 槙山次郎著,毛文麟译

《化石人类学》 鸟居龙藏著,张资平译

《古动物学》(Paläozoologie) M. Boule 著,周太玄译

《古生物学通论》(Paläontologie) F. V. Richthofen 著,O. Abel,杨钟健编译

《生物地理概论》 横山又次郎著,张资平等译

《生物地理学纲要》(同上) 林驿译

《人生生物学史》(Biology) H. M. Barslley 著,黄绍绪译

《生物学史逸话》 中川逢吉著,魏岩寿译

《生物学小史》 谷津直秀著,林重光译

《生物学史》(The Science of Life) J. A. Thomson 著,伍况甫译

《何伯尔氏动物学》(La zoologie) A. Robert 著,周太玄译

《动物学要》(Rudimenta zoologiae) Alogsio Van Hee 著,赫尔瞻撰

《人生动物学》 中泽毅一著,朱建霞译

《动物呈奇》(Mirabilia de animalibus) Alogsio Van Hee 著,赫尔瞻撰

《动物地理学》 川村多实二著,蔡弃民译

《动物生态学》 川村多实二著,舒贻上译

《动物之呼吸》 小久保清治著,舒贻上译

《动物之雌雄性》 内田亨著,舒贻上译

《动物与环境》 田中义磨著,萧百新译

《寄生物》(Parasites) G. Lapage 著,杜其垚译

《华北动植物一瞥》(Sport and Science on the Sino-Mongolian Frontier) A. de C. Sowerby 著,伍况甫节译

《昆虫》(Book of Insects) J. H. Fabre 著,王大文译

《奇妙的虫界生活》 松村松年著,王历樵译

《昆虫生态学》 矢野宗干著,薛德焴译

《害虫及益虫》 矢野宗干著,褚乙然译

《动物生活史》(The Outline of Natural History) J. A. Thomson 著,黄维荣等译

《昆虫的社会行为》(Social Behaviour in Insects) A. D. Imms 著,黄其林译

《世界禽鸟物语》(The Curious Book of Birds) A. F. Brown 著,贾祖璋译

《鸟类》 鹰司信辅著,舒贻上译

《长江流域的鸟类》(Birds of the Yangtze Valley) V. G. Gee、L. I. Moffett 著,王开时等译

《实用警犬学》(The Police Dog) D. Brockwell 著,余振焜译

《鱼类》 田中茂穗著,陈兼善等译

《人类之由来》 石川千代松著,杨倬孙译

《民族生物学》 古屋芳雄著,张资平译

《微生物与人生》(Man and Microbes) Bayne-Jones 著,陈兆熙译

《人类的脑髓》 平光吾一著,郑君平译

《神经系统》 高桥坚著,潘锡九译

《自律神经系》 吴健著,萧百新译

《极性与侧性》 冈田要著,费鸿年译

《组织学》 合田绎辅著,韩士淑译

《发生学》 八田三郎著,潘锡九译

《实验发生学》 冈田要著,舒贻上译

《人类学》(Anthropology) R. R. Marett 著,吕叔湘译

《自然人类学概论》 长谷部言人著,汤尔和译

《人的性质》(The Nature of Man) G. A. Dorsey 著,胡叔异等译

《人和动物》(Man, the Animal) W. M. Smallwood 著,金潄六译

《人类原始及类择》(The Descent of Man) C. Darwin 著,马君武译

《人类之进化》(The Evolution of Man) G. A. Baitsell 著,杜增瑞译

《路氏组织学》(Histology) F. T. Lewis、T. P. Stohr 著,陈作霖译

《植物世界》(Le Monde Vegetal) G. Bornier 著,周太玄等译

《植物分类》 三好学著,沙俊译

《植物学讲义》 三好学著,黄以仁译

《人生植物学》 三好学著,许心芸译

《世界植物地理》(The Geography of Plants) M. Hardy 著,胡先骕译

《植物地理学》(Pflanzengeographie) L. Diels 著,董爽秋译

《植物地理学》(Plant Geography) G. S. Boulger 著,王善伭译

《植物群落学小引》 中野治房著,于景让译

《植物与环境》 吉田义次著,周建侯译

《植物系统解剖学》 小仓谦著,舒贻上译

《植物之组织及机能》 郡场宽著,于景让译

《呼吸及酸酵》 柴田桂太、田宫博著,魏岩寿译

《植物之发生生长及器官形成》 郡场宽著,薛德焴译

《植物与水分》 颈缠理一郎著,谢循贯译

《养分之摄取与同化利用》 大槻虎男著,刘克济译

《植物之生殖》 原田正人著,高铦译

《植物病理》 草野俊助著,陈铭石译

《菌类》 小南清著,于景让译

《植物解剖学与生理学》(Plant Anatomy and Phy-siology) A. Pizon 著,李亮恭译

《植物生物学》 松本巍著,吴印禅译

《植物生理学》 川上泷弥著,吴球编译

《中国植物学文献评论》(On the Studay and Values of Chiness Botanical Works) E. Bretschneider 著,石声汉译

(7) 地球地质及矿物

《地球》 原田三夫著,许达年译

《地球》 松山基范著,王谟译

《我们的地球》(The Earth of Us) J. H. Fabre 著,吕炯译

《地球进化之历史》(The Making of the Earth) J. W. Gregory 著,王勤堉译

《威格那大陆浮动论》 竹内时男著,蔡锡明译

《地球之灭亡》 石井重美著,谭勤余译

《世界物体构造》 青山信雄著,张资平译

《古生代前之地球历史》 早坂一郎著,黄士弘译

《中生代后之地球历史》 早坂一郎著,黄士弘译

《地质学浅说》(The A B C of Geology) A. Hardy 著,王勤堉译

《大地之性质与历史》(The Earth, Its Nature and History) E. Greenly 著,陈楚译

《世界之成因》 石井重美著,林寿康译

《岩石通论》(The Romance of the Rock) C. A. Hall 著,周则岳译

《岩石发生史》(Petrogenesis) C. Doelter 著,杜若城译

《矿物与岩石》 渡边万次郎著,张资平译

《地中宝库》 渡边万次郎著,陆志鸿译

《结晶体》 渡边万次郎著,张资平译

上列各书,再按其原文及科别,统计如下:表中数字表汉译本种数,原文不明及外人自著者,则归入"其他"一栏之中。

第三期译刊科学书籍表

	英文	日文	德文	法文	其他	总计
科学总论	42	7	4	6	3	62
天文及气象	17	12	1	1	2	33
数　学	94	37	6	2	2	141
物理学	36	8	7	1		52
化　学	34	15	1	1		51
生物学	53	69	4	11	2	139
地球地质及矿物	6	11				17
总　计	282	159	23	22	9	295

关于鉴别书画的问题

马　衡

　　董其昌尝自谓三百年来一具眼人，而其《画旨》中云："宋元名画一幅百金，鉴定少讹，辄收赝本。翰墨之事谈何容易。"可见书画之真赝问题早已成为不易解决之事。虽一代鉴家如董文敏，也认为"谈何容易"。其中问题复杂得很，不是简单的几句话所能解决的。因为书画一道向来看作一种清玩，是一种风雅的嗜好。能了解的喜欢收藏，就是不能了解的也喜欢搜罗许多名家的作品以自标榜。像元朝的大长公主恐怕就是这一种的例子，许多的名迹经过他的收藏。他的教育程度是怎么样，虽然不能详考，想像起来，以一个蒙古的女子，对于中国的书画恐怕未必有相当的了解罢。他的目的，也不过是叫当时的名士如冯子振辈加上几段题跋，叫后人知道经过他的收藏而已。像这样的收藏家当然不少。

　　书画既已成为一种珍贵的东西，富贵人家对于书画也同象犀珠玉一样的看待，往往悬金以求。可是真的作品本来不会很多，而人所共知的大名家的作品尤其不会很多，加以经过了若干次的水火兵燹，一天一天的只有减少，那里能分配得过来呢。于是以书画为贩卖品的人不得不想出种种方法来造假东西，或者是照样模仿，或者是改小名家为大名家，改较近年代的作品为较远年代的作品，以求厚利。这样的情形由来也很久了。

米芾《书史》云:"王诜,每余到都下,邀过其第,即大出书帖索余临学。因柜中翻索书画,见余所临王子敬《鹅群帖》染古色麻纸,满目皴纹,锦囊玉装,装剪他书上跋连于其后;又以临虞帖装染,使公卿跋。余适见大笑,王就手夺去。谅其他尚多未出示。又余少时使一苏州背匠之子吕彦直,今在三馆为胥,王诜常留门下,使双钩书帖。又尝见摹《黄庭经》一卷,卜用所刻'勾德元图书记',乃余验破者。"

王诜用米芾的临本冒充古人,用颜色染成旧纸,作出皴纹,加上装潢,还配上他书上的跋语,又叫人摹仿古人收藏印记。他本是书画的内行,做出来的假东西自然不易看破。但是他自己就拿自己做的东西使当时公卿作跋,也未免欺人太甚。当时的公卿就瞪着眼上他的当。王诜以帝婿之贵尚且如此,等而下之,作假书画者之多,可想而知了。

沈括《梦溪笔谈》中云:"藏书画者多取空名,偶传为锺、王、顾、陆之笔,见者争购。此谓耳食。又有观书画而以手摸之,相传以色不隐指者为佳。此又在耳鉴之下。谓之揣骨听声。"由沈存中所说中,义晓得在宋朝的赏鉴家,也是这样莫名其妙的居多。用手一摸就知道画之美恶,可谓神乎其神,神到所以然,也谬到所以然,像揣骨听声这样的譬喻,的确不是有意骂人。向来谈鉴别的,的确有不少这样的妄人。

书画作伪的技俩越高,鉴别越难。大约无论那一个高明的收藏家,也免不了收假书画。欧阳修《集古录序》云:"物常聚于所好,而常得于有力之强。"强有力的自然无过于帝王之家。向来帝王之喜欢翰墨的,如唐朝的太宗、宋朝的徽宗、高宗,金朝的章宗,元朝的文宗,以至清朝的高宗,都是大规模的搜集书画。

唐太宗本擅书法,爱好王书。《述书赋》云:"贞观中,鸠集二王真迹，征求天下并充御府。"那时所收，多以千计，至遣萧翼赚取《兰亭》真本，可谓无微不至。其中有无赝品，所不可知，大约以太宗的学力去晋未远，也许假的不会多罢。

宋徽宗有《宣和书谱》二十卷，《画谱》十卷。据蔡绦《铁围山丛谈》云："所见内府书目，唐人硬黄临二王帖至三千八百余幅，颜鲁公墨迹至八百余幅，凡欧、虞、褚、薛及唐名臣李太白、白乐天等书字不可胜纪。"《画谱》所载凡六千三百九十六幅，《铁围山丛谈》亦云："至末年，上方所藏率以千计，吾以宣和癸卯岁尝得见其目。"可知徽宗所藏极富，不幸金人入汴，书画古器一时亡散。但《铁围山丛谈》又云："二王《破羌》、《洛神》诸帖真迹殆绝，盖亦伪多焉。"又云："御府所秘古来丹青，其最高远者以曹不兴《玄女授黄帝兵符图》为第一，曹髦《卞庄子刺虎图》第二，谢矩《烈女贞节图》第三。自余始数顾、陆、僧、繇而下。"今本《卞庄子刺虎图》则作卫协。忽曰曹髦，忽曰卫协，足见所题名目也不见得完全靠得住。徽宗书画皆工，米芾又曾值御前书画，以这两个大行家，也竟不能使他们的书画尽都精确。

周密《思陵书画记》云："思陵当干戈扰攘之际，访求法书名画不遗余力，四方争以奉上，后又于榷场购北方散失之物，故绍兴所藏不减宣政。惜乎鉴定诸人为曹勋、宋贶、龙大渊、张俭、郑藻、平协、刘璞、黄晃、魏茂实、任源等，人品不高，目力苦短，凡经前辈品题者尽皆拆去。故今御府所藏多无题识。其源委授受岁月考订邈不可求为可恨耳。"高宗虽不能北定中原，而于书画一事尚能光复旧物。但如周密所云鉴定诸人人品不高目力苦短，似不专指裁割题跋而言。恐怕其中也不尽可靠。

金章宗也模仿宋徽宗自鸣风雅，不但搜罗书画，连字体都学宋徽宗，他所收精品不少，故宫所藏赵幹《江行初雪图》卷即曾入明昌御府。其他尚多,不甚记忆。元文宗有奎章阁,顺帝有宣文阁,皆藏书画之所。明朝内府收藏,未见专书记载,但仅宁王、严嵩、张居正诸家籍没入宫书画,就很不少。孙承泽所收书画,多是明亡自宫中散出者。清初顺治年间,尚以范宽《雪景》大幅等赐宋权,可见明朝内府书画也很多。大约历代内府所收藏皆不在少数,其中真赝成分如何,则不尽可考了。

清高宗当一代全盛之时,又无所不好,于是海内书画又辐辏内府。本来在明朝著录书画的书就渐渐多起来,如朱存理《珊瑚木难》,都穆《寓意编》,赵琦美《铁网珊瑚》,张丑《清河书画舫》、《真迹日录》等,郁逢庆《郁氏书画题跋记》,汪珂玉《珊瑚网》,朱之赤《卧庵藏书画目》,以及清朝孙承泽《庚子销夏记》,卞永誉《式古堂书画汇考》,吴升《大观录》,高士奇《江村消夏录》,缪日藻《寓意录》,安岐《墨缘汇观》,等等,引起了皇帝的兴味,也将内府书画编为两种著录的书:有关释道二氏者归《秘殿珠林》,历代书画归《石渠宝笈》,各有初编、续编、三编。《初编》成于乾隆九年,《续编》成于乾隆五十八年,《三编》成于嘉庆二十一年。此三种书皆洋洋大帙,除《石渠宝笈初编》四库著录并有印本外,其余只有故宫博物院所藏原来写本。《初编》颇嫌紊乱,《续编》则体例渐备,《三编》依照《续编》编制,皆较《初编》为优。编纂诸臣:《初编》为张照、梁诗正、励宗万、张若霭等,《续编》为王杰、董诰、彭元瑞、阮元等,《三编》为英和、黄钺、姚文田、龙汝言、胡敬等。现在故宫所藏书画有许多是曾经此三编著录的,也有许多未经著录的,其初续、三编所著录而早已散出来的也不少。未见著录的,有些是成书以后流传进去的,也有是当日认为是假的不著录的。《初编》的上谕上说:"内府所储历代书画,积至万有余种,签轴既繁,不无真赝,宜详加别白,遴其佳者,荟萃成编。"但所谓佳者也不见得就是真的。所以著录中又分上等次等。其凡例中云："各类书画收入是编者,俱内府旧藏名迹。其中品格差等,以的系真迹而笔墨至佳者,列为上等。若虽系真迹而神韵稍逊,及笔墨颇佳而未能确辨真赝者,列为次等。又有一种而数本相同者,验系真迹,俱入上等。亦有不能确辨真赝,因其笔墨并佳,附入上等,以俟考证。其的系后人摹本,但果能曲肖,亦入次等。"真迹而笔墨至佳,自然是顶好的了,归入上等,原无问题。至于一种而数本相同,显然是不能都真了。笔墨并佳不能确辨真赝,或者附入上等,或者列入次等,这种疑似之间的,明明就是假的。以皇帝的收藏,经过了详加别白,又经过了上等次等的分类,而归入上等的还是有许多不真的东西。可见书画到了清代,赝品愈多真迹愈少了。凡例中又云："上等叙述尤详,总无一字之遗。次等则但知本人题识,其有经御笔题跋者,仍谨为详录,至他人题跋则但云某题一某跋一不录全文,体从其降,所以别于上等。"这一种大约明明是假的,而皇帝亲自题跋过,当然不能在详加别白中屏弃不入著录,只好列入次等。但是这种办法,未免仍有唐突皇帝的地方。所以《续编》、《三编》就都没有上等次等之分。《续编》凡例中口气也不同了,中云："皇上学富鉴精,于凡真赝存佚,皆本之史集,核实定评。"又云："列朝名迹经御制诗章识语及冠赙题签者十之七八,几余偶涉,精鉴详评,寓古垂型,即小见大。"《初编》始于乾隆八年,那时高宗只三十多岁。《续编》始于乾隆五十六年,那时已经八十多岁,编纂诸臣都是后生小辈,即以鉴别书画而论,高宗也是他们的老前辈了。他们除了恭维之外,那里还敢少作一点主意。况且十之七八经过几余题识的,当然不能再有次等了。《三编》则在高宗身后十余年,仁宗更是门外汉,谈不到什么。编纂诸臣也就谨依前例而已。《初编》体例较杂,但尚可于文意之间看出书画内容的痕迹。《续编》、《三编》则笔墨随体例而谨严,于书画内容丝毫不加可否。连阮元的《石渠随笔》、胡敬的《西清札记》两种私人的记载中,也绝无一语道及真赝的问题。比《铁围山丛谈》、《思陵书画记》那样轻微的评论也不敢流露,充分表现出来当时文网之严,臣下对于皇上的敬畏至于如此。

至于宫中书画的来源,据《初编》上谕上说:"臣工先后经进书画暨传入御府者,往往有可观览。"《续编》序文上说:"自乙丑至今癸丑凡四十八年之间,每遇慈宫大庆朝廷盛典,臣工所献古今书画之类不知凡几。"《三编》卜谕中也说:"朕自丙辰受玺以来,几暇惟以翰墨为事,内外臣工祝嘏抒诚所献古今书画亦复不少。"大约宫中书画,臣工所献的占一大部分。也有皇帝自己买进去的,大约就是所谓传入御府的。如毕沅的收藏书画碑帖皆入内府,编入《宝笈三编》,乃是抄没进去的。现在故宫所藏书画,有许多品质虽劣,名头则甚不小,所有苏、黄、米、蔡、黄、王、倪、吴、文、沈、唐、仇,凡是名气越大的,件数必愈多。大约臣工进献之时,不管内容如何,贡品单子上不能不写得好看。好在是送礼的性质,无关政事,就是名实不符,也谈不到欺君之罪。于是"往往有可观览"之外,尽有许多不可观览的。最可恶的莫如高士奇,凡是他所进呈的都是坏东西,真可谓之欺君罔上。他的《手缮书画目》有铅印本第一叶即为康熙四十四年六月拣定进上手卷,其中如王羲之、唐太宗、褚河南、柳公权、孙过庭、宋徽宗以及宋元明诸赫赫有名的大家应有尽有。但是下面自注"赝本"、"不真"、"新而佳者"、"旧而不真"甚至有注"不真不堪"者,价目不过二两四两,最多不过十几两,也有几钱银子的。有的至今尚在故宫,尚有高士奇自己题的签子。而真正的好东西都在他自注"永存秘玩"的目录中,那些绝不肯进呈给他的皇上。可见进呈假东西也不是全出无意。此类中之荒诞可笑者,至有蔡邕《东巡颂册》、杜度《草书卷》不知何处得来。米芾《书史》云:"余阅书白首,无魏遗墨,故断自西晋。"这两件东西若是真的,连米元章也要骇死。清宫书画除去这一部分糟不可言之外,绝精之品还是极多,依然称得起艺林宝藏。因为故宫书画有八千余件,除去清朝皇帝的御笔也还有六千余件。其中精品但占得十分之二三,已经是洋洋大观了。

许多人对于书画的品评,只以真赝为轻重,其实也是不彻底的见解。尽管有许多绝精之品,而本幅与题签并不相符,经过考订以后,知道他的源委虽有不符之点,而本身的价值并无动摇。故宫所藏书画就有这样的情形。

卢鸿《草堂十志》卷书书都绝精,是向来有名的巨迹。然而按周密《志雅堂杂钞》云:"原迹久已残缺,只余九段。"而故宫现藏者却首尾完具,笔墨一律,也绝无补全的痕迹。当然是发生问题了。况且卢鸿开元时人,而图中一幅题字仿柳公权,时代也发生问题。按孙退谷跋李伯时《九歌图》云:"龙眠收藏法书极多,留心书学。"此卷历仿虞、褚、颜、柳诸家书法精妙,画亦淳古,有人疑心是李伯时临本,然而未得证据。后来在《墨缘汇观》上见所著录董文敏《山水高册》云:"第一幅《云锦淙》水墨山水右行小行书题云:'卢鸿《草堂图》李龙眠临本,今在京口张秋羽家,余数得寓目,因仿《云锦淙》一幅于此。'"那么董文敏是见过李伯时临本的《草堂十志》了。京口张秋羽是谁呢?按《丹徒县志》:"张觐宸,字仲钦,别号修羽,补太学,才不究用,惟以书史古物自怡。构阁城堮中,署曰培风阁,与董玄宰陈逎公二先生为莫逆交。三山皆有别业,风日晴好,携尊往游,潇潇有晋人风。精鉴赏,所藏法书名画甚多,与嘉兴项氏天籁阁相埒,识者以为项氏尚有赝物,张氏绝无云。"张修羽同董文敏为莫逆交,有同样嗜好,他的收藏董文敏当然都见过,《草堂十志》是其中之一,所谓"京口张秋羽"恐怕就是张修羽,当时京口大收藏家,不会另有一个张秋羽了。而现在卷中正有张觐宸同他儿子张孝思的图章,那么这一件东西,就是李伯时临本,还有什么问题?又《墨缘汇观》著录李公麟《醉僧图》,安麓村自题云:"余见白描画卷不下十数,皆以龙眠呼之,惟高詹事所藏卢鸿《草堂十志》卷、《潇湘图》卷,与耿都尉家《三马图》卷,皆无疑义。"可见他们也都知道此卷是李伯时临本,不过签子上仍题旧称。乾隆皇帝当然也不暇深考,至今仍以卢鸿呼之。倘是卢鸿固然是神品了,是李伯时又何尝不是神品?

又如怀素《自序》卷,从南唐以后流传有绪,有南唐人题字,宋杜衍、蒋之奇、苏辙、邵籲、蒋粲、曾行、赵全时、苏迟、富直柔,明朝吴宽、李东阳等题字,可谓绝无问题。而明詹景凤《东图玄览》云:"怀素《自序》,旧在文待诏家,吾歙罗舍人龙文幸于严相国,欲买献相国,托黄淳父许元复二人先商定所值,二人主为千金,罗遂致千金,文得千金分百金为二人寿。予时以秋试过吴门,适此物已去,遂不能得借观,恨甚。后十余年,见沈硕宜谦于白下,偶及此,沈曰:'此何足挂公怀,乃赝物耳。'予惊问,沈曰:'昔某子甲从文氏借来,属寿承双钩填朱上石。'予笑曰:'跋真乃《自叙》却伪,模奚为者?'寿承怒骂:'真伪与若何干?吾模讫,掇二十金归耳。'大抵吴人多以真跋装伪本后索重价,以真本私藏,不与人观。此行径最为可恨。后二十余年为万历丙戌,予以计偕到京师,韩祭酒敬堂语予:'近见怀素《自叙》一卷,无跋,却是硬黄纸,厚甚,宜不能影摹,而字与石本毫发无差,何也?'余惊问今何在?曰:'其人已持去,莫知所止矣。'予语以故,谓无跋必为真迹。韩大恨。此卷既入严嵩手,严氏籍没,文嘉于《严氏书画目》中亦云:'以予观之,但觉跋胜。'"由此说来,此卷本身也不无问题。故宫有毕秋帆旧藏宋拓《怀素帖》,其中《藏真》等帖确远胜《自序》。但《自序》乃四十一岁所书，即使晚年书法更进，笔墨不同，也不能作此卷反证。而且有南唐以来多少题跋，纵本身有问题，也不害其为名迹。故宫倒有一个黄纸本《自序》，可惜也有跋，而且本幅与跋都甚坏，更不是真迹了。

又如阎立本《文姬归汉》册十八幅，设色画《胡笳十八拍》诗意，按拍分题其上，旧签题作虞世南书阎立本画。陶望龄、王铎、韩世能皆随声附和，《式古堂书画汇考》也照样著录。但《胡笳十八拍》是唐大历间进士刘商所作，虞世南阎立本如何能预为之书预为之画，岂不是完全不通。但是书画皆精绝，非宋以后物。案《画继补遗》："李唐，徽宗时补画院，建炎南渡如杭，仍入画院。山水人物尤工。余家旧有唐画《胡笳十八拍》，高宗亲书刘商辞，按拍留空绢俾唐图写。"据此，则此册实李唐画宋高宗书，可无疑义。向来赏鉴家考订太疏略了。不但不知《十八拍》的作者，连蔡文姬原作亦不看一看，所以弄出这样笑话。然而这一册的价值，绝不随阎立本而动摇。

又如刁光胤《写生花卉册》每幅皆有宋孝宗题诗。高士奇旧藏，《江村销夏录》著录，清高宗收入内府，亲加题咏，签亦手写云"内府珍赏神品"。册中一幅画蜂蝶戏猫，宋孝宗诗云："白泽形容玉兔毛，纷纷鼠辈命难逃，后邨诘与涪翁咏，未及崔公一议高。"清高宗并且步其原韵题诗幅上，后来才从原诗中看出毛病，更加案语云："诗中用刘克庄诘猫事，考克庄以淳熙丁未生，上距乾道之元二十二年，此题赝也。既用其韵，并正之。"此种事实上的证明，所谓孝宗的题，当然是假的。但也不能不承认他是精旧的东西。题同宋孝宗无关，画也不见得同刁光胤有关。

题签同本幅不符，还有更希奇的：如《珊瑚网》载宋徽宗《雪江归棹图》卷，董其昌题云："宣和主人写生花鸟，时出殿上捉刀，虽著瘦金小玺,真赝相错,百不一真。至于山水惟见此卷。观其行笔布置,所谓云峰石色迥出天机,笔意纵横参乎造化者,是右丞本色。宋时安得其匹?余安意当时天府收藏,维画尚伙,或徽庙借名,而楚公曲笔,君臣间自相唱和。而翰墨场一段簸弄,未可知耳。王元美兄弟藏为世宝,虽权相迹之不得。季白得之,若过黟上吴氏,出右丞《雪霁》长卷相质,便知余言不谬。二卷足称雌雄双剑。瑞生莫嗔妒否?"像这种情形,倒是真王维假宋徽宗了。这样的假东西比真东西还难得遇见。即使遇见,世无董其昌,也无人能下这样断语。此事千变万化,不可究诘。真是"谈何容易"。元汤采真《画评》云:"今人看画,不经师授,不阅记录,但合其意者为佳,不合其意者为不佳。及问如何是佳?则茫然失对。初学者看画不可不讲明要妙,观阅记录,知其源流,详味其言,参查古说,历观真迹,始有少悟。若不留心,不过为听声随影,终不精鉴也。"

南阳汉画像石刻之历史的及风格的考察

滕　固

一　年代问题

南阳汉画像石刻，未见前人著录，约十年前张中孚董彦堂诸先生发现后，始为其地好古者所注意。兹后续出不已，迄于近年据孙文青先生访拓所得，计共二百七十石。① 拓本流传，世人盛加赞美。我于前年承南阳县教育局的美意，择其完好者代为雇工拓了一百五十余份，殆为已出诸石的半数以上。我曾和董彦堂先生相约，共赴其地摩挲实物，人事卒卒，不知何日得偿此愿。现在先将观感所得，选择其主要的部分略加叙述。

南阳汉画像石刻，一般地没有文字铭刻的，所以此等产品属于汉朝的那一个时期，甚难确定。尝考画像石刻的起源，应该和冢墓碑刻同时，或较碑刻稍后。传世汉碑附有画像的，要算清季在云南昭通府出土的孟璇碑年代最早，此碑下截刻龟蛇即所谓玄武，剔地糙作并行线纹，画像为平浅浮雕。罗振玉考定此碑为河平四年

---

① 孙文青：《南阳汉画像访拓记》，《金陵学报》第四卷第二期；关百益：《南阳汉画集》，民国十九年，中华书局。

南阳汉画像石刻之历史的及风格的考察　　407

所立，^①则石刻画像西汉时已开其端，其时作为简单的碑饰而外，是否尚施于坟墓之其他的石迹，如石阙享堂之类，因遗物鲜存，无从推索。然石阙享堂西汉时似已盛行，霍光死后，妻显"改光时所自造茔制而侈大之，起三出阙，筑神道，北临昭灵，南出承恩。盛饰祠堂，辇阁通属永巷，而幽良人婢妾守之"^②。我于前年赴陕谒霍光墓，黄土一抔，绝无遗物存留，其墓阙神道祠堂，是否为石造的，是否施以雕饰，这是不能想像的。其附近霍去病墓，存有十余件石迹圆雕，也不见有平面的画像刻物。^③是以在西汉，画像为碑饰之外，其他无证物可凭。

　　石阙上施以画像雕饰有年代可稽的，似乎路君阙是最早。这是永平八年_{公元六五年}的作品，有前后两阙，各刻执杖负剑的人物，^④惜遗物不传，但凭著录，我们已不能考见其雕刻风尚。其次是山东费县的南武阳石阙，有东西南三阙，殆即所谓三出阙。西阙有元和元年_{公元八四年}的铭刻，南阙有章和元年_{公元八七年}的铭刻，^⑤此为传世画像石刻最早的遗品，雕刻的取材是神话人物车骑演武乐舞等事，其刻法和孟璇碑下截的画像略相似。这两种画像都是东汉初期的产物，所以说石刻画像至东汉始盛行，不会有什么差误的。

　　史籍所记，汉代厚葬和崇饰祠墓之风，不一而足；到了东汉简直趋于极端，兹举二三例以见一斑。中山简王焉死后，"加赗一亿，诏济南、东海二王皆会。大为修冢茔，开神道，平夷吏人冢墓以千数，作者万余人。发常山巨鹿涿郡柏黄肠杂木，三郡不能备。复调

---

① 参看《神州国光集》第八。
② 《汉书》六十八《霍光传》。
③ 参看滕固：《霍去病墓上石迹及汉代雕刻之试察》，《金陵学报》第四卷第二期。
④ 见叶奕苞：《金石录补》卷六。
⑤ 见王懿荣：《汉石存目》卷下（罗校本）。

余州郡工徒及致送者以数千人；凡征发摇动六州十八郡,制度余国莫能及。"①我们以为只有穷奢极欲的皇室如此,而州郡豪贵以至中人之家亦不甘退后。崔寔说："至用轜梓黄肠,多藏宝货,响牛作倡,高坟大寝。而俗人多之,咸曰健子,天下竞慕,耻不相逮。念亲将终,无以奉遣,乃约其供养,预修亡没之备。"②又王符说："今京师贵戚,郡县豪家,生不极养,死乃崇丧。或刻金镂玉,檽梓梗枏,良田造茔,黄壤致藏,多埋珍宝,偶人车马。起造大塚,广种松柏,庐墓祠堂,崇侈上僭。"③这种生宁俭奉死乃崇丧的风气,在东汉恐怕是一般地流行的。为装饰坟陇而建祠堂石阙,为装饰祠堂石阙而作画像雕刻；画像雕刻特别盛行于东汉,是跟着这种双重的奢侈风气而来的。

今按南阳汉画像石刻,几乎尽出于坟墓内的地窟石室享堂,和建于地面上的石阙享堂不同,此其特点。由其雕刻的取材及技法而言,多和南武阳石阙画像相近,故谓为东汉前期的产品,和事实殆不叛离。另从历史方面观察,自光武帝发迹以后,其地始有新的气象。《隋书》卷三十《地理志》说："南阳古帝乡,缙绅所出。"其意殆谓光武以后,缙绅特多。又光绪《南阳县志》卷一《沿革表》内说："当时帝业之起基于南阳,王侯将相,第宅相望,天子又时时巡幸其地,文物之盛,他郡所未有也。"亦指示光武而后特别发展的情形。上面把南阳画像石刻定东汉早期的作品,于此益可征信。

---

① 《后汉书》七十二本传。
② 崔寔：《政论》,见严可均辑：《全上古三代秦汉三国六朝文》,《后汉文》卷四十六。
③ 《潜夫论》十二《浮侈》篇。

二　石室构造与画像

　　南阳汉墓虽未经精密调查,而就草店汉墓的规制言,和乐浪营城子诸汉墓异致。草店在南阳城西南十八里丁凤店南,该地有汉墓出土未久,董彦堂先生曾作调查,将墓中石室制为模型。我幸蒙董先生的盛意,借给我关于该墓之贵重的材料,以为要认识南阳汉画像石刻,不能不先略究石室的构造。这座享堂石室,正间东北,以方条石所构成,高二公尺一,深一公尺四,宽五公尺。左右通砖造之耳室,这耳室殆为安置明器的地方;后面通砖造之圹室,殆为藏棺之处(参看第一图照片及第二图墓图)[①]。而画像即刻于构成享堂的各种石材上面。今耳室和圹室暂置不论,只提出与画像有关的石室享堂,叙述其大概。这石室从前面看去,即前列的正面:楣和阈各由三块横的方条石构成,分三户,所以间以四颗方条石的石柱,每户装门二扇,门都是向外开启的。后列的间架,和前列相同,惟二户小作门而作阑,通左右耳室的两侧户,亦只作阑。其上,即前后列的楣石之上,当楣石并列的交缝处,各架一梁,计共二梁。(参考第一第二图)但看石室间架的构造,简单均整,朴质无华。南阳人张衡在其《冢赋》中有一段说:

　　乃相厥宇,乃立歆堂,直之以绳,正之以日,有觉其材,以构玄室。弈弈将将,崇栋广宇。在冬不凉,在夏不暑。祭祀是居,神明是处。修隧之际,亦有披门,披门之西,十一有半;下

[①] 照片为董彦堂先生所摄,墓图亦从董先生的底稿抄绘。拙文得董先生指示处甚多,谨此志感。

有直渠,上有平岸。舟车之道,交通旧馆,寒渊虑弘,存不忘亡。①

享堂石室殆即祭祀是居神明是处的一部分,其他隧道掖门等种种设置,已无迹可寻了。

石室前列的正面,即室外,楣石刻狩猎野兽图像,每石各一段,三石连成一景,四柱各作人物一,人物顶上各作一怪兽。每扇门上作立虎铺首,双门合上时,其所作立虎即成对称形。下面的阈石不作雕饰。前列的背面,即室内,楣上亦作狩猎图像,四柱各作持婴的人物。中户二门各作执殳人物,左右二户的门上,各作执殳人物一,执节人物一;双门合上时,人物各成对称形。阈石亦无雕饰。后列的正面,即室内后方,楣上刻乐舞图像,中间二柱各作持箭之双人,双人顶上作双怪兽(参看第四图),左右二柱各作持某物的人首龙身的怪物。中限作双兕角触形,左右两限各作单兕,惟左限的兕首向右,右限的兕首向左,而配成对称形。后列的背面与砖造圹室相接,所以没有画像。通耳室的左右两侧户,户限各作双兕角触形,背面与耳室相连,不作画像。梁上四面雕饰,前面柱头作龙口形,左右两面各作应龙,张口向前;下面即室内之天面刻星像,南梁刻南斗星及蟾蜍,北梁刻北斗星及金乌。梁的上面殆又与砖造之顶相连,所以也没刻像。这是石室的石材上画像位置的大概情形。南阳汉墓石室的构造,大率是差不多的,所以这座石室我们认为十分重要;看了这座石室,其他散在于南阳各地的石材画像,都可以认得出楣或柱,梁或门了。但散在的石材中亦有类乎天面石和壁面石,这或者是小石室不作梁而作石顶,不作柱而作壁,这种推想,就其画像位置可征明不会与事实相离过甚。

---

① 严可均前引书,《后汉文》卷五十四。

由建筑石材的位置之限制,所作画像几乎有一定的形式。门的正面必定刻铺首,草店墓作立虎铺首(参看第三图),其他墓门正面,还有作火兽铺首或展翅凤鸟铺首的,可见单是一种铺首,而装饰也时有变化。关于铺首的意义,从前学者对于宝应射阳聚的石门,尝有博洽的考证,这里不多述了。① 门的背面作文官武官,文官执戟,武官执节;考曲阜安乐太守麃君墓前二石人,其一即执戟者,②此等画像,可视为后代坟墓上翁仲的滥觞。董彦堂先生谓亦是俑人的代替物,因为汉墓中常见鸡鸭井灶猪圈等明器,不见有男女陶俑,是其明证。柱上正背面各作人物,而柱背所作的人物,即室内的人物,大多手持乐器;草店墓有作执翠执简的,其他墓上还有执铎的,可知这些都是乐舞员伎。还有作人首龙身的怪物像的,有人以为是伏羲女娲,这完全是差误的。固然在武梁祠及其他山东的汉画上有作伏羲女娲的,但总是人首蛇身的双像,而单人的人首龙身像就不一定是伏羲或女娲了。《山海经》内所传述的人首龙身,人首蛇身及人首兽身的怪物,约有二三十条。这里面大抵是山上的神或野兽的神。墓上刻此类怪物,倘有特别用意的话,那么或许是用以驱除野兽,防它们伤害坟墓的厌胜作用。这些怪像,上截是人身,有冠有服,下截是兽身,有足有尾;而手中或有拿东西的。也有作双人像,这又是基于对称观念而起的。人物的顶上作怪兽(参看第四图)或作鸟形物,初看不易能理解其用意,而所有柱石总是作这么一种形式,于是推想到这是一种当时建筑上的流行装饰,或即表示梁上的短柱。武梁祠画像上,有一所建筑,以石人相承为柱,而石人亦几乎是同类的怪兽。③ 蔡邕《短人赋》:"侏儒短人,僬

---

① 参看张宝德辑:《汉射阳聚石门画像汇考》,收入《金陵丛刻》。
② 其影片可参看滕固前引文。
③ 参看冯氏《石索》三。

侥之后，出自域外，戎狄别种。……木门闟兮梁上柱，弊凿头兮断柯斧。"①王延寿《鲁灵光殿赋》："胡人遥集于上楹，俨雅踞而相对，仡欺㺃以雕眈，颐颅颧而睽睢，状若悲愁于危处，憯噘蹙而含悴。"殆都是描述这种短柱的装饰；而此种短柱，后人即名为侏儒柱。梁上刻应龙，即有翼的龙，这也是当时建筑上的装饰，班固《西都赋》："因瑰材而究奇，抗应龙之虹梁。"张璠《续汉记》："梁冀起台殿，梁柱椽桷，为青龙白虎，画以丹青云气。"②而梁的底面，即室内的天面刻星像，则当是石造物石材的一物两用，当初堂宇天面绘刻星象，殆亦恒有之事。门限刻兕，按《尔雅》兕似牛一角，班固《西都赋》"穷虎奔突，狂兕触蹶"，都是指示猛烈之兽；以此刻于门限，殆为猛兽守门拒人入墓之意。

　　从南阳出土的画像石观察，凡同位置的石材，而画像题材亦多相同。由上述各种石材的画像论，其中门铺首（参看第三图）和梁上的雕龙，比较是装饰味最浓重的、最格式化的。门背和柱石上的人物及人首龙身像，我们把每一单位观赏起来，自比较自然，比较容易引人入胜；可是把一宗的画像排比起来，就知道为了求装饰上的对称效果，也不免停滞于一定的形式，这一点在草店墓的产品上更可辨认。所以凡人物画象不出正面和侧面二种，侧面的或向左或向右。但因为这些石材从不同的地域和不同的墓窟出现；人物的姿态不同，冠服不同，这一点无论在艺术在历史都是很重要的。人物都作长身而立，依石材的长短，知予以巧妙的位置。除存于民众教育馆的一柱石上所作农人，及存于北关乡村师范的一石所作农人，皆作短衣外，其余都是长衣垂足。女像都是细腰大袖长裾。

---

① 严可均前引书，《后汉文》卷六十九。
② 《太平御览》卷一八八所引。

于此人物的冠饰特别引起吾人的兴味,尝见洪颐煊述孝堂山的人物画像说:"贵者冠皆平样,前仰后俯,即《续汉志》所谓进贤冠;次则前低后高,如纱帽无翅;贱者锐其上。"[①]南阳画像人物,最多是前低后高的无翅纱帽,这必是普通的冠饰;锐顶的也不少,例如持乐器的乐伎都作锐顶,证以孝堂山画像上持兵器的侍卫或前导,皆冠锐顶,自合洪氏所指示的贱者之冠。但乐伎尚有戴顶上似作圆筒式之高冠,这是山东各种画像上所找不到的。妇人都作高髻,《后汉书》卷五十四《马廖传》:"长安语曰,城中好高髻,四方高一尺;……城中好大袖,四方全匹帛。"这简直是妇人画象的写实。今存民众教育馆的妇人像,其头上的中左右作三高髻,后面殆亦有一髻,或即当时之四起大髻。(参看第五图)《后汉书》卷十《马皇后纪》夹注引《东观记》说:"明帝马皇后美发,为四起大髻,但以发成尚有余,绕髻三匝。"即以冠饰一项论,可资以考史,其他自不待言。

人物雕刻和南武阳石阙相近,上面已曾指出。大抵剔地作并行横纹,人物浮起;眉眼鼻耳,手和指,以及衣褶等凡欲显出其部分之形象的,都用粗劲的线条,阴勒表示。浑朴古拙,存有无穷的深味。

三　野兽图像

楣石上所刻野兽狩猎游戏乐舞图像,因石材地位的宽大,表现上比较奔放自由,而且已脱去装饰的范畴而为抒述性质的纯艺术了。这种画像也就是那时贵人生前享受的反映,仲长统《昌言》,

---

① 见洪颐煊:《平津读碑记》卷一。

"目极角抵之观,耳穷郑卫之声;入则耽于妇人而不反,出则驰于田猎而不还。"①所以这里提出来,分别作简略的观察。

以田猎为娱乐的风气很早,《汉书》卷四十八贾谊疏陈政治云:"今不猎猛兽而猎田彘,不搏反寇而搏畜菟,玩细娱而不图大患,非所以为安也。"当时宫苑蓄聚的野兽,名目奇异,真是洋洋大观。司马相如《子虚赋》:

其不则有白虎玄豹,蟃蜒貙犴,兕象野犀,穷奇獌狿。②

又同氏《上林赋》:

其南则隆冬生长,涌水跃波,兽则㺎旄獏犛,沉牛尘麋,赤首圜题,穷奇犀象。其北则盛夏含冻,裂地涉冰揭河,兽则麒麟角䚯,騊駼橐驼,蛩蛩驒騱,駃騠驴骡。

在这些兽野之中,很多不是中国出产的,《史记》卷一百十《匈奴传》:

其畜之多,则马牛羊;其奇畜则橐驼,驴骡,駃騠,騊駼,驒騱。

其中很多是马的别种,或即最珍贵的马,殆都是游牧民族的宝物。《汉书》卷九十六《西域传》:

罽宾国出封牛,水牛(按即沉牛),象大狗,沐猴,孔爵。……乌弋山离国有桃拔(孟康注,桃拔一名符拔,似鹿长尾一角),师子,犀牛。……大宛国多善马,马汗血。"

这里对照起来,有很多相同的,而司马相如文中犴是胡地野犬,犛牛出自西南,穷奇如虎有翼,出自西北,蛩蛩如马,出自西方。由此可知这些野兽几乎全部是西北边彻,即北亚和中亚的产物。上林

---

① 严可均《后汉文》卷八十八。
② 此据严可均《前汉文》卷二十一,《文选》无兕以下文。

即罗致域外野兽而开辟的,《西域传赞》:

> 蒲梢龙文鱼目汗血,充溢黄门;巨象狮子猛犬大雀之群,食于外囿。殊方异物,四面而至,于是广开上林。

有这种玩娱野兽的现实生活,而画像石上也出现了一宗离奇怪诞的野兽,特别南阳的画象石,所作野兽更是富丽。

说到南阳的野兽图像,种类繁多,构图奇诡,变化百出。这里只选出若干景,比较最是别致的,作为代表。有一存地未明的楣石上作巨象孔雀桃拔 景,可证《西域传》的所述,而桃拔似鹿长尾一角,活活地这样表现着,其角向前生出,又是从前亚细亚来的风尚(参看第六图)。骑橐驼随熊一景此石亦存地未明,则又描述北方野兽了,此像或即取材匈奴人的生活,或为胡人戏兽(参看第七图)。作戏兽的画像很多,而其中龙虎麟最多,有些是不知名野兽,或作追逐,或作回舞,或作衔尾。今存砂岗店的楣石上戏麟图象,右端一人或是戏者,二麟向右,前面的一麟回首望后面的,中间环以绳索似的东西。麟的形状这里很分明,一角向后生出的,颈细曲,身有翼,后面的一麟作奋翅状(参看第八图)。此种图像在山东方面似乎也未出现过。人兽搏斗图像,有存地未明的一石,中作一人右手攫犛牛的角,右揭野马的后足,此作人物与二兽之动作一气呵成,构图的奇横,除古代前亚有类似的遗品外,中十所罕有(参看第九图)。兽和兽斗争的图象也是常有的,上面所提及的门限上的双兕触角,就有斗争的表现,但因装饰上的对称关系,我们不计算在内。草店墓的楣石上有虎和兕作相斗状,兕一角有翼,其形似牛,和门限上所表现的同一形式,作俯首以角冲前之状;虎则张口略卷其舌以待。(参看第十图)所有野兽相斗的图象,都不作剧烈的扑斗,而形容将斗之状,又大多是猛兽与猛兽相斗;所以这里并不含有西伯利亚艺术上斗兽形象的特征。射猎图像比较希罕一点,草店墓楣石上,有一景中作一虎,回首奔前,后端一人骑马挽弓而射,前面一人以长矛刺虎,又前面一鹿二野犬奔来,这幅图象神情连贯,一种紧张的情绪,飞跃于画面,可称射猎图象的代表作。(参看第十一图)传世汉画之中,和南阳相近的野兽图像很少,只有泰室少室开母诸庙的石阙上有此类野兽作风。这种作风自不免受前亚和中亚^{按北亚也是从前亚中亚来的}的影响,然若说凭借一定的粉本,这也很困难。汉人以田猎为玩娱,在日常生活里时时和野兽接触,移其深刻观察于艺术,艺术的境界,自然而然扩大而显示无比的新颖;所以德人费瑄(Otto Fischer)全不承认汉画野兽图像存有何等外来影响。① 不过野兽增加肢体,采取各种野兽的特点而合成的奇兽,无疑地有前亚和中亚的成份在其间。征于上述兽类中大部分来自西北边徼,不能说艺术上无域外成份;至少汉人对于野兽之丰富的空想,是由域外事物所激起的。

四　乐舞图像

南阳汉画上的游戏乐舞图象也不少,这是当时上流社会骄奢淫逸的缩景,含有很深刻的社会意义。桓宽尝说:"贵人之家……舆服僭于王公,宫室溢于制度;兼并列宅,隔绝闾巷。阁道错连,足以游观,凿池曲道,足以骋骛;临渊钓鱼,放犬走兔,隆豺鼎力,蹋鞠斗鸡。中山素女,抚流徵于堂上,鸣鼓巴俞交作于堂下。妇女披罗纨,婢妾曳绨纻。子孙连车列骑,田猎出入,毕弋捷健。"② 这些情

---

① 参看 Fischer, O., *Die Chinesische Malerei der Han-Dynastie S. 115*, 1937, Berlin.

② 《盐铁论》卷二《刺权》篇。

形,在现存汉画中大部分可以印证的。享乐奢侈的风气,到了东汉时,有过之无不及,仲长统说:"豪人之室,连栋数百,膏田满野,奴婢千群,徒附万计……妖童美妾,填乎绮室,唱讴伎乐,列乎深堂。"①今按南阳石室室内的楣石上都作游戏乐舞,正合桓宽抚流徽于堂上作巴俞于堂下,及仲长统伎乐列乎深堂的记载。盖石室刻画实表示生人的亨受。关于汉画上的游戏图像,赵邦彦先生曾有博洽的考证,②他的文章中所讨论的都卢寻橦,马戏,跳丸跳剑三种,都不见于南阳的产品,只有舞蹈有不少品亦作于南阳画像上。今就所见的南阳的乐舞图像,叙述于后。

一、投壶图像 存于北新店的和砂岗店的楣石上都作投壶。前者左面有二人相向,中间置壶,作投壶戏;右面三人作宴谈状。此石比较漫漶,所以右面的景像甚难明辨。后者左端一人坐而回望,中二人相向,各执筹投壶,壶中已有二筹。右面有二人,一人左手按膝坐,一侍者抱简立于其左。此像人物雄奇,刻划清晰可辨。按《东观汉记》:"蔡遵薨,范淑上疏曰:遵为将军取士,皆用术,对酒设乐,必雅歌投壶。"可见投壶为汉人娱客的通常游戏。

二、男女带侏儒舞 这是城北阮堂石上所刻的,左一男左手挟杖,右手伸拳;衣下拖出长巾。右一高髻大袖女子,向男跪,屈身伸臂作舞,左手挈一侏儒,亦作舞状。(参看第十二图)《汉书》卷六十四徐乐传:"帷幄之私,俳优朱儒之笑。"《孔子家语》:"侏儒戏前。"殆即指此类娱乐。此作一女挈侏儒而舞,生动妙丽,寓于简单之技法,可称佳制。

三、剑舞 这是存于南城根的楣石上所作,左一人右手持剑

---

① 前引仲氏:《昌言》。
② 赵邦彦:《汉画所见游戏考》,国立中央研究院《历史语言研究所集刊》外编第一种,《庆祝蔡先生六十五岁论文集》上册。

直刺右一人之腿部，右一人左手持匕首作奔上势，中界飘带，动作甚为活泼。而持剑者又似裸体，则又是不易多得的奇景。

四、象人或角抵　这是一种戴面具的游戏，一石今存城北阮堂，左一人戴兽面，腰间置一长矛，张手蹲地作舞姿。右一人坐以相对，左手握刀（或他种兵械），又右端有一侍者捧物。还有一石今存于陇西寨，此石十分诡异，左端戴有角兽面的人执杖作俯蹶状，杖头有球状物。而其右面戴兽面的一人，持杖向其球作挑拨状。中部左面一戴兽面以长矛刺其右面的大袖女人。右端坐一作四起髻的贵妇，和其右的侍者作谈话状。此石六人，盖每两人一组，以显出全景的动作。（参看第十三图）《汉书》卷二十二《礼乐志》："朝贺置酒……常从倡三十人，常从象人四人。"注引韦昭言，象人"著假面者也。"《文选·西京赋》注引《隋书》："都邑百姓，每至正月十五，作角抵戏，戴兽面，男为女服。柳彧请禁断之。"画象上所作戴兽面戏，殆不出象人和角抵。

五、乐舞交作图像　此类图像亦有数种，存于石桥镇的一石，图作六人，一人击鼓，一人舞鼗，一人倒竖，三人作舞，中间一长袖者，蹋鞠而舞。（参看第十四图）草店墓的楣石上有数景，一景九人，其中四人摇鼗，二人抱笥，二人坐。一景七人，一人击磬，二人击鼓，余坐。又一景九人，一人长袖蹋鞠舞，一人拂舞，一人跪其右足作唱讴状，一人抚琴，一人抱笥，余坐。（参看第十五图）此三景神情相属，望之隐隐作钟鼓声。还有存于七孔桥的一楣石宽约丈余，左面一部作贵人车骑，护卫森严。右部作乐舞，凡十人，自左至右：二人坐，一人倒竖，二人蹋鞠对舞，二人摇鼗，二人坐，一人击鼓。此作绘声摹影，与草店墓物同属一风格。图像中作倒竖、作长袖舞、作抚琴、作击树鼓、作拂舞等等我们尚可于山东南武阳石阙、图书馆藏石、武梁祠画像、两城山画像以及流传海外的戴氏画像、日本东京博物馆和工科大学藏石中找出，但这些画象中都没有像草店和七孔桥的石上那么有系统，那么花样繁多。所以这些画象，用以稽考汉代乐舞，是十分珍贵的。

我以为上项乐舞交作的图像，大抵描述巴俞舞，或至少与巴俞舞有关。汉代宗庙朝庭之舞，都是沿用古代的，只有巴俞舞是新创的。此种乐舞起于汉初，《汉书》卷二十二《礼乐志》颜师占注："巴，巴人也，俞，俞人也，当高祖初为汉王，得巴俞人，并趫捷善斗；与之定三秦，灭楚，因存其舞乐也，巴俞之乐因此始也。巴即今巴州，俞即今渝州，各本其地。"同书卷五十七《司马相如传》颜注："巴俞之人刚勇好舞，初高祖用之克平三秦，美其功力，使乐府习之，因名巴俞舞。"据郭茂倩所考：巴俞舞即鞞舞，《隋书·乐志》曰，鞞舞，汉巴俞舞也，又称鞞扇舞，《古今乐录》曰，鞞舞梁谓之鞞扇舞，即巴俞舞是也。自汉代起即以此种乐舞并施于享宴，郭氏又云："《宋书·乐志》曰，鞞舞未详所起，然汉代已施于宴享矣，傅毅张衡所赋，皆其事也。"①今按傅毅《舞赋》中所谓"蹑节鼓陈，舒意自广。……浮腾累跪，跗蹋摩跌"，张衡《舞赋》中所谓"拊者啾其齐列，般鼓焕以骈罗，抗修袖以翳面兮，展清声而长歌"②，都可于画像中领会意境；而上引桓宽所谓鸣鼓巴俞，尤可令人想见鼓舞并作，与画像诸景符合。此种乐舞汉魏时当极盛行，自宫庭以至上流贵人之家，皆铺张陈设，用以娱乐。曹植《鞞舞歌序》："汉灵帝西园鼓吹有李坚者，能鞞舞，遭乱西随段颎，先帝闻其有旧技，召之，坚既中废，兼古曲多谬误。"《三国志·魏志》卷二十五："杨阜为武都太守，会马超来寇，曹洪置酒大会，女倡着罗縠衣蹋鼓，一座皆笑。"南阳画象上

---

① 《乐府诗集》五十三。
② 严可均前引书，《后汉文》卷五十三。

所作乐舞,上面已指出,往往数石相连为一景,而一景之中,又分数段落,每段落作一种游戏或一种音乐。此间所描述的虽不必尽是在同时间内所作的音乐,然其间神情相属的数段,必为同时并作的乐舞无疑。此种情形在记载中只有和巴俞舞相近。

上述野兽和乐舞图像,在南阳汉画上占很高的位置,而历史故事画象却未发现,这一点和山东不同。《汉书》卷二十八《地理志下》:"秦既灭韩,徙天下不轨之民于南阳,故其俗夸奢,上气力,好商贾渔猎,臧匿难制御也。"则南阳的俗尚自始即和山东不同,而画像风格也就不得不异致。南阳人不尚理想,但事现实的享乐,这种一往无前的豪迈的性格,无遗憾地发露于画像,故其画像一般地奇诡雄伟,富有泼辣的观感刺激。

五　石刻画像在艺术上的位置

史书所记汉代壁画的取材和坟墓石刻画像多合,所以自洪氏《隶续》,叶昌炽《语石》以至德人费瑄的"汉代绘画",都当石刻画像是研考汉代绘画的最上资料。这是因为汉代绘画绝少遗品流传,石刻画象的题材既同于绘画,则不妨视石刻为绘画,原是无办法中的办法。近年汉画略有发见,如乐浪古墓的漆器画像,流传于巴黎及波士顿的墓砖画像[1],营城子古墓的壁画[2],都是很著名的东西。把这些绘画遗品和石刻画象比较,构图及大体上的神韵虽有一致之处,而细部的技巧则颇不同了。绘画的特点在用笔,上述诸种画

---

[1] 参看 Fischer 前引书五十八至七十三图版。
[2] 参看《营城子》,《东方考古学丛刊》第四册,一九三四年东亚考古学会印行。

品，深秀微妙都从笔致传出，这是石刻上所没有的，也是不能有的。所以从广义说石刻固可视作绘画，从狭义说实不能视作绘画。

　　石刻画像正像欧洲的浮雕（Relief）有其自己的地位。浮雕既不是雕刻（圆雕），因为雕刻是面面造形的；又不是绘画，因为绘画是有明暗向背的。但浮雕亦有二种不同的体制，其一是拟雕刻的高浮雕（Hautrelief），希腊的浮雕即属于此类，在平面上浮起相当高度的形象而令人感觉到有圆意；其二是拟绘画的浅浮雕（Basrelief），埃及和古代亚细亚的遗品即属于此类，在平面上略作浮起，使人视之，但觉将描绘之物象镌刻于其上。中国的石刻画像自然属于后一种，在佛教艺术以前，中国从未有过类乎希腊的浮雕。但中国的石刻画像也有好几种，如孝堂山和武梁祠的刻象，因为其底地磨平，阴勒的浅条用得丰富而巧妙，所以尤近于绘画，像南阳石刻都是平浅浮雕而加以粗率劲直的浅条阴勒，和绘画实在有相当的距离。所以我对于中国的石刻画像，也想大别为两种，其一是拟浮雕的，南阳石刻属于这一类，其二是拟绘画的，孝堂山武梁祠的产品是属于这一类。至于传世朱鲔墓画象，《山左金石志》曾指摘为唐宋以后物，细察画像上的人物和背景，线纹的配置，确然是含有吴道子式的风度。费瑄论述汉画风格，以朱鲔墓画像为底本，[①]于是其引人入胜的论议，不免有些徒劳之感。我以为与其用石刻画像当作绘画，毋宁用圹砖画象当作绘画，因为有些圹砖画像乘砖坯将干未干而施以刻画，笔致锋利，和营城子的壁画如出一辙。[②] 总之，尤其是南阳的石刻画像，我们应该从绘画里分别出来，放在其独自的系统内观察。

----

　　① 参看 Fischer 前引书一○七面以下，论"描写之风格"（"Der Stil der Darstellung"）。

　　② 参看王振铎：《汉代圹砖集录》第八第九图，北平考古学社出版。

希腊的浮雕，大抵刻于石棺，墓表（Stele）及神祠的石砌上面；讨论希腊浮雕，必连带及其所依附的建筑。同样，中国的石刻画像，刻于石棺，石阙以及享堂石室上面，我们希望有人作一翻精密的调查和有计划的考察；使我们对于石刻画像及其建筑获得更确实的认识，并且使石刻画像更显出其独自的价值。

二十五年，九月十日，写于南京。

第一图　南阳草店汉墓石室

立面图

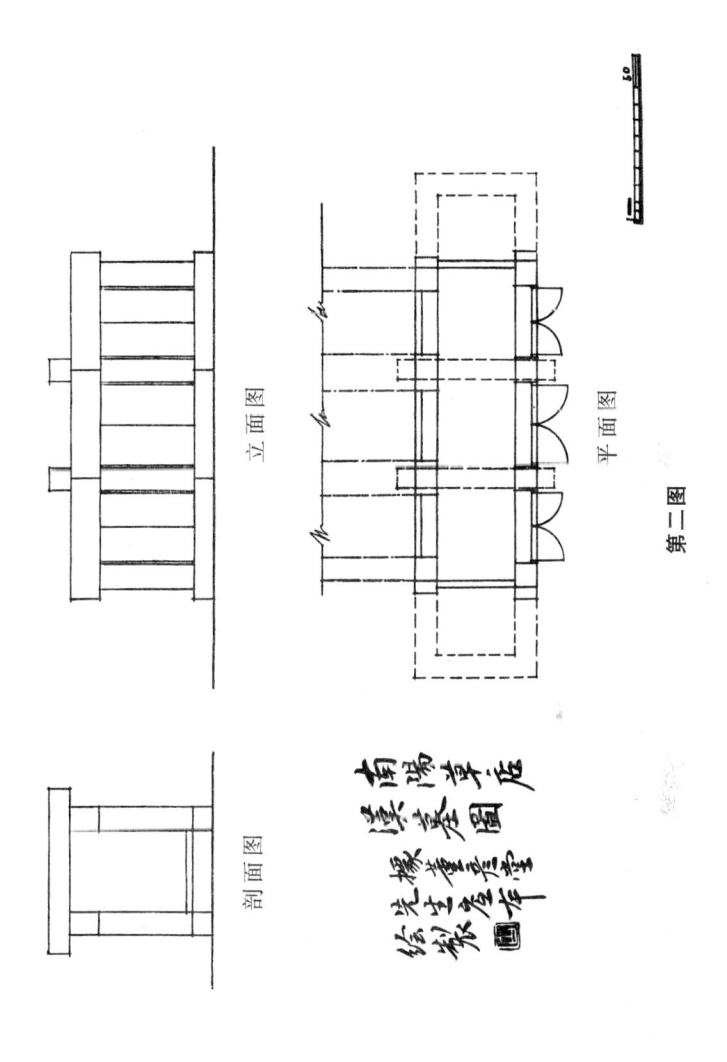

平面图

剖面图

第二图

第三图　草店汉墓石室门铺首
原图大小 122×38 公分

第四图　草店汉墓石柱双人象
原图大小 126×46 公分

南阳汉画像石刻之历史的及风格的考察 425

第五图 石柱女象(石存民众教育馆) 原图大小 158×34 公分

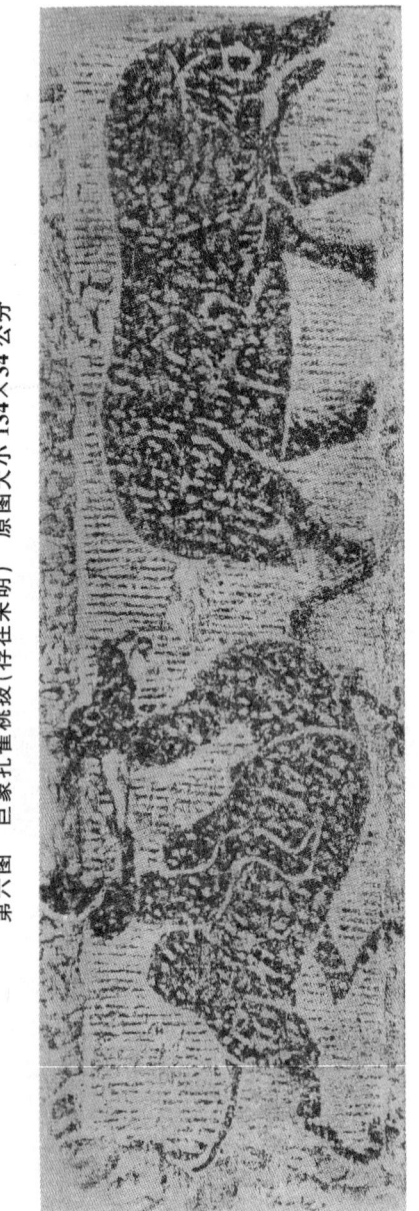

第六图 巨象孔雀桃拔(存在未明) 原图大小 134×34 公分

第七图 骑驼随熊(存地未明) 原图大小 117×37 公分

南阳汉画像石刻之历史的及风格的考察　　427

第八图　戏二麟（右存砂岗店）　原图大小 152×37 公分

第九图　人兽搏斗（存地未明）　原图大小 106×32 公分

428　张菊生先生七十生日纪念论文集

第十图　草店墓楣虎与兕斗　原图大小 116×35 公分

第十一图　草店墓楣射猎图　原图大小 150×34 公分

南阳汉画像石刻之历史的及风格的考察　429

第十二图　男女带俑儺舞（石存城北阮堂）原图大小 102×58 公分

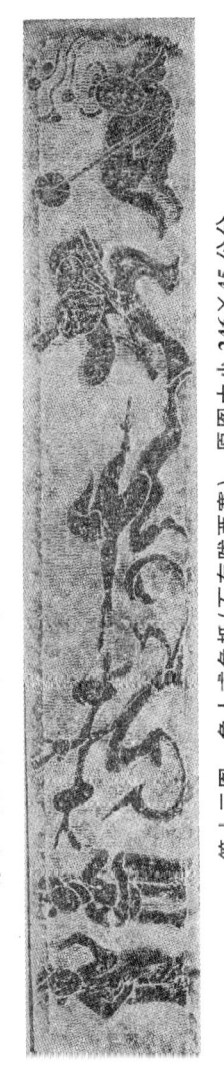

第十三图　象人或角抵（石存陇西寨）原图大小 246×45 公分

第十四图　鸣鼓舞蹈（石存石桥镇）　原图大小 110×43 公分

第十五图　草店墓乐舞图之一　原图大小 149×33 公分

汪龙庄先生致汤文端七札之记录与说明

蔡元培

龙庄先生,循吏也,亦史学家也。现代史学家陈援庵先生得其手书七札,甚珍重之,为付装潢,而征跋于胡适之先生。胡先生于《梦痕录余》中求得敦山敦甫皆文端别号之证,而且抄得汪先生自记第一札之要语,诚所谓探骊得珠,所余皆鳞爪矣。而陈先生又征跋于余,余不得不掇拾东云之一鳞,西云之一爪,以充篇幅。适友朋中庆祝张菊生先生七十生日之纪念册,亟须缴稿,余正觅题未得。因思张先生自六十岁以后,摆脱他事,专致力于百衲本二十四史之校订,几于寝馈皆忘,其有功于史学,何逊于昔之汪先生,今之陈先生?查汪先生享年七十有八,汤文端享年八十有五,汪先生札中所举之人物,魏文靖享年八十有九,毛西河八十有五,纪晓岚八十有二,鲍以文八十有七,阮文达八十有六,戴可亭九十有五,无非年高而德劭;以之介寿,较为适宜。得陈先生之同意,遂以此塞责焉。

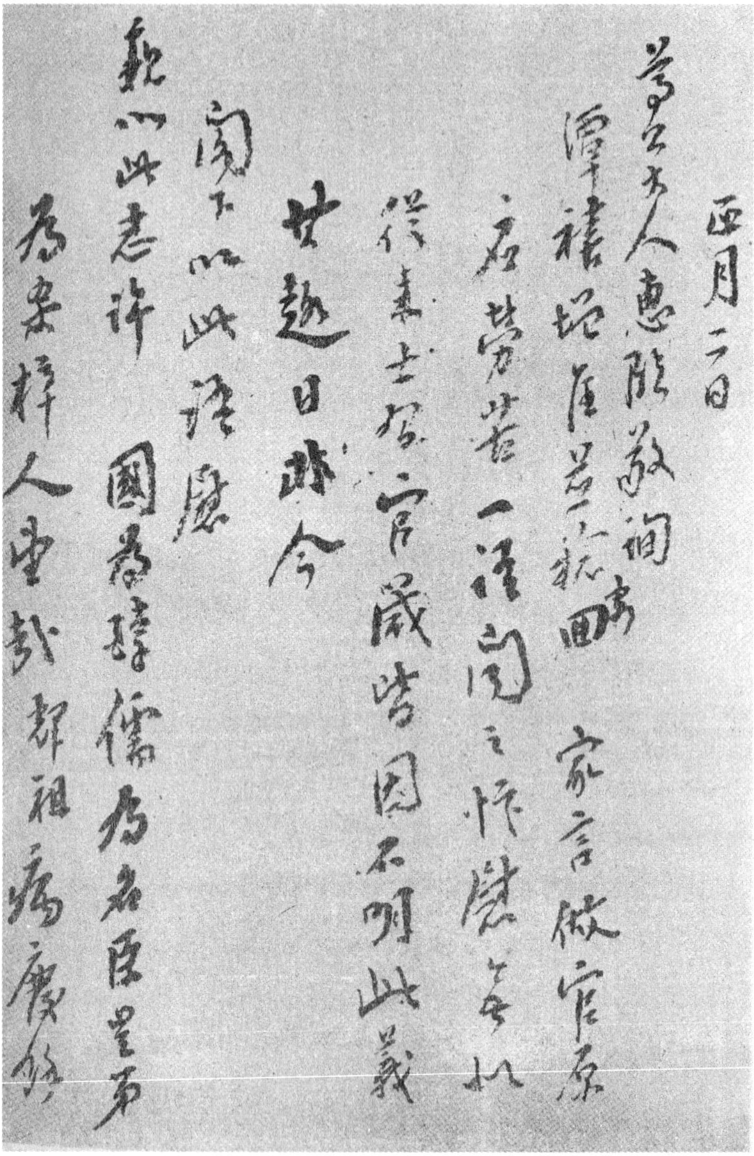

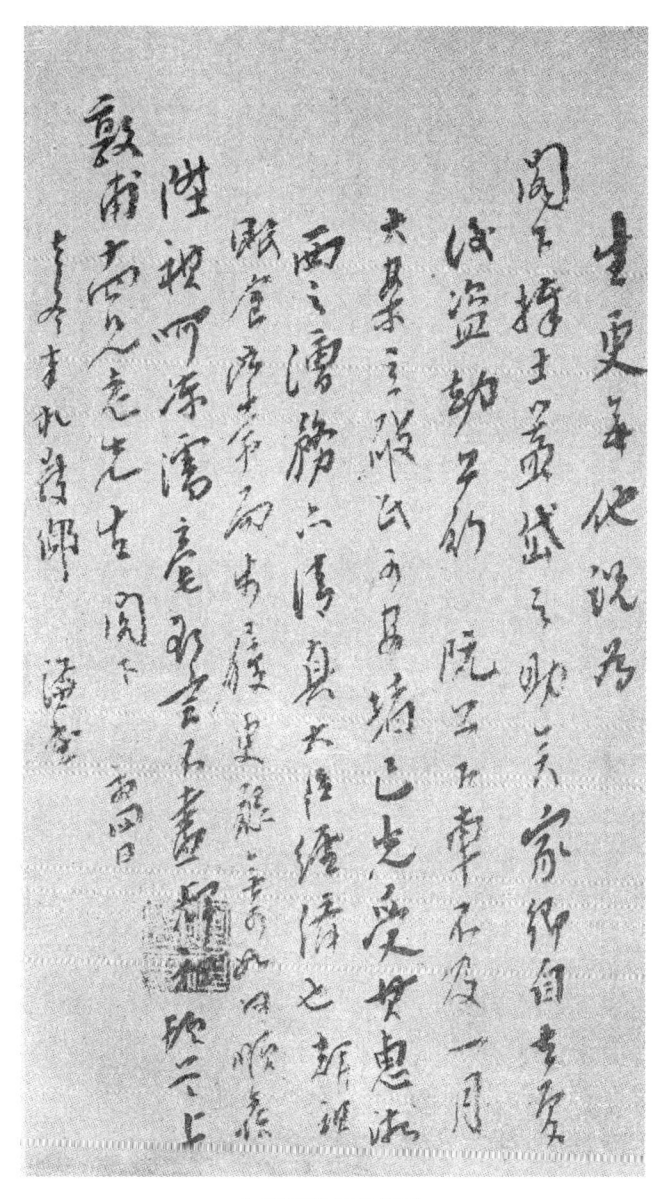

汪龙庄先生致汤文端七札之记录与说明　433

右影印第三札墨迹

弟自壬子旋里得见曲江风度即与十三兄言
阁下必当为桑梓第一人并常与同人儿辈数数言之今乃始基深自幸
相契之有真相期有在不敢以俗例道贺所喜者
堂上盛年具庆
阁下他日可以黑头言色养此则
尊大人纯孝之美报
阁下能以福德承之为可钦羡耳读重午日
手书初入词垣酬应丛集时即荷
垂念草土病夫足见
十四兄老先生古心高谊兼征局度从容异时远到之模实忻且感鄙性
朴戆向承
阁下虚怀过爱每有所言不知自检闻者或讶其率而
阁下优容采纳幸矣
　　　来翰商及立身之要为学之方所见者大非专务进取之士所可几
及弟老而无闻何足知此然守身二字是弟一生功力出处不同守之境
界亦别惟正路是由脚踏实地无论遭际总可头头是道弟阅事近五十
年所见仕路人不少大概走此一路者毕竟颠扑不破故鄙见以存诚务
信为本充之可以希贤约之亦不失为端人功名事业根基于此皆可自
立
阁下醇笃开朗未审以为然否
阁下词章之学之才即今所就已为词垣冠冕弟向谬论学以致用为
要玉堂储才为异日大用凡古大臣处常处变之所历今国家大经大
法之所在及古今事势不同之故须于读书应事时一一究心则刻刻
皆有进境皆是经济吾乡先辈西河先生之文学终不若文靖公之动
望也
阁下英年笃志何所不成愿勿仅以文人自励是则区区之素所望于

阁下者敢因下问而一布之_弟近日眠食如常书亦倦检其衰可知率候
升安不敢令儿代缮力疾草草不备上
敦山十四兄老先生阁下_弟汪辉祖顿首_{六月八日}
　　　可亭先生得间乞代求双节文字为祷
　　　培儿禀笔请安

　　　仲夏一函奉答昨闻　十一兄言不随书籍同寄想早荷
照入矣词林工夫
阁下尽足望
十四兄老先生读书通古今储他日致用之本_弟谬谓今日需才孔亟不
学者既蹈无术徒以粉饰为能务学者又多迂疏于时事无济故有一分
识力始有一分事业此则非通达事理稽古有素者不足以当之
阁下年力志趣皆优为之幸勿以词章自隘也
　　　潭府安嘉十一兄又入仕途日前言别_弟亦不作世故语赠之恃
阁下交好故耳_弟今年精神人惫不茹斋而不知肉味者五月于兹执笔
史占举步必得人扶掖生真如寄矣尚有请者近日才人辈出
阁下必多相识旧存　先慈事实三本附呈
左右千万为_弟择人而请期其必得_弟一息尚存此念一息不辍数十年
专赖知交推爱今日所恃惟
阁下一人知我最深切祷切祷临缄翘切顺请
升祺不既　培壕两儿禀笔请安
敦山十四兄老先生阁下_{愚弟}汪辉祖顿首_{八月五日}

　　　正月二日
尊公大人惠临敬询
潭禧增佳并检寄回　家言做官原应劳苦　语闻之忭慰无似从来十

习官箴皆因不明此义其趣日非今

阁下以此语慰

亲以此志许　国为醇儒为名臣岂第为桑梓人望哉_{辉祖}病废余生更无他说为

阁下捧土益岱之助矣家乡自去夏后盗劫公行　阮公下车不及一月大案立破民可安堵已先受其惠浙西之漕务亦清真大臣经济也_{辉祖}眠食如常而步履更艰无可如何顺候

升祺呵冻濡毫欲言不尽_{辉祖}顿首上

敦甫十四兄老先生阁下_{初四日}

　　去冬奉札敬缴　谦侄

_{辉祖}顿首奉答

敦甫十四兄老先生阁下二月六日得人日

手书不啻面晤并

惠到征言二首具见吾

兄锡类之仁感佩不可言似征词一事_弟亲为之尚不易得况代为请乞乎必请之非了世故而应之者亦有至情方可不朽吾亲

兄勿讶其不易也_弟以无足轻重之人而三十年来求无不应全仗吾友沈青斋_{启震}邵二云_{晋涵}孙迟舟_{辰东}三人鼎力三君始皆孝廉殚力征求有未得者_弟复到京面恳初集有终未识面者皆三君力也故间有代作后见面而复改正书示者惟其难是以佳能事固不受促迫耳　任子田先生曰如欠龙庄债吾知必不以负约绝交欠龙庄双节诗文则不得不措其一种真性人亦何忍负之　子田先生已作古人念此语犹为泣下纪晓岚师曰子乞言时尚为诸生今已作选人二母去世已久犹以此事为急至诚可格豚鱼我岂豚鱼不若者然非惬意不敢以应今所刻五古盖亲见其三易稿两易韵矣伏望吾

兄勿讶其难而谆告以白首孤儿待报九原之诚其庶有悯而许之者世世子孙当铭

大德也_弟倖眠食如常惟步履更难作字更苦谷塍言

兄留心经济甚慰惟有治人无治法六字真当今要语以

圣天子洞悉民隐为百姓谋利益者百姓不能自言

至尊曲折代言之_弟草土余生每读

恩纶不觉涕零而亲民者若惟恐民之知也真不解其故利于民则不利于官藉弥补亏空之一言下以欺民上以欺大吏为大吏者亦若亏空必可弥补忍受其欺而不问究之弥补何如民不能知大吏亦不能权其实在出入而确核之大吏无不洁己州县愈可肥家官不爱民民不亲官_弟生如寄未知亏空何时补足而圣恩之实能逮下也

兄不从此处留意则积储亦病民之术耳病手不能多书顺申谢悃并候升祺不宣_{庚申四月廿三日}辉祖再顿首

　　谦侄叩缴　培壕两儿侍笔请安

_{辉祖}顿首上

敦甫老先生阁下七月三日得五月廿三日

手书并征示赠言三首皆自有作意古人所谓事情相称者非应酬之作固由大君子锡类之仁然非

阁下之推诚以求何能致之衔感五中言不能喻前后　五公已令_{儿坊}代谢并乞多多转道余有乞而未得者祈

命_{儿坊}亦为亲叩向者初集皆蒙良友布悃已登姓氏卷首二集俱是亲求今初集之刻入作者诗文本集已二十余家良友之德没齿不敢忘今将没齿矣而

阁下念之谅之一至于此真求之而不敢必之乃得之如是是先人之灵爽凭之也当且有报于冥冥者非_{辉祖}所能知矣抑有重望者鲍以文兄

得明双节堂跋旌于宣德年跋于嘉靖中皆撰人姓氏而节妇姓里无考辉祖附刻二集后辗转属考竟不可得昨年儿子于书肆旧袠中得抄得堂记一篇佚作者姓名而小序所载事迹与跋相合节妇是妯娌夫姓朱子为侍御是以作者多达人名士佚名之人似系明末人以二百余年元仍尚为征文见朱节妇之流泽甚长窃以望之子孙而辉祖不肖恐不能得之是可惧也

阁下德学并懋祈有以训儿辈耳辉祖精力大惫观所写字可见其概昨得句云万一加年儿福命寻常送日病时光其意当

阁下知之草草敬请

升安屡札

谦光溢分折福之至不勿再尔余不尽言诸维

丙照 十二月十三日辉祖再顿首上

　　弟今真木偶一切儿培自能面言惟屡荷

征词以宠先人感难言似各处儿培礼应代为叩谢乞

十四兄命之有应乞者再令亲叩　可亭先生幸

阁下转为致意培当以年家子面请也此时除乞言外更无一事到心头矣废物可愧草候

升安不一

敦甫十四兄老先生阁下弟汪辉祖顿首三月六日

阁下今在词垣有声望为大君子所推重辉祖为二母乞言后启曰□□没齿□□□矣且有道德而能文章者多萃于京师老病无以自通事实五本乞

阁下为我求之即没齿幸勿孤此志也　辉祖顿首

　　表章里人亦公之事也不敢以时日计又恳

汪龙庄先生致汤文端七札之记录与说明　439

右录七札全文。

汪龙庄手札七件，是陈援庵先生收藏的。援庵先生知道我敬重龙庄，所以他要我写几句题记。

这七札是写给一个人的，其人字敦山，又字敦甫，是龙庄的同乡，其时已在词垣。我从萧山王端履的重论文斋笔录里偶然发见"汤敦甫协揆"之称，因检续碑传集，知敦甫是汤文端金钊之字，文端是嘉庆四年（西历一七九九）进士，改庶吉士，授编修，其年代正相符。后检龙庄的《梦痕录余》，于嘉庆四年下有云：汤敦甫_{敦山更号}选庶吉士，敦山之字不见于鲁一同所撰文端神道碑，仅见于龙庄自传及此诸札中。《录余》又云：

> 六月初四日得敦甫书，问立身之本，为学之要。余雅重端甫植品，语多诫勉，敦甫不以为戆，书旨独见恳挚，因答以行己须认定脚跟，脚踏实地，事事存诚务本，……学必求其可用，凡朝廷大经大法，及古今事势异宜之故，皆须一一体究，勿以词章角胜，……手书数百言贻之。_{端甫当作敦甫}

龙庄所记即是七札中的第一札。此札是他很看重的，故自记其大意，但全文久已失传，岂料我们在百三十六年后居然得见这封恳挚的手札的原笔，可称一大快事！四十年后，汤文端因保举林文忠去位，可算是不曾辜负那位忘年老友的期望。

第一二札作于嘉庆四年。第三札作丁次年正月，所称"阮公下车不及一月，大案立破"，此案亦见于《梦痕录余》，雷塘庵主弟子记失载。第四五札均作于同一年（一八〇〇），第六札是汪继培带去的；考《录余》，继培于嘉庆七年（一八〇二）三月八日离萧山，此札作于三月六日，在诸札中为最后一札，第七札无年月，应与前五札略同时。_{也许是给别人的，因为萧山那时还有两位翰林。}民国廿四年八月廿五夜

胡适敬记

右录胡跋全文。

可为胡跋补充者,第一为汤文端《寸心知室存稿》卷六有《祭汪龙庄先生文》,大半以汪先生第一札为根据,今全录于左而加以按语。

维嘉庆十有二年,岁在丁卯,四月甲申朔,越二十四日丁未,翰林院编修汤金钊谨于京师之光明道观,设位致祭于敕授文林郎湖南永州府宁远县知县晋封奉直大夫龙庄汪先生之灵。<small>按汪先生卒于丁卯三月二十四日,是文作于一个月后</small>钊年廿一,获拜先生,时为先生,书介寿帧。先生谓钊,字秀在骨,似韩城师,来者必发。继是相见,论诗论文,剀切诱奖,闻所未闻。先生称钊,吾萧第一,钊闻逡巡,背汗面赤。先生风采,重正朴方,先生言论,畅达刚直。钊性选慄,不敢俗抗,每一见归,气挟以壮。<small>案此一段与第一札"弟自壬子旋里至数数言之"相应</small>钊领乡荐,钊入词垣,先生喜甚,谆谆寄言。教之守身,脚踏实地,务信存诚,正路是自。我五十年,阅人不少,走是路者,毕竟不倒。学以致用,鉴古适今,读书应事,一一究心。昔乡先生,西河文学,不若文靖,勋望卓荦。近世学者,多蹈迂疏,训诂辞章,于事何补?玉堂储才,为异日用,幸勿自隘,薰马摘宋。钊愧先生,无能树立,碌碌浮沉,有传不习。<small>按此一段与第一札"今乃始基于敢因下问而一布之"相应</small>先生笃孝,慕两节母,言辄涕洟,流泪入口。征辞海内,要诸没齿,千里恳诚,书属小子。云昔吾友,有沈<small>启震</small>邵<small>晋涵</small>孙<small>辰东</small>,今仗阁下,待报九原。钊负先生,乞一遗百,先生书谢,读令人泣。先生病风,手足偏挛,札必手写,点书屈蟠。<small>按此一段与第二札"近日'人才辈出'至'最深祷切'"第四札"二月六日得人日手书至铭大德也"第五札"七月三日得五月廿三日手书至祈有以训儿辈耳"第六札"惟屡荷征词"至"更无一事到心头矣"及第一札"不敢令儿代缮力疾草草不备"等相应</small>壬戌之秋,钊丧大母,请急省亲,趋谒左右。入拜床下,执手喃喃,肺腑之语,感慨深谈。为钊强起,肆筵设尊,云匪宴宾,谢君乞言。季君继培,行掞食饫,笑顾钊言,此子有志。他日如幸,继君而起,我心则降,恐不能俟。钊对先生,世德深厚,天锡之福,必大且久。先生虽惫,功普行全,神明扶持,寿其克延。_{按此一段关系,《梦痕录余》未记}甲子秋闱,季君为魁,爰暨伯兄,公车并来。诗贺先生,先生和答,叠韵连篇,神思周匝。_{按此一段《梦痕录余》记之}季君联捷,为郎吏部,触暑长途,弃官将父。有客南来,辄询起居,闻说加餐,康宁胜初。私喜老成,有益邦族,先生之寿,乡党之福。胡不憖遗,召归天廷,聪明正直,决为神灵。有札在笥,有诗在壁,思音怀容,如聆如觏。先生孝子,先生循吏,先生著作,才学识备。列于行状,详于墓志,钏复何言?述钏契谊。先生已矣,钏则依然,何以副知?临文涕涟。呜呼哀哉!尚飨!

其次文端贺诗见《寸心知室存稿》卷二。"汪厚叔秋闱报捷,诗以贺之。巍巍双节重天宫,又庇孙枝缀桂丛。叔重儒宗经训阐,孟坚家学史裁通。_{尊公龙庄先生著《二十四史同姓名录》行世}丹霄凤翙鸣冈日,碧海鲲乘破浪风。并驾公车兄及弟,半人应健八旬翁。_{尊公患偏废之证,故云}"按《梦痕录余》嘉庆九年"自培倖售朋友多为余庆,音书络绎,汤敦甫书后系以示培诗,情甚恳挚。_{诗已见前,惟《录余》无原注}余次韵一首,口授壕儿书答。敦甫常代征双节诗义,再次元韵奉谢。"此文端祭文中所以有先生和答,叠韵连篇,神思周匝等语也。

复次人证:

第一札之西河先生 西河为毛先生奇龄之别号,亦萧山人,康熙十七年应博学鸿词试,授翰林院检讨,卒年八十有五。所著经学及文学书甚多,见李元度《国朝先正事略》三十二卷。

汤文端《寸心知室存稿》,有《毛西河先生史馆入直图为王南陔中丞赋》七律四首。

文靖公 文靖为魏先生骥之谥。骥字仲房,小萧山人。明永乐中,以进士副榜授松江训导,历官至吏部尚书。景泰元年,年七十七,致仕,八十九岁卒。_{见《明史》百五十八卷}

第一札及第六札之可亭先生　可亭为戴先生均元之别号,均元字修原,江西大庾县人。以乾隆四十年成进士,历官至文渊阁大学士。道光二十年卒,年九十有五。见《国朝耆献类征》初编三十六卷包世臣及梅曾亮所作墓碑。《寸心知室存稿》卷三有《寿戴可亭师七十》七律四首,又有《予告大学士戴可亭师重宴鹿鸣恭贺》七律一首。

第四札之沈青斋　青斋名启震,桐乡人,《病榻梦痕录》卷上二十八叶云:"三十六岁馆平湖、桐乡沈青斋馆西席,订交焉。青斋为人豁达,通达事理,重交游气谊。庚辰举人,后由己丑科中书官山东运河道,署总河。引疾归。"又《病榻录余》六十六叶云:"嘉庆六年秀水沈吏部带湖叔庭过访,言沈青斋卒于署河库道任,时已补山东运河道,未及闻命。余与青斋结契,始于为二母乞言,交深痛切,更不第惜其用之未竟已也。"

邵二云　二云名晋涵,余姚人,乾隆三十年举于乡,三十六年成进士,因开四库馆,赐编修,终于翰林院侍读学士。著有《尔雅正义》、《南都事略》等书,见《国朝先正事略》三十五卷。

孙迟舟　《双节堂庸训》卷六述友云:迟舟名辰东,初名宸,归安人。乾隆壬辰举礼部试第一,第一甲第二名进士及第,授翰林院编修。先是岁丙戌,迟舟方持父服,课平湖知县刘冰斋二子学。余治申韩家言,佐平湖幕,称莫逆交。甲午丁内艰,主讲东阳书院;余客海宁,屡寄文字商正。丙申,余再馆平湖,迟舟服阕,过余叙别。明年,迟舟举男,余举女,因有昏姻之订。是为庚子之春。廿年秋,分校顺天乡试,卒于闱中。

任子田先生　案子田为任先生大椿之别号。大椿兴化人,乾隆三十四年二甲一名进士,授礼部主事,五十四年卒,年五十有二。著有《弁服释例》、《深衣释例》、《小学钩沉》等书。见《国朝先正事略》三十五卷。

纪晓岚师　案晓岚为纪文达公之别号。文达名昀,河间献县人,乾隆丁卯领顺天乡试解额,甲戌成进士,选庶吉士,授编修。历官至协办大学士,嘉庆乙丑卒,年八十有二。见《国朝先正事略》二十卷。又案《病榻梦痕录》卷一云:"今兵部尚书河间纪晓岚先生,余乞双节言久矣,往反未见,先生见《越女表微录》,甚契,属邵二云约日来候,余因走谒,蒙赐五言古诗一首,相赏笃至。余向读先生闱艺,乡会二试,实有渊源,因修弟子礼。"此所以称晓岚师也。

谷塍 案谷塍为王先生宗炎之别号。宗炎,萧山人,乾隆进士,截取知县,杜门不出,以文史自娱,著有《晚闻居士遗集》。见商务印书馆本《中国人名大辞典》。案《寸心知室存稿》卷二有《寄呈王谷塍师》七律二首,第五句注,"师主讲紫阳,每课于交卷时即批发"。又会稽徐氏所刻《元史本证》,附有《汪龙庄行状》,为王宗炎所撰,可以见谷塍与汪汤二氏之关系。

第五札中之鲍以文 案以文为廷博之字,歙县人。《病榻梦痕录》卷上,乾隆四十二年交歙县鲍以文。以文诸生,博通典籍,为人醇雅有气谊,世所称知不足斋主人者也。又《录余》,嘉庆七年,十一月十二日,以文挈其冢孙来,好学可爱。以文性畏江行,北不渡扬子,东不渡钱唐,庚申以来,念余三顾,皆于冬月。长余二岁,精力甚健,聚谈竟日,意兴甚适。……十五日,晨兴础润,以文虑风雨,汲汲西渡。又云:"十午十二月十二日,鲍君以文东渡,喜阴雨连日,借可信宿盘桓。予交以文四十年,双节诗文,刻碑镂版,具费心力。尔来岁一访予。今年七十有八,精神愈健,谈说旧事,靡靡可听;于书籍尤殚见洽闻;予劝其录记异同存佚以资考订,以文每笑颔之,至今尚未属笔。……十七日,以文病头晕,急西渡,余用自危也。"

复次事证:

第四札有云:"以圣天子洞悉民隐,为百姓谋利益者,百姓不能自言,至尊曲折代言之。弟草土余生,每读恩纶,不觉涕零,而亲民者若惟恐民之知也。真不可解。"案《梦痕录余》:嘉庆四年,今秋钦奉上谕,买补仓谷,在丰稔邻县,按照时价,公平采办。不许向本地派买。近换条银,每钱抄制钱一百八九十文。冬月,又奉上谕,条银一项,例应民间自封投柜,其乡民向有折交钱文者,若径行禁止,恐小民不谙银色,反受胥吏愚弄。各督抚务于开征之先,案照时价估定折银上库之数,每两征大钱若干文,出示晓谕,听民自便,毋许丝毫浮收,仰见圣天子体恤民隐,洞悉幽微。五年,上年恩谕完纳银粮,照依时价。大宪二月发示,乡民未见。是时库银一钱直制钱一百八文,而柜书银匠,收而浮冒,遂滋物议。即第四札中之本事。

第五札 "鲍以文兄,得明人双节堂跋"至"有以训儿辈耳",案《梦痕录余》有云:"往岁丙午,以文赠前明双节堂卷跋墨迹,跋称诗文若干,高大王父侍御公乞名卿硕儒之笔以阐扬二母贞懿云:末题七代孙曾省识。诗文既佚,侍御及二母名氏里居均不可考。余以事类吾母,附刻赠言续集,欲按跋搜采以还旧观。十余年来,惟仁和朱朗斋文藻录寄二诗而事迹又复歧异。今秋书贾以明人集觅售,中有双节堂铭写本,急取读之,始知双节为永乐初常熟朱昌妻钱,昌弟亮妻陈,侍御则亮子铉也。十月间,贻书昭文张比部理堂燮,属访朱氏颠末,二十二日得复书寄邑志各传及诗文五首,事迹于是大备。余得铭后,乞山舟先生题识,先生大书'双节一揆'四字于卷端并为作跋。乌程陈广文无轩焯取全卷录于寓赏三编。二母洵不朽矣。"所记与第五札所叙,小有异同,而较为详悉,故录之。

第五札"今初集之刻入作者诗文本集,已二十余家。"案《梦痕录余》嘉庆五年记:"见竹汀宫詹文集,刻所撰先人传铭,命继坊过苏亲谢。乡乞赠言,今见入稿者,文则卢学生文弨《抱经堂文集》、朱太史士琇《梅厓文集》、吴祭酒锡麒《有正味斋集》、鲁编修仕骥《山木居士外集》、邹孝廉方锷《大雅堂集》、罗孝廉有高《尊闻居士集》、邵学士晋涵《南江文钞》。诗则杭太史世骏《道古堂集》、吴侍讲鼒昌《虚白斋存稿》、张征君云锦《兰玉堂集》、朱明府坤《余暨丛书》、徐明府志鼎《吉云草堂集》、吴孝廉兰庭《南雪草堂诗集》、钟明经骖鳌《海六诗钞》。赋则陶州司马廷珍《午庄赋钞》。闺秀则屈凤辉《步月楼诗钞》、沈彩春《两楼集》、潘素心《不栉吟》。总集则《越风》、《两浙辖轩录》。诗话则戴太常璐《吴兴诗话》。先人均得附以传矣。"又嘉庆八年记:"读带湖《双节赋》注,知《二林居集》载书双节赠言后。二林居者,彭进士绍升集名也。近年见赠言刻入本集者,又有朱学士筠《笥河文钞》、朱相国珪《知足斋集》、吴槎客骞《拜经楼诗钞》。未见者当更多矣。"合于札中二十余家之数。

复次琐证:

文端少于龙庄先生,又为世交,第三札有"去冬奉札,敬缴谦侄"语,第四札又有"谦侄叩缴"语。第五札又有"屡札谦光溢分,折福之至,不勿再尔"等语。盖文端致函自称"侄"也。然龙庄先生致函文端,于十四兄下必有"老先生"之称,案清代《皇朝词林掌故》卷四十七:"故事前辈与后辈相见,称后辈老先生,自称学生。"《履园丛话》:"明时称翰林老先生,虽少年亦称老先生。"《称谓录》:"案今国初称相国曰老先生,大学士,掌院学士,教习庶吉士,称庶常,并曰老先生。"然则札中之老先生为当时对庶吉士之通称也。

其他更琐者略之。

廿五史篇目表

黄炎培

弁　言

　　史之为用，纵横而已。同时异事，横读而察其系联。同事异时，纵读而识其进退。拘拘乎一事一时，史之用不彰，读史之趣亦莫获。自史家断代为书，一代之典章制度，朝野人物，亦既灿然。尽此一代，复治一代，积材杂，积时久，用志纷矣。况乎人事既繁，而欲敺门屏俗，长期修习，盖亦大难。余幼读史，初治顾锡畴《纲鉴正史约》。断代史书，则马班范陈四家而已。自余并涉猎而弗遑也。壮年，困于服役，乃感读书过少之弊。而长日卒卒，一编入手，鲜克有终。无已，取历代史书篇目大致相同者，排比成表，张之座右。治事修学，凡有取材，必于是乎参阅。例如检《汉·艺文志》，接检隋唐之《经籍》，新唐宋明之《艺文》，他史不用窥也。《史》、《汉》并读，其味醰醰，既有然矣。新旧唐，新旧五代并读，方知欧宋目光，迥异凡俗。而刘薛之书，取材较丰，亦殊有独到处。至于魏志释老，宋传道学，元传工艺，皆夐绝今古。凡此，非依表纵读，不可得也。斯表之成，亦既有年。顾弗复整理。兹者，取制版之便，析成三表，一、为书，志，考；二、为表；三、为纪，世家，传。廿四史益以《新元史》，成廿五史篇目表。昔人谓一部廿二史从何处说起，今积代滋多矣。然得此表，则举重若轻，驭繁以简，为读者稍节精力日力，或不无小补乎！

读　　法

一本表专供读史检目之用。

二名词下数字，示卷数。在书名下，为全书卷数。在类名下，为该类卷数。余类推。

三名词右上角数字，示次第。在类名上，为该类次第。在篇名上，为该篇次第。篇名既尽，则括示总篇数。

四于类，先书，志，考，次表，次纪，世家，传。书之下，表之下，传之下，孰先？孰后？编者皆寓微意焉。

五本表编制缮录，设有舛误，容随时发现改正。

民国廿五年除夕

西魏赐姓源流考

朱希祖

自西魏赐杨忠姓普六茹氏，赐李虎姓大野氏，世人遂有误以赐姓与复姓相混者，以为杨忠本姓普六茹，而杨则其初所改之汉姓，《隋书·高祖纪》"高祖姓杨，讳坚，弘农华阴人，汉太尉震八代孙，忠即皇考也"，此忠之冒为弘农杨氏也。李虎本姓大野氏，而李则其初改之汉姓，《唐书·高祖纪》"高祖姓李氏，讳渊，其先陇西狄道人，凉武昭王七代孙也，皇祖虎"，此虎之冒为陇西李氏也。杨忠、李虎本为胡人，自其子孙为帝王，始以魏孝文帝时所改胡姓为汉姓，而皆冒为华族之子孙，以诳耀中国臣民，使不以外族相嫌，实则隋唐祖先皆外国人也。以此相矜为明察，实为不察之甚，此余所以作《西魏赐姓源流考》也。盖其本姓赐姓，皆必考其源，而因何赐姓，因何又复本姓，亦必究其流也。

今造此文，有二事先须辩明者，一赐姓与复姓不可相混，二复姓有二次亦不可相混。所谓"赐姓与复姓不可相混"者，因大统复姓及其时赐姓皆胡姓，故易于相混。实则太和改姓，改胡人复姓为单姓，故十之八九同于汉姓。大统复姓，去单姓而复胡人复姓，亦可言去汉姓而复胡姓。至于赐姓，应分为二种，有赐汉人以胡姓者，有赐胡人以胡姓者，且赐姓与赐名同，皆易其原姓原名，决不可与复姓相混，此皆不可不辨也。征之史实，《魏书·高祖纪》太和二

西魏赐姓源流考　449

十年正月丁卯,诏改姓本姓拓跋。为元氏。陈毅《魏书官氏志疏证》考定此事在太和十八年,《魏书》误。《通鉴·齐纪》建武三年,魏诏诸功臣自代来者,姓或重复,皆改之。陈毅考定此事在魏太和十九年,即齐建武二年,《通鉴》误。于是魏收《魏书·官氏志》罗列百二十姓,并拓跋氏在内,志首列九姓,与帝室为十姓是也。而未改姓者六氏,宇文、慕容二氏,及吐谷浑氏、贺若氏、那氏、庾氏皆依旧,故此六姓实未改。其余百十有四姓,皆改复姓为单姓。盖当时改姓,不过改从汉人单姓形式,未必有意改从汉姓,与汉人相混也,观其帝室之姓拓跋氏改为元氏,而中国本无此姓,即可知之。然既改单姓,自不免与汉姓相同,如刘、陆、周、于等八十余姓,皆本为汉姓是也,故或谓太和改胡姓为汉姓,亦无不可,惟不可概其全耳。至西魏大统十五年五月,又诏代人复其旧姓,见《通鉴纲目》。即去单姓仍复胡人复姓,或谓去汉姓仍复胡姓亦可。凡魏收《魏书》所列人名,其姓氏大都从太和新改之姓,而《周书》所载代北各姓,多从大统复旧之姓,而南朝诸史,如《宋书·索虏传》《齐书·魏虏传》中所载魏人姓名,其姓氏尚多仍太和以前旧姓,故汉胡姓氏,不致混淆。若以此数书及《北齐书》、南北史、《隋书》、《唐书》,将代北人名,作一对照表,则改姓复姓之迹,乃显然可见。至于赐姓,西魏及周初皆有之,其所赐之姓,例取胡人复姓。有赐其同种之人者,有赐汉人者,有赐其他种族者,或一人前后赐以二姓者,有数不同姓之人而共赐一姓者,总以易其本姓为主,此与复姓之事截然不同者也。

所谓"复姓有二次亦不可相混"者,盖复姓之举有二:一因太和改姓,于是有大统复姓,前所引大统十五年五月诏代人复其旧姓是也。二因西魏以来赐姓,至周静帝时,又诏凡赐姓者均复旧姓,《周书·静帝纪》载其诏云:

《诗》称不如同姓,《传》曰异姓为后,盖明辨异疏,欲使不杂,太祖受命,龙德犹潜,篆表革代之文,星垂除旧之象,三分天下,志扶魏室,多所改作,冀允上玄,文武群官,赐姓者众,本殊国邑,实乖胙土。不歆非类,异骨肉而共蒸尝;不爱其亲,在行路而叙昭穆。诸改姓者,悉宜复旧。

观此,则知赐姓必异其本姓,所谓"不如同姓",所谓"异姓为后",所谓"不歆非类,异骨肉而共蒸尝;不爱其亲,在行路而叙昭穆",皆谓赐以异姓也。若指复本姓为赐姓,诏文何必如此说耶!时杨忠之子坚为大丞相,隋国公,将进爵为王,以十郡为国,欲行禅让事,恶周文帝时赐其父胡姓,故欲复其汉姓,此诏盖坚为之也,凡《周书》、《隋书》、《唐书》所载赐姓之人,皆称其旧姓,或复其汉姓,或复其胡姓,皆此诏之力也。总之大统时之复姓,皆胡人;周静帝时之复姓,大都皆汉人,而胡人仅占少数,此其不同者也。

西魏之时,宇文泰专政,赐姓之事,大都皆泰主之,欲以牢笼人心,收为己用,故赐姓拓跋氏者,仅二人,而赐姓宇文氏者,以余所知,已有二十六人之多,周静帝诏所谓"太祖受命,龙德犹潜,三分天下,志扶魏室,多所改作,冀允上玄,文武群官,赐姓者众",此其证也。今其赐姓见于《周书》、《北史》、《隋书》、《唐书》者,尚有六十余人,其不见于史者,必尚多也,类而聚之,足以觇其源流,别其华戎,其不知者,盖阙如也。

赐姓拓跋氏者二人

王盟,字子仵,明德皇后之兄也。其先乐浪人,六世祖波,前燕太宰。祖珍,魏黄门侍郎,乐浪公。父罴,伏波将军,以良家子镇武川,因家焉。太祖将讨侯莫陈悦,征盟赴原州,以为留后大都督,镇高平。魏孝武至长安,封魏昌县公。魏文帝东征,以留后大都督,行雍州事,节度关中诸军事。赵青雀之乱,盟与开府李虎,辅魏太子出顿渭北,进爵长乐郡公,赐姓拓跋氏。《周书》二十五《王盟传》。

李穆,字显庆,《周书》三十兄贤,字贤和,其先陇西成纪人也。

曾祖富，魏太武时以子都督讨两山屠各，殁于阵，赠宁西将军、陇西郡守。祖斌，袭领父兵，镇于高平，因家焉。《周书》二十五《李贤传》。太祖入关，穆便给事左右，深被亲遇，遂处以腹心之任，出入卧内，当时莫与为比。及侯莫陈悦害贺拔岳，太祖自夏州赴难，而悦党史归据原州，犹为悦守，太祖令侯莫陈崇轻骑袭之，穆先在城中，与兄贤远等据城门应崇，遂擒归，以功授都督。从迎魏孝武，封永平县子。河桥之战，太祖所乘马中流矢惊逸，太祖坠于地，军中大扰，敌人追及之，左右皆奔散，穆乃以策抶太祖，因大骂曰，"尔曹主何在！尔独住此！"敌人不疑是贵人也，遂舍之而过，穆以马授太祖，遂得俱免，是日微穆，太祖已不济矣。自是恩眄更隆，进爵武安郡公。久之，太祖美其志节，乃叹曰，"人之所贵，唯身命耳，李穆遂能轻身命之重，济孤之难，虽复加其爵位，赏之以玉帛，未足为报也"。乃特赐铁券，恕以十死，寻进位大将军，赐姓拓跋氏。《周书》三十《李穆传》。

案拓跋氏为魏之国姓，《魏书·高祖纪》太和二十年正月丁卯，诏改姓为元氏。《魏书·序纪》云，"黄帝有子二十五人，昌意少子，受封北土，国有大鲜卑山，因以为号，黄帝以土德王，北俗谓土为拓，谓后为跋，故以为氏。"《南齐书·魏虏传》云，"魏虏，匈奴种也，姓拓跋氏。初，匈奴女名拓跋，妻李陵，胡俗以母名为姓，故虏为李陵之后。"北魏自言为鲜卑，而中国则称之为匈奴，二者孰是？余弟子姚薇元撰《魏书官氏志广证》，谓："《魏志·鲜卑传》注引鱼豢《魏书》云，鲜卑檀石槐，分其地为中东西三部，从右北平以东至辽东，接夫余貊，为东部，二十余邑，其大人曰弥加阙机素利槐头。从右北平以西至上谷为中部，十余邑，其大人曰柯最阙居慕容等，为大帅。从上谷以西至敦煌，西接乌孙，为西部，二十余邑，其大人曰置鞬落罗日律推演宴荔游等，皆为大帅。而制属檀石槐。"《魏书·序纪》，后魏宣帝,讳推寅,据《通鉴》胡三省注此鲜卑西部大人推演,即后魏宣帝推寅,而中部大人慕容,即慕容部之始,东部大人槐头即宇文部酉莫槐,此推演与槐头慕容,既同为檀石槐之部落大人,自属同一时代之人,证以《官氏志》东方宇文慕容氏,即宣帝时东部^{案慕容为中部,宇文为东部,然在西部视之,则中部东部,皆可云东部。}之语,知其人即后魏宣帝推寅无疑。是托跋氏之先,本檀石槐时代鲜卑西部中之一部落,而鲜卑西部,本匈奴亡奴婢,魏志末注引《魏略·西戎传》云,赀虏,本匈奴也,匈奴名奴婢为赀,始建武时,匈奴衰,分去,其奴婢匿在金城武威酒泉北,黑水西河东西,有数万,不与东部鲜卑同也,其种非一,有大胡有丁令,或颇有羌杂处,由本匈奴亡奴婢故也。据此,是后汉初赀虏亡匿之地,即在上谷以西至敦煌间,参以下文不与东部鲜卑同之语,知此赀虏即其后檀石槐时代^{后汉献帝时。}之鲜卑西部,其种杂有大胡^{疑系大月支胡之简称。}丁令^{即高车。}西羌等,盖本匈奴统治之鲜卑,及其他杂类,自单于北遁后,皆统号鲜卑。托跋既起西部,非纯粹鲜卑族可知。《魏书·铁弗刘虎传》云,铁弗刘虎,南单于之苗裔,左贤王去卑之孙,北人谓胡父鲜卑母为铁弗,因以为号。据此,匈奴与鲜卑之合种,名曰铁弗,古读轻唇音为重唇音,托跋亦译秃发,托跋既号鲜卑,又称匈奴,疑托跋即铁弗之异译,虏族重母故托跋自称鲜卑也。姚氏推本拓跋氏之来源,说颇精确,盖拓跋魏起于盛乐,铁弗夏起于朔方,秃发南凉起于河西,皆在上谷以西至敦煌之间,为檀石槐西部鲜卑之地,其为一族,而译音转为三氏,自属可能,余故采其说于此。王盟李穆,皆周太祖宇文泰心腹之臣,有功于周,而赐姓以拓跋氏者,初入关时,尚假魏国姓之重,以激厉其下也。惟盟为高句丽乐浪人,家于武川,穆为陇西成纪人,家于高平,初非拓跋氏而改姓王与李也,王与李皆可赐姓拓跋氏,则赐姓之性质可知已。或谓乐浪王氏,本姓拓王,为高丽族,涵芬楼景宋百衲本《周书·王盟传》作赐姓拓王氏，此其证也。考景元大德本《北史·王盟传》，则作赐姓拓跋氏，清殿本《周书·王盟传》，亦出宋本，与《北史》同，凡赐姓与赐名同，皆易其旧姓旧名，所以示特宠也，若改姓而复其本姓，则为当然之事，有何恩宠可言！故谓本姓拓王，而更赐姓拓王，实为复姓，而非赐姓，故谓王盟本姓拓王，实无确据。若据《姓纂》十九铎《氏族略》五拓王氏下引《王氏家状》云，"乐浪人，远祖黑，后魏伏波将军，镇武川，赐姓拓王氏"，此《家状》之谬也，王黑即王盟之父，《周书》明言赐姓拓王氏者为王盟，而《家状》误以其父黑为赐姓拓王氏，或者不察，竟据此谓王盟之父已姓拓王，遂断定乐浪王氏，本姓拓王，《广韵》十九铎谓《周书》王秉王兴，赐姓拓王，考《周书》并无王秉王兴其人，后世姓氏之书，误谬荒陋，如此者甚多，故信姓氏书而不信正史，亦一蔽也。况王盟在西魏初，以留后之勋，允宜赐姓拓跋为是，故不从拓王之说。或又谓："李穆与下李和，皆出于高车泣伏列氏，泣伏列或称叱列，或称叱李，叱李后改为李氏，《隋书·高祖纪》开皇二年六月，以上柱国叱李长义为兰州总管，此即北齐叱利平之子长义。石刻隋《郭伯俊造像记》碑阴题名，有叱李显和，《周书·李和传》，本名庆和，与叱李显和疑为兄弟行，李穆自云陇西成纪人，汉李陵后，陵没匈奴，子孙代居北狄，其后随魏南迁，复归汧陇，周司空李贤即其兄，疑穆与贤，皆虏族也。"考李贤字贤和与叱李显和似亦为兄弟行，以其下和字同也，而李穆字显庆，亦似为兄弟行，以其上显字同也，然名号上下字相同者多矣，以此即谓为兄弟，恐不足据。况隋以前如《魏书》、《周书》、《北齐书》有叱列氏、叱利氏、叱吕氏，而无叱李氏，叱李氏之称起于隋，李穆、李和，皆西魏后周时人，何可追改其姓李为叱李氏乎！日本人又谓西魏李虎亦为叱李之李，此皆所谓追改，毫无实据，而漫然称之为虏族，恐近于诬矣，余故不惮烦言而为之辩别也。

赐姓宇文氏者二十六人

李和,本名庆和,其先陇西狄道人也,后徙朔方。父僧养,以累世雄豪,善于统驭,为夏州酋长。贺拔岳作镇关中,引和为帐下督,稍迁征北将军,赐爵思阳公。大统初,累迁至侍中,骠骑大将军,开府仪同三司,赐姓宇文氏。太祖尝谓诸将曰,宇文庆和智略明赡,立身恭谨,累经委任,每称吾意,遂赐名意,隋初复旧名而去庆字。《周书》二十九《李和传》。

王杰,金城直城人也。高祖万国,魏伏波将军,燕州刺史。父巢,龙骧将军,榆中镇将。杰善骑射,有膂力。魏孝武初,起家子都督,后从西迁,赐爵都昌县子,太祖奇其才,擢授扬烈将军,羽林监,寻加都督,复潼关,破沙苑,争河桥,战邙山,皆以勇敢闻,亲待日隆,于是赐姓宇文氏。《周书》二十九《王杰传》。

唐瑾,字附邻。父永,博涉经史,雅好属文,周文闻其名,乃贻永书曰:"闻公有二子,曰陵,从横多武略,瑾,雍容富文雅,可并遣来朝,孤欲委之以文武之任。"因召拜尚书员外郎,相府记室,参军事,军书羽檄,瑾多掌之。从破沙苑,战河桥,并有功。于时魏室播迁,庶务草创,朝章国典,瑾并参之。迁户部尚书,进位骠骑大将军,开府仪同三司,赐姓宇文氏。时燕公于谨,勋高望重,朝野所属,白文帝,言瑾学行兼修,愿与之同姓,结为兄弟,庶子孙承其余论,有益义方。文帝叹异者久之,更赐姓万纽于氏。《周书》三十二《唐瑾传》。

李昶,顿邱临黄人也。祖彪,名重魏朝,为御史中尉。昶幼年已解属文,有声洛下,初谒太祖,太祖深奇之,令入太学,兼二千石,郎中,典仪注,虽处郎官,太祖恒欲以书记委之,于是以昶为丞相府记室参军,著作郎,修国史,转黄门侍郎,封临黄县伯,又奏昶为御史中尉,岁余,加使持节,车骑大将军,仪同三司,赐姓宇文氏。《周书》三十八《李昶传》。

崔谦,字士逊,博陵安平人也。祖辩,魏平远将军,武邑郡守。父楷散骑常侍,光禄大夫,殷州刺史。谦孝昌中,解褐著作佐郎。贺拔胜出镇荆州,以谦为行台左丞,胜虽居方岳之任,至于安辑夷夏,纲纪众务,皆委谦焉。及魏孝武将备齐神武之谒,乃诏胜引兵赴洛,军至广州,帝已西迁。胜乃迟疑,将旋所镇,谦谓胜曰:"公受方面之重,总宛叶之众,若杖义而动,首倡勤王,倍道兼行,谒帝关右,然后与宇文行台,同心协力,电讨不庭,则桓文之勋,复兴于兹日矣。"胜不能用,还未至州,州民邓诞引侯景军奄至,胜与战,败绩,遂奔梁,谦亦俱行。至梁,乞师赴援,梁武帝虽不为出军,而嘉胜等志节,并许其还国,乃令谦先还,且通邻好,魏文帝见谦甚悦,太祖素闻谦名,甚礼之。大统三年,从太祖擒窦泰,战沙苑,并有功。四年,从太祖解洛阳围,仍经河桥战,十五年,又破柳仲礼于随郡,讨平李迁哲于魏兴,并有功,进骠骑大将军,开府仪同三司,赐姓宇文氏。《周书》三十五《崔谦传》。

崔谌,本名士约,谦弟。膂力过人,尤工骑射,贺拔胜出牧荆州,以谌为假节冠军将军,防城都督,又随胜奔梁,复自梁归国,从太祖复弘农,战沙苑,皆有功,进爵为侯,累迁通直散骑常侍,大都督,车骑大将军,仪同三司,都官尚书,赐姓宇文氏。并赐名谌焉。《周书》三十五《崔谌传》。

薛端,字仁直,河东汾阴人也。本名沙陀。魏雍州刺史汾阴侯辨之六世孙,代为河东著姓。高祖谨,秦州刺史,内都坐大官,涪陵公。曾祖洪隆,河东太守,以隆兄洪祚尚魏文帝女西河公主,有赐田在冯翊,洪隆子麟驹,徙居之,遂家于冯翊之夏阳焉。麟驹拜中书博士,兼主客郎中。父英集,通直散骑常侍。端励精笃学,太祖征赴阙,以为大丞相府户曹参军,从擒窦泰,复弘农,战沙苑,并有功,端性强直,每有奏请,不避权贵,太祖嘉之,故赐名端。自居选曹,先尽贤能,虽贵游子弟,才劣行薄者,未尝升擢之,太祖大悦。大统十六年,加授车骑大将军,仪同三司,进授吏部尚书,赐姓宇文氏。《周书》三十五《薛端传》。

薛善,字仲良,河东汾阴人也。祖瑚,魏河东郡守,父和南,青州刺史。魏孝武西迁,东魏攻河东,围秦州,以善为别驾,大统三年,齐神武败于沙苑,留善族兄崇礼守河东,太祖遣李弼围之,崇礼固守不下,善密谓崇礼曰,高氏戎车犯顺,致令主上播越,不如早归诚款,崇礼持疑不决,善从弟馥,妹夫高子信为防城都督,守城南面,善即令弟济将门生数十人,与信、馥等斩关引弼军入,太祖嘉之,以善为汾阴令,寻征为行台郎中。时欲广置屯田,以供军费,乃除司农少卿,领同州夏阳县二十屯监。又于夏阳诸山置铁冶,复令善为冶监,每月役八千人,营造军器,善亲自督课,兼加慰抚,甲兵精利,赐爵龙门县子,迁河东郡守,进骠骑大将军,开府仪同三司,赐姓宇文氏。《周书》三十五《薛善传》。

郑孝穆字道和,荥阳开封人。魏将作大匠浑之十一世孙,祖敬叔,颍川濮阳郡守。父琼,范阳郡守。孝穆未弱冠,涉略经史,魏孝武西迁,从入关,除司徒左长史,大统五年,行武功郡事,迁使持节大将军,行岐州刺史,当州都督,在任未几,有能名,每岁考绩,为天下最,太祖赐书嘉之,于是征拜京兆尹。十五年,梁雍州刺史岳阳王萧詧称藩来附,时议欲遣使盛选行人,太祖历观内外,无逾孝穆者。十六年,乃假孝穆散骑常侍,持节,策拜詧为梁王,使还,称旨,进车骑大将军,仪同三司。是年,太祖总戎东讨,除大丞相府右长史,封金乡县男,军次潼,命孝穆与左长史长孙俭等分掌众务,仍令孝穆引接关东归附人士,并品藻才行而任用之。孝穆抚纳铨叙,咸得其宜,拜中书令,赐姓宇文氏。《周书》三十五《郑孝穆传》。

刘雄,字猛雀,临洮子城人也。少机辩,慷慨有大志,大统中,起家为太祖亲信,寻授统军宣威将军,给事中,除子城令,加都督,辅国将军,中散大夫,兼中书舍人,赐姓宇文氏。《周书》二十九《刘雄传》。

崔猷,字宣猷,博陵安平人,汉尚书寔之十二世孙也。祖挺,魏光州刺史。父孝芬,左光禄大夫,仪同三司,兼吏部尚书,为齐神武所害。猷少好学,有军国筹略,普泰初,除征虏将军,司徒从事中郎。既遭家难,遂间行入关,以本官奏门下事。大统二年,加中军将军,擒窦泰,复弘农,破沙苑,猷常以本官从军,典文翰。五年,除司徒左长史加骠骑将军,与卢辩等创修六官。十二年,加骠骑大将军,仪同三司。十六年,以疾去职。属大军东征,太祖赐以马舆,命随军,与之谋议。十七年,进侍中,骠骑大将军,开府仪同三司,赐姓宇文氏。《周书》三十五《崔猷传》。

令狐整,字延保,敦煌人也,本名延世,为西土冠冕。曾祖嗣,祖诏安,并官至郡守。父虬,早以名德著闻,仕历瓜州司马,敦煌郡守,郢州刺史。整学艺骑射,并为河右所推。魏孝武西迁,河右扰乱,及邓彦窃瓜州,拒不受代,整与开府张穆等密应使者申徽,执彦送京师。太祖嘉其忠节,表为都督,寻而城民张保又杀刺史成庆,与凉州刺史宇文仲和构逆,规据河西,晋昌人吕兴等复害郡守郭肆以应保。初,保等将图为乱,虑整守义不从,既杀成庆,因欲及整,以整人之望也,复恐其下叛之,遂不敢害,虽外加礼敬,内甚忌整。整亦伪若亲附,而密欲图之,阴令所亲说保曰:"君与仲和结为唇齿,今东军渐逼凉州，彼势孤危，恐不能敌，宜分遣锐师，星言救援，二州合势，则东军可图。"保然之，而未知所任，整又令说保曰："历观成败，在于任使，令狐延保兼资文武，才堪统御，若使为将，蔑不济矣。"保纳其计，且以整父兄等并在城中，弗之疑也，遂令整行，整至玉门郡，召集豪杰，说保罪逆，驰还袭之，先定晋昌，斩吕兴，进军击保，州人素服整威名，并弃保来附，保遂奔吐谷浑，具以状闻。诏以申徽为刺史，征整赴阙，授寿昌郡守，封骧武县男。太祖谓整曰"卿少怀英略，早建殊勋，今者官位未足酬赏，方当与卿共平天下，同取富贵"。遂立为瓜州义首。整以国难未宁，常愿举宗效力，遂率乡亲二千余人入朝，随军征讨，尽其力用，寻除骠骑大将军，开府仪同三司，太祖又谓整曰："卿勋同娄项，义等骨肉，立身敦雅，可以范人。"遂赐姓宇文氏，并赐名整焉，宗人二百余户，并列属籍。《周书》三十五《令狐整传》。

寮允，安定人，本姓牛氏。有器干，知名于时，历官侍中，骠骑大将军，开府仪同三司，工部尚书，临泾县公，赐姓宇文氏。失其事，故不为传。允子弘，博学洽闻，宣政中，内史下大夫，仪同，大将军。大象末，复姓牛氏。《周书》三十七《裴文举传》。

以上十三人赐姓，皆在西魏文帝大统中。

张轨，字元轨，济北临邑人也。永安中，从尔朱荣讨元颢，尔朱氏败，策杖入关，贺拔岳以为记室参军，典机务。及岳被害，太祖以轨为都督，从征侯莫陈悦。悦平，使于洛阳，见领军斛斯椿，椿曰："高欢逆谋，已传行路，人情西望，以日为年，未知宇文何如贺拔也？"轨曰："宇文公文足经国，武可定乱，至于高识远度，非愚管所测。"椿曰："诚如卿言，真可恃也。"太祖为行台，授轨郎中。魏孝武西迁，封寿张县子，加左将军，兼著作佐郎，修起居注。废帝元年，进车骑将军，仪同三司。二年，赐

姓宇文氏。《周书》三十七
《张轨传》。

申徽，字世仪，魏郡人也。六世祖钟，为后赵司徒。冉闵末，中原丧乱，钟子遐，避地江左。曾祖爽，仕宋，位雍州刺史。祖隆道，宋北兖州刺史。父明仁，郡功曹，早卒。徽少与母居，好经史，遭母忧，丧毕，乃归于魏。孝武初，徽以洛阳兵难未已，遂间行入关，见文帝，文帝与语，奇之。文帝临夏州，以徽为记室参军，察徽沉密有度量，每事信委之，乃为大行台郎中。时军国草创，幕府务殷，四方书檄，皆徽之辞也。以迎孝武功，封博平县子。大统初，进爵为侯。四年，拜中书舍人，修起居注。十年，迁给事黄门侍郎。先是，东阳王元荣为瓜州刺史，其女婿刘彦随焉。及荣死，瓜州首望表荣子康为刺史，彦遂杀康而取其位。属四方多难，朝廷不遑问罪，因授彦刺史。频征不奉诏，又南通吐谷浑，将图叛逆。文帝难于动众，欲以权略致之，乃以徽为河西大使，密令图彦。徽轻以五十骑行，密谋执彦。使还，迁都官尚书十二年，瓜州刺史成庆为城人张保所杀，都督令狐延等 案《周书·令狐整传》，整本名延世，太祖表为都督，此云都督令狐延，疑下脱世字。起义逐保，启请刺史，以徽信洽西土，拜假节瓜州刺史。十六年，征兼尚书右仆射，加侍中，骠骑大将军，开府仪同三司，废帝二年，进爵为公，赐姓宇文氏。《周书》三十二《申徽传》。

柳敏，字白泽，河东解县人，晋太常纯之七世孙也。父懿，魏车骑大将军，仪同三司，汾州刺史。敏性好学，涉猎经史，阴阳卜筮之术，靡不习焉。文帝克复河东，见而器异之，乃谓之曰，今日不喜得河东，喜得卿也。即拜丞相府参军事，掌记室，每有四方宾客，恒令接之，爰及吉凶礼仪，亦令监综，又与苏绰等修撰新制，为朝廷政典。及尉迟迥伐蜀，以敏为行军司马，军中筹略，并以委之。益州平， 案平益州，在魏废帝二年，见《周书》本纪。进骠骑大将军，开府仪同三司,加侍中,迁尚书,赐姓宇文氏。《周书》三十二《柳敏传》。

以上三人赐姓,皆在西魏废帝二年。

  韦叔裕,字孝宽,京兆杜陵人也,少以字行,世为三辅著姓。文帝自原州赴雍州,命孝宽随军,及克潼关,从擒窦泰,与独孤信入洛阳城守,破东魏将任祥尧雄于颍川,又从战河桥,时大军不利,乃今孝宽以大将军行宜阳郡事,寻迁南兖州刺史,东魏据宜阳,孝宽出奇兵掩袭,崤渑遂清。大统五年,进爵为侯。八年转晋州刺史,寻移玉壁,进授大都督。十二年,齐神武倾山东之众,志图西入,以玉壁冲要,先命攻之,连营数十里,至于城下,尽其攻击之术,孝宽咸拒破之,神武苦战六旬,伤及病死者十四五,智力俱困,因而发疾,其夜遁去,后因此忿恚,遂殂。文帝嘉孝宽功,授骠骑大将军,开府仪同三司,进爵建忠郡公。恭帝元年,以大将军与燕国公于谨伐江陵,平之,以功封穰县公,还拜尚书右仆射,赐姓宇文氏。《周书》三十一《韦叔裕传》。

  韦瑱,字世珍,京兆杜陵人也,世为三辅著姓。曾祖惠度,姚泓尚书郎,随刘义真过江。仕宋,为镇西府司马,顺阳太守,行南雍州事。后于襄阳归魏,拜中书侍郎。祖子雄,略阳郡守。父英,代郡守。瑱于孝昌中,累迁谏议大夫,冠军将军。太祖为丞相,加前将军,从复弘农,战沙苑,加卫大将军。大统八年,齐神武侵汾绛,瑱从太祖御之,进车骑大将军,仪同三司。恭帝二年,赐姓宇文氏。《周书》三十九《韦瑱传》。

  李彦,字彦士,梁郡下邑人也。祖先之,魏淮南郡守。父静,南青州刺史。彦好学慕古,从魏孝武入关,兼著作佐郎,修起居注。大统初,转仪曹郎中,十五年进号中军将军,兼尚书左丞。魏废帝初,拜尚书右丞,转左丞。彦在尚书十有五载,属军国草创,庶务殷繁,留心省阅,未尝懈怠,断决如流,略无疑滞。台阁莫不叹其公勤，服其明察。迁给事黄门侍郎，仍左丞，寻进车骑大将军，仪同三司，赐姓宇文氏。《周书》三十七《李彦传》。

以上三人赐姓皆在西魏恭帝时。

李贤，字贤和，其先陇西成纪人也。卒赠使持节，柱国大将军，大都督泾原秦等十州诸军事，原州刺史，谥曰桓。高祖及齐王宪之在襁褓也，以避忌不利居宫中，太祖令于贤家处之，六载乃还宫，因赐贤妻吴姓宇文氏，养为侄女，赐与甚厚。《周书》二十五《李贤传》。

以上汉人赐姓宇文氏者十九人，中有女子一人。

叱罗协，本名与高祖讳同，案《周书》本纪，高祖武皇帝讳邕。又案《魏书·官氏志》，叱罗氏后改为罗氏，至周已复姓叱罗。后改焉。历仕二京，详练故事，又深自克励，太祖颇委任之，封冠军县男，寻进爵为伯，迁大都督，仪同三司。废帝元年，授南岐州刺史。时东益州刺史杨辟邪据州反，二年，协率所部兵讨之，辟邪弃城走，协追斩之，群氏皆伏。以功授开府，仍为大将军，尉迟迥长史，率兵伐蜀，贼数有反叛，协辄遣兵讨平之。魏恭帝三年，太祖征协入朝，论蜀中事，乃赐姓宇文氏。《周书》十一《晋荡公护传》。

以上外族人赐姓宇文氏者一人。

上述赐姓宇文氏者，凡二十一人，虽皆在西魏文帝、废帝、恭帝之时，其实皆宇文泰主之，欲以为己羽翼，倾覆皇室，故赐姓宇文氏，以示亲昵。其中以军略战功著绩者，则有李和、王杰、崔谦、崔谌、薛善、令狐整、韦叔裕、韦瑱、叱罗协，而令狐整之戡定河西，叱罗协之谋画蜀事，薛善之营屯田、造军器，韦叔裕之智御齐神武，使之忿恚而殂，尤其武功之最著者也。以文章政治著绩者，则有唐瑾、李昶、薛端、郑孝穆、崔猷、张轨、寮允、申徽、柳敏、李彦，或掌军书羽檄，或创朝章国典，若唐瑾、崔猷、柳敏，或以风骨显，或以器干称，若薛端、寮允，或以循吏使才擅令名，或以铨叙理繁显政绩，若郑孝穆、李彦，而著作国史，修起居注，掩饰篡窃事迹，宣扬开国光华，则李昶、张轨、申徽、李彦，尤其文治之最著者也。他若刘雄以亲信著，李贤妻吴氏以阿保显，则其赐姓酬庸之心，更显而易见者也。至其甚者，令狐整宗人二百余户，并列属籍，则皆赐姓宇文氏矣。继宇文泰而以宇文氏赐功臣为姓者，则有周孝闵帝及明帝，今附录于下：

王悦，字众喜，京兆蓝田人也。太祖初定关陇，悦率募乡里从军，屡有战功，大统元年，除平东将军，封蓝田县伯，四年，东魏将侯景攻围洛阳，太祖赴援，悦又率乡里千余人从军，至洛阳，所部尽力，斩获居多。十三年，侯景据河南来附，仍请兵为援，太祖先遣韦法保贺兰愿德等帅众助之，悦言于太祖曰，"侯景之于高欢，始则笃乡党之情，末乃定君臣之契，位居上将，职重台司，论其分义，有同鱼水。今欢始死，景便离二，岂不知君臣之道有亏，忠义之礼不足，盖其所图既大，不恤小嫌。然尚能背德于高氏，岂肯尽节于朝廷，今若益之以势，援之以兵，非唯侯景不为池中之物，亦恐朝廷贻笑将来也。"太祖纳之，乃遣行台郎中赵士宪追法保等，而景寻叛。案周文帝不纳侯景，赖王悦一言，不然，侯景不亡梁而亡周矣。由此观之，梁武帝所以不及周文，朱异所以不及王悦也。十四年，率所部兵从大将军杨忠征随郡安陆，并平之。时悬军深入，悦支度路程，勒其部伍，节减粮食，及至竟陵，诸军多有匮乏，悦出廪米六百石分给之，太祖闻而嘉焉。寻拜京兆郡守，加使持节，车骑大将军仪同三司，迁大行台尚书。又领所部兵，从达奚武征梁汉，及梁州平，太祖即以悦行刺史事。魏废帝二年，征还本任，属改行台为中外府，尚书员废，以仪同领兵还乡里，私怀怏怏，除名。及于谨伐江陵，平，悦从军展效，因留镇之。孝闵践祚，依例复官，授郢州，寻拜使持节，骠骑大将军，开府仪同三司，大都督，进爵蓝田县侯，迁司宪中大夫，赐姓宇文氏。《周书》三十三《王悦传》。

柳庆，字更兴，解人也。五世祖恭，仕后赵，为河东郡守，后以秦赵丧乱，乃率民南徙，居于汝颍之间，故世仕江表。祖缙，宋同州别驾，宋安郡守。父僧智，齐奉朝请，魏景明中，与豫州刺史裴叔业据州归魏，历北地颍川二郡守。庆幼聪敏，博涉群书，不治章句。魏孝武将西迁，除庆散骑侍郎，驰传入关，庆至高平，见太祖，共论时事，太祖即请奉迎舆驾，仍命庆先还复命，时贺拔胜在荆州，帝屏左右，谓庆曰："高欢已屯河北，关中兵既未至，朕欲往荆州，卿意何如？"庆对曰："关中金城千里，天下之强国也，宇文泰忠诚奋发，朝廷之良臣也，以陛下之圣明，仗宇文泰之力用，进可以东向而制群雄，退可以闭关而固天府，此万全之计也，荆州地非要害，众又寡弱，外迫梁寇，内拒欢党，斯乃危亡是惧，宁足以固鸿基！"帝深纳之。入关，除相府东阁祭酒，领记室。魏废帝初，除民部尚书。魏恭帝初，进位骠骑大将军，开府仪同三司，尚书右仆射，转左仆射，领著作。六官建，拜司会中大夫，孝闵帝践祚，赐姓宇文氏。《周书》二十二《柳庆传》。

韩雄，字木兰，河南东垣人也，祖景，魏孝文时，为赭阳郡守。雄少敢勇，膂力绝人，工骑射，有将率材略。及魏孝武西迁，雄便慷慨有立功之志。大统初，遂与其属六十余人于洛西举兵，数日间，众至千人，与河南行台杨琚，共为犄角。每抄掠东魏，所向克获，徒众日盛。太祖在弘农，雄至上谒，太祖嘉之，封武阳县侯，遣还乡里，更图进取。雄乃招集义众，进逼洛州，东魏洛州刺史元湛委州奔河阳，其长史孟彦，举城款附，俄而领军独孤信大军继至，雄遂从信入洛阳。时东魏将侯景等围蓼坞，雄击走之，又从太祖战河桥邙山，除东徐州刺史。太祖以雄勋劳积年，乃征入朝，屡加赏劳。除河南尹，进爵为公，寻进骠骑大将军，开府仪同三司，侍中。孝闵帝践阼，进爵亲义郡公，赐姓宇文氏。《周书》四十三《韩雄传》。

以上三人赐姓皆在周孝闵帝时。

赵昶，字长舒，天水南安人也。曾祖裹，仕魏，至中山郡守，因家于代。昶少有志节，大统十五年，拜安夷郡守，带长蛇镇将。氐族荒犷，世号难治，昶威怀以礼，莫不悦服。又与史宁破宕昌羌獠二十余万，拜武州刺史。魏恭帝初，加骠骑大将军，开府仪同三司。世宗初，凤州人仇周贡魏兴等反，自号周公，有众八千人，破广化郡，攻没诸县，分兵西入，围广业修城二郡。广业郡守薛爽、修城郡守杜杲等请昶为援，昶至，合战破之。昶自以被拔擢居将帅之任，倾心下士，虏获氐羌，抚而使之，皆为昶尽力。太祖尝曰，不烦国家士马，而能威服氐羌者，赵昶有之矣。世宗录前后功，进爵长道郡公，赐姓宇文氏。《周书》三十三《赵昶传》。

刘志，弘农华阴人，本名思，汉太尉宽之十世孙也。高祖隆，宋武帝平姚泓，以宗室首望，召拜冯翊郡守。后属赫连氏入寇，避地河洛，因家于汝颍。祖善，魏大安中，举秀才，拜中书博士，后至弘农郡守，北雍州刺史。父瓌，汝南郡守。志少好学，博涉群书，兼有武略，永熙二年，除安北将军，广州别驾，三年，齐神武举兵入洛，魏孝武西迁，志据城不从东魏，潜遣间使奉表长安。魏孝武嘉之，授襄城郡守。后齐神武遣兵攻围，志力屈城陷，潜遁得免。大统三年，太祖遣领军将军独孤信复洛阳，志纠合义徒，举广州归国，封华阴县男，加大都督，抚军将军。世宗出牧宜州，太祖以志为幕府司录，世宗雅爱儒学，特钦重之。事无大小，咸委于志，志亦忠恕谨慎，甚得匡赞之体。太祖嘉之，尝谓志曰，卿之所为，每会吾志，于是遂赐名志焉。世宗迁莅岐州，又令志以本官翊从。及世宗即位，除右金紫光禄大夫，车骑大将军，仪同三司，进爵武乡县公，仍赐姓宇文氏。《周书》三十六《裴果传》。

以上二人赐姓，皆在周明帝时。

右赐姓宇文氏者，共二十六人，其中二十五人为汉族，惟叱罗协一人，不知属于何族，姚薇元《魏书官氏志广证》，谓："叱罗疑即薛罗，叱薛音近，叱干亦译薛干，薛罗或即叱罗之异译。《晋书·苻坚载记》云，坚将苻洛举兵叛坚，分遣使者征兵于鲜卑、乌丸、高勾丽、百济及薛罗、休忍等诸国，并不从，薛罗国与高勾丽百济同举，可知薛罗即新罗，疑后魏叱罗部属，本新罗种人之降附者。"是亦可备一说。而宇文氏则为匈奴族，《魏书·官氏志》，东方宇文慕容氏，即宣帝时东部。《魏书·宇文莫槐传》云，匈奴宇文莫槐，出于辽东塞外。其先南单于远属也，世为东部大人。《周书·文帝纪》云，太祖文皇帝，姓宇文氏，其先有葛乌菟者，雄武多算略，鲜卑慕之，奉以为主。然则宇文氏为匈奴族而为鲜卑东部大人可知也，以不同族之人而赐以匈奴姓，则赐姓之源流更皎然可知矣。

赐姓步六孤氏者一人

陆通，字仲明，吴郡人也。曾祖载，从宋武帝平关中，军还，留载随其子义真镇长安，遂没赫连氏。魏太武平赫连氏，载仕魏，任中山郡守。父政，性至孝，其母吴人，好食鱼，北土鱼少，政求之常苦难，后宅侧忽有泉出而有鱼，时人以为孝感所致。文帝为行台，以政为行台左丞，赐爵中都县伯，大统中，卒。通少敦敏，好学有志节，文帝在夏州，引为帐内督，贺拔岳为侯莫陈悦所害，时有传兵军府已亡散者，文帝忧之，通以为不然，居数日，问至，果如所策。自是愈见亲礼，遂昼夜陪侍，家人罕见其面。而通难处机密，愈自恭谨，文帝以此重之。后以迎孝武功，封都昌县伯，大统元年，进爵为侯，从禽窦泰，复弘农，沙苑之役，力战有功。又从解洛阳围，从平青雀，录前后功，进爵为公，徐州刺史。与于谨讨刘平伏，加大都督，从文帝援玉壁，进仪同三司。九年，从若干惠战于邙山，进授骠骑大将军，开府仪同三司，太仆卿，赐姓步六孤氏。《周书》三十二《陆通传》。

案《魏书·官氏志》"步六孤氏，后改为陆氏"，此为代郡陆氏，《魏书·陆俟传》、《周书·陆腾传》均称代人是也。后迁洛阳，称河南陆氏，《唐书·萧颖士传》附《陆据传》云"据，河南人，后周上庸公腾六世孙"是也。陆通为吴郡陆氏，与代郡陆氏河南陆氏皆不相涉，不可以赐姓步六孤氏而遂以为代郡或河南陆氏也。考步六孤为后魏部落之名，《魏书·陆俟传》云，曾祖干，祖引，世领部落，父突，太祖时率部民随从征伐，则步六孤为鲜卑姓可知也。

赐姓贺兰氏者三人

苏椿，字令钦，绰弟，绰，武功人，魏侍中则之九世孙也。累世二千石，父协，武功郡守。椿性廉慎，沉勇有决断，正光中，关右贼乱，椿应募讨之，授荡寇将军。大统初，拜镇东将军，金紫光禄大夫，赐姓贺兰氏。《周书》二十三《苏绰传》。

梁台，字洛都，长池人也。父去斤，魏献文时，为陇西郡守。台少果敢，有志操，贺拔岳引为心膂，岳为侯莫陈悦所害，台与诸将议翊戴太祖，从讨悦，破之，拜天水郡守。大统初，复除赵平郡守，又与太仆石猛破两山屠各，转平凉郡守，复与于谨破刘平伏，录前后勋，授颖州刺史，赐姓贺兰氏。《周书》二十七《梁台传》。

裴文举，字道裕，河东闻喜人也。祖秀业，魏中散大夫，天水郡守，父邃，安东将军，正平郡守，卒官。文举少忠谨，涉猎经史。大统十年，起家奉朝请，迁丞相府墨曹参军。时太祖诸子年幼，盛简宾友，文举以选与诸公子游，雅相钦敬。迁威烈将军，著作郎，中外府参军事，魏恭帝二年，赐姓贺兰氏。《周书》三十七《裴文举传》

案《魏书·官氏志》"贺赖氏后改为贺氏"，又云"北方贺兰氏后改为贺氏"，贺兰盖贺赖之异译，其实本一氏也。姚薇元《广证》谓："《魏书·太祖纪》云，登国元年。刘显逼南境，帝虑内难，乃北逾阴山，幸贺兰部，阻山为固，可知贺兰部居阴山之北麓，志称北方贺兰氏是也。《晋书·匈奴传》记入塞匈奴凡十九种，中有贺赖种，又《慕容俊载记》云，匈奴单于贺赖头，率部落二万五千降于俊，拜宁西将军，云中郡公，处之于代郡平舒城，则贺赖氏乃匈奴种，前燕时代郡已有此族。"据此，则贺兰氏亦为匈奴种而为后魏部落，后以为氏，与苏氏梁氏裴氏皆不相涉者也。

赐姓独孤氏者二人

高宾，渤海修人也。其先因官北边，遂没于辽左。祖暠，以魏太和初，自辽东归魏，官至安定郡守，卫尉卿。父季安抚军将军，兖州刺史。宾少聪颖，有文武干用，仕东魏，历官至龙骧将军，谏议大夫，立义都督。同列有忌其能者，谮之于齐神武，宾惧及于难，大统六年，乃弃家族，间行归阙。太祖嘉之，授安东将军，迁抚军将军，大都督。世宗初，除咸阳郡守，政存简惠，甚得民和，世宗闻其能，赐田园于郡境。宾既羁旅归国，亲属在齐，常虑见疑，无以取信，乃于所赐田内，多莳竹木，盛构堂宇，并凿池沼以环之，有终焉之志。朝廷以此知无二焉，加使持节，车骑大将军，仪同三司，散骑常侍，赐姓独孤氏。《周书》三十七《裴文举传》

李屯，不知何许人也。从齐神武帝与周师战于沙苑，齐师败绩,因为柱国独孤信所擒,配为卒伍,给使信家,渐得亲近,因赐姓独孤氏。子楷,隋文帝为丞相,领亲信兵,及受禅,拜右监门将军,进封汝阳郡公,炀帝即位,转并州总管。《北史》七十三《独孤楷传》。

案《魏书·官氏志》,"独孤氏后改为刘氏",姚薇元《广证》谓:"独孤乃屠各之异译,《晋书·刘元海名渊载记》称元海为匈奴冒顿单于之后,《晋书·匈奴传》谓入塞匈奴凡十九种,以屠各最贵,得为单于,《晋书·李矩传》称刘元海屠各小丑,是刘渊为屠各部人也。《魏书·刘库仁传》建国三十九年,昭仁暴崩,太祖未立,苻坚以库仁与卫辰分国部众而统之,于是献明皇后携太祖及卫秦二王,自贺兰部来居焉,库仁尽忠奉事。《魏书·贺讷传》,昭仁崩,诸部乖乱,献明后与太祖及卫秦二王依讷,会苻坚使刘库仁分摄国事,于是太祖还居独孤部。二传所记,同为一事,而《刘库仁传》谓太祖自贺兰部来居库仁部,《贺讷传》则谓自讷部还居独孤部,考贺纳为贺兰部酋长,本姓贺兰;可知独孤部即刘库仁部,刘库仁当即独孤部酋长,其本姓必为独孤矣。《魏书·刘尼传》,刘尼,代人也,本姓独孤氏《宋书·索虏传》之独孤侯尼须,即刘尼之原姓名也。代北之刘,本姓独孤,此其证矣《周书》之独孤信,即刘尼之孙也。《魏书·刘库仁传》云,刘虎之宗也。《晋书·赫连勃勃载记》云,刘元海之族也。按赫连勃勃即刘虎之曾孙,是刘库仁与刘渊本同族,然则独孤即屠各,此为确证矣。独与屠,孤与各,皆一声之转耳。至屠各之改为刘氏,始于刘渊,《晋书·刘元海载记》述其改姓之由云,初,汉高祖以宗女为公主,以妻冒顿,约为兄弟,故其子孙遂冒姓刘氏。至于后魏,为三十六部之一,号独孤部,以部为氏,孝文南迁,依旧改为刘氏,魏末又复旧姓,而亦有未复者,故匈奴刘氏与独孤氏,并见史册,为北朝盛族。"据此,独孤氏为匈奴种,与高氏、李氏不相涉者也。

赐姓万纽于氏者二人

唐瑾 已见上"赐姓字文氏"条。

樊深，字文深，河东猗氏人也。弱冠好学，负书从师于三河，讲习五经。魏孝武西迁，樊王二姓举义，为东魏所诛，深父保周，叔父欢周，并被害，深因避难，坠崖伤足。改易姓名，游学于汾晋之间，习天文及算历之术。太祖平河东，赠保周郢州刺史，欢周仪同三司，深归葬其父。寻于谨引为其府参军，令在馆教授子孙，除抚军将军，转从事中郎，于谨拜司空，以深为谘议。太祖置学东馆，教授诸将子弟，以深为博士，后除国子博士，赐姓万纽于氏。《周书》四十五《樊深传》。

案《魏书·官氏志》，"勿忸于氏，后改为于氏。"《广韵》十虞引《后魏书》作万忸于氏。《周书·唐瑾传》及《樊深传》，皆言因于谨而赐姓万纽于氏，则于谨本姓万纽于氏可知，作万者为萬之或体，《官氏志》作勿，或因音近异译，或竟形近误书耳。姚薇元《广证》云："北周《华岳颂》末署萬纽于瑾造。万纽于瑾，即萬纽于瑾，即唐瑾也。《金石录·后周延寿公碑颂跋》引《于烈碑》云远祖之在幽州，世首部落，阴山之北，有山号万纽于者，公之弈叶居其原址，遂以为姓，暨高祖孝文皇帝时，始赐姓为于氏焉。"然则此族原居万纽于山，因山为部，复以部为氏，为鲜卑种，与唐氏、李氏不相涉也。

赐姓尉迟氏者一人

陈忻，字永怡，宜阳人也。少骁勇，魏孝武西迁，忻乃于辟恶山招集勇敢少年数十人，寇掠东魏，仍密遣使归附。大统元年，授持节，伏波将军，羽林监，立义大都督。常随崤东诸将，镇遏伊洛间，每有功效。魏恭帝二年，进位骠骑大将军，开府仪同三司，加侍中，其年赐姓尉迟氏。《周书》四十三《陈忻传》。

案《魏书·官氏志》"西方尉迟氏，后改为尉氏"。姚薇元《广证》谓："《魏书·太祖纪》云天兴六年，春正月辛未，朔方尉迟部别帅率万余家内属，入居云中，可知尉迟本为部落之号，初为魏之附庸，继有一部投魏，入居云中，遂以部名为氏焉。然《太祖纪》称朔方尉迟部，与《官氏志》西方之说抵牾，实则《太祖纪》仅就入居云中部而言，其族原居地，则远在西方也。《晋书·乞伏国仁载记》云，乞伏利那讨尉迟渴灌于大非川，收众三万余落，考大非川即今青海布哈河，<small>见《方舆纪要》陕西西宁镇下。</small>尉迟部落，当在其附近，与《志》称西方合。《唐书·于阗传》于阗王，姓尉迟氏，考大非川在吐谷浑境内，吐谷浑曾侵入于阗国，其所属之尉迟部，盖留镇于阗，为其统主，是代郡尉迟氏，与于阗尉迟氏，盖同出一族，而为西部，鲜卑族。"据此，则尉迟氏与陈氏不相涉也。

上列步六孤氏、贺兰氏、独孤氏、万纽于氏、尉迟氏五姓，后改为陆、贺、刘、于、尉，为《官氏志》太和十九年诏所称勋臣八姓之五，诏云："穆、陆、贺、刘、楼、于、嵇、尉八姓，皆太祖已降，勋著当世，位尽王公，且下司州吏部，勿充猥官。"西魏赐姓除拓跋、宇文外，宜以此数姓为最贵者也。

赐姓若口引氏者二人

寇俊，字祖俊，上谷昌平人也。祖赞，魏南雍州刺史。父臻，安远将军，郢州刺史。俊有识量，好学强记。大统二年，东魏授俊洛州刺史，俊因此乃谋归阙。五年，将家及亲属四百余口入关，拜秘书监。时军国草创，坟典散逸，俊始选置令史，抄集经籍，四部群书，稍得周备，加镇东将军，封西安县男。十七年，除车骑大将军，仪同三司，加散骑常侍，魏恭帝三年，赐姓若口引氏。<small>《周书》三十七《寇俊传》。</small>

寇和，洛子，洛，上谷昌平人也。累世为将吏，父延寿，和平中，以良家子镇武川，因家焉。贺拔岳西征，从岳获贼帅尉迟菩萨于渭水，破侯莫侯元进于百里细川，擒万俟丑奴于长坑，洛每力战，并有功，加龙骧将军。侯莫陈悦既害岳，欲并其众,时初丧元帅,军中惶扰,洛于诸将之中,最为旧齿,素为众所信,乃收集将士,志在复仇,遂全众而反,既至原州,众咸推洛为盟主,统岳之众,洛自以非才,乃固辞,与赵贵等议迎太祖,魏帝以洛有全师之功,除武卫将军。太祖至平凉,以洛为右大都督,从讨侯莫陈悦,平之,寻进位骠骑大将军,仪同三司。大统初,魏文帝诏加开府,进爵京兆郡公。三年,加侍中,与独孤信复洛阳,移镇弘农,四年,从太祖与东魏战河桥,军还,洛率所部镇东雍,五年,卒于镇,谥曰武了。了和嗣,世宗二年,录勋旧,以洛配享太祖庙庭,赐和姓若口引氏,改封松阳郡公。《周书》十五《寇洛传》。

案《魏书·官氏志》"若口引氏,后改为寇氏"。则寇俊、寇和赐姓若口引氏,似胡族也。姚薇元《广证》云:"上谷寇氏,乃汉姓,非虏族,《隋寇奉叔墓志》云,作周司寇,即因之以命氏,为汉金吾,乃应天之列宿,高祖修之,曾祖赞。《姓纂》五十候寇氏条云,卫康叔为周司寇,支孙以官为氏,秦灭卫,君角家于上谷,八代孙恂,后汉执金吾雍奴侯,曾孙荣,荣孙孟,玄孙循之牛赞。可知赞乃汉人,道家寇谦之,即赞之弟也。"案寇俊、寇和,皆上谷人,俊即赞之孙,则与若口引氏所改之寇姓,不相涉也。

赐姓叱罗氏者一人

张羡,河间鄚人也。少好学,多所通涉,仕魏,为荡难将军,从孝武帝入关,累迁银青光禄大夫。周文引为从事中郎,赐姓叱罗氏。历应州刺史,仪同三司,典国史,甚为当时所重。撰《老子》、《庄子》义名《道言》,五十二篇,子羆。《北史》七十五《张羡传》。

以上一人赐姓在西魏时。

郭衍,字彦文,自云太原介休人也。父崇,以舍人从魏孝武帝入关,位侍中。衍少晓武,善骑射,建德中,以军功累迁仪同，大将军，又从周武帝平并州，以功加开府，封武强县公，赐姓叱罗氏。《北史》七十四《郭衍传》。

以上一人赐姓在周武帝时。

案《魏书·官氏志》"叱罗氏后改为罗氏"。陈毅《官氏志疏证》云："《姓氏辩证》三十五引《志》斛瑟罗氏改为罗氏，《通志略》五亦称魏改罗氏者，有斛瑟罗氏，斛瑟罗即叱罗声之变也。北朝读叱如薛，叱罗氏即《晋书·苻坚载记》之薛罗国。"姚薇元《广证》谓薛罗国即新罗国，引见上"叱罗协赐姓宇文氏"条叱罗氏盖出于新罗，与张氏、郭氏不相涉也。

赐姓普六茹氏者二人

杨忠，弘农华阴人也，小名奴奴。高祖元寿，魏初为武川镇司马，因家于神武树颓焉。父祯，以军功除建远将军，属魏末丧乱，避地中山，结义徒以讨鲜于修礼，遂死之，保定中，以忠勋追赠柱国大将军，少保，兴城郡公。忠武艺绝伦，识量深沉，有将帅之略，年十八，客游泰山，会梁兵攻郡，陷之，遂被执至江左，在梁五年，从北海王颢入洛，除直阁将军。从独孤信破梁下溠戍，平南阳，并有功。及齐神武举兵内侮，忠时随信在洛，遂从魏孝武西迁，进爵为侯。仍从平潼关，破回洛城。东魏荆州刺史辛纂据穰城，忠从独孤信讨之，斩纂以徇，城中慑服。居半岁，以东魏之逼，与信奔梁，梁武帝深奇之，以为大德主帅，关外侯。大统三年，与信俱归阙，太祖召居帐下，从禽窦泰，破沙苑，河桥之役，忠与壮士五人，力战守桥，敌人遂不敢进。又与李远破黑水稽胡，并与怡峰解玉壁围。侯景渡江，梁武丧败，朝廷因之，将经略汉沔，乃授忠都督三荆二襄二广南雍平信随江二郢浙十五州诸军事，镇穰城。攻梁齐兴郡，及昌州皆克之。梁雍州刺史岳阳王萧詧虽称藩附，而尚有二心，忠自樊城观兵于汉滨,詟惧而服焉。梁司州刺史柳仲礼率兵骑一万,寇襄阳,太祖令忠帅众南伐,攻梁随郡,克之,所过城戍,望风请服。忠乃进围安陆,仲礼闻随郡陷,恐安陆不守,驰归赴援,忠亲自陷陈,擒仲礼,悉俘其众。安陆降。梁元帝逼其兄邵陵王纶,纶北度,谋送质于齐,欲来寇掠,梁元帝密报太祖,太祖乃遣忠督众讨之,擒纶,杀之。忠间岁再举,尽定汉东之地。魏恭帝初,赐姓普六茹氏。《周书》十九《杨忠传》,案忠子坚,即隋文帝。《隋书·高祖纪》高祖文皇帝,姓杨氏,弘农郡华阴人也,汉太尉震八代孙,忠即皇考也。

杨尚希,弘农人也。祖真,魏天水太守,父承宝,商直浙三州刺史。尚希龆龀而孤,年十一,辞母请受业长安,范阳卢辩,见而异之,令入太学,专精不倦,同辈皆共推服。周文帝尝亲临释奠,尚希时年十八,令讲《孝经》,词旨可观,文帝奇之,赐姓普六茹氏,擢为国子博士。《北史》七十五《杨尚希传》。

案《魏书·官氏志》"普陋茹氏后改为茹氏"。《通志·氏族略》云"普六茹氏,疑与普陋茹同"。北音读六如陋,自为一姓无疑。惟茹氏有二族,普陋茹之改为茹氏,为代郡茹氏,又蠕蠕入中国,亦为茹氏,见《姓纂》九御"茹氏"条,后别为雁门茹氏,见《唐忠武将军茹义忠碑》,皆与杨氏无涉者也。

赐姓乌丸氏者一人

王德,字天恩,代郡武川人也。少善骑射,从贺拔岳讨万俟丑奴,平之,封深泽县男。及侯莫陈悦害岳,德与寇洛等定议,翊戴太祖,加征西将军,平凉郡守。及魏孝武西迁,以奉迎功,进封下博县伯,行东雍州事,赐姓乌丸氏。《周书》十七《王德传》。

案《魏书·官氏志》,"乌丸氏后改为桓氏。"陈毅《疏证》云,"丸桓声通,故氏改为桓,《三国志》乌丸,《后汉书》作乌桓,《广韵》十一模周上开府乌丸泥,《姓解》三作乌桓泥,皆其证。"案陈说是也。或谓:

"代郡王氏,本姓乌丸,鲜卑人也,《旧唐书·王珪传》云,在魏为乌丸氏,曾祖神念,自魏奔梁,复姓王氏,此其证也。"案或说非也,《梁书·王神念传》,"神念,太原祁人",与代郡王氏不相涉,且北魏之初,征四方良家子镇武川者甚多,亦未必本为代郡武川人,更不能证明其本姓为乌丸。王德若本姓乌丸,则在孝文时应改姓为桓氏,在西魏大统时,应复姓乌丸,更不能再赐姓乌丸矣,至周静帝时复姓,又当为桓氏,或谓"桓王声近而误",孝文慕汉,既改汉姓,形已固定,何得有误,况桓王声亦非近耶!

赐姓叱利氏者一人

杨绍,字子安,弘农华阴人也。祖兴,魏兴平郡守,父国,中散大夫。绍少慷慨,有志略,魏永安中,授广武将军。魏孝武初,迁卫将军。大统元年,进爵为公,累迁车骑将军。四年,出为鄜城郡守,稽胡恃众与险,屡为抄窃,绍率郡兵,从侯莫陈崇讨之,匹马先登,破之于默泉之上,加帅都督,除燕州刺史。累迁大都督,车骑大将军,仪同三司。复从大将军达奚武征汉中,时梁恒农侯萧循,固守梁州,绍请为计诱,设伏待之,循果出兵,绍率众伪退,城降,以功授辅国将军。又从柱国燕国公于谨围江陵,进骠骑大将军,开府仪同三司,除衡州刺史,赐姓叱利氏。《周书》二十九《杨绍传》。

案《魏书·官氏志》"叱利氏后改为利氏"。陈毅《疏证》云,"当作叱列氏后改为列氏,利列形似,又涉后叱吕而误。《广韵》五质、《性解》一,并称《志》有叱列氏,《叱列延庆传》云,代郡西部人,世为酋帅,《北齐书·叱列平传》同,《周书·叱列伏龟传》,'代西部人,世为部落大人,魏初入附,遂世为第一领民酋长',《通志略》五云,叱利一云叱列,西部大人,世为酋帅,与诸传合,是《志》在唐宋间,有作利作列二本,故渔仲知叱列即叱利,而不能订利为列讹也。"又

"叱吕氏后改为吕氏"条《疏证》云,"叱吕,即叱利也,《志》分为二氏,盖系字讹。《姓氏辩证》二十一引《志》叱李氏改为李氏,李吕声转。"陈氏谓《志》叱利氏改为利氏,当为叱列氏改为列氏之形似而误,而叱吕氏改为吕氏,与叱利氏改为利氏,叱李氏改为李氏,实为一氏,吕利李一声之转也。考《魏书》、《北齐书》、《周书》仅有叱列氏,皆为代西部人,必与代甚近,自当别为一部。而叱吕、叱利、叱李声尤相近,皆为叱吕引或俟吕邻之省译,其部落在高平苦水河,亦当别为一部,陈说甚是。或谓:"叱利亦译叱李、叱列、叱伏列,即高车十二姓中之泣伏利也。《氏族略》五叱利氏一云叱列氏,《魏书·叱列延庆传》云,代郡西部人也,世为酋帅,延庆兄子平,武定末封檃陶县,开国侯,按《北齐书·叱利平传》,平于魏孝庄初,封檃陶县伯,武定八年,进爵为侯,是叱列即叱利之证。《隋书·高祖纪》云,开皇二年六月,以上柱国叱李长义为兰州总管,此叱李长义即《北齐书》叱利平之子长义,《北齐书·叱利平传》云,叱利平,代郡西部人也,次子长义,隋开皇中上柱国,是叱李即叱利之证。《广韵》五质,《姓纂》五质,《姓解》一,《氏族略》五,皆有叱伏列氏,按叱伏列,即泣伏利之省译,《周书·叱伏列龟传》云,代郡西部人也,世为部落大人,魏初入附,遂世为第一领民酋长,可知叱列即叱伏列之省译,叱利即泣伏利之省译,并为一族,姓氏诸书,分叱利、叱列、叱伏列为三氏,误。"案此说未尽然,《北齐书·叱列平传》殿本惟目误作叱利平,本传不误,仍作叱列平,与《魏书·叱列延庆传》合,是不可以为叱列即叱利之证,一也。《隋书·高祖纪》开皇二年之叱李长义,谓即《北齐书》叱利平之子长义,今考《北齐书》作叱列平,其子自当作叱列长义,《北齐书·后主纪》天统五年,《周书·静帝纪》大象二年,皆作叱列长文〔文为义之误〕,《周书·萧岿传》作叱〔叱之误〕列长义,则长义自姓叱列氏,《隋书·高祖纪》误作叱李耳,是不可以为叱李即叱利之证,二也。《周书北史》皆有《乞列伏龟传》而无乞伏列龟传,或谓"姓氏诸书,皆作叱伏列龟,知此氏当作乞伏列,《周书》列伏二字,误倒"。考《周书》、《北史》,皆作乞列伏龟,何可信后出淆乱之姓氏诸书而不信正史!乞列伏龟,字摩头陁,《北齐书·任延敬传》有叱列陁,当即其人,是其姓为叱列氏,称摩头陁为陁,亦犹称伏龟为龟矣,是不可以叱列伏龟为叱伏列氏之证,三也。今从陈说,则叱利氏与杨氏不相涉也。

赐姓叱吕引氏者一人

杨纳仕周,历八州刺史,傥城县公,赐姓叱吕引氏。子雄,观德王,高祖<small>杨坚</small>族子也。<small>《隋书》四十三《观德王雄传》。</small>

案《魏书·官氏志》,"叱吕氏后改为吕氏"。陈毅《疏证》云:"叱吕即叱利,利吕同声相假,《姓氏辩证》二十一引《志》叱李氏改为李氏,李吕声转,姓氏等书分为三氏,误。叱吕本号叱吕引<small>杨纳赐姓叱吕引是也。</small>《志》省引字,叱或误为七声,引读若辰<small>详"若口引"条</small>,七、俟、辰、邻,音各相近,《姓纂》六止俟吕邻氏,即此氏之变音。《魏书·高祖纪》太和十三年二月,有蠕蠕别帅叱吕勤率众内附,又《蠕蠕传》有豆岺妻俟吕陵氏,<small>俟是俟误,说详"俟莫陈"条。</small>是氏本出蠕蠕,号俟吕邻,入魏,随方音变为叱吕引,后乃改为吕也。<small>高车传有俟吕邻部,盖氏因部名,始入蠕蠕,后入魏。</small>高祖《比干墓文》碑阴有直阁武卫中俟吕阿倪,俟吕邻省邻字,与《志》叱吕引省引字,合。《通志略》五称代北三字俟吕陵氏,改为吕氏,又与《志》叱吕改吕合,即其证。"案叱吕引即俟吕邻叱吕引省引而改吕,俟吕邻省邻而改吕,陈氏称为一姓,是矣。姚薇元《广证》云:"《蠕蠕传》又有侯吕邻部,登国中,其大人叱伐为寇于苦水河,八年夏,太祖大破之。《太祖纪》登国八年三月,车驾西征侯吕邻部,夏四月,至苦水,大破之。《水经·河水》注,苦水发县<small>高平</small>东北百里山,流注高平川,即今甘肃清水河上游一支流,在固原县<small>即高平县</small>东北。<small>杨守敬说。</small>可知侯吕邻部之原住地。当在今甘肃固原县附近业山中。"据此,则叱吕、叱利、叱李、俟吕,实即一姓,在苦水河,与叱列之在代郡西与代郡相近者,截然不同。而叱吕引氏之与杨氏,侯吕陵之与韩氏,皆不相涉者也。

赐姓侯吕陵氏者一人

> 韩褒,字弘业,其先颍川颍阳人也,徙居昌黎。祖瓌,魏镇西将军,平凉郡守,安定郡公。父演,征虏时军,恒州刺史。褒少有志尚,好学而不守章句,及长,涉猎经史,深沉有远略。魏建明中,起家奉朝请,迁太中大夫。属魏室丧乱,褒避地于夏州。时太祖为刺史,素闻其名,待以客礼。及贺拔岳为侯莫陈悦所害,诸将遣使迎太祖,太祖问以去留之计,褒曰,方今王室凌迟,海内鼎沸,使君天资英武,恩结士心,贺拔公奄及于难,物情危骇,寇洛自知庸懦,委身而托使君,若总兵权,据有关中之地,此天授也。且侯莫陈悦乱常速祸,乃不乘胜进取平凉,反自遁逃,屯营洛水,斯乃井中蛙耳,使君往必擒之,不世之勋,在斯一举,太祖纳焉。太祖为丞相,引褒为录事参军,赐姓侯吕陵氏。《周书》三十七《韩褒传》。

案侯吕陵氏,不见于《魏书·官氏志》,实即叱吕引氏也,说已见上"叱吕引"条。

赐姓莫胡卢氏者一人

> 杨篡,广宁人也。父安仁,魏北道都督,朔州镇将。篡少习军旅,慷慨有志略,年二十,从齐神武起兵于信都,以军功稍迁安西将军,武州刺史。自以功高赏薄,志怀怨愤,大统初,乃间行归款,授征南将军,大都督,封永兴县侯,加通直散骑常侍。从太祖解洛阳围,经河桥邙山之战,篡每先登,累迁使持节,车骑大将军,开府仪同三司,加侍中,进爵为公,赐姓莫胡卢氏。《周书》三十六《杨篡传》。

案《魏书·官氏志》"莫那娄氏后改为莫氏"。陈毅《疏证》云："《通志略》代北三字姓,有莫胡卢、莫侯娄、莫且娄三氏,并代人,胡即那声之转也,《左传》宣二年,弃甲则那,《注》云,那,犹何,《书·太甲》正义,胡,何,方言之异,胡转为侯,侯或转且。"案陈说是也。莫胡卢氏即莫那娄氏,那与胡,娄与卢,皆一声之转,同为一氏而异译耳。又《广韵》及《姓纂》十三末《姓解》三皆有末那楼氏,末与莫,楼与娄,皆同声字,亦为莫那娄之异译。姚薇元《广证》引《魏书序纪》："昭帝四年,东部末耐娄大人倍斤入居辽东。"未当为末之误,末耐娄亦即莫那娄。则此部始居辽东,后徙代郡,与杨氏不相涉也。

  赐姓纥干氏者一人

    田弘,字广略,高平人也。膂力过人,敢勇有谋略。太祖初统众,弘求谒见,乃论世事,深被引纳,即处以爪牙之任。又以迎魏孝武功,封鹑阴县子。太祖尝以所着铁甲赐弘云,天下若定,还将此甲示孤也。大统三年,转帅都督,进爵为公。从太祖复弘农,战沙苑,解洛阳围,破河桥阵,弘功居多,累蒙殊赏,赐姓纥干氏。《周书》二十七《田弘传》

案《魏书·官氏志》"纥干氏后改为干氏"。陈毅《疏证》云："《五代史·寇彦卿传》谓其左右为俚语云,纥干山头冻死雀,《御览》四十五引《郡国志》载此语,作纥真山,云山北十里,有白登山,又引《冀州图经》云,纥真山,在城东北,登之望桑干代郡数百里内宛然,是纥干本依山为部,后即氏之,若綦连贺兰之类。"《元和郡县志》云州"云中县"条,谓:"纥真山,在云中县东三十里,胡语纥真,汉言三十里,其山夏积霜雪。"寻唐云中县,即今山西大同县,然则纥干氏与田氏,不相涉也。

  赐姓侯伏侯氏者一人

> 侯植，字仁干，上谷人也。燕散骑常侍龛之八世孙。高祖恕，魏北地郡守，子孙因家于北地之三水，遂为州郡冠族，父欣，泰州刺史。植少倜傥，武艺绝伦，从贺拔岳讨万俟丑奴，每有战功。及齐神武逼洛阳，植从魏孝武西迁。大统元年，授骠骑将军，都督，赐姓侯伏侯氏。从太祖破沙苑，战河桥，进大都督，凉州刺史。宇文仲和据州作逆，植从开府独孤信讨擒之。拜车骑大将军，仪同三司，封肥城县公，又赐姓贺屯。《周书》二十九《侯植传》。

案《魏书·官氏志》，"俟伏斤氏后改为伏氏"。陈毅《疏证》云："《魏书·尔朱天光传》万俟丑奴有太尉侯伏侯元进，亦见《贺拔胜传》，《隋书·经籍志》"《孝经》"类云，魏氏迁洛，未达华语，孝文帝命侯伏侯可悉陵以夷言译《孝经》之旨。又"小学"类，有《国语物名》四卷，《国语杂物名》三卷，并魏侯伏侯可悉陵撰。彼两侯氏并当为俟，俟伏俟，即俟伏斤音之变也，《广韵》六止云，俟又音祈，祈音从斤，是其证矣。"案陈说是也，俟伏俟或俟伏斤，皆与侯氏不相涉。

赐姓尔绵氏者一人

> 段永，字永宾，其先辽西石城人，晋幽州刺史匹䃅之后也。曾祖悢，仕魏黄龙镇将，因徙高陆之河阳焉。永幼有志操，魏正光末，六镇扰乱，遂携老幼避地中山。后赴洛阳，拜殿中将军，稍迁平东将军，封沃阳县伯。魏孝武西迁，永时不及从，大统初，乃结宗人潜谋归款，密与都督赵业等，袭斩西中郎将慕容显和，传首京师，以功别封昌平县子，除北徐州刺史。从禽窦泰，复弘农，破沙苑，并有战功，进爵为公。河桥之役，永力战先登，授南汾州刺史，累迁大都督，散骑常侍，骠骑大将军，开府仪同三司，赐姓尔绵氏。《周书》三十六《段永传》。

案《魏书·官氏志》，"尔绵氏后改为绵氏"。陈毅《疏证》云："《世祖纪》真君十年，二月，蠕蠕渠帅尔绵他拔等率其部落千余家来降，《姓纂》四纸引蠕蠕帅止作绵他拔，云他拔来降，改为绵氏，案《世祖纪》尔作爾，《蠕蠕传》及《广韵》四纸《姓氏辩证》九引《志》并作尔，尔，古爾字也。"尔绵为蠕蠕部落，后改为氏，与段氏不相涉也。段永为匹䃶后，《晋书·段匹䃶传》云："匹䃶，东郡鲜卑人也，种类劲健，世为大人。"

赐姓乙弗氏者二人

赵贵，字元贵，《北史》作元宝。天水南安人也。曾祖达，魏库部尚书，祖仁，以良家子镇武川，因家焉。贵少有节概，从贺拔岳平关中，赐爵魏平县伯，及岳为侯莫陈悦所害，将吏奔散，莫有守者，贵谓其党曰，吾闻仁义岂有常哉！行之则为君子，违之则为小人，朱伯厚王叔治感意气微恩，尚能蹈履名节，况吾等荷贺拔公国士之遇，宁可自同众人乎？涕泣歔欷，于是从之者五十人，乃诣悦诈降，悦信之，因请收葬岳，言辞慷慨，悦壮而许之，贵乃收岳尸还，与寇洛等纠合其众，奔平凉，共图平悦。贵首议迎太祖，太祖至，以贵为大都督，领府司马，悦平，行秦州事。魏孝武西入关，拜车骑大将军，兼右卫将军，又以预立魏文帝勋，进爵为公。从太祖复弘农，战沙苑，拜侍中，骠骑大将军，开府仪同三司，进爵中山郡公，除雍州刺史。从战河桥，贵与怡峰为左军，战不利，先还，与东魏人战邙山，贵为左军，失律，坐免官。寻复官爵，拜柱国将军赐姓乙弗氏。

赵肃，字庆雍，河南洛阳人也，世居河西，及沮渠氏灭，曾祖武始归于魏，赐爵金城侯。肃早有操行，知名于时，永安初，授廷尉，天平二年，转监，后以母忧去职，起为廷尉正，以疾免。大统三年，独孤信东讨，肃率宗人为乡导，授司州治中，转别驾，监督粮储，军用不匮，太祖闻之，谓人曰，赵肃可谓洛阳主人也。七年，加镇南将军，十三年，除廷尉少卿，封清河县子，十六年，除廷尉卿，加征东将军。肃久在理官，执心平允，凡所处断，咸得其情，廉慎自居，不营产业，时人以此称之。十七年，进位车骑大将军，仪同三司，散骑常侍，赐姓乙弗氏。先是太祖命肃撰定法律，肃积思累年，遂感心疾，去职卒于家。《周书》三十七《赵肃传》。

案《魏书·官氏志》"乙弗氏后改为乙氏"。姚薇元《广证》云："《晋书·秃发乌孤载记》乌孤讨乙弗折掘二部，人破之。《傉檀载记》傉檀议欲西征乙弗。可知乙弗本部落之名，其居地在南凉之西，按《北史·魏文皇后乙弗氏传》其先世为吐谷浑渠帅，居青海，号青海王，是乙弗乃吐谷浑所属之别部，所居青海，正当南凉之西。《魏书·吐谷浑传》云，吐谷浑北，有乙弗敌国，风俗与吐谷浑同，不识五谷，惟食鱼及苏子，苏子状若中国枸杞子。《通典》边防云，乙弗敌，在吐谷浑北，国有屈海，其海周回千余里，众有万落，风俗与吐谷浑同，观此二书所记乙弗敌国，即乙弗部落，乙弗乃乙弗敌之省译，乙弗部聚居青海沿岸，以渔樵为生，此族既为吐谷浑别部，风俗又相同，必与吐谷浑同种，《晋书·乞伏炽盘载记》称乙弗鲜卑，可知乙弗氏实鲜卑吐谷浑之支族也。"又云："《北史·乙弗朗传》云，其先东部人也，世为部落大人，与魏徙代，后因家上乐焉。按乙弗部居青海，在魏西，东当为西之误。"余谓姚前说是而后说非也，乙弗有东部西部之分，乙弗朗之先为东部人，东非西之误，鲜卑种其初皆在东部，自吐谷浑率部属七百户而西，乙勿部人或亦有从之而西者，故东西皆有乙弗部也。至陈毅《疏证》谓："《魏书·高句丽传》位宫玄孙乙弗利，利子钊，与慕容相攻，据《晋书·慕容载记》，吐谷浑为廆之庶长兄，高句丽为廆之臣属国，盖乙弗氏先入前燕，其支属因有分入吐谷浑者，《北史·乙弗朗传》亦云，其先东部人，世为部落大人,皆其证。"余谓陈说是,然亦间有误者,高句丽之乙弗利,乃人名,高丽金富轼《三国史记·高句丽本纪》一,"始祖姓高氏",《本纪》五,"美川王讳乙弗",《本纪》六"故国原王讳斯由一作讳刘"。案《魏书》之乙弗利,即《高句丽·本纪》之乙弗,又乙弗利子钊,亦即乙弗之子或作刘而《魏书》又误作钊者,故乙弗乃人名,若加以姓,则曰高乙弗,与鲜卑种之乙弗部不相涉,而赵氏与乙弗氏亦不相涉也。

赐姓侯莫陈氏者一人

刘亮,中山人也,本名道德,祖祐连,魏蔚州刺史,父持真,镇远将军,领民酋长。亮少倜傥,有从横计略。普泰初,以都督从贺拔岳西征。侯莫陈悦害岳,亮与诸将谋迎太祖,悦平,悦之党豳州刺史孙定儿,仍据州不下。泾秦灵等诸州悉与定儿相应,众至数万,推定儿为主,以拒义师。太祖令亮袭之,斩定儿,于是诸州群贼,皆即归款。及太祖置十二军,简诸将以将之,亮领一军。大统元年,以复潼关功进位车骑大将军,寻加侍中,从擒窦泰,复弘农,及沙苑之役,亮并力战有功,迁开府仪同三司,大都督,进爵长广郡公。亮以勇敢见知,为时名将,兼屡陈谋策,多合机宜,太祖乃谓之曰,卿文武兼资,即孤之孔明也,乃赐名亮,并赐姓侯莫陈氏。《周书》十七《刘亮传》。

案《魏书·官氏志》,"侯莫陈氏后改为陈氏"。《周书·侯莫陈崇传》:"崇代武川人,其先魏别部,居库斛真水,世为渠帅,祖允镇武川,因家焉。"或谓《魏书·太祖纪》,天兴二年三月,遣建义将军庚真等讨破侯莫陈部。侯莫陈部落,原居库斛真水。"《庾子山集》有《侯莫陈道生墓志铭》云,君讳道生,字某,朔州武川人也,本系阴山,出自国族,降及于魏,在秦作刘,大统九年,更姓侯莫陈氏,铭曰,身胄汉祚,门承魏绪。据《志铭》所述,其人盖本独孤氏,入魏改刘氏，独孤本匈奴，实北周之国族也，《周书·刘亮传》本名道德，赐姓侯莫陈氏当即其人，道德或为道生之误。"案或说非也，刘道德刘道生决非一人，道德，中山人，道生，武川人，道德父持真镇远将军，道生父少兴，武川镇将，道德从贺拔岳西征，道生随贺拔胜入关，寻《周书》与庾《志》，凡道德道生官爵事功卒年，皆截然不同，何可并为一人？且此二人，皆非独孤之刘氏，道德籍隶中山，与独孤部不相涉，道生《志铭》明言身胄汉祚，亦非出自独孤氏。且独孤氏为匈奴族。亦未可谓拓跋氏之国族？庾氏谓出自国族者，即指侯莫陈氏耳。惟道德赐姓在大统初，而道生更姓在大统九年，或道生依附道德，谬托同宗，因随而改姓耳，此与梁御改姓纥豆陵氏，同其热中者矣！疏证又言侯莫陈为俟莫陈之误，例证甚多，其说是也。

赐姓大利稽氏者一人

蔡佑，字承先，其先陈留圉人也。曾祖绍，为夏州镇将，徙居高平，因家焉。祖护，魏景明初，为陈留郡守。父袭，名著西州，正光中，万俟丑奴寇乱关中，袭乃背贼弃妻子，归洛阳。及魏孝武西迁，仍在关东，后始拔难西归，除岐夏二州刺史。佑性聪敏，及长，有膂力便骑射。太祖在原州，召为帐下亲信，及侯莫陈悦害贺拔岳，诸将遣使迎太祖，将赴夏州，首望弥姐元进等阴有异计，太祖召元进等入计事，佑乃叱元进而斩之，并其党并伏诛，于是与诸将结盟，同心诛悦，太祖以此知重之，乃谓佑曰，"吾今以尔为子，尔其父事我！"从讨悦，破之。又从迎魏孝武于潼关，擒窦泰，复弘农，战沙苑，皆有功。又从太祖战河桥，战邙山，所向无前。俄授青州刺史，转原州刺史，寻除大都督。十二年，遭父忧，请终丧纪，弗许，加骠骑大将军，开府仪同三司，侍中，赐姓大利稽氏，进爵怀宁郡公。《周书》二十七《蔡佑传》。

案《魏书·官氏志》"次南太洛稽氏后改为稽氏"。陈氏《疏证》云：

"《姓纂》十一暮,太作大,《通志略》同,《姓解》三称大利稽、大俗嵇、大落稽并见《后魏书》,皆此氏。"案利洛落双声,俗盖洛之误,稽嵇字同,三氏皆大洛稽之异译。或谓:"《姓纂》列大洛稽于十一暮,大非暮韵字,必有讹误,检《广韵》十一暮,有伏字,汉隶伏作伏,疑《姓纂》大字,乃隶书伏字之脱误。伏与步音极近,阿伏干作阿步干,步六孤作伏鹿孤,是其证,伏洛稽,即步落稽之异译。《元和郡县志》丹州下云,春秋时白狄地,今其俗云,丹州白室,胡头汉语,白室,白狄语讹耳,近代号为步落稽胡,自言白狄之后。《周书·稽胡传》云,稽胡,一曰步落稽,自离石以西,安定以东,方七八百里,居山谷间。离石,即今山西离石县,安定,在甘肃泾川县北五里,又《元和志》丹州,即今陕西宜川县,故此族居地,当在今陕西北部绥德宜川肤施一带山间,其地当魏代都西南,与《志》称次南合。"案或说未尽然,《志》称太洛稽,诸书皆作大,大洛稽与步落稽,是否为一族,别无他证,未为定论,尚宜详考,盖稽胡为匈奴别种,或云山戎赤狄之后,语类夷狄,因译乃通,皆见《周书·稽胡传》,与《元和志》所称白狄之后,胡头汉语,又不相合,然无论大洛稽、步落稽,皆与蔡氏不相涉也。

赐姓和稽氏者一人

耿豪,巨鹿人也,本名令贵。其先避刘石之乱,居辽东,因仕于燕。曾祖超,率众归魏,遂家于神武川。豪少犷,有武艺,好以气凌人。贺拔岳西征,引为帐内,岳被害,归太祖,以武勇见知。从讨侯莫陈悦,及迎魏孝武,迁征虏将军。从擒窦泰,复弘农,豪先锋陷阵,加前将军。沙苑之战,豪杀伤甚多,进爵为公。九年,从战邙出,大呼独入敌人,锋刃乱下,死伤相继。十三年,论前后战功,进授车骑大将军,仪同三司,赐姓和稽氏。《周书》二十九《耿豪传》。

案《魏书·官氏志》"和稽氏改为缓氏"。《姓纂》九鱼引缓作绫,《姓氏辩证》二十五引作如稽绫与缓,如与和,皆形近而误。和稽部落,在于何处,《疏证》、《广证》,皆无发明,盖已无可考矣,而与耿氏必不相涉也。

以上十二氏,皆见于《魏书·官氏志》,特依其次叙排列,尚有不见于《官氏志》诸氏,则列于后。

赐姓大野氏者二人

李虎,字文彬,成纪人。七世祖凉武昭王暠子歆为沮渠蒙逊所灭,曾祖重耳始仕魏,为弘农太守。祖熙,金门镇将,戍武川,因家焉。父天赐,为幢主。虎少倜傥,有大志,好读书,尤善射,深为贺拔岳所重,从岳留镇陇西,累迁东雍州刺史,左厢大都督。岳死,虎奔荆州,说岳兄胜,收岳众复仇,不从,闻宇文泰统岳众,乃还,至阌乡,为高欢将所获,送洛阳。帝方收关右,见虎甚喜,拜卫将军,使就泰。以迎帝功,拜骁骑将军,加仪同三司,灵州刺史。曹泥党于高欢,虎往讨之,招谕费也头之众,并力攻泥,四旬而克。阿至罗断其归路,虎袭击,破之。从破沙苑,斩级居多。贼师梁企定据河州作乱,虎以本官兼尚书左仆射,为陇右行台,讨之。部将乌军长命潜与贼应,虎斩之,贼闻大惧,遁走河北。虎师将济河,贼率众降,获男女数万口,进位开府仪同三司。师还,击南岐州反兵杨盆生、马僧等,破之,俘盆生以归。寻授岐州刺史。莫折后炽寇秦州,虎讨降之,后进封赵郡公,历渭秦二州刺史。复击叛胡,平之,徙封陇西公。十四年,拜太尉,迁右军大都督,柱国大将军,少师公,十六年,为八柱国之一,赐姓大野氏。谢启昆《西魏书》十八《李虎传》案《周书》无《李虎传》,其事迹散见于本纪列传中,两《唐书·高祖本纪》记载皇祖虎事,亦甚略,谢氏所撰《李虎传》,本《周书》、《唐书》,又据《太平御览》引《典略》补,故较详,兹节录之。

阎庆,字仁庆,河南河阴人也。曾祖善,仕魏,历龙骧将军,云州镇将,因家于云州之盛乐郡。祖提,使持节,车骑大将军,敦煌镇都大将,父进,有谋略,正光中,拜龙骧将军,盛乐郡守。庆幼聪敏,齐神武举兵入洛,魏孝武西迁,庆谓所亲曰,高欢跋扈,将有篡逆之谋,遂以大统三年,自宜阳归阙,拜中坚将军。河桥之役,以功拜前将军。及邙山之战,先登陷陈,拜抚军将军,大都督,进爵为伯。累迁使持节骠骑大将军,开府仪同三司,加侍中,赐姓大野氏。《周书》二十《阎庆传》。

案大野氏不见于《魏书·官氏志》,其部落原住地所在,已不可考。《周书·文帝纪》,"魏氏之初,统国三十六,大姓九十九,后多灭绝,至是以诸将功高者为三十六国后,次功者为九十九姓后。"合之当得一百三十五姓,西魏赐姓范围,当不出此,然《官氏志》所载,仅有一百十八姓,故《志》云,"今举其可知",则当北齐魏收时,已不能尽知,大野氏以下八氏,盖皆在不能知之列。赐姓大野氏者有二,即李虎、阎庆,而李虎为唐高祖之祖,虎之曾祖重耳,陈寅恪先生作《李唐氏族之推测》一文,以为李重耳即李初古拔,为鲜卑族,余曾作《驳李唐为胡姓说》以正之,载于《东方杂志》第三十三卷十五号。兹不赘述。总之大野氏与李氏阎氏皆不相涉也。陈寅恪先生文中谓"谢懿亦赐姓大野氏",此说尚可疑,未为定论,故不取。

赐姓徒何氏者一人

李弼,字景和,辽东襄平人也。《北史·李弼传》作陇西成纪人。六世祖根,慕容垂黄门侍郎,祖贵丑,平州刺史,父永大中大夫,赠凉州刺史。弼少有大志,膂力过人,永安元年,尔朱天光辟为别将,从天光西讨,破赤水蜀,又与贺拔岳讨万俟丑奴,皆破之。天光赴洛,弼因隶侯莫陈悦,除南秦州刺史。及悦害岳,弼知悦必败,会太祖军至,弼背悦来降,悦由此遂败。以本官镇原州,寻拜秦州刺史。太祖率兵东下,征弼领右军,攻潼关,及回洛城,克之，进位骠骑大将军，开府仪同三司。从平窦泰，平弘农，与齐神武战于沙苑，弼率军居右，而左军为敌所乘，弼呼其麾下六十骑，身先士卒，横截之，贼遂为三，因大破之，以功拜特进，爵赵郡公，又与贺拔胜攻克河东，略定汾绛。四年，从太祖东讨洛阳，弼为前驱，又从太祖与齐神武，战于河桥，深入陷阵。五年，迁司空。六年，侯景据荆州，弼与独孤信御之，景乃退。九年，从战邙山，转太尉。十四年，北稽胡反，弼讨平之。迁太保，加柱国大将军。魏废帝元年，赐姓徒何氏。《周书》十五《李弼传》。

案徒何氏不见于《魏书·官氏志》。《魏书·徒何慕容廆列传》云："其本出于昌黎，曾祖莫护跋，魏初率诸部落，入居辽西，从司马宣王讨平公孙渊，拜率义王，始建国于棘城之北。父涉归，以勋拜鲜卑单于，迁邑辽东。涉归死，廆代领部落，以辽东僻远，徙于徒何之青山。"《周书·豆卢宁传》，"昌黎徒何人，其先本姓慕容氏，前燕支庶。"然则徒何部落，即在昌黎，亦为慕容氏支庶矣。李弼为辽东襄平人，其先则为陇西成纪人，辽东襄平之有李氏，盖在燕慕容廆之世，《晋书·慕容廆载记》云，"廆刑政修明，虚怀引纳，流亡士庶，多襁负归之，乃立郡以统流人，冀州人为冀阳郡豫州人为成周郡，青州人为营邱郡，并州人为唐国郡。"弼六世祖根，慕容垂黄门侍郎，则亦在燕时入辽东。弼父永，太中大夫，以其本为陇西人，故赠凉州刺史。况襄平在辽东，徒何在辽西，故徒何氏与李氏不相涉也。

赐姓可频氏者一人

王雄，字胡布头，太原人也。父苍，以雄"杰"^{杰系衍文}著勋，追赠柱国大将军，少傅，安康郡公。雄少有谋略，永安末，从贺拔岳入关，除征西将军。魏孝武西迁，授都督，大统初，进爵为公，进大都督，迁开府仪同三司，加侍中。出为岐州刺史，进爵武威郡公，进位大将军。十七年，雄率军出子午谷，围梁上津魏兴。明年，克之，其地为东梁州，魏恭帝元年，赐姓可频氏。孝闵帝践祚，授少傅，进位柱国大将军。武成初封庸国公。《周书》十九《王雄传》。

案可频氏不见于《魏书·官氏志》。或有强列王雄于河南王氏者，谓"《姓氏辩证》云，河南王氏，其先代人，姓拓王，随魏南徙，居中国，始改为王氏，后魏安康公王瑜是也。《周书·王雄传》云，父峦，以雄杰著勋，追赠安康郡公，峦字亦书书作岿，与瑜字近似，当是一字之讹，可知王雄本姓拓王氏。"案或说非也，《姓氏辩证》谓后魏安康公王瑜河南王氏，本姓拓王，而王雄为太原王氏其父峦，以雄著勋，原作以雄杰著勋，衍杰字。在后周时，始追赠安康郡公，郡望时代既不同，名字又相异，不可附会为一人，而指为本姓拓王也。《北齐书·斛律光传》有周庸国公可叱雄《北史·斛律光传》作庸公王雄，雄赐姓可频氏，可叱盖可频之误，与太原王氏不相涉也。

赐姓贺屯氏者一人

侯植 已见上"赐姓侯伏侯氏"条

案贺屯氏不见于《魏书·官氏志》，考《志》有贺赖、贺楼、贺葛、贺若、贺儿、贺拔、贺兰凡七氏，而贺赖、贺兰二氏，并云后改为贺氏。陈毅《疏证》"贺赖氏"条云，"《姓氏辩证》三十三引唐孔至《姓氏杂录》称改贺氏者为贺敦氏。唐人传本，或有异同，彼敦字当读如槃敦之敦，即赖字声近致讹，非别有一氏也。"余谓贺敦氏与贺屯氏声甚近，则贺屯氏或亦贺赖或贺兰之变音，与侯氏更不相涉也。

赐姓普毛氏者一人

辛威，陇西人也。祖大汗，魏渭州刺史。父生，河州四面大都督。威少慷慨，有志略，初从贺拔岳征讨，有功，假辅国将军，都督。及太祖统岳之众，见威奇之，引为帐内，寻授羽林监。从迎魏孝武，因攻回洛城，功居最。大统元年，进爵为侯，从擒窦泰，复弘农，战沙苑，并先锋陷敌，以前后功，授抚军将军。从于谨破襄城，又从独孤信入洛阳。经河桥阵，加持节，进爵为公。五年，授扬州刺史，加大都督。十三年，迁骠骑大将军，开府仪同三司，赐姓普毛氏。《周书》二十七《辛威传》。

案普毛氏不见于《魏书·官氏志》。《隋书·周摇传》云，其先与后魏同源，初为普乃氏，普乃与普毛形声均不相近，且《志》惟云普氏后改为周氏，故普乃与普毛，皆不可考也，然与辛氏盖亦不相涉耳。

赐姓库汗氏者一人

王勇，代武川人也，本名胡仁，少雄健，有胆决，便弓马，膂力过人。从侯莫陈悦贺拔岳征讨，功每居多，拜别将。及太祖为丞相，引为帐内直荡都督，加后将军。大统初，进爵为侯。从擒窦宪，复弘农，战沙苑，所当必破，进爵为公，授帅都督。从讨赵青雀，平之，论功居最，除卫大将军，殷州刺史。邙山之战，大军不利，惟勇及王文达耿令贵三人，力战皆有殊功。军还，皆拜上州刺史，勇得雍州，文达得岐州，令贵得北雍州，仍赐勇名为勇，令贵名豪，文达名杰，以彰其功。十三年，授大都督。十五年，进侍中，骠骑大将军，开府仪同三司。魏恭帝元年，从柱国赵贵征茹茹，破之，进爵新阳郡公，仍赐姓库汗氏。《周书》二十九《王勇传》。

案库汗氏不见于《魏书·官氏志》，《志》惟有厍狄氏，厍音舍，与库别。或谓"王勇为河南王氏，此氏其先代人，姓拓王，又云乐浪王氏本姓拓王高丽族也，又云，代郡王氏，本姓乌丸皆相矛盾"。王勇虽为代人，其先本姓拓王，或本姓乌丸，史无明文，且武川诸族，皆各郡良家子镇戍移居，未必本为代人，其为汉族亦未可知，与库汗氏亦不相涉也。

赐姓拓王氏者一人

490 张菊生先生七十生日纪念论文集

> 王康父思政,太原祁人,汉司徒允之后也。自魏太尉凌诛后,冠冕遂绝。思政有筹策,大统十四年,拜大将军,旋陷于齐。康沉毅有度量,后为周文亲信。思政陷后,诏以因水城陷,非战之罪,以康袭爵太原公,除骠骑大将军,侍中,开府仪同三司。十六年,王师东讨,加康使持节,大都督,以思政所部兵皆配之。魏废帝二年,随尉迟迥征蜀,镇天水郡,寻赐姓拓王氏。《北史》六十二《王思政传》。

案拓王氏不见于《魏书·官氏志》,或谓乐浪王氏,本姓拓王,高丽族也,引《周书》王盟乐浪人赐姓拓王氏为证。然既云赐姓,则非其本姓可知,况《北史·王盟传》称其赐姓拓跋乎,故拓王氏出于何地,不可考也,其与太原祁县王氏,决不相涉也。

赐姓车非氏者一人

> 周摇,字世安,河南洛阳人也。其先与魏同源,初姓普乃,及居洛阳,改为周氏。曾祖拔拔,祖右六肱,俱为北平王,父恕延,历行台仆射,南荆州总管。摇少刚毅,有武艺,仕魏,为开府仪同三司,周闵帝受禅,赐姓车非氏。《北史》七十三《周摇传》。

案车非氏不见于《魏书·官氏志》,《志》云,献帝次兄为普氏,后改为周氏,则周摇与魏同源,信矣。《姓氏辩证》十二称献帝次兄改周氏者为车非氏,考《周摇传》周闵受禅,赐姓车非,隋高受禅,复姓周,邓名世盖误以周赐之氏,为魏初所受之氏也,姓氏书之不足据,此又其一例矣。

以上八氏均不见于《魏书·官氏志》。

附赐姓之可疑者四人

> 王轨太原祁人也。小名沙门,汉司徒允之后,世为冠族,累叶仕魏,赐姓乌丸氏。父光,有将帅才略,每从征讨,频有战功,太祖知其勇决,遇之甚厚,位至骠骑大将军,开府仪同三

司,平原县公。轨高祖时进位柱国,拜徐州总管七州十五镇诸军事。《周书》四十《王轨传》。

案乌丸氏已见上王德赐姓乌丸氏条,此云累叶仕魏,赐姓乌丸氏,似王轨之祖宗,在北魏已赐姓乌丸氏矣,此疑误也,若在北魏已赐姓乌丸,则孝文已改乌丸为桓氏,大统复姓,仍称乌丸,则《周书》当称乌丸轨或称桓轨,不得称王轨也,故王轨传之赐姓乌丸,必为其父王光时之赐姓,或轨自身之赐姓,否则其祖宗时或改姓乌丸,后复姓王耳。或谓,"王轨本姓乌丸,为鲜卑族,《永乐大典》辑本宋项安世《项氏家说》云,柳芳《唐历》言王珪曾祖神念,在魏为乌桓氏,仕梁为将,祖梁太尉僧辨,遂为王氏。《旧唐书·王珪传》亦云在魏为乌丸氏,曾祖神念,自魏奔梁,复姓王氏。《魏志·牵招传》有乌桓归义侯王同王寄,《晋书·慕容盛载记》有乌桓王龙之,明乌丸本有王氏,《官氏志》乌丸氏改为桓氏,桓与王北音近似,疑《志》原作王。"案或说非也,魏晋之间,乌丸固有王氏,但此王氏,不过为乌丸人,其姓则非乌丸也,故不得云王氏本姓乌丸。《唐书·宰相世系表》乌丸王氏冏后魏度支尚书,护乌丸校尉,广阳侯,因号乌丸王氏,生神念。然则柳芳《唐历》及《旧唐书》称神念在魏为乌丸氏者,不过因其父冏曾为乌丸校尉,自号乌丸王氏,而误以为本姓乌丸耳。《梁书·王神念传》,神念,太原祁人,此《王轨传》亦云太原祁人,汉司徒允之后,盖与神念同族,遂亦误以其祖宗为赐姓乌丸矣,衡之于改姓复姓及赐姓复姓诸事实,皆不合也。

窦炽,字光成,扶风平陵人也,汉大鸿胪章十一世孙。章子统,灵帝时为雁门太守,避窦武之难,亡奔匈奴,遂为部落大人。后魏南徙,子孙因家于代,赐姓纥豆陵氏,累世仕魏,皆至大官。父略,平远将军。炽性严明,少从范阳祁忻受《毛诗》、《左氏传》,略通大义,善骑射,魏孝武帝与齐神武搆隙,以炽堪处爪牙之任，拜阁内大都督，朱衣直阁，遂从帝西迁。大统元年，以从驾功，封真定县公，除东豫州刺史。从擒窦泰，复弘农，破沙苑，皆有功，又从太保李弼讨白额稽胡，破之，十三年，进使持节骠骑大将军，开府仪同三司，加侍中。出为泾州刺史，进授大将军。魏废帝元年，除大都督。魏恭帝元年，进爵广武郡公。属茹茹寇广武，炽率兵与柱国赵贵分路讨之，茹茹引退，炽度河至麹使川，追及与战，大破之，斩其酋帅郁久闾是发，获生口数千，及杂畜数万头。武成二年，拜柱国大将军。保定四年，授大宗伯。齐平之后，进位上柱国。《周书》三十《窦炽传》。

案《魏书·官氏志》"次南有纥豆陵氏，后改为窦氏"。陈毅《疏证》云："《唐书·宰相世系表》，窦出姒姓，统以窦武难，入鲜卑拓跋部，使居平城，号没落回部大人。生宾，二子，异、他。他为魏神元所杀，并其部落。他生勤，穆帝复使领部落，命为纥豆陵氏。勤生子真，真生朗，朗二子，滔、佑，佑三子，提、拓、岩，拓为魏侍中，岩从孝武徙洛阳，遂为河南洛阳人，三子，那、敦、略，略字六头，孝文世，复为窦氏，略五子，兴、拔、岳、善、炽。据周传《唐表》，是纥豆陵本由窦改，后复本氏，《序纪》称宾为没鹿回部大人，《皇后传》神元后窦氏，没鹿回部大人宾女，皆与《唐表》合，然《唐表》谓略字六头，则非，六头或作漏头，《世祖纪》，真君四年，辽东王窦漏头薨，不得复生于孝文之世，据《姓纂》五十候云，状称纥豆陵六代孙漏头，辽东王，孙略。是六头乃略祖佑之字也。"（孝武当作太武）

案《唐表》谓穆帝使窦勤复领没落回部，命为纥豆陵氏，是可疑者有二：鲜卑以部落为氏，当为没落回氏，不当为纥豆陵氏，一也。《姓纂》五十候引状称纥豆陵六代孙漏头，辽东王，则纥豆陵乃穆帝所赐之名，而非所赐之姓，二也。纥豆陵为窦勤所易新名，生真，真生朗，朗生佑，佑生岩，岩生略，是纥豆陵六代孙为略，略字六头，

《唐表》不误；若据《姓纂》所引之状，纥豆陵六代孙漏头，漏头孙略，则是《唐表》脱略二代，故陈说谓六头乃略祖佑之字，亦误也。或谓："纥豆陵乃部落之名，即没落回所改，既有此部落之名，即有以此为姓氏者，《魏书·孝庄纪》有纥豆邻步藩，《出帝纪》有纥豆邻伊利，即其证也。"然《唐表》称命为纥豆邻氏，乃指姓氏；《姓纂》引《状》称纥豆邻六代孙漏头，乃指人名；则改为部落之说，于二书皆不可通。窃谓窦氏本出汉族，窦勤于穆帝时，实赐名而非赐姓，汉族多以祖宗之名号为氏，以分别支派非若胡人以部落为姓也，勤之子孙，即以其所赐之名为氏，以与胡人复姓相合，迨孝文时，崇尚单姓，始复改为窦氏，故《官氏志》云纥豆陵氏后，改为窦氏也。《魏书·后妃传》神元皇后窦氏，没落回部大人宾女，斯时窦氏未改为纥豆陵氏，乃其本姓。世祖太武皇帝封皇太后窦氏弟漏头为辽东王，见于《明元皇后杜氏传》，其时窦氏已改为纥豆陵氏，《魏书》亦称窦氏者，乃魏收例以孝文新改之姓书之，故亦称窦氏，实非当时之姓。《周书·窦炽传》谓其祖先赐姓纥豆邻氏，实为《唐表》所本，然此乃窦氏自改之姓，而非赐姓，惟以所赐之名为姓，故后人或以为赐姓耳，此赐姓之说所由来也。至西魏大统复姓，又称纥豆邻氏，《隋书·王邵传》之纥豆邻恭，即《周书·窦炽传》炽第二子恭，《隋书·李德林传》之纥豆陵毅，即《周书·窦炽传》炽兄子毅，可证，至周静帝时又诏复姓，故《周书》纥豆陵氏，皆改书窦氏，此皆踪迹之可寻者。纥豆陵氏在魏孝文以前，既为外戚，又封王爵，故改姓纥豆陵氏者颇多，上所举纥豆陵步藩等是也；至西魏大统复姓以后，纥豆陵氏仍多贵族，故梁御等亦改姓纥豆陵氏，_{见《周书》十七《梁御传》}由此观之，窦氏乃汉族而久仕胡廷，益可信矣。况鲜卑吐谷浑氏，亦以人名而为姓氏，则纥豆陵先为人名而后为姓氏即在鲜卑亦非无此例也。

高琳，字季珉，其先高句丽人也。六世祖钦，为质于慕容廆，遂仕于燕，五世祖宗，率众归魏，拜第一领民酋长，赐姓羽真氏。祖明，父迁，仕魏，咸亦显达。魏孝武西迁，琳从入关，至潼水，为齐神武所迫，拒战有功。大统三年，从太祖破齐神武于沙苑，累迁卫将军。四年，从擒莫多娄贷文，仍战河桥，琳先驱奋击，勇冠诸军，太祖嘉之，谓之曰，公即我之韩白也。寻镇玉璧。复从太祖战邙山，加大都督，车骑大将军，开府仪同三司，侍中。孝闵帝践祚，进爵犍为郡公。天和六年，进位柱国。建德元年，薨。《周书》二十九《高琳传》。

案羽真氏不见于《魏书·官氏志》，《周书》、《隋书》、《高丽传》皆云："其先出自夫余，始祖朱蒙建国，自号高句丽，以高为氏。"则高琳之为高丽族，盖无疑义。惟谓赐姓羽真氏，在其五世祖宗时，则必在魏孝文以前，孝文改姓，必为单姓，至大统复姓，必仍称羽真，既非西魏或后周之赐姓，必不在孝静复姓之列，则《周书》当称羽真琳，不称高琳矣，故疑此羽真氏，或亦为高琳自身之赐姓，否则为其祖宗之改姓，与王轨、窦炽例同。《周书·怡峰传》，"峰高祖宽，燕辽西郡守，魏道武时，率户归朝，拜羽真赐爵长蛇公"，疑羽真为官名，高琳五世祖宗率众归魏，疑亦拜羽真，子孙以官为氏，后人误以为赐姓耳。

豆卢宁，字永安，昌黎徒何人，其先本姓慕容氏，前燕之支庶也。高祖胜，以燕皇始初归魏，授长乐郡守，赐姓豆卢氏，或云避难改焉。父长，柔远镇将。宁少骁果，永安中，随尔朱天光入关。天光败，从侯莫陈悦，悦反，太祖讨悦，宁与李弼率众归太祖。魏孝武西迁，以奉迎勋，封河阳县伯，寻进爵为公。从太祖擒窦泰，复弘农，破沙苑，除武卫大将军，兼大都督，寻进车骑大将军。七年，从于谨破稽胡帅刘平伏于上郡。梁企定反，以宁为军司，监陇右诸军事。贼平，进位侍中，使持节，骠骑大将军，开府仪同三司。九年，从太祖战于邙山，拜大将军。魏恭帝二年，改封武阳郡公，迁尚书右仆射。孝闵帝践祚，授柱国大将军，保定五年，薨。《周书》十九《豆卢宁传》。

案豆卢氏不见于《魏书·官氏志》，《周书·豆卢宁传》，仅载赐姓及避难改姓二说，《北史·豆卢宁传》则云："高祖胜，以'燕'皇始初归魏字疑衍皇始初归魏，赐姓豆卢氏，或云北人谓归义为豆卢，因氏焉，又云，避难改焉，未详孰是。"姚薇元《魏书官氏志广证》。"吐伏卢氏后改卢氏"条云，"《旧唐书·豆卢钦望传》云，祖宽，即隋文帝之甥也，高祖以宽曾祖苌魏太和中例称单姓，至是改宽为卢氏，永徽元年，卒，又复姓为豆卢氏。据此，豆卢氏改为卢氏，与吐伏卢氏改为卢氏，实为一氏而异译，吐与豆音近，而伏则省略，吐伏卢省为吐卢，与阿伏干省作阿干例同，是吐卢即豆卢也。豆卢氏本姓慕容，《魏书·太祖纪》及《慕容白曜传》，慕容降人，曾于天赐六年谋叛，诛夷三百余人，其遗免者，皆不敢复姓。可知本出慕容之豆卢氏，当系此时避难而改，《庾子山集》、《周柱国慕容宁碑》即豆卢宁云，因魏室之难，改姓豆卢，可证《周书》宁传赐姓说之不确。"案姚说是也。陈毅《疏证》云："《隋书·豆卢勣传》云，本慕容后，中山败，归魏，北人谓归义为豆卢，因氏焉。"案归义之说，与避难改姓之说，不相冲突，考避难改姓，当时甚多，《周书·厙狄峙传》云，"其先辽东人，本姓段氏，匹䃅之后也，因避难改焉，后徙居代，世为豪右。"《周书·怡峰传》云："辽西人也，本姓默台，因避难改焉。"然则豆卢氏因避难改姓，亦有佐证矣。

以上赐姓者共六十七人。史称赐姓在西魏以前者，四人，王轨、窦炽、高琳、豆卢宁是也。赐姓在西魏以后者，八人，王悦、柳庆、韩雄在周孝闵帝时，赵昶、刘志、高宾、寇和在周明帝时，郭衍在周武帝时,而西魏之赐姓,实为五十五人,从其多数言,故本文定名为《西魏赐姓源流考》。

此六十七人中,赐姓为宇文氏者二十六人,贺兰、三人,拓跋、独孤、万纽于、若口引、叱罗、普六茹、乌丸、乙弗、大野,各二人,步六孤、尉迟、莫胡卢、叱利、叱吕引、侯吕陵、纥干、侯伏侯、尔绵、纥豆陵、侯莫陈、大利稽、和稽、徒何、可频、贺屯、普毛、库汗、拓王、车非、羽真、豆卢,各一人,共三十二姓,而宇文氏独占多数,既可知赐姓用意之所在,又可为赐姓非复姓之明证。

有一人而赐二姓者,唐瑾赐姓宇文氏,又赐姓万纽于氏;侯植赐姓侯伏侯氏,又赐姓贺屯氏,此亦可为赐姓非复姓之确证。

有赐姓而兼赐名者凡八人,李和本名庆和而赐名意,崔谌本名士约而赐名谌,薛端本名沙陀而赐名端,令狐整本名延世而赐名整,刘志本名思而赐名志,刘亮本名道德而赐名亮,耿豪本名令贵而赐名豪,王勇本名胡仁而赐名勇。他若王文达赐名杰,见《周书·王勇传》。陆彦赐名逞,《周书·陆通传》。裴协赐名侠,《周书·裴侠传》。卢恭祖赐名诞,《周书·卢诞传》。伊灵赐名尹,《周书·伊娄穆传》。长孙庆明赐名俭,《周书·长孙俭传》。独孤如愿赐名信,《北史·独孤信传》。诸如此类,实繁有徒,此赐名而不赐姓,与赐姓而不赐名,及姓名兼赐者,虽恩遇不同,皆所以鼓舞功臣,非有类物辨族之意,而赐姓以复其本姓也。

凡赐姓之汉人,有久居胡中,为其部落酋长,或镇戍边塞,累世习染胡风,娶胡妻,姓胡姓,名胡名。如窦炽之先,避窦武难,亡奔匈奴,遂为部落大人;高宾本渤海人而没辽左;耿豪本巨鹿人而迁辽东;阎庆本河阴人而迁盛乐;李弼本陇西人而迁辽东;蔡佑本陈留人而徙高平;刘亮本中山人而父为领民酋长;李和本陇西人而祖徙朔方,父为夏州酋长。他若镇戍榆中者,有金城王杰之父;镇戍高平者,有陇西李穆之祖;镇戍武川者,有上谷寇和之父,天水赵贵之祖,弘农杨忠之曾祖,陇西李虎之祖,尤其显著者也。窦炽祖先;改姓纥豆陵氏,梁御祖先;亦改姓纥豆陵氏,其他赐胡姓者,皆安之若素。薛端本名沙陀,刘雄字曰猛雀,韩雄之字木兰,杨忠小名奴奴,王勇本名胡仁,王雄字胡布头,梁台父名去斤,李弼祖名贵丑,辛威祖名大汗。凡斯戎狄之化,皆因久家边塞,或与胡族通婚,故渐渍胡风,几类其族;然能一洗两晋积弱之习,擅朔漠雄豪之气,隋唐之弘图,皆为此辈所开创。不可以其习染胡风,而疑其皆为胡人,其种姓源流,历史具在,彰彰可考也。

西魏之赐姓,皆周太祖宇文泰主之,周静帝时之复姓,皆隋高祖杨坚主之。宇文泰之赐姓,以汉人为多,确可认为外族者,惟周摇、段永、豆卢宁为鲜卑人,王盟、高琳为高句丽人,叱罗协盖为新罗人,共为六人而已。其他六十一人,虽亦有疑其为外族者,如窦氏、高氏、刘氏、王氏、李氏为尤多,然皆属附会,毫无确据,信误谬百出之姓氏书,而蔑弃正史,皆未足为定论,故仍列于汉人中。则赐姓之举,不过笼络汉人,以统治汉土,使专为己用,不为反侧而已。此隋文帝所以发愤复姓,既为汉族洗污辱,又为汉族复国权,隋唐光荣之历史,皆为当时赐姓之杨忠李虎子若孙所创造,安可昧其源而乱其流,而漫称之为外族哉!

中华民国二十五年十月十五日撰成于南京晒布厂寓庐

中国文化之回顾与前瞻

韦 悫

文化是一个民族的生活所表现出来的学术和制度。我国自古称为礼义之邦,文化发达最早,然而就现在情形看来,我国早已丧失了领导文化的地位,而且目前是一个文化落后的国家。这是什么缘故呢?我们想解答这个问题,最好先做一个历史的观察。

世界进化经过几万万年才有人类,人类进化经过几千万年才有学术。当学术未发达以前,人类的思想有三个特点:(一)万物皆有生命;(二)用魔术来驾驭环境;(三)以神话来解释民族的起原和发展。学术的起原是因为一方面实在观察所得的经验与幻想所得的见解发生冲突,他方面须设法整理经验使思想合理化及与观察所得相符。经过这两方面的变迁,学术才能够发生。

我们都知道文化的起源是在东方。埃及文化很早便流传到西方,但中国文化和印度文化后来才和西方文化接触。汉族是中国文化的创造者和继承者。汉族的来源至今还没有确实的证明。有些说是从西亚细亚来的,还有些说是从新疆来的。总而言之,汉族最初是一种流动民族,到了黄河流域,征服土人,建立汉族社会,遂树立文化的基础。

关于我国古代文化的知识,我们所得到的都是传说。这些传说都是环集在古代君主的功业,最重要的当然是黄帝轩辕氏的功业。黄帝最伟大的功业是战胜蚩尤，统一中原。他建国邑，做舟车，使仓颉做文字，容成做历，隶首做数，伶伦做音律，命元妃嫘祖教民养蚕，可以说是中国文化的鼻祖。黄帝殁后，继起者最著名的是唐尧和虞舜两个皇帝。尧舜时代政制、历法、教育、礼、乐和法律都比较黄帝时进步。继虞舜的就是夏禹，他的最伟大功绩是治水。那时候政治、田制、劳作等都有重要的变迁。封建制度就是在这个时期萌芽，教育制度也粗具模型。夏禹还做了不少劳作和交通的工具。夏亡，商继，文化也有相当的进步，不过还不到全盛的时期。

　　古代文化最发达的时期是周代。周有东西之分。西周的功业集中在周公一人的身上。封建制度在周代极为完备，诸侯之数在周初约有千七百七十三国。周的官制有三公_{太师、太傅、太保}，三孤_{少师、少傅、少保}，六卿_{大冢宰、大司徒、大宗伯、大司马、大司寇、大司空}，各有一定的职掌。官爵也有一定的等级，分别极为详尽。周代田制就是历史上所谓井田制，使耕者有其田，防止土地私有的弊病。学校制度在周代最为完备。京师大学曰辟雍，诸侯大学曰頖宫，地方学校——闾有塾，党有庠，州有序。其他关于兵制、税制、法律、选举、礼制、宗教及实业皆是在周代最为完备。

　　东周时，政治日趋浑乱，惟学术的发展有特殊的成绩，可以说是古代文化的黄金时期。学术中以儒家学说为最有力量，也就是我国数千年来的传统思想。儒家虽出于司徒之官，但孔子实为儒家的鼻祖。孔子以仁义道德为治国之本，而以法政为治国之标。他以修身、齐家、治国、平天下为立国之程序，大同为政治的最终目的。孔子殁后，儒家分为孟子及荀子两派，但后世儒家思想仍以孔孟为正宗。

　　道家学说源出老子，以无为而治天下，而以归返自然为解决人生一切纠纷的唯一方法。其后杨子、列子、庄子的学说皆源出道家,但仍各有不同的见解。杨子提倡无我之说,虽拔一毛而利天下亦不为。他以为人能各自为谋,独善其身,则天下太平了。列子与庄子主张对人生抱旷达的态度,不为世俗所拘束,以求精神上的解放。

墨家学说倡自墨子。他倡兼爱之说,著有《墨子》七十一篇,主张平等、大同、节俭及崇拜鬼神,并以牺牲个人,为社会谋福利做道德的理想。墨子著作讲及科学者极多,故可以算是中国古代的科学家。

法家的始祖为管仲及李悝。管仲做齐的宰相,李悝辅助魏王,皆有优良的政绩。法家以法术治国家,不主张空言提倡仁、义、礼、乐。管仲行政注重民生,尤有特殊的见地。其后申不害说术,商鞅说法,韩非兼说法术,皆为法家的健将。商鞅在秦变法,使秦富强,也是法家的显著成绩。

名家就是论理学家,以邓析、公孙龙及惠施为代表。兵家以孙武及吴起为代表。其他尚有杂家、阴阳家、纵横家、农家、小说家等,足以证明东周学术的发达。

东周皇室衰微,弄成战国的局面。后来秦灭六国,统一中国,废封建,分全国为三十六郡,实行中央集权。秦始皇焚书坑儒,使学术无从进展,文化受极大的打击,但他筑万重长城,在历史上也有伟大的贡献。他用李斯做宰相,反古尚今,富有革命的精神,可惜矫枉过正,不免成为反动的趋势哩。他在文化上最大的贡献是改革文字,采用李斯、赵高及胡母敬的主张,改繁重的大篆,为简易的小篆,更有程邈创作隶书,使文字趋向简明的途径进展。此外关于政治与法律,改革的也不少。秦始皇建阿房宫,异常宏伟,亦为重要的物质建设。

汉高祖以布衣得天下,废除暴秦苛政,大得民心,惟在文化方面没有贡献。汉初,因张良之提倡,黄老学说甚盛。所谓黄老学说,就是黄帝及老子的学说,主张无为而治天下。到汉武帝时,尊崇儒术,儒家才能复兴。经史之学在汉朝研究者甚多,尤以司马迁所著《史记》,为历代史学的标准,在文化上实有重大的贡献。汉代文学杰作颇多。贾山的《至言》,贾谊的《治安策》及《过秦论》为汉代文章的不朽作品。其后董仲舒、刘向、扬雄、班固、马融、蔡邕、孔融等皆为文坛的健将。汉代的诗、词、歌、赋亦盛行一时,较之秦代文学不振,真有天渊之别。其他天文学、医学、书法与图画发展极速。汉代最大的文化变动为佛教的输入,对于后来人民的思想影响很大。

两晋及南北朝的文化无甚进展。汉末天下大乱,民不聊生,人民多具厌世思想,故宗教极为发达。佛教在那个时候适合人民的心理,故皈依者极多。朝野上下,除信奉佛教外,多趋向老庄的学说,而鄙视儒术。虽有儒家,亦不能挽狂澜于既倒。清谈之风盛极一时,同时道教亦甚为风行,至北魏时竟变为国教。所谓道教,倡自汉张道陵,由东晋时葛洪阐明教理。后世谓老子为道教之祖,完全是穿凿附会之辞。秦汉时方士求长生不老之术,实为道教的滥觞。在文学及书画方面,两晋及南北朝时,有不少的杰作。文学以词、赋、诗、歌著名,惟只注意文辞的华丽、不重义理,颇为世所诟病。书画因士大夫清闲,佳作颇多。总而言之,两晋及南北朝的文化,除宗教与文艺无足述者。

隋唐时代,中国文化大有转机,尤以唐代文化为最盛,故中国人有自称为唐人者。唐代官制最为完备:中央有六省、一台、五监、九寺;武官有诸卫将军,外官有都督府,都护府,后改为节度使;府有牧尹,州有刺史,县有令。唐代日本留学生甚多,故日本的政制与学术受唐代的影响甚大。唐代经学偏重注疏之学,不出正义的范围，其中以李鼎祚的《周易集解》，陆淳的《春秋集解纂例》及《辨疑》等最有见地。研究史学者甚多，尤以刘知几所著的《史通》，韩愈所著的《顺宗实录》及杜佑所著的《通典》为不朽的杰作。唐初文章沿用骈体，后来韩愈、柳宗元、李翱等恢复古文，风气为之一变。后人谓韩文起八代之衰，足见韩文价值之高了。至唐诗之盛尤为文人所共晓。诗人如李白、杜甫、王维、韦应物、杜牧、李商隐等皆为我国历史上的伟大诗人。其他天算、书法、图画、音乐、医学等在唐代也有不少的杰作。宗教思想在隋唐时代极为复杂。除原有佛道二教外，外国宗教传入者有回教、景教、祆教及摩尼教。唐代文化最特别处在与外国文化沟通。至物质建设则以隋炀帝所凿的运河为最重要的交通事业。西北两边的万里长城也是隋炀帝增筑的。科举取士创自隋炀帝，至唐时而大备。

唐室崩溃，继起者有梁、唐、晋、汉、周，史家叫做五代。五代因政治混乱，战争时起，文化无从进展。唐明宗及周世宗虽欲发奋有为，然终不能成大业。五代文化可纪述者是印刷术的发明，于文化的传播有极大的助力。

宋代文化以理学为最著名。所谓濂、洛、关、闽四派，就是濂溪周敦颐，洛阳程颢、程颐，关中张载及闽中朱熹。史学亦甚盛，就中以司马光的《资治通鉴》，朱熹的《通鉴纲目》，袁枢的《通鉴纪事本末》，及马贵兴的《文献通考》为最有价值。文学家以欧阳修、苏洵、苏轼、苏辙、曾巩、王安石、李纲、王十朋、陈亮、吕祖谦等为最著名。诗学亦颇多佳作，如苏轼、王安石、黄庭坚、陈师道、杨万里、陆游等皆为有名的诗家。至医学、音乐、书法及绘画亦多杰才。今之书法多取法于宋朝各大家。文学还有一个特殊成绩，就是词曲、小说及戏曲极为发达。印刷术也是极有进步，今人多仿效宋法，可见当前印刷术之精了。宋代宗教不如唐代之盛，惟佛教极有势力。宋儒受佛教思想影响甚大。政制的变更以王安石的变法为最彻底,可惜未完全成功。宋代还沿用科举制。

元朝以外族入主中国,对于中国文化表面上尊崇。元武宗进尊孔子为大成至圣文宣王,以表示崇尚儒术。事实上元朝以蒙古风俗习惯为主体,故中国文化在元时无从进展。元初文学以元好问的文章为首屈一指。后来虞集、杨载、揭傒斯、黄潜、柳贯、吴莱等亦负文学盛名。元代诗文远不及唐宋,惟小说及戏曲特别发达,多为我国文学史上的不朽杰作。理学虽有研究者,然远不如宋代之盛。医学因选试极严,故精研医学者甚多。同时西医也是在元时输入。历法在元朝也有相当的研究成绩。书法及绘画也有名家。宗教新输入者有喇嘛教及基督教。回教因皇帝提倡,特别兴盛。科举制度时兴时废,且元代用人偏取贵族,故汉人难得升进的机会。元时中西文化有沟通的事绩,于后来文化的进展有不少的助力。

元亡明兴,中国文化得有复兴的机会。明太祖首倡儒学,儒家思想勃兴,以河东及姚江两派为宗。前者以程朱学说为主;后者以王守仁的学说为宗。文学以宋濂、王祎、刘基、方孝孺、归有光等为最著名的散文家。其后有八股文出现,为考试制度的产品。诗人以刘基、高启、徐贲、张羽、李东阳、李梦阳等为最有名。经学以程朱的见解为主。史学虽有佳著,惟无优越的作品。医学与历法贡献甚多,尤以徐光启之介绍西洋天文学、数学及历法为重要的工作。明代科举以八股取士,只重文辞,不讲实学,不能促学术的进展。其他关于书法及绘画方面,也有相当的成绩。明代与西洋文学渐密,中西文化得以继续沟通。总而言之,明代文化远胜元代,宗教除原有者外,尚有天主教的输入。

清代以来,西洋文化输入者日见增多,然初时了解西洋文化的人们很少。大多数还以为中国旧文化超越一切的。明末清初，理学甚盛，趋向于提倡实践伦理及研究古学。黄梨洲、顾炎武、王船山、颜习斋等为著名学者。黄研究经学，顾研究史学，皆有特殊的成绩。后来学者继续这工作，遂产生经学考据学，以客观事实为根据，力矫以前空泛争论之弊。当时学者如阎若璩、胡渭、毛奇龄、惠栋、戴震等皆致力于考据学，可惜后来继起者无人，未能发扬光大。清初史学以张廷玉等的《明史》，赵翼的《二十二史札记》及《陔余丛考》，毕沅的《续资治通鉴》，王鸣盛的《十七史商榷》为最著名。清初文学家有魏禧、侯方域、汪琬、朱彝尊、方苞等。诗人有吴伟业、王士禛、查慎行等。后来有蒋士铨、赵翼、袁枚等，亦以诗出名。在散文方面刘大櫆及姚鼐皆为后起之秀，就是所谓桐城派。戏曲家有吴伟业、尤侗、李渔、洪昉思、孔尚任等。小说家有金圣叹、蒲松龄、纪昀、曹雪芹等。医学家有陈念祖、徐大椿、武之望、李中梓等。书法家有张照、刘墉、梁同书、王文治、王澍、邓石如、伊秉绶、郑燮等。清初皇室编订《图书集成》及《四库全书》，可算是文化上一件重要工作。

鸦片战争后，朝野上下都感觉得闭关自守，无法可以图存，逐渐注意效法西洋，但是中国人守旧性太深，不能有彻底的改革。最初我们以为西洋的强盛在有新式的武器。我们有了新式的武器，而缺乏有训练的海陆军，故甲午之战不堪日本之一击。嗣后我们晓得积弱的原因不是如此简单，遂事事皆效法西洋，但仅得西洋文化的皮毛，仍不能与西洋对抗。关于介绍西洋文化，我们过去不可谓无相当的成绩。严复和林纾的翻译工作，使我们略窥西洋精神文化的内容。梁启超的著述也是介绍西洋文化的重要工作。到了现在，我们的学术和制度表面上已完全效法西洋，但是我们的国家还没有达到强盛的地位。新文化运动后，白话文已占得重要位置，然而整理国故的工作,还有许多地方没有达到我们的希望。自从中央研究院设立后,研究的工作已有一部分人负责,但是去学术发明的时期还很远。我们最好研究西洋文化发展的经过,以期得到较深切的认识。

西洋文化在学术方面以希腊为来源;在政治及法律方面以罗马为来源;在宗教方面以犹太为来源。现在先从希腊讲起。希腊文化发源于岛国。当时有四个情形,可以促希腊文化的发展:(一)希腊承受了许多前人的旧思想和旧见解;(二)受埃及和波斯文化的影响;(三)城市国家粗具模型;(四)教育逐渐发达。

文化在岛国发展,也有三个缘故:(一)交通便利;(二)希腊为各地商人和游客经常到的地方;(三)东西文化会集在这个地方。这个岛国的城市叫做米利都斯(Miletus)。当时希腊人民思想发达,性情活泼,对于从前万物皆有生命的见解及神话的传说,表示著怀疑的态度,就想寻求宇宙变迁的本原。有的说水为万物之原;有的说空气;有的说火。现在我们虽觉得这些见解过于简单,但我们不能不承认他们的考察是学术的发源。

后来希腊文化在雅典发展,就不止讲宇宙,还讨论到政治及伦理等问题。政治学与伦理学就由此发生。当时的人们很好辨论,有一班诡辨家。当时辨论的形式,现在我们看来不甚正确,但可算为论理学的起点。

希腊的学术,到了德模颉利他斯(Democritus)、柏拉图(Plato)和亚理士多德(Aristotle)的时候,已有极大的进步。从前哲学家以物质为有生命的。德模颉利他斯却不以为然,遂倡导原子论。至于柏拉图氏,从前的学者以为他长于政治,对于政治学有绝大的贡献。近来学者研究,知道他不独是一个大政治学家,而且是一个数学家和天文学家。他对于哲学的贡献,人所共知,无俟赘述。亚理士多德学医出身，为生物学家。他所说的生物发展，开后世生物学的先河。他对于哲学的贡献也异常伟大。

希腊经过三个大哲学家的努力，学术已有坚固的基础，可惜后来受政治的影响，学术不能继续进展。虽当时有人设立柏拉图学院，至纪元前二世纪左右，仍有人研究数学，如欧几里得专治几何学，然而学术还在停顿时期。

希腊灭亡，罗马继起。罗马对于西洋文化的最大贡献是法律和政治。罗马法始自十二铜表，至朱士丁尼皇所编的法典而大备。欧洲各国的法律多以罗马法典为蓝本。至政治制度根源于罗马者亦甚多。罗马帝国各省有总督统治全省，各总督又统属于中央政府。今日的中央集权制度多仿照这个办法。

罗马衰灭，欧洲野蛮民族兴起，文化无形停顿。至中世纪时，宗教特盛。当时研究希腊学说无新发明，不过采用柏拉图一部份的学说，来申说一下而已。当时侧重宗教所讲柏拉图的学说只择与教会有关系的而言。历史家称中世纪为黑暗时代，在文化上毫无进展。这时代有三个特色：（一）对于希腊及罗马的学术述而不作，且多谬误；（二）注重解释教会承训，并以演绎法为唯一的方法；（三）述而不作，只知摹仿古人。

至十三世纪时，许多人研究古学。有知识的人都觉得迷信宗教，足以使思想退步，遂大家注意研究古代学术。那时候西洋文化有一大转机，但当时教会势力很大，所有政治、教育及学术都为教会所把持，改革不易。后来打破旧教势力，为西洋文化一个大变迁。十六世纪时，德国马丁路德首先反教，实行宗教革命，于是思想始得自由。同时东方也有文化传入，就是阿拉伯人带来数学，兼译希腊古本，使西洋文化得到刺激，能够有新的发展。

到十七世纪，欧洲人始自己有发明。最先有哥白尼（Copernicus)发明地动说,以太阳为地球的中心。后有伽利里奥(Galileo)发明望远镜证明哥白尼的学说。更有刻卜勒(Kepler)说明行星途径。后来牛顿(Newton)及康德(Kant)对于地球之原始皆有贡献。至十八世纪,微积分、化学、物理等皆有发明。

欧洲自打破旧思想的束缚,学术发展甚速。为什么西洋学术在近世有这样的发展,而希腊虽有很多理论,仍不能继续进展呢?照我看来,有两个重要的原因:(一)希腊政治力量不能继续存在,以维护学术的进展,(二)当时缺乏实验,以确定理论的正确与否。十七世纪时,所有重要发明都是从实验得来,不是凭空想像的。

西洋自受自然科学影响后,文化进展极速。所以,大哲孔德(Comte)分思想的发展为三个时期:(一)神话时期,(二)玄学时期,(三)科学时期。到十八世纪时已有人用科学方法研究社会学及心理学。到了现在,科学方法已有普遍的应用。近代还有一个重要的研究,对于西洋文化有极大的贡献,就是进化论。进化论对于学术上贡献,尽人皆知,无庸赘述。

总而言之,欧洲自解除旧思想的束缚,学术发展之速全靠科学方法及历史观察。在社会变迁方面,宗教革命为近代西洋文化进展的先锋。科学发明后,使人民有新的宇宙观和人生观。机器发明后,促成产业革命,精神和物质方面皆有重大的影响。政治革命把政权移在人民手里。普通教育使人民的知识提高。近年苏联实行社会革命,尤为破天荒的变动。以上所述,都是西洋所以有这样猛烈进步的缘故。我们回看中国文化发展的经过,以往虽有光荣的历史,可是近代无显著的进步,与西洋近代文化比较,未免相形见绌了。

为观察的便利起见,我们关于中西文化发展的经过,可以做下列的比较:

（一）希腊学术的发达可以与我国战国时代媲美；

（二）西洋中世纪宗教思想钳制人民思想与我国历代儒者排除别家学说及束缚人民思想相同；

（三）西洋自宗教革命解除宗教思想的束缚，学术得以自由发展，而我国迷信儒家思想的心理根深蒂固，复古运动时伏，革新运动不能彻底；

（四）西洋自希腊始即研究自然界，故自然科学一有实验便能发达，但我国忽略研究自然界，科学家绝无仅有，致数千年来自然科学无从进展；

（五）西洋社会在近三百年来已经过剧烈的变动，如产业革命、政治革命、教育普及、科学发明，故文化能突飞猛进；但我国社会墨守成法，变动极少，不能适应现代的需要，故文化进步迟滞；

（六）西洋学术包罗万象，而我国历代学术偏重文艺经史，间有其他技术天才，因社会不重视，无发展的机会；

（七）西洋文化的成份甚为复杂，能够发展到今日的地位，全赖呼吸、溶化及创造；我国文化虽叠受外国文化的影响，但对于现代文化只得皮毛，未能收改革的全功；

（八）西洋文化富于进取，而我国文化只能保守，不足以适应现代的需要。

我们在这个生存竞争的世界，徒然保守不足以图存。文化在历史上有古今之分，在地理上有中西之分，然而文化的效能仍以能否适应现代生活的需要为定衡。兹就管见所及，略述发展我国文化应走的途径如左，借供读者的参考。

（一）保存国粹不在迷信古人，墨守成法，而在用科学方法，历史观察和比较研究，以整理我国固有文化，并进而依据现代的需要，以创造现代的文化；

（二）文化的基础在学术，学术的基础在研究，故发展我国文化必须研究学术；

（三）研究学术必须具有客观的态度，和适当的研究工具，故发展我国学术应从这个途径走；

（四）我们要用科学方法，历史观察和比较研究做一切研究的工作；

（五）一切制度都有历史的背景和当地的适应性，故以后我国无论建立任何制度，皆应根据我国实在情形，以实验方法定舍取；

（六）政治力量应该用以促学术的发展及文化的前进；同时学术力量应该用在政治建设和文化建设；

（七）现代文化要有开明的民众做基础，才能使文化有普遍的效用，故文化建设的最重要工作是实行义务教育和废除文盲；

（八）我们要扶助学术机关及培养学术人材，以促进学术的发展；

（九）一切文化建设的动向应以发扬民族精神及建设新社会为主旨；

（十）文化建设需要精神的领导——这个领导的权威应建筑在伟大人格及高深学术之上。

我们还要晓得复古是文化建设的障碍。一个民族能够继续生存和保持独立，必须有奋斗的精神，勇往直前的毅力和创造的能力。复古的把戏我们看得多了，然而国家还是愈弄愈糟。假使尧、舜、禹、汤、文、武、周公和孔子同时复生，而没有现代文化的工具，供他们使用，我国还是没有出路的。

最后，我觉得近年提倡全盘西化和中国本位文化的先生们，没有深切了解文化建设应走的途径。文化的效用在能否使一个民族继续生存，保持独立，以发扬光大民族的生命。我国民族自有历史背景和现在环境的特殊情形,既无勉强效法他人的必要,且无全盘西化的可能。至于顾虑到我国有全盘西化的危险,而提倡中国本位文化,不啻像杞人忧天,自寻烦恼。我们在中国环境建立的文化自然是中国文化,难道西洋人还跑到中国来,承认我们努力造成的文化是他们的文化吗?只要我们用实验态度改造人生,用科学方法发展学术,使我们的民族在世界上占得领导的地位,我们自然会建立伟大的中国新文化。目前我们所应顾虑的,不是应否全盘西化或怎样实现中国本位文化,而是怎样保持中华民族的独立与自由。假使中国失了政治独立和经济独立,过去的中国文化也许像博物院的古物可以保存,但是中国文化的前途是非常危险的。我们不要拿元清两代的历史,来安慰自己,因为现代帝国主义者的亡国利器比从前厉害得多。帝国主义者亡了别人的国家还可以说王道和尊孔,可是我们的子孙有永远做亡国奴的危险。因此,我们要用全力以保持中华民族的独立与自由,这是国难当前的时候,建设中国新文化的先决条件。我们要做建设中国新文化的将士,还要做保护中华民族独立与自由的先锋。

编纂中国文化史之研究

王云五

一 文化与文化史

Civilization 一语,我国译为文化。《易·贲卦》象传曰:"文明以止,人文也。……观乎人文,以化成天下。"文化之译语,当由此而来。孔颖达《易正义》曰:"观乎人文以化成天下,言圣人观察人文,则诗书礼乐之谓,当法此教而化成天下也。"程伊川《易传》曰:"人文,人伦之伦序,观人文以教化天下,天下成其礼俗。"观吾国之旧说,已知所谓文化者即指诗书礼乐,人伦之伦序与其成为礼俗者也。清人彭申甫谓:"大而言之,则国家之礼乐制度;小而言之,即一身之车服,一家之宫室。"见彭氏编辑之《易经传义解注辨正》其言颇合。盖文化指一民族之进化,无所不包蕴,非一端一节所能标示也。近世史学者及人类学者对于文化之意义,大抵释为"生活之样式"(life mode)。其义乃指营生活于地球上之人类,分为若干人种或人群,各以相异之式而营求生活;此各自相异之式之生活范围,名曰生活圈(life cycle),于文化上为一地理的单位。同在一生活圈内所营生活,有种种方面,例如衣食住也,政治也,宗教也,各有其特殊形式,此生活形式,即为构成文化要素之一单位。如由人类学分析之，约可别为学艺、社会、言语、信仰等类。中国之文化，亦莫能外是；如所谓诗书礼乐、人伦伦序、礼俗云云，亦不过谓中国之人，在其生活圈之一单位内，表示其学艺、政治、社会、信仰等之文化云尔。

中国文化，实为东方文化之中心；北自西伯利亚，南迄南洋群岛，东至日本，西至西域，无不被其影响。然中国文化又何自而来耶？文化人类学者，对于文化夙有一源说与多源说之歧异，实即两说各有是处，不能执一而概论。近世对于文化之移动，又有北线、南线、中线诸说；而中国文化则属于文化移动之中线。所谓中线者，谓由西至东之一线，中国殆即此中线之中心。综合诸学者就此问题研究之结果，则拉克伯里(Terrien de Lacouperie)之巴克族移住说(Theory of the Bak)，及晚近之安特生(J. G. Andersson)与巴克斯顿(L. H. Dudley Buxton)之彩色土器分布说(Theory of Distribution of Printed Pottery)皆可证明中国与西亚细亚文化之关联。拉克伯里断定西亚为中国文明之发源地，而汉族即巴克族。彼谓："中国传说皆暗示其起源于西方，就其史料观察，弥觉可信。汉族当由西北而入中国；中国今日之大，实由微小积累而成。所谓巴比伦古帝Nak-hunte，其音与黄帝相近，盖即巴克族之大酋长，率其族人入中国新疆向东而进者也。"拉氏既以Nak-hunte为黄帝，则不能不认迦勒底之Sargon为神农，而以巴克之名即中国语之百姓。此说，究不免穿凿附会，在今日已少有赞成者。然今之学者，主张由西移东之文化移转线说，实滥觞于拉氏之说，则拉氏之贡献，固非毫无价值矣。至于彩色土器分布说，见解较新，即巴克斯顿之所主张也。彼谓："近人发掘土耳其斯坦之阿瑙(Anau)所得彩色土器，最近在中国亦发见之，故中国与土耳其斯坦应划入同一文化圈内。"其说盖本于安特生之记载。安氏于其近著之《古代中国一文化》(J. G. Andersson: "An Early Chinese Culture", Bulletin of the Geological Survey of China, No. 5, 1919)中,述辽宁省沙锅屯及河南省仰韶村所发见之土石器,而谓仰韶发见之土器与欧洲新石器时代后期,及石铜并用时期为一致。对于分布土耳其斯坦之阿瑙及北部希腊,伽里西亚(Galicia)及特里波里采(Tripolitza)之物,亦甚近似。阿瑙与仰韶相距固甚远,但交通非不可能。汉代与西域之交通,历史已载之,前此固亦未始不可通行也。西亚此类土器,公元前四〇〇〇年乃至前一五〇〇年尚使用之,其时固可由中国土耳其斯坦以入中国也。此类土器,因在仰韶发见,故称为仰韶文化云。以上所引西人之说,谓中国文化由西而来,虽不可尽信,然谓上古绝无往来,殆亦不然。汲冢所出《穆天子传》虽只能视为战国初之小说,然谓殷周之时,绝无东西移动之文化,亦未敢断定也。

如前所述,中国之文化,一部分由西而来,似无可否认;然文化之一源说于多源说固相辅并行,不可执一而定论;试观我国周口店发见之北京人,即其明证。北京人之生存,或谓在二十万年前,或谓在四十万年前,虽尚待详考;然其为中国特有文化之征象,则无可疑也。据步达生(Dr. Davidson Black)在英国《皇家学会会报》(Proceedings of the Royal Society)及《比较神经学报》(Journal of Comparative Neurology)所发表之研究报告,北京人小脑之右部较左部为发达,而其大脑之左部则较右部为发达,此可指示北京人已有连用右手之习惯。夫人类开始连用右手,竟远在四十万年前之北京人,诚饶有兴趣之事实也。且北京人脑积左侧下前部特殊发达,此为与言语有关者,故又暗示北京人已有充分发出明晰口语之神经机能矣。人类学家遂以北京人厕于猿人曙人之列,而谓猿人出现于爪哇,北京人出现于中国之周口店,曙人出现于西欧。

凡此三型各出于辽绝之地,是即多源说所益持为文化多源之证者也。然此三型之分见三地,更明示人类最初之出现,必非仅止此三处;故最初之中必更有最初者,换言之,则多源之上或更有一源;于是一源说又可据以张目矣。要之,在极古时代,所谓人类或已远非今之人类;然其由一而分,由分而又各自创造,且又因交通移转之故而互有仿效,以递禅而传于今之人类者,殆可为定论矣。就北京人之文化言之,彼能言,能用右手;其发见之迹在前期旧石器时代,属于早期更新统,所用石器经发见者皆甚粗鲁。然稍后又于周口店发见晚期旧石器时代之北京人,其文化又较前期北京人进步,能治石英及石器与骨器之工业。故谓周口店之北京人为世界人类之起源,固属不可;然中国为中国人类之发祥地与其文化之起源,则殆无疑也。

中国人类文化之先史时代,固尚有待乎详加考证。若夫中国文化史之古,则就以上所述,已有明白之证实矣。盖文化西来之说,后世或因交通及民族移转,而有几分之可信;然中国人类有独自创造之文化,后且传播于东西辽远之地域,则更属可信也。腓得烈、希尔特(Friedrich Hirth)尝谓中国民族与其文化皆出自本土;其他西方学人持此说者亦不少。故中国文化史,至少亦当代表东方之文化,而为世界文化史鼎足之一。夫世界文化史者,固述世界人类进化之历史,然亦于其中专述一种族一国家进化之历史者也。桑戴克氏(Lynn Thorndike)《世界文化史》之导言曰:

　　文化之发展也,逐渐累进,变迁繁赜。又常无规律。易言之,即某一人群或某一时期之文化,有一方面异常进展,而别一方面大退步者。例如挨斯企摩人(Eskimo)制作器物,颇见巧思;而其政治组织,社会生活,处处犹存初民浑噩之风。又如古代亚美利加洲中之马雅人(Mayas),有极宏丽之建筑物,有书法,亦有美备之画法;但不用家畜,其冶金之术亦甚陋,所知犹视今日阿非利加洲之黑人为逊也。且吾人今日之文化,未尝不杂有昔时野蛮鄙陋之俗;易言之,其远胜于旧日文化之点虽多,然有数点或竟退化,而失其固有之美也。此所以文化史之研究最为切要;不仅借知今日文化之由来,且欲改正今日文化之程途,而定其趋向。当一民族或全世界发生大变化之际,或值新文化开始之时,常人易为热烈感情所驱使,或心中横梗有偏见误解,致有盲目无识之举动发生。其结果成为倏忽之变化,使一时才智蔽塞聪明,其为害有未能逆睹者。然在有史学修养之人,穷究今古,用心无颇,持学者批评态度,守史家严正眼光,自能识文化发展之程途,而测其变迁所底止。

桑氏之言,不仅为世界文化史言之,即关于一民族一国家之文化史,亦莫能外是。可以知研究文化史之切要矣。

二　中国文化史料之丰富

中国文化之由来,其悠久已无待论。然更有足贵者,即中国自古迄今,文化史料又甚丰富。今试分述如左:

(甲)石器陶器等物之发见也　西方学者尝谓中国无旧石器之发见,因而有中国民族及其文化自西方传来之说。孔子亦以"夏殷文献不足征"而谓:"周监于二代,郁郁乎文哉,吾从周。"此但谓极盛之文化,至周代而始有灿烂之章物可寻究耳,不能解为前此绝无可见也。及至近年,中西学者发掘上古文化遗物之结果,竟发见前期及晚期旧石器之遗物,足证前此学者中国无旧石器之见解大误。及至新石器发见,益以石铜期并存之遗物及陶器贝器玉器先后出土；于是中国古文化由太古绵延以至夏商之际，更多实物之佐证。中国周口店已发见粗鲁之前期旧石器，为初期旧石器时代之明征；稍后同地又发见晚期旧石器，其中有燧石器、有硅石器、有骨器、有装饰物，又有鱼骨贝类之属。其后相继发见者，于宁夏、鄂尔多斯、榆林之黄土层中，则有或穿孔或刮磨之石用具及兵器；于宣化、万全则有剑石及火石制成之用具。凡此诸物，为时均在数十万年前乃至数万年前。

中国新石器蔓延更广，遍于南北。如雷斧、雷楔、霹雳磻等，皆新石器时代之遗物也。中国北部，东北自辽宁，中至河南，西至甘肃，皆有重要之发见。石器有石刀、小石斧、石锥、石削、石矛、石镞、石环、石珠、石杵、石针、石锄、石镰、石纺织轮等。陶器有单色及彩色；其物有碗、罐、鼎、鬲、瓶、尊、爵、簠、簋、壶、杯、钵、甗、瓿及陶纺织轮等；花样有席纹、绳纹、回纹、十字纹、狗、羊、豕、马、牛、首、人、鸟等纹。骨器有锥、针、凿、锄、兽牙雕刻器等。贝类有贝环、贝琼等。此类产品，至近亦当距今三千七百年以上，即夏商之际。其器物有极精工者。甘肃并发见铜器，且有带翼之铜镞。

（乙）殷商文字之发见也　殷商文字发见于河南安阳县小屯村之殷墟，为殷商之故都，其文字皆刻于龟甲兽之上，供占卜之用。卜文中已以六十甲子纪日，且以十干为人名，男女皆同。其卜文可表现殷代之文化；盖殷人每事必灼龟以卜，而记其文于甲上，如祭祀、告、享、行止、佃、渔、征伐、俘获、问晴、求雨、祈年、卜旬等事，皆可于龟甲上考见之。吾人于此可以知殷代先王公及其时氏族邦国之名；可以知其时之礼制、社会、风俗等；对于文化史料实甚有益。近人从事研究者颇多。出版之书最著有《铁云藏龟》、《铁云藏龟之余》、《殷商贞卜文字考》、《殷墟书契前后编》、《书契考释》、《殷墟文字类编》等，不可胜述。研究此头书籍，不第可知殷代文字之要略，于中国文字之变迁,亦至有用也。

（丙）金石竹简书卷之发见也　古代之金文,以周为最盛。孔子有言"郁郁乎文哉吾从周",亦于此见之。盖周代鼎彝钟镈近来出土者甚多;虽殷商为石器铜器并用时期,其铜器发见于今世者亦间有之,然究不敌周金之足资文化探讨也。汉代亦时有周代鼎彝发见;惟为数尚少,识古文者亦无多。故阮元《积古斋钟鼎彝器款识》序曰:"汉代以得鼎为祥,因之改元,因之立祀。六朝唐人不多见,学者不甚重之。迨北宋后,古器始多出,复为世重,勒为成书。南宋元明以来,至我朝清《西清古鉴》,美备极矣。且海内好古之士,学识之精,能辨古器,有远过于张敞郑众者。而古器之出于土田榛莽间者,亦不可胜数。"此皆实语;盖自清代以来,金石之学,除宋代有欧阳修《集古录》、赵明诚《金石录》及宋吕大临《考古图》、王黼等《宣和博古图》、王复斋《钟鼎款识》、王俅《啸堂集古录》、薛尚功《钟鼎款识》,及清代之《西清古鉴》外;清室所编尚有《宁寿鉴古》、《西清续鉴甲编》等。虽宋代所著不专属铜器;然清室所编,及清代私人所编如阮元之《积古斋钟鼎彝器款识》、吴荣光之《筠清馆金文》、潘祖荫之《攀古楼彝器款识》、方濬益之《缀遗斋彝器款识》、端方之《吉金录》等皆专志金文。其金石并记者,则有王昶之《金石萃编》、陆心源之《金石续编》、陆增祥之《八琼室金石补正》,要皆多至一二百卷;其编列之文固有在周以后者,然搜罗亦勤矣。他如古玉、古泉、符碑、印玺、瓦当之类,著者益伙;凡此皆足资古代文化之考证者也。至若历代之石文,则有孙星衍之《寰宇访碑录》以及各省志中之《金石志》等,尤数之不能尽者耳。

竹简之文,则晋初发见之竹简,多至数十车;今已不可见,仅留传《穆天子传》及残本《竹书纪年》而已。近年新疆发见之琅玕,皆当时戍守人以竹片互相问候之遗文,亦罕见者也。古以缣帛写书，故有书卷之称；今于燉煌石室中发见北朝及唐以来纸写之书卷，虽多属宗教经典，然亦可考其时之文化，且有各体之书，弥可贵也。

以上皆为实物之发见者，而其中以现代发见为尤多；此诚考古文化者之幸事。然历代之文化究以见于今日通行之书籍为最重要；盖纸本之流传，终胜于遗物之散见也。兹续述于下：

（丁）群经　《诗》、《书》、《易》、《春秋》皆周代所编辑；《书经》所载有上及周以前者，仍以周为最详。然欲考周代文化之盛，当以《周礼》为荟萃。《周礼》一书或谓周公所作，或谓出于战国时，要其属于周代无疑也。此书分为六官，虽皆记王朝之制，然如朝祭聘享之仪，教育宾兴乐舞之典，宫室衣服车旗币玉之制，田猎征伐之礼，乡道都邑之别，授田治军理民之则，刑狱诉讼之法，食饮牧养之规，以及医药考工之方，莫不备载。他若《仪礼》，虽多记士礼^{亦有诸侯之礼，如《公会大夫礼》、《聘礼》}等，《礼记》为汉儒所纂，然皆纪周代之文化者，固可备考也。

（戊）史志政书　此皆记汉代迄于清代之制度，或断代为书，或通贯前后；要皆分别部居，备具始末，最为研究中国文化者所必需也。断代之书，首称《汉书》，迄于《明史》及《清史稿》，其间志目，多同少异。例如《汉书》之志，分律历、礼乐、刑法、食货、郊祀、天文、五行、地理、沟洫、艺文诸目。《后汉书》则分为律历、礼仪、祭祀、天文、五行、郡国、百官、舆服等。其他大抵相若，或分礼乐为两志^{始自《晋书》}，或称百官为职官^{亦始于《晋书》}。他若郡国或称州郡，或仍称地理。《宋史》始作《河渠志》，即《汉书》之《沟洫志》也。《清史稿》始有《外交志》，犹《金史》之有《交聘表》也。《宋书》始有《祥瑞志》，《魏书》则谓之灵征，此即因《五行志》而增出者也。《唐书》始有《选举志》、《兵志》，则从《百官志》、《刑法志》析出者也。《魏书》有《官氏志》，记官制与氏族，而《唐书》则有《宰相世表》，《辽史》有《皇族表》、《部族表》、《金史》之黑白姓，则备载于《百官志》。故观其目之大同，亦可证检寻之便易矣。

至于通贯前后之通史，首推《史记》。《史记》八书曰礼、乐、律、历、天官、封禅、河渠、平准；实为《汉书》所本（前四书《汉书》并为礼乐、律历二志；后四书《汉书》易称天文、郊祀、沟洫、食货）。后世能循《史记》八书之体而扩为专箸留传至今者，当以唐杜佑之《通典》为最显矣。《通典》亦分八门。曰：食货、选举、职官、礼、乐、兵刑、州郡、边防。上溯黄虞、下暨唐之天宝，源流毕贯。次之则为宋郑樵之《通志》，其著此书，实欲仿《史记》之通史体，故兼有纪传，然为世所称许者，乃在其二十略，曰：氏族、六书、七音、天文、地理、都邑、礼、谥、器服、乐、职官、选举、刑法、食货、艺文、校雠、图谱、金石、灾祥、昆虫草木。其略目别具手眼，可谓前无古人。又次之为元初马端临之《文献通考》，分田赋、钱币、户口、职役、征榷、市籴、土贡、国用、选举、学校、职官、郊社、宗庙、乐、兵、刑、经籍、帝系、封建、象纬、物异、舆地、四裔各门。是书仿《通典》例，自上古迄于南宋，分类既详，检寻尤便，故最为通行。以上三政书，世所谓《三通》者也。明王圻有《续文献通考》，实欲并《续通志》，故兼有列传；然体例颇杂糅。自清乾隆敕撰之《续三通》及《皇朝三通》出现，而王氏《续通考》遂废。近年刘锦藻有《续清朝文献通考》之作，记载迄于清末，于是一代之文献亦大略可睹矣。

（己）诸家著作　此等著作，尤为伙颐，或考订文献，或补苴缺漏，或汇集专书，皆极有裨于吾人之检讨。试分别言之。第一类属于考订范围者，则如《四库全书总目》所列杂家之杂考类，凡五十七部。其属于补苴范围者，杂品之属十一部，杂纂之属十一部，杂编之属三部，杂事之属八十六部。此皆著录者。至以存目言，则有杂考之属四十六部，杂品之属二十六部，杂纂之属一百九十六部，杂编之属四十五部，杂事之属一百一部；而艺术类之目犹未及焉，可谓多矣。夫《四库总目》止于乾隆时，乾隆以后诸家著作，其精要者尤多后胜于前，如《书目答问》及晚近诸家目录所载者皆是，未遑缕述。

三　中国文化史料之缺点

中国文化史料之发见，自旧石器新石器直至铜器，诚极蓬勃。以空间言，从西伯利亚之叶尼塞河起，南迄南洋群岛，东播于朝鲜半岛日本群岛，西至西域，皆为与中国文化有关系之区。以时间言，上自四十万年前之周口店北京人，下至于目前，皆可探索中国文化之连锁。空间之广阔，时间之悠久；再加以历代书籍之繁伙；是则中国文化总可编成一有系统之文化史矣。而抑知其缺点固甚多也。此等缺点，于中国文化史之研究，殊多滞碍；今大略分别言之：

（甲）实物之尚待搜集与考查也　中国史料之实物出现虽多，要皆零星散播于各地域。在边远者无论矣，即就本部言之，自甘肃、绥远、山西、河南、陕西、山东、南至广西之武鸣皆有发见。近则江苏亦发见周初之奄城；其他续有发见之可能者尚多。故欲察中国连贯之线索，尚宜继续努力，勤加探检。且发见之物尚不免有时代之殊，种族之异，与夫伪造之蒙混。撰文化史者苟不加考察，比而同之，转失中国文化史之真相矣。

（乙）古籍之散佚也　古籍之散佚，自昔已然。孔子叹夏殷文献不足征，即抱斯感想。秦以来书益多，散佚益甚。隋牛弘谓书有五厄："其一，则秦始皇下焚书之令，三代坟籍，扫地皆尽。其二，则西汉王莽之末，长安兵起，宫室图书，并成煨烬。其三，则东汉董卓之乱，驱迫迁都，图书缣帛，甚至取为帷囊；偶有剩余，值西京大乱，一时播荡。其四，则西晋刘石凭凌，京华覆灭，朝章阙典，从而失堕。其五，则萧梁之季，侯景渡江，秘省经籍，皆付兵火。尚有文德殿书为萧绎所收，江陵失陷，十四余万卷，绎悉焚之。"是也。牛弘所言，后此仍续演不已。隋代藏书二十七万卷，都覆丁砥柱。唐代聚书四部，分藏十二库，一毁于安史之乱，再毁于黄巢之乱，至朱温迁洛，荡然无遗。宋代营求，亦数万卷，悉佚于靖康之祸。南宋又致力搜罗，及宋末而遂无余。元代亦有巨著，如《经世大典》、《大元一统志》之属，今皆无存。明代文渊阁之书，今少有传者。所纂《永乐大典》万余卷，一再毁佚，至清季义和团事变，残余之本，中外厪存，千不获一。清代庋藏《四库全书》之文汇文宗文源三阁皆毁于兵燹；宫中天禄琳琅之古本书，亦都散亡。此历代官藏之遭厄者也。若夫私家所藏，同兹多厄，或子孙之不肖，或水火之相寻，或兵祸之迭起。宋以前无论矣。若宋赵明诚有书二万卷，金石刻二千卷；迭经兵燹，存者无几。至如北宋之南都戚氏、历阳沈氏、庐山李氏、九江陈氏、番阳吴氏，皆号藏书之富。又如王仲至、田镐所藏各三四万卷，其后皆罹兵燹。南宋至明清藏书家亦伙。而清代尤盛起，有多至十万卷者，尤喜搜罗宋元版本，或亲为题跋，或镌印丛书，辑补遗佚。其为时人耳目所熟习者，若天一阁范氏、绛云楼钱氏、汲古阁毛氏、述古堂钱氏、传是楼徐氏、知不足斋鲍氏、士礼居黄氏、粤雅堂伍氏、玉函山房马氏、皕宋楼陆氏、八千卷楼丁氏等，指不胜屈。然此后多已散佚，甚至售诸海外，亦可慨矣。

（丙）清代焚禁之烈也　清代文字之狱，常至门诛，连及亲友官吏。高宗借纂《四库全书》之机会，广征全国遗书，为一网打尽之计。开四库馆时，除已焚毁禁行各书外，凡有进呈之书，由四库馆臣编订查办违碍书籍条款云：（一）自万历以前，各书偶有涉及辽东及女直，女真诸卫……语有违碍者，仍行销毁。（二）明代各书内，有涉及西北边外部落者……若有语涉偏谬，仍行销毁。（三）但涉及三藩年号者……应查明签出。（四）钱谦益、吕留良自著之书俱应毁除外，若各书有采用其议论诗词者，各条签出抽毁。（五）凡类书及纪事之书，应将其某门某类，抽出销毁。（六）凡宋人之于辽金，明人之于元……语句乖戾者，俱应酌量改正。如有议论偏激过甚者，仍应签出撤销。

由此可知四库之书，其经抽毁删改者，自宋以下之书皆不能免焉。乾隆以来，禁书毁书之目录，经军机处、四库馆、各省奏准全毁抽毁之书，盖不下数千种。仅江西省所献应毁禁书已八千余通。章炳麟有《哀焚书》一文曰："初下诏时，切齿于明季野史。其后四库馆议，虽宋人言辽金，元明人言元，其议论偏颇尤甚者，一切议毁。及夫隆庆以后，诸将相献臣所著奏议文录……丝帙寸札，靡不然爇，虽茅元仪《武仪志》，不免于火。其在晚明，则袁继咸、黄道周至张煌言诸著作；明之后，孙夏峰、顾炎武、黄宗羲等诸著作，多以抵触见烬。其后纪昀作《提要》，孙顾诸家，始稍入录……然隆庆以后至于晚明，将相献臣所著，靡有孑遗矣。其他遗闻佚事，……被焚毁者，不可胜数也。"观章氏之言，其有害于中国文化史之探讨者，曷有既耶？

（丁）纪载之偏见与缺陷也　我国士夫之著作，要皆偏于庙堂之制度，号为高文大册。其有关于闾阎之琐屑，足以表见平民之文化者，皆不屑及焉。唐李翰为杜佑《通典》序曰："夫五经群史之书，大不过本天地，设君臣，明十伦五教之义，陈政刑赏罚之柄，述礼乐制度之统，言治乱兴亡之由，立邦之道，尽于此矣，然此典者，谓之无益世教，则圣人不书，学者不览，惧冗烦而无所从也。""《通典》非圣人之书，乖圣人之旨，则不录焉，恶其烦杂也。事非经国、礼法、程制亦所不录，弃无益也。"《通典》杜佑自序云："不达术数之艺，不好章句之学，所纂《通典》，实采群言，征诸人事，将施有政。"然则《通典》之作不过备士大夫施政之参考耳。其后《通考》与夫续《通典》、《通考》，清《通典》、《通考》之流，要皆本此旨而行。历朝史志，亦莫能外是。仅《通志》二十略于文字、音韵、艺术尚有关切；然亦士大夫之所流览，而于平民文化无与焉。然则历代政书，只能谓其于政制可备参稽，而其他之遗漏，实不鲜也。

（戊）诸家著作之无系统也　史记政书，既不能探求中国文化之全体，则惟有索之于诸家著作矣。顾诸家著作，虽极浩繁，而实难觅一有统系之书。即如类书，《太平御览》多至一千卷，《册府元龟》亦一千卷，《玉海》二百卷，清代《渊鉴类函》亦有四百五十卷。此皆卷帙宏富，分门别类，朝分代系之书也。而以清之《古今图书集成》一万卷，分汇编六，曰：历象、方舆、明伦、博物、理学、经济。又分三十六典，历象汇编分四典，曰：乾象、岁功、历法、庶征；方舆汇编分四典，曰：地舆、职方、山川、边裔；明伦汇编分八典，曰：皇极、宫闱、官常、家范、交谊、氏族、人事、闺媛；博物汇编分四典，曰：艺术、神异、禽虫、草木；理学汇编分四典，曰：经籍、学行、文字、文学；经济汇编分八典，曰：选举、铨衡、食物、礼仪、乐律、戎政、祥刑、考工。凡分部一千六百有九；每部中有汇考、总论、图表、列传、艺文、外编。似此详密繁伙，宜可供中国文化史之史料而有余矣。岂知诸书或因袭前作，事不连贯；或徒录文字，仍需复检；大抵只供科举之用、文词之采。虽《图书集成》之编辑较《永乐大典》为有进步；然仍未脱前书之故习；如天文之录各史天文志，医书术数之类则整部录入各书，氏族一典亦不过钞录《通志》及诸谱系之书而已。故此等书籍，外似浩繁，而中实无统系。欲编文化史者，不能不检寻及此。然或所得有限，或竟毫无所得；则编纂之事未免阁笔无所措手已。其他零星杂记，虽亦有专记一派一艺之学者，如书、画、金石、文学、儒学、文字、音韵、乐律、陶瓷之类，较易考究；然其未能成为统系，则无疑也。

（己）后人臆解及伪造也　此尤为撰文化史者之阻碍。盖我国文化最古，前代文物，易代则毁，驯至学者亦不复追识，遂不免于臆解。例如周之弁冕、衣裳、履舄、圭璧、宫室、琴瑟之制，汉代已不尽知。郑康成以汉制解经，武梁石室诸石刻之画以汉人冠服绘古代，而知殷章甫，周牺尊之类皆出以臆测，许叔慎《说文》之古文，亦多不合文字之衍变，如谓"一古文式"之类，钱大昕《汗简跋》谓是晚周古文。按古文字形亦有变迁，见清方濬益《缀遗斋彝器款释》所考。今有甲骨文钟鼎文出现，而益征实。汉代衣帻食用之具，亦非六朝所知，遗风在唐代犹有存者。然如阎立本绘《明妃出塞图》，身着幂䍦，此乃隋唐之际，波斯妇女之饰传入中国者也，汉代何自有耶？驯至唐人之诗咏其时妇女着绣行缠、鸦头袜者，明清人即引为唐时妇女已缠足之证。又岂知行缠即行縢，古者男女皆用之；而鸦与丫同，乃指岐头袜，如今日日本男女所着者耳。自宋至清，古风又大变；而诸家解释古书，仍皆以今制释古装。清代汉学家蜂起，皆仍墨守汉人许郑之说，谓为家法，如清季黄以周之《礼书通故》，考核古礼备极精详，为研究古文化不可多得之作。然彼宁信郑说牺尊象尊为画牛象之形，黄目为尊上绘一巨目，以及单曰履，复曰舄之说；于宋聂崇义之《三礼图》亦崇信之，其图绘恶劣，使三代文化，沦于鄙野；而于近今钟鼎彝器之实物，则反不信焉。迄于今日，仍有不信钟鼎彝器甲骨之文，谓为伪造者，益可悯也。至汉晋以来，伪造之书，诚亦极多，经如《尚书》伪古文，杂史小说如《西京杂记》之类，顾反有信之者焉，滋足异矣。然于文化史编纂之阻碍，不愈甚乎？

四　外国学者编著之中国文化史

海通以还，欧美日本学者对中国文化研究渐多，半世纪间以各国文字编著之中国文化史，无虑数百种。兹举较著者，依其性质分列于左：

一般文化史

ANDERSSON, J. G.	An Early Chinese Culture(*Bulletin of the Geological Survey of China*), October, 1919, pp. 1–68 ⋯⋯⋯⋯⋯⋯	1919
后藤朝太郎	支那文化之研究 ⋯⋯⋯⋯⋯⋯⋯	1925
MUSSO, G. D.	*La Cina ed i Cinesi* (2 vols. Milan) ⋯⋯⋯	1926
FORKE, A.	*Die Gedankenwelt des chinesischen Kulturkreises* (Hand-buch der Philosophie, Berlin) ⋯⋯⋯⋯⋯⋯⋯⋯⋯⋯⋯⋯⋯⋯⋯⋯	1927
MASPERO, HENRI	*La Chine Antique* (Paris) ⋯⋯⋯⋯⋯	1927
WILHELM, R.	*Ostasien, Werden und Wandel des chinesischen Kultur-kreises* (Potsdam) ⋯⋯⋯	1928
GOODRICH, L. C. & FENN, H. C.	*Sullabus of the History of Chinese Civilization and Culture* (New York) ⋯⋯⋯	1929
GRANET, MARÇEL	*La Civilisation Chinoise* (Paris) ⋯⋯⋯⋯	1929
WLLHELM, R.	*Short History of Chinese Civilization* (Trans. from German, New York) ⋯⋯	1929
GROUSSET, RENÉ	*Les Civilisations de l'Orient*, Tome III, *La Chine* (Paris) ⋯⋯⋯⋯⋯⋯⋯⋯	1930
滨田耕作	东亚文明之黎明 ⋯⋯⋯⋯⋯⋯⋯	1930
高桑驹吉	支那文化史讲话 ⋯⋯⋯⋯⋯⋯⋯	1931

GALE, E. M.	Basis of the Chinese Civilization (New York) ·················	1934
LATOURETTE, K. S.	The Chinese; Their History and Culture, 2 vols. (New York) ·················	1934
HAUER, E.	Chinas Werden im Spiegel der Geschichte d. Wissenschaft u. Bildung (Berlin) ········	1934
京都帝大文学会	东方文化史丛考 ·································	1936
内藤虎次郎	东洋文化史研究 ·································	1936
桑原骘藏	东洋文明史论丛 ·································	?

哲学总论

PFIZMAIER, A.	Die philosopfischen Werke Chinas in dem Zeitalter der Thang (Sitzungsberichte diphil. hist Classe d. k. Ak. d Wis. Vienna Bd 89, Jan. 1878) ·················	1878
SUZUKI, D. T.	Brief History of Early Chinese Philosophy (London) ·················	1914
BRUCE, J. P.	Chu Hsi and His Masters (London) ········	1923
橘惠胜	东洋思想史概论 ·································	1923
ZENKER, E. V.	Geschichte der chinesischen Philosophie, 2 vols. (Reichenberg) ·················	1926
FORKÉ	Geschichte der alten chinesischen Philosophie (Hamburg) ·················	1927
HACKMANN, H.	Chinesische Philosophie (Munich) ·········	1927
WIEGER	History of the Religious Beliefs and Philosophical Opinions in China ·················	1927
斋伯守	支那哲学史概说 ·································	1930
境野哲	支那哲学史研究 ·································	1930
渡边秀方	支那哲学史概论 ·································	1931
高濑武次郎	支那哲学史 ·····································	?
宇野哲人	支那哲学史讲话 ·································	?
远藤隆吉	支那哲学史 ·····································	?
中内义一	支那哲学史 ·····································	?

哲学各论

FRANKE, O.	Über die chinesische Lehre von den Bezeichnungen (Leyden)	1906
今关寿麿	宋元明清儒学年表	1919
BRUCE, J. P.	The Philosophy of Human Nature by Chu Hsi (London)	1922
WILHELM, R.	Chinesische Lebensweisheit (Darmstadt)	1922
宕桥通成	东洋伦理思想概论	1922
三浦藤作	东洋伦理学史	1923
宇野哲人	儒学史(上)	1924
荻原扩	支那道德文化史	1927
DUYVENDAH, J. J. L.	Historie en Confucianisme	1930
森本竹城	清朝儒学史概说	1930

经　学

本田成之	支那经学史论	1927
诸桥辙次等	经学史	1933

宗教总论

EDKINS, JOSEPH	Religion in China (Boston)	1878
CHENNELL, W. T.	The Historical Development of Religion in China (London)	1881
LEGGE, J.	The Religions of China (London)	1881
GROOT, J. J. M. de	The Religious System of China, Its Ancient Forms, etc., 4 vols. (Leyden)	1892—1901
GROOT, J. J. M. de	Sectarianism and Religious Persecution in China, 2 vols. (Amsterdam)	1903
GRUBE, W.	Religion und Kultus der Chinesen (Leipzig)	1910
WIEGER, L.	Histoire des Croyances Religieuses et des Opinions philosophiques en Chine	

	depuis l'Origine jusqu'à nos jours	1917
GREEL, H. G.	*Sinism: A Study of the Evolution of the Chinese World View* (Chicago)	1920
GRANET, M	*La Religion des Chinois* (Paris)	1922
SCHNIDLER, B.	*Development of the Chinese Conception of Supreme Beings* (London)	1922

宗教各论

HACKMANN, H.	*Der Buddhismus* (Halle)	1906
BROOMHALL, M.	*Islam in China* (London)	1909
D'OLLONE	*Recherches sur les Musulmans Chinois* (Paris)	1911
WIEGER, L.	*Taoism* (Shanghai)	1911
WIEGER, L.	*Boudhisme Chinois*, 2 vols. (Hochienfu)	1910-1913
SOOTHILL, W. E.	*The Three Religions of China* (London)	1913
STEWART, J. L.	*Chinese Culture and Christianity* (New York)	1915
HODONS, L.	*Buddhism and Buddhists in China* (New York)	1924
DORÉ, HENRI	*Recherches sur les Superstitions en Chine*, 15 vols. (Shanghai)	1914—1926
PRABODH CHANDRA BAGCHI	*Le Canon Bouddhique en Chine, les Traducteurs et les Traductions* (Paris)	1927
JOHNSON, O. S.	*A Study of Chinese Alchemy* (Shanghai)	1928
LATOURETTE, K. S.	*History of Christian Missions in China* (New York)	1929
MONLE, A. C.	*Christians in China from the Year 1550* (London)	1930
REICHELT, K. L.	*Truth and Tradition in Chinese Buddhism* (Shanghai)	1930
SHRYOCK, J. K.	*The Origin and Development of the State Cult of Confucius* (New York)	1932

BERNARD, H.	*Aux Portes de la Chine les Missionaires du XVI Siècle* (Shanghai)	1935
境野哲	支那佛教精史	1935

经　济

VISSERNG, W.	*On Chinese Currency, Coin and Paper Money* (Leiden)	1877
KANN, E.	*The Currencies of China* (Shanghai)	1901
VISSERNG, G	*On Chinese Currency-Preliminary Remarks about the Monetary Reform in China* (Batavia)	1912
田中忠夫	支那经济史研究	1922
田崎仁义	支那古代经济思想及制度	1924
BÖHME, K.	*Wirtschaftsanschauungen chinesischer Klassiker* (Hamburg)	1926
KATO, S.	A Study of the Suan-fu, the Poll Tax of the Han Dynasty (*Memoirs of the Research Department of the Toyo Bunko*, No. 1, pp. 51—68)	1926
来原庆功	东洋政治经济思想渊源	1928
GALE, E. M.	Public Administration of Salt in China: A Historical Survey (*The Annals of the American Academy of Political and Social Sciences*, November 1930, pp. 241—251)	1930
WITTFOGEL, K. A.	*Wirtschaft und Gesellschaft Chinas. Erster Teil, Produktiv-krafter Produktions-und Zirkulations-prozess* (Leipzig)	1931
台湾总督府	中华民国茶业史	1931
青柳笃恒	支那近世产业发达史	1931
TAWNEY, R. H.	*Land and Labour in China*	1932
森谷克己	支那社会经济史	1935

政　治

Dingle, E. V.	China's Revolution, 1911—1912 (Shanghai)	1912
Weale, Putnam	The Fight for the Republic in China (New York)	1917
Vinacke, H. M.	Modern Constitutional Development in China (Princeton)	1920
吉野作造	支那革命史	1921
Seufert, von Wilhelm	Urkunden zur staatlichen Neuordnung unter der Han-Dynastie (Berlin)	1922
原田政治	中华民国政党史	1925
北一辉	支那革命外史	1925
Ferguson, J. C.	Political Parties of the Northern Sung Dynasty (Journal of the North China Branch of the Royal Asiatic Society, 1927, pp. 36—56)	1927
Rotours, Robert des	Les grands Fonctionnaires des Provinces en Chine sous la Dynastie des T'ang (T'oung Pao, 1928, pp. 219—332)	1928
Holcombe, A. N.	The Chinese Revolution (Cambridge)	1930
Franke, O.	Staatssozialistische Versuche im alten und mittelalterlichen China (Philosophische-historische Klasse, 1931, XIII, pp. 218—242)	1931

法　制

浅进虎夫	支那法制史	1905
东川德治	支那法制史研究	1924

外　交

Cordier, H.	Histoire des Relations de la Chine avec les Puissances Occi-dentales, 860—1900, 3 vols. (Paris)	1901—1902
Morse, H. B.	The International Relations of the Chinese Empire (New York)	1910

Latourette, K. S.	*History of Early Relations between the U. S. A. and China*, 1784—1844(New Haven)	1917
Cordier, H	*Histoire générale de la Chine et de ses relations avec les pays étrangers*, 4 vols. (Paris)	1920
Willoughby, W. W.	*Foreign Rights and Interests in China* (New York)	1927
洼田文三	支那外交通史	1928
稻坂碏	近世支那外交史	1929
植田捷雄	支那外交史论	1933

中外交通与贸易

Sprenger, A.	*Die Post-und Reiserouten des Orients* (erstes Heft, pp. 79—91, Leipzig, 1864, Abhandlungen der Deutschen Morgenländischen Gesellschaft III Band)	1864
Hirth, F.	*China and the Roman Orient*(Shanghai)	1885
Chavannes, E.	*Les Pays d'Occident d'après le Heou Han Chou*(*T'oung Pao*, 1907, pp. 149—234)	1907
浅井虎夫	支那日本通商史	1907
Herman, Albert	*Die alten Seidenstrassen zwischen China und Syrien* (*Quellen und Forschungen zur alten Geschichte und Geographie*, Berlin)	1910
Chavannes, E.	*Documents chinois d'éconverts par Aurel Stein dans les Sables du Turkestan Oriental* (Oxford)	1913
Ferrand, Gabriel	*Relations de Voyages et Textes Géographiques Arabes, Persans et Turks relatifs à l'Extrême Orient du VIIIe au XVIIIe Siècles* (Paris)	1913
Laufer, B.	*Arabic and Chinese Trade in Walrus and Narwhal Ivory* (*T'oung Pao*, pp. 315—370)	1913

Morse, H. B.	The Trade and Administration of China (London)	1913
Rockhill, W. W.	Notes on the Relations and Trade of China with the Eastern Archipelago and the Coasts of the Indian Ocean during the 14th Century(T'oung pao)	1913—1915
Yule, A von Col.	Sir Henry: Cathay and the Way Thither, Vol. I(London)	1915
Ferrand, Gabriel	Voyages du Marchand Arabe Sulaymân, en Inde et en Chinerédigé en 851 saivi de Rewarques par Abû zard Hasan (vers 916, Paris)	1922
Groot, T. T. M. de	Chinesische Urkunden zur Geschichte Asiens, 2 vols. (Berlin)	1912—1926
Remer, C. F.	The Foreign Trade of China (Shanghai)	1926
木宮泰彦	日支交通史	1927
Le Coq, A von	Buried Treasures of Chinese Turkestan (London)	1928
Stein, M. Aurel	Inndermost Asia, 4 vols. (Oxford)	1928
矢野仁一	支那近代外国关系研究	1928
Hermann, A	Lou-lan, China, Indian und Rom in Lichte der Ausgrabungen am Lobnor(Leipzig)	1931
Hudson, G. F.	Europe and China: A Survey of Their Relations from the Earliest Times to 1800 (London)	1931
Stein, M. Aurel	On Ancient Central Asian Tracks (London)	1933

拓　殖

Rockhill, W. W.	China's Intercourse with Korea from the XVth Century to 1895 (London)	1905
Maspero	Le Royaume de Champa (T'oung Pao)	1911
MacNair, H. F.	The Chinese Abroad (Shanghai)	1924

PARKER, E. A.	A Thousand Years of the Tartars (London)	1924
MOSOLFF, H.	Die chinesische Auswanderung (Rostock)	1923
MAYBON, CH. B.	La Domination Chinoise en Annam (111 av. J. C. －939 ap. J. C.)	?

中国文化西渐

MARTINO, P.	L'Orient dans la littérature Francaise an XVIIe et au XVIIIe Sèicles (Paris)	1906
SÖDERBLOM, N.	Das Werden des Göttesglaubens (pp. 324－360, Leipzig)	1916
LAUFER, B.	Sino-Iranica, Chinese Contributions to the History of Civilization in Ancient Iran, with Special Referance to the His. Cultivated plants and Products. (Chicago)	1919
REICHEVEIN, A.	China and Europe; Intellectual and Artistic Contacts in the 18th Century. Trans. by Powell (New York)	1925
PINOT, V.	La Chine et la Formation de l'Esprit Philosophique en France, 1640－1740	1932

教 育

BIOT, E.	Essai sur l'Histoire de l'Instruction Publique en Chine (Paris)	1847
中岛半次郎	东洋教育史	1911
MONROE, PAUL	A Report on Education in China (New York)	1923
GALT, M. L.	The Development of Chinese Educational Theory (Shanghai)	1929

社　会

Smith, A. H.	Village Life in China（New York）………	1899
Morse, H. B.	The Gilds of China（London）…………	1909
稻叶君山	支那社会史研究 …………………………	1922
Ward, J. S. M. and sterling, W. G.	The Hung Society, 2 vols.（London）………	1925

语　文

Karlgren, B.	Le protochinois, langue flexionnelle（Jena） ……………………………………………	1920
Karlgren, B.	Sound and Symbol in China（London）……	1923
Karlgren, B.	Philology and Ancient China（Oslo）……	1926
大岛正健	支那古韵史 ………………………………	1929

天　文

新城新藏	东洋天文学史研究 ………………………	1928
Saussure, L. de	Les origines de l'astronomie chinoise（Paris） ……………………………………………	1930

农　业

King, F. H.	Farmers of Forty Centuries（Madison）…	1911
Wagner, W.	Die Chinesische Landwirtschaft（Berlin）…	1926
Buck, J. L.	Chinese Farm Economy（New York）………	1930

工　业

Carter, T. F.	The Invention of Printing in China and Its Spread Westward（New York）……	1931
中山久四郎	世界印刷通史（支那篇）…………………	1931

医　学

蓼温仁	支那中世医学史 …………………………	1931

一般美术

BUSHELL, S. W.	*Chinese Art*, 2 vols. (London)	1910
MÜNSTERBERG, O.	*Chinesische Kunstgeschichte*, 2 vols. (Esslingen)	1910
FENOLLOSA, E. F.	*Epochs of Chinese and Japanese Art*, 2 vols. (London)	1912
PELLIOT, PAUL	Notes sur Quelques Artistes des Six Dynasties et des T'ang (*T'oung Pao*, 1923, pp. 215—291)	1923
SEGALEN, VICTOR, GIBERT DE VOISINS ET JEAN LARTIQUE	*Mission Archéologique in Chine*, 1914—1917, 2 vols. Paris	1923—1924
TIZAC, H. d'ARDENNE DE	*L'Art Chinois Classique* (Paris)	1926
ROSTOVTZEFF, M. I.	*The Animal Style in South Russia and China* (Princeton)	1929
SOULIE, C. G.	*History of Chinese Art from Ancient Times to the Present Day*, Trans. by G. C. Wheeler (New York)	1929
COHN, WILLIAM	*Chinese Art* (London)	1930
SIREN, O.	*Histoire des Arts Anciens de la Chine*, 6 vols. (Pairs)	1929—1932
FISCHER, OTTO	*Die chinesische Malerei der Han-Dynastie* (Berlin)	1931
泽村专太郎	东洋美术史的研究	1932
大村西崖等	东洋美术史	1932

绘画

BINYON, L.	*Painting in the Far East* (London)	1908
中村不折等	支那绘画史	1914
GILES, H. A.	*An Introduction to the History of Chinese Pictorical Art* (London)	1918
FISCHER, OTTO	*Chinesische Landschaftsmalerei* (Munnich)	1921
WALEY, Arthur	*An Introduction to the Study of Chinese*	

	Painting (London)	1923
金原省吾	支那上代画论研究	1924
东方文化学院京都研究所	支那山水画史	1934

书 法

有谷静堂	支那书道史概说	1930

雕 塑

Chavannes, E.	Six Monuments de la Sculpture chinoise (Paris)	1914
Laufer, B.	Chinese Clay Figures (Chicago)	1914
Le Coq, von	Die buddhistische Spätantike in Mittel-Asien, Vol. I, Die Plastik (Berlin)	1922
Aston, Leigh	An Introduction to the Study of Chinese Sculpture (London)	1924
Siren, O.	Chinese Sculptures from the 5th to the 14th Century, 4 vols. (London)	1925
Laufer, B	Chinese Grave Sculptures of the Han Period (London)	1926
Hentze, C.	Chinese Tomb Figures: A Study in the Beliefs and Folklore of Ancient China (London)	1928

陶 磁 器

Brinkley, F.	China: Its History, Arts and Literature, Vol. 9 (Boston)	1902
Laufer, B.	The Beginnings of Porcelain in China (Chicago)	1917
Schmidt, R.	Chinesische Keramik von der Han-zeit bis zum XIX Jahr-hundert (Frankfurt am Main)	1924
Hobson, R. L. and Hetherington, A. L.	The Art of the Chinese Potter from the Han Dynesty to the end of Ming (London)	1923

ARNE, T. J.	*Painted Stone Age Pottery from the Provinces of Honan*, China Palaeontologia Sinica Series D. Vol. I, Fas. 2 (Peking) ················	1925
HOBSON, R. L.	*The Later Ceramic Wares of China* (London) ················	1925
上田恭辅	支那陶器之时代的研究 ·············	1929
渡边素舟	支那陶磁器史 ················	1929

铜 器

KOOP, A. T.	*Early Chinese Bronzes* (London) ·········	1924
VORETZCH, E. A.	*Altchinenesische Bronzen* (Berlin) ·········	1924
ROSTOVTZEFF, M.	*Inlaid Bronzes of the Han Dynasty* (Paris) ················	1927

音 乐

COMANT, M.	*Essai Historique sur la Musique Classique des Chinois* (Paris) ············	1912
WILHELM, R.	*Chinesische Musik* (Frankfurt a. M.) ······	1927
田边尚雄	东洋音乐史 ················	1935

建 筑

BOERSCHMANN, ERNST	*Chinesische Architektur*, 2 vols. (Berlin) ···	1925
IREN, O.	*The Imperial Palaces of Peking*, 3 vols. (Paris) ················	1926
伊东忠太	支那建筑史(东洋史讲座) ·············	1931

文学总论

久保天随	支那文学史 ················	1908
GILES, H. A.	*A History of Chinese Literature* (London) ···	1909
GRUBE, W.	*Geschichte der chinesischen Literatur* (Leipzig) ················	1909

儿岛献吉郎	支那大文学史纲	1910
儿岛献吉郎	支那文学考	1920
Erkes, E.	Chinesische Literatur (Breslau)	1922
儿岛献吉郎	支那文学史纲	1922
Wilhelm, R.	Chinesische Literatur (Wildpark-Potsdam)	1927
西泽道宽	支那文学史概说	1928
水野平次	支那文学史	1932
寺内淳三郎	汉文学史概论	1932

文学各论

Johnston, R. F.	The Chinese Theatre (London)	1921
铃木虎雄	支那诗论史	1925
宫原民平	支那小说戏曲史概说	1929
泽田总清	支那韵文史	1929
Arlington, L. C.	The Chinese Drama from the Earliest Times until Today	1930
青木正儿	支那近世戏曲史	1930

考 古

Lacoaperie, T. de	Western Origin of Chinese Civilization (London)	1887
Laufer, B.	Jade, a Study in Chinese Archaeology and Religion (Chicago)	1912
Chavannes, E.	Mission Archeologique dans la Chine Septentrionale, 1909—1915 (Paris)	1915
Grunwedel, A	Ait-Kulscha (Berlin)	1920
Pelliot, Paul	Les Grottes Touen-houang, 1914—1921 (Paris)	1921
Stein, Sir Aurel	Serindia (London)	1921
Le Coq A. von	Die Buddhistische Spatantike in Mittelasien (Berlin)	1923—1933

民 族

SHIROKOGOROFF, S. M.	*Social Organization of the Manchus* (Shanghai)	1924
SHIROKOGOROFF	*Anthropology of Eastern China and Kwang-tung* (Shanghai)	1925
SHIROKOGOROFF	*Anthropology of Northern China* (Shanghai)	1925
SHIROKOGOROFF	*Social Organization of the Nothern Tungus* (Shanghai)	1925
FRANKE, O.	*Geschichte des chinesischen Reiches* (Berlin)	1930
和田清	支那民族发展史	?

上表都二百三十四种，皆欧、美、日学者之著作；国人之以他国文字编著者不与焉。此固非详尽之书目；然重要之作，殆鲜遗漏。按其性质，得三十有二类，计一般文化史十八种，哲学总论十五种，哲学各论十种，经学二种，宗教总论十种，宗教各论十七种，经济十四种，政治十一种，法制二种，外交八种，交通与贸易二十一种，拓殖六种，文化西渐五种，教育四种，社会四种，语文四种，天文二种，农业三种，工业二种，医学一种，一般美术十三种，绘画七种，书法一种，雕塑七种，陶磁器八种，铜器三种，音乐三种，建筑三种，文学总论十一种，文学各论六种，考古七种，民族六种。再归纳之，则一般文化史仅占十八种，自余二百十六种尽属分科文化史。二者之比，殆为一与九。足见分科文化史之著作，视一般文化史为易。至以内容论，则一般文化史中，除一二种堪称佳构外，大都失之简略。而分科文化史则佳构不在少数，又足见分科文化史之著作，较一般文化史易著成绩。惟已有之各科文化史，体例不一，详略不等，且重要科目多未编著，此其最大之缺憾也。

五　外国学者编纂之世界文化史

世界文化史浩如烟海，然大别之，不外综合的与分科的二类。综合的文化史，固不乏佳作，惟既须贯通各民族，又须综合各科目，非失诸芜杂，则稍嫌简略。其编纂之困难，视一国或一民族之文化史尤甚。至分科的文化史，规模巨而体例佳者，就著者所知，当推法国出版之《人类演进史丛书》(L'Évolution De L'Humanite)主编者为 Henri Barr 氏。全书五十余巨册，每册叙一专题。自一九二〇年开始刊行。越五年，英国继起而有同样之编辑计划。其体例与法国之《人类演进史丛书》无二致，而规模益大，定名为《文化史丛书》(History of Civilization)。主编者为剑桥大学之 C. K. Ogden 氏，而以美国之 Harry Elmer Barnes 教授为编辑顾问；俾于英美二国同时发行。全书拟编为二百余种，迄今已出版者九十八种，每种一巨册。其中译自法文之《人类演进史丛书》者四十二中，余皆自行编著。已出版各书别为十五类，列举于左，其非译自法文者别加星符为记。

1. 导论及史前文化史

RIVERS, W. H. R.	* Social Organization
PERRIER, EDMOND	The Earth Before History
MORGAN, FACQUES DE	Prehistoric Man
RENARD, G.	* Life and Work in Prehistoric Times
CHILDE, GORDON V.	* The Dawn of European Civilization
VENDRYES, F.	Language; a Linguistic Introduction to History
FEBVRE, L.	A Geographical Introduction to History

Pittard, E.	Race and History
Childe, V. Gordon	* The Aryans
Moret, A. and Davy, G.	From Tribe to Empire
Burns, A. R.	* Money and Monetary Policy in Early Times
Smith, G. Elliot	* The Diffusion of Culture

2. 古帝国文化史

Moret, A.	The Nile and Egyptian Civilization
Delaporte, L.	The Mesopotamian Civilization
Glotz, G.	The Aegean Civilization
Burn, Andrew Robert	* Minoans, Philistines, and Greeks

3. 希腊文化史

Fardé, A.	The Formation of the Greek People
Glotz, G.	* Ancient Greece at Work
Sourdille, C.	The Religious Thought of Greece
Deonna, W. and Ridder, A. de	Art in Greece
Robin, L.	Greek Thought and the Scientific Spirit
Glotz, G.	The Greek City and its Institutions
Fouguet, P.	Macedonian Imperialism

4. 罗马文化史

Homo, Léon	Primitive Italy and Roman Imperialism
Grenier, A.	The Roman Spirit in Religion, Thought, and Art
Homo, Léon	Roman Political Institutions
Declareuil, F.	Rome the Law-Giver
Toutain, F.	Economic Life of the Ancient World
Chapot, Victor	The Roman World
Louis, Paul	* Ancient Rome at Work
Hubert, H.	The Celts

5. 罗马世界以外文化史

Hubert, H.	Germany and the Roman Empire
Huart, Clement	Ancient Persia and Iranian Civilization

Granet, M.	Chinese Civilization
Granet, M.	The Religion of China
Hudson, G. F.	*Feudal Japan
Parker, E. H.	A Thousand Years of the Tartars
Hudson, G. F.	*Nomads of the European Steppe
(Ed.) Lévi, S.	India
Sidbanta, N. K.	*The Heroic Age of India
Ghurye, G. S.	*Caste and Race in India
Thomas, E. H.	The Life of Buddha as Legend and History
Thomas, E. H.	*The History of Buddhism

6. 基督教起源史

Lods, Adolphe	Israel, to the Middle of the Eighth Century
Guignebert, C.	Jesus and the Birth of Christianity
Guignebert, C.	The Formation of the Church
Guignebert, C.	The Advance of Christianity
Labriolle, P. de	*History and Literature of Christianity

7. 罗马帝国崩溃时代文化史

Lot, Ferdinand	The End of the Ancient World
Diehl, C.	The Eastern Empire
Halphen, L.	Charlemagne
Lot, Ferdinand	The Collapse of the Carlovingian Empire
(Ed.) Boyer, P.	The Origins of the Slaves
Baynes, Norman	*Popular Life in the East Roman Empire
Phillpotts, B. S.	*The Northern Invaders

8. 教权昌盛时代文化史

Doutté, E.	Islam and Mahomet
Barrau-Dihigo, L.	The Advance of Islam
Alphandéry, P.	Christendom and the Crusades
Genestal, R.	The Organization of the Church

9. 中古艺术史

Lorquet, P.	The Art of the Middle Ages
Strong, E.	*The Papacy and the Arts

10. 君权改造时代文化史

Petit-Dutaillis, C.	The Foundation of Modern Monarchies
Meynial, E.	The Growth of Public Administration
Meynial, E.	The Organization of Law

11. 社会与经济演进史

Bourgin, G.	The Development of Rural and Town Life
Boissonnade, P.	Maritime Trade and the Merchant Gilds
Cartellieri, Otts	*The Court of Burgundy
Boissonnade, P.	*Life and Work in Medieval Europe
Power, Eileen	*The Life of Women in Medieval Times
(Ed.) Newton, A. P.	*Travel and Travellers of the Middle Ages
(Ed.) Prestage, Edgar	*Chivalry and its Historical Significance

12. 学术演进史

Huisman, G.	Education in the Middle Ages
Brébier, E.	Philiosophy in the Middle Ages
Rey, Abel and Boutroux, P.	Science in the Middle Ages

13. 中世与近代过渡史

Lorquet, P.	Nations of Western and Central Europe
(Ed.) Boyer, P.	Russians, Byzantines, and Mongols
Renaudet, G.	The Birth of the Book
Hughes, C. Hartmann	*The Grandeur and Decline of Spain
Seaton, M. E.	*The Influence of Scandinavia on England
Gregory, T. E.	*The Philosophy of Capitalism
Mrs. Russell, Bertrand	*The Prelude to the Machine Age
Renard, G. and Weulersse, G.	*Life and Work in Modern Europe
George, M. Dorothy	*London Life in the Eighteenth Century

REICHWEIN, A.   * China and Europe in the Eighteenth Century

14. 分科文化史

CUMSTON, C. G.   * The History of Medicine
SUMMERS MONTAGUE   * The History of Witchcraft
SUMMERS MONTAGUE   * The Geography of Witchcraft
GREGORY, T. E.   * The History of Money
ISAAC, F.   * The History of Taste
POWYS MATHERS, E.   * The History of Oriental Literature
GRAY, CECIL   * The History of Music

15. 人种史

DUDLEY, L. H. BUXTON   * The Ethnology of Africa
DUDLEY, L. H. BUXTON   * The People of Asia
FOX, C. E.   * The Threshold of the Pacific
KARSTEN, RAFAEL   * The South American Indians
MACLEOD, F. G.   * The American Indian Frontier
HODSON, T. C.   * The Ethnology of India
BENDANN, E.   * Death Customs

  以上系据原出版者之分类，兹为便利比较计，别按第四项之分类。其结果除一般文化史占七种，分国文化史占二十一种外，自余七十种皆属分科文化史。计哲学占一种，宗教十二种，政治七种，经济五种，法律二种，教育二种，社会十一种，语文一种，科学二种，医学一种，艺术四种，文学一种，地理二种，民族十七种。除分国史因本丛书为世界文化史，不得不特别编著外，其间一般文化史种数与分科文化史比较，适为一与十之差别。足见文化史欲谋编纂之便利与完善，有不得不倾向于分科编纂者矣。

六　编纂中国文化史应用如何方法

如前所述，中国文化如是悠久，其史料又如是繁复，欲为综合的编纂，既非一手一足所能任，尤苦组织困难。旁览外人所著之中国文化史，则泰半采分科编纂方法，以避难而就易；甚至外国学者编著之世界文化史，亦如出一辙。盖文化范围广泛，即在史料完整之国家，以少数人综合广泛之史料，终不若以多数人分理各专科之史料为便，其他更无论矣。梁任公叙清代学者整理旧学之总成绩为：一、经学，二、小学及音韵学，三、校注先秦诸子及其他古籍，四、辨伪书，五、辑佚书，六、史学，七、方志学，八、谱牒学，九、历象及自然科学，十、地理学，十一、政书，十二、音乐学，十三、金石学，十四、佛学，十五、编类学，十六、丛书及目录学，十七、笔记及文集，十八、官书。凡此之成绩均非一人一时之力；盖亦分科研究，而后有此者也。晚近国内学人颇有编著分科文化史者，一方面利用清代学者局部整理之遗产，他方面取法欧美新颖之体例，各就所长，分途程功。惟成书仅少数科目，无以蕴文化之全范围。而外国学者数十年来编著之我国分科文化史，种数号称数百，然侧重艺术政治经济交通数科目，余多缺略，除取材纯疵不一外，即以范围论，亦未能窥我文化史之全豹也。顾以视我国现有之出版物，犹觉彼胜于此，此我国之耻也。窃不自揣，欲有以弥此憾而雪斯耻，爰博考外人编纂之我国文化史料与前述法英两国近年来刊行《文化史丛书》之体例，并顾虑我国目前可能获得之史料，就文化之全范围，区为八十科目。广延通人从事编纂，亦有一二译自外籍者则皆删订，务期核实。历时已久，汇集成编，分期刊行，用供众览。斯皆萃一时之闳雅，发吾国之辉光，分之为各科之专史，合之则为文化之全史。当代君子，其亦有取于斯乎？

附拟编《中国文化史丛书》八十种目录于左：

(一)中国目录学史　　　　(二九)中国军学史
(二)中国图书史　　　　　(三十)中国水利史
(三)中国经学史　　　　　(三一)中国救荒史
(四)中国伦理学史　　　　(三二)中国教育思想史
(五)中国理学史　　　　　(三三)中国教育史
(六)中国道教史　　　　　(三四)中国交通史
(七)中国佛教史　　　　　(三五)中国西域交通史
(八)中国回教史　　　　　(三六)中国日本交通史
(九)中国基督教史　　　　(三七)中国南洋交通史
(十)中国社会史　　　　　(三八)中国西洋交通史
(十一)中国风俗史　　　　(三九)中国殖民史
(十二)中国政治思想史　　(四十)中国礼仪史
(十三)中国政党史　　　　(四一)中国婚姻史
(十四)中国革命史　　　　(四二)中国妇女生活史
(十五)中国外交史　　　　(四三)中国文字学史
(十六)中国藩属史　　　　(四四)中国训诂学史
(十七)中国经济思想史　　(四五)中国音韵学史
(十八)中国经济史　　　　(四六)中国算学史
(十九)中国民食史　　　　(四七)中国度量衡史
(二十)中国财政学史　　　(四八)中国天文学史
(二一)中国田赋史　　　　(四九)中国历法史
(二二)中国盐政史　　　　(五十)中国科学发达史
(二三)中国公债史　　　　(五一)中国农业史
(二四)中国货币史　　　　(五二)中国渔业史
(二五)中国法律思想史　　(五三)中国畜牧史
(二六)中国法律史　　　　(五四)中国工业史
(二七)中国中央政制史　　(五五)中国建筑史
(二八)中国地方政制史　　(五六)中国矿业史

(五七)中国商业史
(五八)中国医学史
(五九)中国文具史
(六十)中国兵器史
(六一)中国陶瓷史
(六二)中国印刷史
(六三)中国食物史
(六四)中国金石史
(六五)中国书法史
(六六)中国绘画史
(六七)中国音乐史
(六八)中国武术史

(六九)中国游艺史
(七十)中国韵文史
(七一)中国散文史
(七二)中国骈文史
(七三)中国戏曲史
(七四)中国小说史
(七五)中国俗文学史
(七六)中国史学史
(七七)中国考古学史
(七八)中国地理学史
(七九)中国疆域沿革史
(八十)中国民族史